Buchners Themen Politik

Wirtschaft und Politik
im Zeitalter der Globalisierung

bearbeitet von

Max Bauer
Hartwig Riedel
Beate Thull
Manfred Wissel

C.C. Buchner Bamberg

Buchners Themen Politik

Band 3

Wirtschaft und Politik im Zeitalter der Globalisierung

Bearbeitet von Max Bauer (Kap. 4 und 5)
Hartwig Riedel (Kap. 6.2, 7 und 8)
Beate Thull (Kap. 1, 2 und 3)
Manfred Wissel (Kap. 6.1, 9 und 10)

Redaktion: Andreas Gerster

RECHTSCHREIBREFORM 2006

2. Auflage 2006 2[5 4 3 2 1] 2010 09 08 07 06
Die letzte Zahl bedeutet das Jahr dieses Druckes.
Alle Drucke dieser Auflage sind, weil untereinander unverändert, nebeneinander benutzbar.

www.ccbuchner.de

Grafische Gestaltung und Herstellung: creo Druck & Medienservice GmbH, Bamberg
Umschlaggestaltung: Daniela Paulus, Wildner + Designer, Fürth

ISBN 978-3-7661-**6828**-3

Inhalt

Vorwort

Die Reihe „**Buchners Themen Politik**" ist für die gymnasiale Oberstufe konzipiert und setzt neue Akzente für den Politikunterricht: *Schülerorientierung, Problemorientierung und Methodenorientierung* standen bei der Konzeption im Vordergrund. Ziel der einzelnen Bände ist es, der Lehrerin/dem Lehrer Hilfen für einen spannenden, gut strukturierten und methodenorientierten Unterricht anzubieten. Schülerinnen und Schüler profitieren vom klaren Aufbau des Buches; schülergemäße Arbeitsmaterialien und Lerntexte erleichtern die selbständige Arbeit mit dem Buch.

Zur Benutzung der Lehr- und Arbeitsbücher:

Ein kurzer einführender **Leitfaden** zu Beginn des Kapitels gibt Hinweise auf die Gliederung des Themas und wichtige Fragestellungen.

Der **Materialienteil** orientiert sich an der Unterrichtspraxis. Zu Beginn eines Kapitels steht ein **Einstieg (M 1)** in Form von spannenden Umfragen, Collagen, Karikaturen, Bildern, kurzen Texten etc. Er wirft interessante Fragen auf, will motivieren und gelegentlich auch provozieren.
Dann folgen **Arbeitsmaterialien**, mit denen ein Thema von den Schülerinnen und Schülern selbständig erarbeitet werden kann. Die **aktuellen Materialien** stammen aus den unterschiedlichsten Bereichen: Wissenschaftliche und journalistische Texte, Gesetzestexte, Bilder, Karikaturen, Grafiken und Statistiken sind sorgfältig ausgewählt.
Meist stehen am Ende eines Kapitels unter der Rubrik „**kontrovers diskutiert**" Texte, in denen kontroverse Inhalte eines Kapitels diskutiert werden. Hier werden Debatten angeregt und das eigene Urteil der Schülerinnen und Schüler ist gefordert.

Arbeitsfragen helfen bei der Erschließung der Texte und geben Anregungen für einen abwechslungsreichen Unterricht. Zusätzlich finden sich nach jedem Kapitel sorgfältig ausgewählte **Internetadressen**, die für die Weiterarbeit besonders geeignet sind.

Unter der Rubrik **Methodentraining** werden wichtige Methoden des Politikunterrichts immer an der Stelle vorgestellt, an der sich das Methodenproblem stellt. Die Methoden sind eng mit den Inhalten verknüpft, aber immer auch so erklärt, dass sie von den Schülerinnen und Schülern selbständig auf andere Inhalte angewendet werden können.

Der Teil **Informationen und Zusammenhänge** schließt das Kapitel ab und ist besonders schülerfreundlich gestaltet. Er ist speziell für die Nacharbeit zuhause oder die Vorbereitung auf Klausuren geeignet. Hier werden für die Schülerinnen und Schüler klar und verständlich nochmals die wichtigsten Inhalte des vorausgehenden Kapitels aufgegriffen und im Zusammenhang dargestellt. Stichworte in den Randspalten erleichtern die Orientierung und verweisen auf die vertiefenden Quellen aus dem Materialienteil.

Ein ausführliches **Register** hilft beim Nachschlagen wichtiger Begriffe.

1 Wirtschaftsordnungen

Die Soziale Marktwirtschaft in ihrer derzeitigen Ausprägung ist in die Kritik geraten. Über Umbau, Reformen, über eine „neue" Soziale Marktwirtschaft wird seit geraumer Zeit in der Öffentlichkeit diskutiert. Doch was ist eigentlich gemeint, wenn wir über „die" Soziale Marktwirtschaft sprechen?
Die Materialien M 1 bis M 6 beschreiben die Aufgaben, welche jede Wirtschaftsordnung erfüllen muss: Es geht immer um die Frage, welche Güter und Dienstleistungen in welchen Mengen hergestellt werden, wie die Produktionsfaktoren Boden, Kapital und Arbeit für die Produktion kombiniert werden und wie die Verteilung des Produzierten organisiert wird.
M 7 – M 10 vergleichen zunächst die idealtypischen Konzepte der freien Marktwirtschaft und der Zentralverwaltungswirtschaft. Chancen und Probleme, die aus diesen Wirtschaftsordnungen für Produzenten und Konsumenten entstehen, werden deutlich.
Der Exkurs zur Preisbildung zeigt die zentrale Rolle der Preise in der Marktwirtschaft für die Koordination von Nachfrage und Angebot auf freien Märkten. Die Auswirkungen verschiedener Faktoren auf Angebot und Nachfrage werden erläutert (M 11 – M 14).
In M 15 – M 21 wird die Soziale Marktwirtschaft als die prägende Wirtschaftsordnung für die Bundesrepublik Deutschland vorgestellt. Dabei werden die konzeptionellen Grundlagen dieser Wirtschaftsordnung, ihre gesellschaftspolitische Integrationskraft in der Geschichte der Bundesrepublik Deutschland sowie ihre verfassungsrechtliche Verankerung verdeutlicht.
M 22 – M 24 werfen einen Blick auf die Rolle der Unternehmen in der Sozialen Marktwirtschaft. Ihre Einbindung in politische und rechtliche Zusammenhänge wird deutlich.

Ist die Soziale Marktwirtschaft angesichts von demographischer Entwicklung, Globalisierung, Massenarbeitslosigkeit und Staatverschuldung noch die geeignete Wirtschaftsordnung für das 21. Jahrhundert? M 25 – M 28 finden darauf unterschiedliche Antworten und ermuntern zu einer Diskussion dieser zentralen Fragestellung.

1.1 Wirtschaftsordnungen zwischen Freiheit und Gleichheit

1.1.1 Aufgaben einer Wirtschaftsordnung

M 1 Das Ballonspiel – die schweren Lasten des Staates

- Der Staat muss für Bildung sorgen (Bildungspolitik)
- Der Staat muss für Wettbewerb sorgen und Marktmacht verhindern (Wettbewerbspolitik)
- Der Staat muss soziale Sicherung garantieren (Sozialpolitik)
- Der Staat muss für Verkehrswege sorgen (Verkehrspolitik)
- Der Staat muss dafür sorgen, dass die Umwelt geschützt wird (Umweltpolitik)
- Der Staat muss dafür sorgen, dass es keine Wirtschaftskrisen gibt (Konjunkturpolitik)
- Der Staat muss für eine gerechte Einkommens- und Vermögensverteilung sorgen (Einkommens- und Vermögenspolitik)
- Der Staat muss für eine funktionierende Rechtsordnung sorgen (Rechtspolitik)
- Der Staat muss notleidenden Unternehmen helfen (Strukturpolitik)

Stellen Sie sich vor, Sie schwebten (in Gruppen) in einem Ballon, der den Staat symbolisieren soll. An Bord sind schwere Lastenpakete mit wichtigen Aufgaben des Staates. Mit allen Aufgaben beladen ist der Ballon jedoch zu schwer für den Flug. Er verliert immer mehr an Höhe und droht abzustürzen. Um den Absturz zu verhindern, müssen Sie ein Lastenpaket über Bord werfen (1. Spielrunde). Sie müssen dabei überlegen, auf welche der Staatsaufgaben Sie verzichten können und welche Sie so lange wie möglich an Bord behalten wollen. Der Ballon fängt sich wieder, verliert aber nach einer Weile wieder an Höhe. Ein weiteres Paket (2. Spielrunde) muss abgeworfen werden. Dies geht so lange, bis nur noch drei Lastenpakete im Korb sind. Erst jetzt stabilisiert sich der Ballon.
Dokumentieren Sie jeden Abwurf: In welcher Reihenfolge wurden die Lasten abgeworfen? Wie sind Sie zu dieser Entscheidung gekommen (Begründungen, Kontroversen)?

Autorentext

M 2 Kartoffeln und Brot für Millionen

Versetzen wir uns also einen Augenblick in eine geschlossene Familienwirtschaft von dreißig Köpfen, die von einem Manne – etwa dem Ältesten – geleitet wird. Diese „Eigenwirtschaft" umfasst zehn Hektar Boden verschiedener Qualität und zwanzig Menschen können arbeiten; die übrigen sind Kinder, Greise und Kranke. – Der Leiter hat sich nicht nur darüber klar zu werden, wie im Herbst und Frühjahr der Boden auf den Anbau von Kartoffeln, Roggen usw. zu verteilen ist, ob eine neue Stallung gebaut werden soll und dergleichen. Vielmehr ist tagtäglich dafür zu sorgen, dass jeder der Arbeiter Stunde für Stunde für die Befriedigung von Bedürfnissen optimal tätig ist, dass stets rechtzeitig die notwendigen Werkzeuge, Zugtiere und Materialien, die sogenannten komplementären Güter zur Hand sind, dass also z. B. in der Kartoffelernte zur richtigen Zeit Fahrzeuge und Zugtiere da sind, um die Kartoffeln heimzubringen, dass rechtzeitig Futter für die Tiere oder Mahlzeiten für die Menschen geboten werden. Vielleicht bewältigt der Leiter diese Aufgabe nicht ganz. Oft mögen Arbeitskräfte wegen falscher Planung nutzlos herumstehen oder z. B. im Walde arbeiten, während sie auf dem Felde dringender benötigt werden und hier einen wesentlich größeren Nutzen stiften würden. Oder es fehlt plötzlich an einem Zugtier, das anderswo beschäftigt ist. Fehldispositionen gibt es auch in einer solchen Wirtschaft oft; aber der Leiter kann sie korrigieren. Er kann die Bedeutung, die jede Arbeitsstunde oder jedes Stück Boden für die Bedürfnisbefriedigung in dieser und in anderen Verwendungen gewinnt, abschätzen. Er bewertet fortwährend. So vermag er Pläne zu machen, deren Durchführung die vielen Tätigkeiten der Einzelnen ineinander fügen und sie auf die Bedürfnisbefriedigung ausrichten. Es gelingt die Lenkung des alltäglichen Wirtschaftsprozesses.

Nun wenden wir uns von der kleinen Eigenwirtschaft zu den Verhältnissen in einem großen industrialisierten Land. – In einer Maschinenfabrik stehen wir neben einem Arbeiter, der Werkstück auf Werkstück dreht. Jetzt taucht ein wesentliches Problem auf. Die Arbeit des Mannes, der in der Eigenwirtschaft einen Webstuhl repariert, kann durch die Pläne des Leiters so in den Wirtschaftsprozess eingeordnet werden, dass sie optimal der Güterversorgung des kleinen Gemeinwesens dient. Wie aber wird die Leistung des Arbeiters in der modernen Maschinenfabrik so gelenkt, dass sie gleiches erreicht? Nicht zwanzig Menschen, sondern viele Millionen wirken zusammen, und von der Lenkung aller Produktionsmittel und Arbeiter ist die sinnvolle Verwendung der Arbeit oder des Werkstücks für die Güterversorgung aller Übrigen und – umgekehrt – auch die Versorgung dieses Metallarbeiters mit Gütern abhängig. Wie kann dieser riesige Gesamtprozess zureichend gelenkt werden? …

Aufgabe der Wirtschaftsordnung ist: die einzelnen Arbeitsstunden aller arbeitenden Menschen und die unübersehbar vielen sachlichen Produktionsmittel alltäglich so ineinander greifen zu lassen, dass die wirtschaftliche Knappheit so gut wie möglich überwunden wird. Je weiter die Arbeitsteilung greift und je intensiver sie ist, umso größer werden die Anforderungen, die an die Wirtschaftsordnung gestellt werden. Von ihr hängt es ab, wie die einzelnen Pläne und Handlungen sich zusammenfügen, welche Bedürfnisse befriedigt werden, wie überhaupt die Lenkung stattfindet. – Wie viel Weizen oder Gerste gebaut, vermahlen, verbacken und verbraucht wird, ob und wie die komplementären Güter – die Arbeitskräfte und sachlichen Produktionsmittel – beschafft werden und wie die Verteilung des Brotes erfolgt, ist – wo Märkte bestehen – von der Ordnung der Brot-, Mehl-, und Getreidemärkte, der Arbeitsmärkte und der Märkte aller sachlichen Produktionsmittel sowie von der Währung und anderen Teilen der Wirtschaftsordnung abhängig. Oder aber – wenn keine Märkte bestehen – von der Figur der Zentralverwaltung, die den Gesamtprozess lenkt. In den Wirtschaftsordnungen in der industrialisierten Welt sollte eine ordnende Ratio zur Geltung kommen, die das bewältigt, was in der kleinen Eigenwirtschaft die Ratio des Leiters tagtäglich vollzieht. Vom Aufbau der konkreten Wirtschaftsordnungen hängt es nunmehr ab, ob und wieweit die zureichende Lenkung des Wirtschaftsprozesses gelingt.

Walter Eucken, Grundsätze der Wirtschaftspolitik, 6. Aufl., Tübingen 1990, S. 2 f. und 7

M 3 Steuerungsverfahren in modernen Volkswirtschaften

Wir gehen davon aus, dass heute jede Wirtschaftsform durch die Begriffe der Arbeitsteilung und Spezialisierung beschrieben werden kann, d. h. durch die Tatsache, dass jede wirtschaftliche Tätigkeit für einen anderen erfolgt. Fast jede Arbeitsleistung erbringt man heute nicht für sich, sondern für einen anderen, verkauft sie an diesen. Jede Produktion erfolgt heute nicht mehr zur eigenen Bedarfsdeckung, sondern für den Bedarf anderer. Diese Tatsache gilt unterschiedslos in der Bundesrepublik, in den USA, in Russland, in der VR China, in Indien, in jeder Volkswirtschaft. Arbeitsteilige Produktion und komplizierten Austausch von Gütern und Diensten trifft man somit überall an. Diese Art des Wirtschaftens für einen ausschließlichen Fremdbedarf muss nach einem bestimmten Steuerungsverfahren ablaufen, soll nicht ein völliges Durcheinander herrschen. In der Sprache der modernen Ökonomen benötigt ein derartiges Steuerungsverfahren ein Informations- und Sanktionssystem.

Informationssystem bedeutet u. a., dass der Unternehmer seine Produktion mit dem Bedarf, mit den Wünschen der Verbraucher abstimmen muss, Sanktionssystem heißt, ein Unternehmer wird nur produzieren, wenn er dafür eine Belohnung erhält, z. B. einen Gewinn macht.

Als Steuerungsaufgaben einer Volkswirtschaft gelten vor allem folgende Funktionen:

Marktabstimmung: Die Nachfrage und das Angebot nach Gütern und Diensten muss ausgeglichen werden.

Produktionsabstimmung: Es ist zu entscheiden, welche Güter in welchen Mengen hergestellt werden.

Faktorabstimmung: Die knappen Produktionsfaktoren müssen auf die notwendige Produktion abgestimmt werden.

Einkommensabstimmung: Das erstellte Sozialprodukt muss auf die Mitglieder der Volkswirtschaft verteilt werden.

Investitionsabstimmung: Das vorhandene Realkapital muss ersetzt und erweitert werden.

Beschäftigungsabstimmung: Nach Möglichkeit soll Vollbeschäftigung herrschen.

In Anlehnung an W. Eucken sollen all diese Steuerungsaufgaben durch den Begriff des Wirtschaftsplanes beschrieben werden. Daraus ergeben sich dann zwei idealtypische Wirtschaftssysteme:

1) Erfolgt die Steuerung des Wirtschaftsprozesses nach einem einzigen Wirtschaftsplan, so liegt der Idealtyp einer Zentralverwaltungswirtschaft vor (auch Planwirtschaft, Zwangs-, Kommando-, Befehlswirtschaft genannt).
2) Wird der Wirtschaftsprozess dagegen durch viele selbständige, autonome Wirtschaftspläne gesteuert, so liegt der Idealtyp einer Verkehrswirtschaft vor (auch Marktwirtschaft, dezentral gelenkte Wirtschaft, kapitalistisches Wirtschaftssystem, Wettbewerbswirtschaft genannt.)

Rainer Fischbach, Volkswirtschaftslehre, 11. Aufl., München/Wien 2000, S. 70 f.

Produktionsfaktoren

Produktionsfaktoren sind die Grundelemente, die bei allen Produktionen in unterschiedlicher Kombination auftreten

nach: Gernot B. Hartmann, Volks- und Weltwirtschaft, 22. Aufl., Rinteln 2001, S. 28 f.

M 4

Ordnungs- und Prozesspolitik

Ordnungspolitik	**Ablaufpolitik** (Prozesspolitik)
Festlegung der Rahmenbedingungen der Wirtschaftsordnung (= rechtliche Ausgestaltung der Eigentums-, Markt-, Wettbewerbs-, Unternehmens-, Geld-, Finanz-, Außenwirtschafts- und Sozialordnung)	Ergänzungs- und Korrekturmaßnahmen bei Marktversagen (= zielgerichtete Beeinflussung des Wirtschaftsgeschehens)
Beispiele	*Beispiele*

Verbraucherpolitik	**Wettbewerbspolitik**	**Infrastruktur- und Umweltpolitik**	**Stabilitätspolitik**	**Verteilungspolitik**
Stärkung der Marktposition der Verbraucher gegenüber den Produzenten durch – Verbraucherinformation, – Rechtsschutz, – Verbrauchererziehung	(Kern der Ordnungspolitik) Sicherung eines funktionsfähigen Wettbewerbs durch – Wettbewerbsschutzpolitik (z. B. GWB[1]) – Wettbewerbsförderung (z. B. Privatisierung, Beseitigung wettbewerbsverzerrender Vorschriften)	Bereitstellung und Regelung der Nutzung öffentlicher Güter	Vermeidung und Behebung von Konjunkturschwankungen (z. B. Preisniveau-, Beschäftigungs- und Wachstumsschwankungen)	Einkommens- und Vermögensumverteilung entsprechend der herrschenden Vorstellungen von sozialer Gerechtigkeit

Kombination von Ordnungs- und Ablaufpolitik

Beispiele

Strukturpolitik		**Außenwirtschaftspolitik**	**Wachstumspolitik**
Beeinflussung des wirtschaftlichen Strukturwandels		u. a. Beeinflussung des Außenhandels, des Kapitalverkehrs und der internationalen Währungsbeziehungen	Erhöhung des realen Inlandsprodukts durch Förderung von – Investitionen, – Qualifikation der Arbeitskräfte – Forschung/Entwicklung (technischer Fortschritt), – Wettbewerb
Sektorale Strukturpolitik (z. B. Industrie-, Agrarpolitik)	**Regionale Strukturpolitik** (z. B. Förderung des ländlichen Raums)		

Viktor Lüpertz, Problemorientierte Einführung in die Volkswirtschaftslehre, 4. Aufl., Darmstadt 2005, S. 225

[1] *Gesetz gegen Wettbewerbsbeschränkungen*

M 5 Gerechte Wirtschaftsordnung: Maßstab – Ziel – Utopie?

Tugend und institutioneller Beurteilungsmaßstab

Einerseits wird Gerechtigkeit verstanden als Tugend, d. h. als Haltung des einzelnen Menschen, in seinem Alltag recht zu handeln (jedem das Seine zu geben), andererseits als institutioneller Maßstab, nach dem die grundlegenden politischen, wirtschaftlichen und sozialen Einrichtungen der Gesellschaft primär zu beurteilen sind. Auch wenn es zur Verwirklichung und Bewahrung gerechter gesellschaftlicher Verhältnisse der personalen Gerechtigkeitstugend bedarf, ist die Gerechtigkeit, verstanden als institutioneller Beurteilungsmaßstab und ausgedrückt in bestimmten Prinzipien gesellschaftlicher Gerechtigkeit, systematisch vorrangig. Denn die Menschen handeln weitgehend in einem von rechtlichen und anderen Regeln geprägten institutionellen Kontext; es ist deshalb nicht so sehr das individuelle Handeln der Einzelnen als solches, sondern es sind in erster Linie die Wirkungen der gesellschaftlichen Institutionen in ihrer Gesamtheit, die das menschliche Zusammenleben sowie die Verteilung wichtiger Güter bestimmen und dadurch die Lebensaussichten der einzelnen Gesellschaftsmitglieder tiefgreifend beeinflussen.

Gerechtigkeit und Unparteilichkeit

Welches die Prinzipien der Gerechtigkeit sind, ist von einem Standpunkt der Unparteilichkeit aus zu überlegen. Gegenstand der unparteiischen Wahl sind die Prinzipien, nach denen die Verfassung, die Wirtschaftsordnung und andere wichtige Institutionen Rechte und Pflichten zuschreiben sowie die Verteilung der Vorteile und Lasten regeln, die aus dem gesellschaftlichen Zusammenwirken aller erwachsen. Prinzipien unparteiisch zu wählen heißt, bei ihrer Festlegung allen Gesellschaftsmitgliedern gleiche Beachtung zu schenken, so dass die gewählten Prinzipien von jedermann akzeptiert werden könnten.

Die Forderung nach der gleichen Beachtung aller Gesellschaftsmitglieder und nach der allseitigen Annehmbarkeit der zu wählenden Prinzipien bringt die Idee der moralischen Gleichheit aller zum Ausdruck. Diese Gleichheitsidee ist freilich nicht zwingend identisch mit der Forderung nach durchgehender sozialer Gleichheit, nach strikter Gleichverteilung in allen denkbaren Hinsichten. Das gesellschaftliche Zusammenleben macht institutionelle und andere Rollendifferenzierungen, Ungleichheiten also, unausweichlich. Auch könnte die erzwungene Egalisierung bestimmter Ungleichheiten selbst ungerecht sein. Dennoch gilt: Werden in gewissen Hinsichten ungleiche Verteilungen vor- oder hingenommen, so müssen sich diese letztlich rechtfertigen lassen als Folgerung aus der Beachtung der moralischen Gleichheit und gleichen Unverletzlichkeit aller.

Georges Enderle u. a. (Hg.), Lexikon der Wirtschaftsethik, Freiburg 1993, S. 352 – 355

M 6 John Rawls: die Merkmale einer gerechten Wirtschaftsordnung

Die Gerechtigkeit eines Gesellschaftsmodells hängt wesentlich davon ab, wie die Grundrechte und -pflichten und die wirtschaftlichen Möglichkeiten und sozialen Verhältnisse in den verschiedenen Bereichen der Gesellschaft bestimmt werden.

Wir wollen uns also vorstellen, dass diejenigen, die sich zu gesellschaftlicher Zusammenarbeit vereinigen wollen, in einem gemeinsamen Akt die Grundsätze wählen, nach denen Grundrechte und -pflichten und die Verteilung der gesellschaftlichen Güter bestimmt werden. Die Menschen sollen im Voraus entscheiden, wie sie Ihre Ansprüche gegeneinander regeln wollen und wie die Gründungsurkunde ihrer Gesellschaft aussehen soll. Ganz wie jeder Mensch durch vernünftige Überlegung entscheiden muss, was für ihn das Gute ist, d. h. das System der Ziele, die zu verfolgen für ihn vernünftig ist, so muss eine Gruppe von Menschen ein für allemal entscheiden, was ihnen als gerecht und ungerecht gelten soll. Die Entscheidung, die vernünftige Menschen in dieser theoretischen Situation der Freiheit und Gleichheit treffen würden, bestimmt die Grundsätze der Gerechtigkeit. (Wir nehmen für den Augenblick an, dass dieses Entscheidungsproblem eine Lösung hat.)

In der Theorie der Gerechtigkeit als Fairness spielt die ursprüngliche Situation der Gleichheit dieselbe Rolle wie der Naturzustand in der herkömmlichen Theorie des Gesellschaftsvertrags. Dieser Urzustand wird natürlich nicht als ein wirklicher geschichtlicher Zustand vorgestellt, noch weniger als primitives Stadium der Kultur. Er wird als rein theoretische Situation aufgefasst, die so beschaffen ist, dass sie zu einer bestimmten Gerechtigkeitsvorstellung führt.

Zu den wesentlichen Eigenschaften dieser Situation gehört, dass niemand seine Stellung in der Gesellschaft kennt, seine Klasse oder seinen Status, ebenso wenig sein Los bei der Verteilung natürlicher Gaben wie Intelligenz oder Körperkraft. Ich nehme sogar an, dass die Beteiligten ihre Vorstellung vom Guten und ihre besonderen psychologischen Neigungen nicht kennen. Die Grundsätze der Gerechtigkeit werden hinter einem Schleier des Nichtwissens festgelegt. Dies gewährleistet, dass dabei niemand durch die Zufälligkeiten der Natur oder der gesellschaftlichen Umstände bevorzugt oder benachteiligt wird. Da sich alle in der gleichen Lage befinden und niemand Grundsätze ausdenken kann, die ihn aufgrund seiner besonderen Verhältnisse bevorzugen, sind die Grundsätze der Gerechtigkeit das Ergebnis einer fairen Übereinkunft oder Verhandlung. Denn in Anbetracht der Symmetrie aller zwischenmenschlichen Beziehungen ist dieser Urzustand fair gegenüber den moralischen Subjekten, d. h. den vernünftigen Wesen mit eigenen Zielen und – das nehme ich an – der Fähigkeit zu einem Gerechtigkeitsgefühl. Den Urzustand könnte man den angemessenen Ausgangszustand nennen, und damit sind die in ihm getroffenen Grundvereinbarungen fair.

John Rawls, Eine Theorie der Gerechtigkeit, Frankfurt a. M. 2003

AUFGABEN

1. Arbeiten Sie aus M 2 bis M 4 die klassischen Aufgaben einer Wirtschaftsordnung heraus.
2. Entwerfen Sie mit Ihren Mitmenschen die Verfassung für eine gerechte Wirtschaftsordnung. Schreiben Sie in Artikeln die Grundsätze nieder, die Sie für eine gerechte Wirtschaftsordnung für wichtig und notwendig halten.

   Beachten Sie dabei die Bedingungen des Urzustandes, wie er im Text von Rawls beschrieben wird (M 5, M 6).

1.1.2 Freie Marktwirtschaft und Zentralverwaltungswirtschaft

M 7 Merkmale des Modells „Marktwirtschaft"

Notwendige Voraussetzungen und damit Merkmale des marktwirtschaftlichen Modells sind vor allem

- die Existenz von Privateigentum generell und speziell an Produktionsmitteln sowie
- die Existenz grundlegender und allgemeiner Freiheitsverbürgungen, wie allgemeine Vertragsfreiheit, Freiheit der Berufs- und der Arbeitsplatzwahl, Gewerbefreiheit, Produktions-, Handels- und Konsumfreiheit.

Steuerungsinstrumente, die gleichzeitig als Sanktionsmechanismen fungieren, sind

- erstens die Differenz zwischen den Verkaufspreisen und den Kosten, also die Gewinne bzw. die Verluste,
- zweitens die durch den Einsatz ökonomisch verwertbarer Güter und Leistungen erzielbaren Vermögenserträge sowie die Arbeitseinkommen,
- drittens die über die Nachfrage wirksame Kaufkraft der produzierenden und der konsumierenden Einheiten und
- viertens Aufstiegschancen und Sozialprestige.

Ein weiteres Merkmal marktwirtschaftlicher Ordnung ist eine relative wirtschaftliche Abstinenz des Staates:

Die wirtschaftliche Aktivität des Staates ist im Wesentlichen auf die Bereitstellung öffentlicher Güter und auf solche Produktionen beschränkt, die – wie z. B. Gas, Wasser und Elektrizität – nicht wettbewerblich angeboten werden können.

Die Qualität einer Marktwirtschaft, insbesondere ihre Fähigkeit, eine Lenkung der Produktion im Interesse der Bürger zu gewährleisten, hängt wesentlich davon ab, dass Wettbewerbsmärkte existieren, d. h.

- erstens Märkte, auf denen Anbieter ohne ökonomische Machtungleichheiten aufgrund selbstständiger wirtschaftlicher Entscheidungen miteinander um die Nachfrager konkurrieren und umgekehrt die Nachfrager darum, zum Zuge zu kommen,
- zweitens Märkte, auf denen sich die Tauschbedingungen, insbesondere die Preise, als Knappheitsanzeiger und als Instrument der Lenkung von Angebot und Nachfrage frei bilden und entwickeln können,
- drittens Märkte mit offenem Zugang, damit bei der Erzielung von Gewinnen neue Anbieter auftreten und durch zusätzliche Angebote die Marktversorgung mengenmäßig, qualitativ und preislich verbessern können.

Heinz Lampert, Die Wirtschafts- und Sozialordnung der Bundesrepublik Deutschland, 13. Aufl., München/Landsberg a.L. 1997, S. 44 f.

M 8 Funktionen der Märkte

Das [in Kap. 1.2] vorgestellte ordnungspolitische Konzept der Sozialen Marktwirtschaft in der Bundesrepublik enthält zwei Komponenten: den Markt als sich selbst regulierendes System und die Wirtschaftspolitik als steuernde Eingriffe des Staates in den Marktmechanismus. Über die Komponente Markt werden folgende Funktionen erfüllt:

- **Koordinationsfunktion:** Einzelwirtschaftliche Pläne werden über den Marktpreismechanismus zu einem gesamtwirtschaftlich abgestimmten Plansystem koordiniert.
- **Informationsfunktion:** Marktpreise zeigen die jeweiligen Knappheitsgrade der Güter an und erlauben eine Vergleichbar-

keit der verschiedenen Verwendungszwecke der Ressourcen.

- **Zuteilungsfunktion:** Über die Marktpreise werden die Güter auf jene verteilt, die bereit und in der Lage sind, den höchsten Preis zu bezahlen.
- **Allokationsfunktion:** Die Produktionsfaktoren werden gemäß ihren Preisen in die effizientesten Verwendungsrichtungen gelenkt. Eine über Preisveränderungen angezeigte Veränderung der Knappheitsverhältnisse führt zu einer Umlenkung der Produktionsfaktoren.
- **Auslesefunktion:** Die Regelung von Angebot und Nachfrage über Marktpreise lässt auf Dauer nur jene Anbieter am Markt bestehen, die am kostengünstigsten produzieren können. Anbieter mit Kosten über den Marktpreisen werden verdrängt.
- **Verteilungsfunktion:** Über die Preisbildung auf Faktormärkten entstehen Markteinkommen entsprechend der jeweiligen Marktleistung.

Markt und Marktwirtschaft

Der Markt ist der Ort, an dem Angebot und Nachfrage nach Gütern und Leistungen aufeinander treffen. Im Wirtschaftsleben gibt es eine unübersehbare Vielzahl von Märkten. Sie bilden sich für jedes Gut und jede Leistung. Die Vielzahl der Marktarten fasst man üblicherweise zusammen in (Konsum-) Gütermärkte und (Produktions-) Faktormärkte. Für das System der Marktwirtschaft ist der Markt als Lenkungsinstrument von grundlegender Bedeutung.

Karl-Hans Hartwig, Rudolf Knauff, Paul J. J. Welfens, Volkswirtschaftslehre. Eine Einführung für Bankpraktiker, 2. Aufl.,Wiesbaden 1993, S. 53

Merkmale des Modells „Zentralverwaltungswirtschaft" M 9

Im Falle zentraler Steuerung einer Volkswirtschaft mit Hilfe des hierarchischen Prinzips müssen die Koordinatoren über eine außerordentliche Informationsfülle in Bezug auf die Bedarfe, die Güter- und Rohstoffvorräte, die Produktionskapazitäten, d. h. die Sachkapitalbestände und das Arbeitskräftepotenzial, verfügen. Daher ist eine umfangreiche, hochqualifizierte und kostspielige staatliche Bürokratie erforderlich, die die Informationen beschafft, auswertet, Teilpläne entwirft, aufeinander abstimmt, zum Gesamtplan zusammenfügt, die Pläne gegebenenfalls revidiert, die Einhaltung der Pläne kontrolliert und durchsetzt.

Die staatliche Wirtschaftsverwaltung muss in der Lage sein, Anweisungen nicht nur zu geben, sondern ihre Durchführung zu erzwingen. Eine wesentliche Voraussetzung dafür besteht darin, dass die Verfügungsrechte über die sächlichen Produktionsmittel Boden und Kapital in der Hand der Wirtschaftsverwaltung liegen. Daher gibt es in den zentralgeleiteten Volkswirtschaften kaum Privateigentum an Produktionsmitteln. Neben der Verstaatlichung der sächlichen Produktionsmittel wird die Einhaltung der staatlich verbindlich festgelegten Wirtschaftspläne mithilfe von Anreizinstrumenten – in der Sprache der Politökonomie des Marxismus-Leninismus mit ökonomischen „Hebeln" wie Lohn, Prämie, öffentliche Auszeichnung, Chancen zu beruflichem und sozialem Aufstieg, leistungsabhängigen Sozialleistungen, Betriebsgewinnen –, aber auch mit Hilfe von Sanktionen, also Strafen, bei Verstößen gegen den Plan oder Anweisungen, gesichert.

Die grundlegenden Entscheidungen über die Güterproduktion, über den Faktoreinsatz

und über die Güterverteilung werden durch die Zentralverwaltung getroffen. Daher werden in dem Maß, in dem die Verwaltung wirtschaftliche Entscheidungen an sich zieht, die Entscheidungsmöglichkeiten der wirtschaftenden Subjekte beschränkt. Da die genannten Entscheidungen entsprechend den Zielsetzungen und Nutzenschätzungen der politischen Entscheidungsträger festgelegt werden, hängt das Ausmaß, in dem individuelle Zielsetzungen und Zielsetzungen sozialer Gruppen in die Entscheidungen der Zentralverwaltung eingehen, erstens ab von der tatsächlichen Verteilung der politischen Macht in der Gesellschaft, zweitens von der Bereitschaft der politischen Führung, individuelle Entfaltungsspielräume zu gewähren, und drittens von der organisatorischen Möglichkeit, den Willen der Mehrheit durch ein geeignetes Informationssammlungs-, Informationsauswertungs- und Entscheidungssystem in wirtschaftliche Aktionen zu transformieren.

Heinz Lampert, Die Wirtschafts- und Sozialordnung der Bundesrepublik Deutschland, 13. Aufl., München/Landsberg a. L. 1997, S. 31 ff.

M 10 Grundprinzipien der Mengenplanung

Eine aus Experten bestehende zentrale Plankommission legt den politischen Entscheidungsinstanzen (auf der Grundlage ihrer Erfahrung und in Zusammenarbeit mit untergeordneten Planbehörden und den Betrieben) Möglichkeiten für die gesamtwirtschaftliche Produktion vor (sie zeigt gewissermaßen einige Produkte der volkswirtschaftlichen Transformationskurve auf). Die politischen Entscheidungsträger wählen aufgrund ihrer gesellschaftlichen Zielvorstellungen eine Kombination aus, die damit zum verbindlichen zentralen Plan für die Volkwirtschaft wird. Die zentrale Planungskommission setzt auf dieser Grundlage (wieder in Kooperation mit untergeordneten Planbehörden) die Produktion der entsprechenden Güter für die einzelnen Betriebe der Volkswirtschaft fest und ordnet eine dem Plan entsprechende Verteilung der Güter an. Die Betriebe handeln auf der Grundlage dieser Planauflagen und melden das Ergebnis ihrer Tätigkeit der zentralen Planbehörde, die damit die Durchführung kontrollieren kann.

Das Planverfahren ist überaus kompliziert. Die Planbehörde muss genaue Kenntnisse von den Produktionsbedingungen in den einzelnen Betrieben der Volkswirtschaft haben. Sie muss z. B. für einen bestimmten Betrieb X wissen, wie viele Arbeitskräfte und Maschinen zu Beginn der Planungsperiode (z. B. eines Jahres) zur Verfügung stehen, welche Lagerbestände an Vorprodukten im

Planungsfehler in der Zentralverwaltungswirtschaft verringern das Angebot für Konsumenten. Käuferschlange vor einem Obststand in Ostberlin 1982.

Betrieb vorhanden sind, welche zusätzlichen Vorprodukte und welche Kapitalgüter dem Betrieb X von anderen Betrieben der Volkswirtschaft oder durch Importe zu welchen Zeitpunkten zur Verfügung gestellt werden können, welche Produkte in dem Betrieb beim gegenwärtigen Stand des technischen Wissens mit welchen Produktionsverfahren in welcher Zeit hergestellt werden können usw. Aus der Zusammenfügung solcher Informationen für die gesamte Volkswirtschaft kann die Planungsbehörde dann letztlich die gesamten Produktionsmöglichkeiten in der Volkswirtschaft bestimmen. Wird auf dieser Grundlage der endgültige Volkswirtschaftsplan beschlossen, so kann die Planbehörde auf der Basis der bei der Planaufstellung verwendeten Informationen den einzelnen Betrieben entsprechende Planauflagen machen.

Hauptinstrument der zentralen Planung war das System der sog. Planbilanzen, mit dem Produktionsmengen geplant wurden. So gab es in der DDR in der Mitte der 80er Jahre etwa 4500 solcher Bilanzen.

Ulrich Baßeler, Jürgen Heinrich, Burkhard Utecht, Grundlagen und Probleme der Volkswirtschaft, 17. Aufl., Stuttgart 2002, S. 71 f.

AUFGABEN

1. Stellen Sie Merkmale der freien Marktwirtschaft und der Zentralverwaltungswirtschaft tabellarisch gegenüber. Finden Sie geeignete Kriterien für den Vergleich (M 7 – M 10).
2. Prüfen Sie, welche der Zielvorgaben aus M 1 – M 6 mit diesen Wirtschaftsordnungen am besten erreicht werden können.

Exkurs: Preisbildung in der Marktwirtschaft

M 11 Die Ceteris-paribus-Klausel

Ökonomen gebrauchen den Ausdruck „ceteris paribus“ um anzudeuten, dass alle relevanten Größen – mit Ausnahme der gerade als veränderlich diskutierten – konstant gehalten werden. Die lateinische Wendung bedeutet „andere Dinge gleich bleibend“. Die Nachfragekurve fällt, weil – ceteris paribus – niedrigere Preise zu einer größeren Nachfragemenge führen. Obwohl sich der Ausdruck ceteris paribus auf eine hypothetische Situation bezieht, in der irgendwelche Variablen annahmegemäß konstant bleiben, verändern sich in der Realität zahlreiche Größen gleichzeitig. Tatsächlich ist ceteris paribus nur sehr schwer oder gar nicht zu gewährleisten.

Gregory Mankiw, Grundzüge der Volkswirtschaftslehre, 3. Aufl., Stuttgart 2004, S. 74

M 12 Die Marktkräfte von Angebot und Nachfrage

- Ökonomen verwenden das Modell von Angebot und Nachfrage, um Konkurrenzmärkte zu untersuchen. Auf einem Wettbewerbs- oder Konkurrenzmarkt gibt es viele Anbieter und Nachfrager, die als einzelne keinen oder fast keinen Einfluss auf den Marktpreis haben.

- Die Nachfragekurve zeigt, wie die Nachfragemenge eines Gutes vom Preis des Gutes abhängt. Nach dem Gesetz der Nachfrage nimmt die nachgefragte Menge bei sinkendem Preis zu. Die Nachfragekurve hat deshalb eine negative Steigung.

- Andere Einflussgrößen der Nachfrage neben dem Preis sind die Einkommen, die Bedürfnisse und Vorlieben sowie die Erwartungen der Haushalte und ferner die Preise der substitutiven und komplementären Güter. Wenn sich eine dieser anderen Einflussgrößen verändert, kommt es zu einer Verschiebung der Nachfragekurve.

- Die Angebotskurve zeigt, wie die Angebotsmenge eines Gutes vom Preis des Gutes abhängt. Nach dem Gesetz des Angebots nimmt die angebotene Menge bei steigendem Preis zu. Die Angebotskurve hat deshalb eine positive Steigung.

- Andere Einflussgrößen des Angebots neben dem Preis sind Input- oder Einkaufspreise, Technologie und Erwartungen. Wenn sich eine dieser anderen Einflussgrößen verändert, kommt es zu einer Verschiebung der Angebotskurve.

- Der Schnittpunkt von Angebots- und Nachfragekurve bestimmt das Marktgleichgewicht. Zum Gleichgewichtspreis stimmt die nachgefragte Menge mit der angebotenen Gütermenge überein.

- Das Verhalten von Käufern und Verkäufern treibt Märkte auf natürliche Weise zu ihrem Gleichgewicht. Wenn der Marktpreis über dem Gleichgewichtspreis liegt, folgt daraus ein Angebotsüberschuss, der einen Rückgang des Marktpreises auslöst. Wenn der Marktpreis unter dem Gleichgewichtspreis liegt, folgt daraus ein Nachfrageüberschuss, der zu einem Anstieg des Marktpreises führt.

- Wir benützen das Angebots-Nachfrage-Diagramm, um die Auswirkungen irgendeines Ereignisses auf Gleichgewichtspreis und Gleichgewichtsmenge zu untersuchen. Dabei gehen wir nacheinander in drei Schritten vor. Zuerst klären wir, ob das Ereignis die Angebotskurve oder die Nachfragekurve (oder beide Kurven) verschiebt. Zum zweiten bestimmen wir die Richtung der Verschiebung. Zum dritten vergleichen wir das neue Gleichgewicht mit dem alten Marktgewicht.

- In Marktwirtschaften bilden Preise die Signale für alle Entscheidungen sowie die Zuteilung knapper Ressourcen. Bei jeder Güterart der Volkswirtschaft gewährleistet der bewegliche Marktpreis, dass Angebot und Nachfrage zur Übereinstimmung kommen. Der Gleichgewichtspreis bestimmt einerseits produzierte und angebotene Gütermenge der Unternehmer und andererseits nachgefragte und konsumierte Gütermenge der Haushalte.

Gregory Mankiw, Grundzüge der Volkswirtschaftslehre, 3., Aufl., Stuttgart 2004, S. 74

Wie Angebot und Nachfrage den Preis bestimmen

M 13

Schaubild a)

Das Gleichgewicht von Angebot und Nachfrage. Das Gleichgewicht findet man da, wo sich Angebots- und Nachfragekurve schneiden. Beim Gleichgewichtspreis entspricht die angebotene Menge der nachgefragten Menge. Hier beträgt der Gleichgewichtspreis € 2,– (je Kugel Eiscreme): Zu diesem Preis werden 7 Kugeln Eiscreme angeboten und 7 Kugeln Speiseeis nachgefragt.

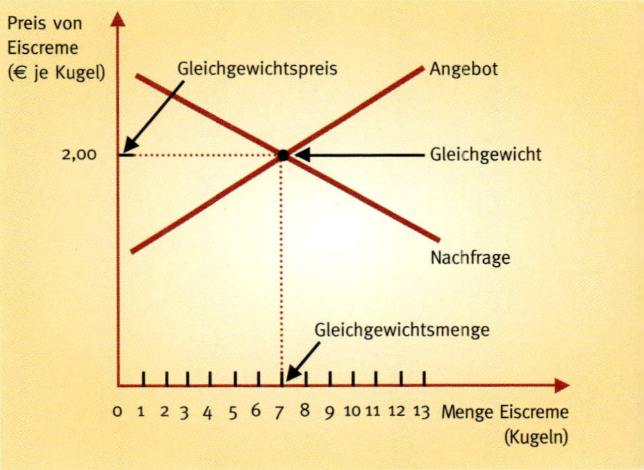

Schaubild b)

Märkte abseits des Gleichgewichts. Im Diagramm b) herrscht ein Angebotsüberschuss. Da der Marktpreis von € 2,50 über dem Gleichgewichtspreis liegt, übersteigt die angebotene Menge (10 Kugeln) die nachgefragte Menge (4 Kugeln). Die Anbieter versuchen, den Absatz durch Preissenkungen zu steigern; und dies verändert den Preis in Richtung auf den Gleichgewichtspreis.

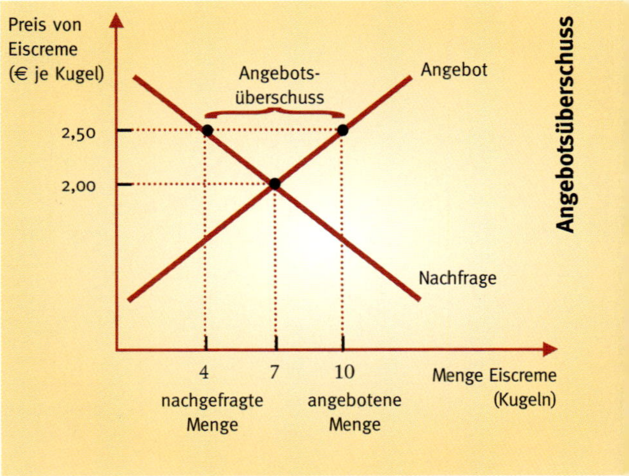

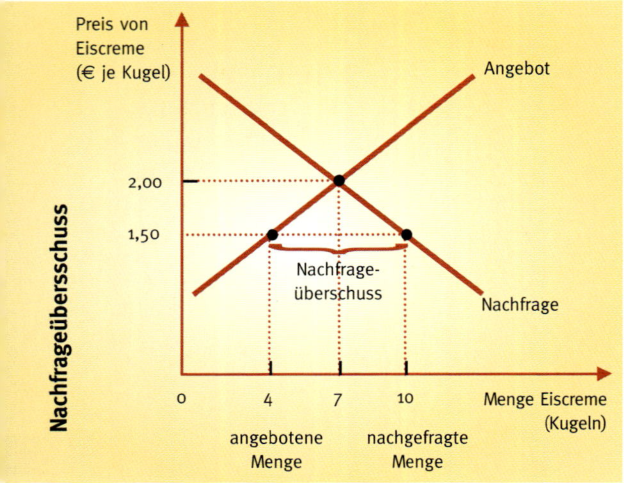

Schaubild c)

Märkte abseits des Gleichgewichts. Im Diagramm c) herrscht ein Nachfrageüberschuss. Da der Marktpreis von € 1,50 unter dem Gleichgewichtspreis liegt, übersteigt die nachgefragte Menge (10 Kugeln) die angebotene Menge (4 Kugeln). Da allzu viele Käufer Jagd auf die zu geringe Gütermenge machen, können die Anbieter die Knappheitslage ausnützen und den Preis erhöhen. So führen Anpassungsbewegungen in beiden Fällen zum Marktgleichgewicht hin.

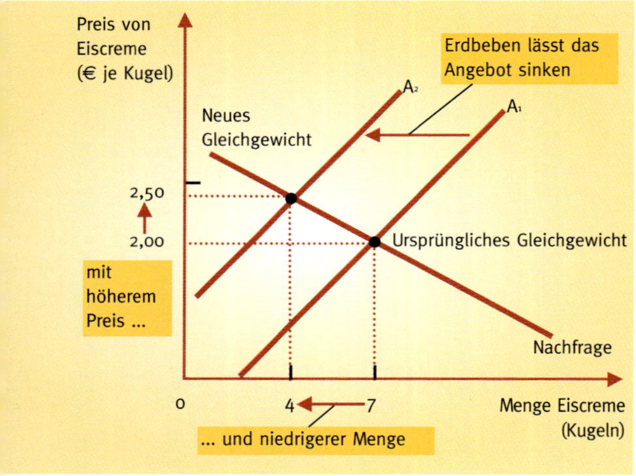

Schaubild d)

Wie ein Angebotsrückgang das Gleichgewicht verändert. Ein Ereignis, das die Angebotsmenge zu jedem beliebigen denkbaren Preis vermindert, bewirkt eine Linksverschiebung der Angebotskurve. Der Gleichgewichtspreis steigt und die Gleichgewichtsmenge sinkt. Annahmegemäß habe ein Erdbeben die Angebotskurve von A_1 nach A_2 verschoben und dadurch den Gleichgewichtspreis von € 2,– auf € 2,50 ansteigen sowie die Gleichgewichtsmenge von 7 auf 4 Stück absinken lassen.

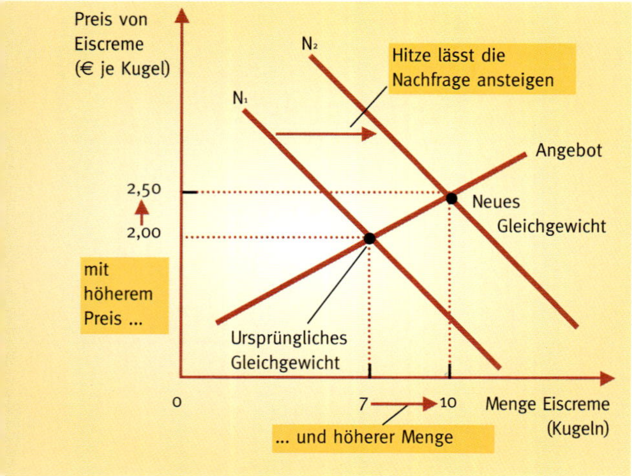

Schaubild e)

Wie eine Nachfragesteigerung das Gleichgewicht verändert. Ein Ereignis, das die Nachfragemenge zu beliebigen denkbaren Preis erhöht, bewirkt eine Rechtsverschiebung der Nachfragekurve. Sowohl der Gleichgewichtspreis als auch die Gleichgewichtsmenge steigen. Hier haben annahmegemäß ein ungewöhnlich heißer Sommer zur Rechtsverschiebung der Nachfragekurve von N_1 nach N_2 sowie zur Preissteigerung von € 2,– auf € 2,50 und zur Mengensteigerung von 7 auf 10 Stück geführt.

Gregory Mankiw, Grundzüge der Volkswirtschaft, 3. Aufl., Stuttgart 2004, S. 82 ff

Typische Marktstrukturen

M 14

Man spricht von einem **Monopol**, wenn auf einem Markt nur ein Anbieter vorhanden ist, dessen Absatz nur von seinem Preis und nicht fühlbar von den Preisen anderer Anbieter abhängt. Man kann auch sagen: Ein Monopolist hat keine Konkurrenten. Um falsche Vorstellungen zu vermeiden, wollen wir auf drei Dinge hinweisen:

a) Ein Monopolist kann nicht seinen Preis und gleichzeitig die Menge festsetzen, die er verkaufen will. Er muss sehr wohl das Verhalten der Nachfrager in Rechnung stellen und berücksichtigen, dass er in der Regel um so weniger absetzen kann, je höher er seinen Preis setzt. Er steht also einer fallenden Nachfragekurve für sein Produkt gegenüber. Seine Vorstellung von der Nachfragekurve nennt man auch Preis-Absatz-Kurve.
b) Ein Monopolist muss normalerweise die sogenannte latente Konkurrenz berücksichtigen. Es ist möglich, dass bei sehr hohen Gewinnen auch andere Anbieter in diesen Markt drängen, wenn auch die Tatsache, dass ein Monopol besteht, darauf hinweist, dass der Zugang zu diesem Markt erschwert ist.
c) Kein Monopolist ist z.B. der Produzent von BMW-Automobilen. BMW ist zwar der einzige Anbieter von BMW-Automobilen, steht aber dennoch in Substitutionskonkurrenz z.B. zu Mercedes, Audi, Alfa Romeo etc. Kein Monopolist ist z.B. die Deutsche Bundesbahn, denn auch ihr Absatz hängt von den Preisen anderer Anbieter ab, z.B. vom Preis des Luftverkehrs, der Straßentransporte und der Binnenschifffahrt.

Befinden sich auf einem Markt einige wenige, relativ große Anbieter, so spricht man von einem **Oligopol**. Bei dieser Marktform hängt der Absatz eines Anbieters nicht nur von seinem eigenen Preis ab, (wie beim Monopol), sondern auch von den Preisen der übrigen Anbieter, und zwar vom Preis jedes einzelnen übrigen Anbieters. Beispiele für diese Marktform sind in großer Zahl zu finden: der Markt für Automobile bestimmter Klassen, Reifen, Mineralöl, Zigaretten, Stahl, Kunststoffe. Auch kleine, benachbarte Einzelhandelsläden, Bäcker, Friseure, Tankstellen etc. entstehen oft in oligopolistischer Konkurrenz. Das Oligopol ist die vorherrschende Marktform einer modernen Wirtschaft.

Während ein Monopolist bei seiner Preissetzung nur die Reaktion der Nachfrager berücksichtigen muss und gegebenenfalls die latente Konkurrenz, hat ein Oligopolist gewissermaßen zwei Fronten zu berücksichtigen: Da der Absatz seiner Konkurrenten fühlbar von seinem Preis abhängt, werden seine Konkurrenten bei seinen Preisänderungen reagieren. Ein Oligopolist muss also sowohl die Marktseite beobachten als auch das Verhalten seiner Konkurrenten in seine Planungen mit einbeziehen.

Generell gilt, dass die Preise, die ein oligopolistischer Anbieter fordern kann, im Wesentlichen durch die Preise der Konkurrenten bestimmt sind. So können die Benzinpreise verschiedener Firmen nicht wesentlich differieren, so kann ein VW Polo nicht merklich teurer sein als ein Ford Fiesta, so muss ein VW Golf billiger sein als ein Opel Vectra und dieser wiederum billiger als eine Mercedes S-Klasse. Die Gewinnspanne der Hersteller hängt mithin auch wesentlich von ihrer Kostenkurve ab. Je rationeller die Fertigungsmethoden, desto größer die Gewinnspanne.

Wir beschreiben die Preisbildung bei vollkommener Konkurrenz, weil sie lange Zeit Leitbildcharakter für den Koordinationsmechanismus in einer Marktwirtschaft besaß und auch heute zum Teil noch besitzt.
Man spricht von vollständiger Konkurrenz bzw. von einem **vollkommenen Polypol**,

wenn ein Markt folgendermaßen beschrieben werden kann:

(1) Es stehen sich auf jeder Marktseite eine sehr große Zahl von Anbietern und Nachfragern gegenüber, deren individuelle Größe für den Gesamtmarkt unbedeutend ist. Ihr jeweiliger Anteil an der Gesamtkapazität von Angebot und Nachfrage ist verschwindend gering (Polypol).
(2) Der Markt ist vollkommen in dem Sinn, dass alle Anbieter und Nachfrager praktisch identisches Gut handeln (Bedingung der Homogenität der Güter), dass sie über die geforderten und gebotenen Preise bestens informiert sind (vollständige Information oder vollkommene Transparenz) und dass sie keinen Grund haben, einen Marktteilnehmer einem anderen vorzuziehen (keine Präferenzen).

Ulrich Baßeler, Jürgen Heinrich, Burkhard Utecht, Grundlagen und Probleme der Volkswirtschaft, 17. Aufl., Stuttgart 2002, S. 177 ff.

AUFGABEN

1. Beschreiben Sie die Rolle der Preise in der Marktwirtschaft (M 12, M 13).
2. Betrachten Sie den Markt für Alcopops. Zeichnen Sie (ceteris paribus) für jede der folgenden Aussagen die Auswirkungen auf Angebot und Nachfrage in ein Diagramm ein (M 13).
   - Der Staat erhöht die Steuern auf Alcopops.
   - Der Preis für Bier fällt. (Annahme: Bier und Alcopops sind austauschbare Güter.)
   - Alle Fußballstadien verkaufen Werberechte für Alcopop-Anbieter.
3. Fassen Sie die Merkmale der in M 14 geschilderten typischen Marktformen in einer übersichtlichen Tabelle zusammen.

Informationen und Zusammenhänge

Aufgaben einer Wirtschaftsordnung
M 2, M 3

Jede Volkswirtschaft steht vor der Aufgabe, die Grundprobleme des Wirtschaftens lösen zu müssen: Wie kann – ausgehend von einer prinzipiell angenommenen Knappheit der Güter im Vergleich zu den nahezu unendlichen Bedürfnissen der Konsumenten – eine möglichst große Bedürfnisbefriedigung für alle sichergestellt werden? In Wirtschaftsordnungen sind die Grundlagen und Rahmenbedingungen formuliert, die die Verhaltensweisen der Wirtschaftsakteure (private Haushalte, Unternehmen, Staat) bestimmen. Jede Wirtschaftsordnung muss auf folgende Fragen Antwort geben: Welche Güter und Dienstleistungen sollen in welchen Mengen produziert werden? Wie sollen bei der Produktion die Produktionsfaktoren Boden, Kapital und Arbeit organisiert werden? Wie erfolgt die Verteilung der Produkte?

Unterschiedliche Ordnungen
M 4

Grundsätzlich bieten sich zwei Möglichkeiten an, diese Probleme zu bewältigen: das dem politischen Leitbild des Liberalismus verpflichtete marktwirtschaftliche Modell und das am Sozialismus orientierte Modell einer Zentralverwaltungswirtschaft. Wichtige Beurteilungsmaßstäbe für Wirtschaftsordnungen sind Gerechtigkeit und Leistungsfähigkeit.

Freie Marktwirtschaft
M 7, M 8

In der freien Markwirtschaft haben private Entscheidungen der Wirtschaftssubjekte Vorrang. Der Staat hält sich weitestgehend aus dem Wirtschaftsgeschehen heraus, er übernimmt lediglich Aufsichts- und Ordnungsfunktionen. Die Konsumenten entscheiden frei über Art, Umfang und Rangfolge der Bedürfnisse.
Die Unternehmen richten ihre Produktion am Bedarf aus und versuchen, möglichst viele Bedürfnisse zu möglichst günstigen Bedingungen zu befriedigen. Es gilt das Prinzip der dezentralen Produktionsplanung als Teil der generellen Planungsautonomie aller Wirtschaftssubjekte. Aus dem Zusammentreffen von Angebot und Nachfrage auf den Märkten pendeln sich Gleichgewichtspreise ein, über die Preise erfolgt die Koordination der Wirtschaftssubjekte, die Verteilung des Produzierten erfolgt nach dem Leistungsprinzip. Untrennbar mit der freien Marktwirtschaft verbunden sind Konsumfreiheit, Niederlassungsfreiheit, Koalitionsfreiheit, freie Wahl des Arbeitsplatzes, freie Verfügung über das Privateigentum.

Zentralverwaltungswirtschaft
M 9, M 10

In der Zentralverwaltungswirtschaft werden alle wirtschaftlichen Entscheidungen von staatlichen Stellen geplant. Der Staat ermittelt den Gesamtbedarf der Volkswirtschaft und setzt die Prioritäten über Art, Umfang und Rangfolge der zu befriedigenden Bedürfnisse fest. Die Preise werden staatlich festgelegt und der Einsatz der Produktionsfaktoren wird zentral geplant. Die Koordination von Bedarfs- und Produktionsplanung orientiert sich der Theorie nach am Bedarf.
Grundlegende Probleme der Zentralverwaltungswirtschaft entstehen dadurch, dass sich aufgrund der zentralen Planung Informationsdefizite über vorhandene Ressourcen und Konsumentenpräferenzen ergeben. Zudem fehlen Leistungsanreize für die Wirtschaftsakteure. Dies führt insgesamt zu einer mangelnden Innovationsfähigkeit dieser Wirtschaftsordnung.

1.2 Die Soziale Marktwirtschaft

1.2.1 Grundprinzipien der Sozialen Marktwirtschaft

M 15 Das Leitbild der Sozialen Marktwirtschaft

Das Leitbild der Sozialen Marktwirtschaft entstand gegen Ende des Zweiten Weltkriegs und griff Elemente des Neoliberalismus und der christlichen Soziallehre auf. Geistige Väter des Konzepts waren Walter Eucken (1891–1950), Professor für Volkswirtschaftslehre, und Alfred Müller-Armack (1901–1978), späterer Abteilungsleiter im Bundesministerium für Wirtschaft. Diese Wirtschaftsordnung wurde in der Bundesrepublik Deutschland insbesondere durch den Bundeswirtschaftsminister und späteren Bundeskanzler Ludwig Erhard (1897–1977) politisch durchgesetzt. In ihr kommt dem Staat die Aufgabe zu, die sozial unerwünschten Auswirkungen der Marktwirtschaft zu verhindern oder wenigstens abzumildern. „Sozial“ steht für soziale Gerechtigkeit und Sicherheit, „Marktwirtschaft“ steht für wirtschaftliche Freiheit.
Wirtschaftliche Freiheit bedeutet, dass Verbraucher frei entscheiden können, welche Güter sie kaufen (Konsumfreiheit). Der Eigentümer an Produktionsmitteln kann frei wählen, ob er seine Arbeitskraft, Sachgüter oder unternehmerischen Fähigkeiten zur Verfügung stellt (Gewerbefreiheit, Berufsfreiheit und Freiheit der Eigentumsnutzung). Unternehmer haben die Freiheit, Güter nach ihrer Wahl zu produzieren und abzusetzen. Käufer und Verkäufer von Güter oder Dienstleistungen besitzen die Freiheit, sich neben anderen um das gleiche Ziel zu bemühen (Wettbewerbsfreiheit). Nur mittels eines funktionsfähigen Wettbewerbs werden über Angebot und Nachfrage die Wirtschaftspläne so aufeinander abgestimmt, dass die Wirtschaft quasi wie von selbst ihren bestmöglichen Zustand erreicht. Zu diesem Zweck setzte Erhard das Gesetz gegen Wettbewerbsbeschränkungen (1957) durch.
Die Marktfreiheit soll durch den Staat dort beschränkt werden, wo sie die soziale Gerechtigkeit und die soziale Sicherheit gefährdet. Der Wirtschaftspolitik kommt z. B. die Aufgabe zu, die negativen Folgen von Konjunkturschwankungen (Arbeitslosigkeit, Inflation) zu dämpfen. Die Einkommens- und Vermögensverteilung soll vor allem im Interesse der nicht am Wirtschaftsprozess beteiligten Gruppen staatlich korrigiert werden; es findet eine Umverteilung (Distribution) statt. ... Der Staat übernimmt Aufgaben, die über den Markt nicht oder nur sehr eingeschränkt angeboten werden können (Marktversagen), wie etwa struktur- und bildungspolitische Aufgaben. ...
Die Soziale Marktwirtschaft hält grundsätzlich am Ideengut des Individualprinzips fest. Die Handlungsfreiheit des Einzelnen sollte allerdings dort aufhören, wo fundamentale Rechte und Lebensinteressen anderer eingeschränkt werden. Das Grundziel dieser Wirtschaftsordnung heißt entsprechend: „So viel Freiheit wie möglich, so viel staatlicher Zwang wie notwendig.“ Die Aufgabe der Sozialen Marktwirtschaft ist es, auf Grundlage der Marktwirtschaft das Prinzip der Freiheit mit dem des sozialen Ausgleichs und der sozialen Gerechtigkeit zu verknüpfen. Damit liegt die Wirtschaftsordnung der Sozialen Marktwirtschaft zwischen den beiden Extremen der auf dem Individualprinzip aufgebauten Marktwirtschaft und der auf dem Kollektivprinzip aufgebauten Planwirtschaft.

Bundeszentrale für politische Bildung, Wirtschaft heute, 4. Aufl., Bonn 2003, S. 30

Sieben konstituierende Prinzipien für die Soziale Marktwirtschaft

M 16

Welche Wirtschaftsordnung aber ist so beschaffen, dass einerseits die Menschen frei in ihr agieren können, andererseits jedoch private Machtkörper nicht entstehen? Eucken entwickelt als Antwort auf diese Frage seine Konzeption der Wettbewerbsordnung: Wettbewerb ist das zentrale Instrument zur Verhinderung übermäßiger wirtschaftlicher Macht bei gleichzeitiger Freiheit des Einzelnen. Danach hat der Staat dafür zu sorgen, dass dem Wettbewerbsprinzip in der Wirtschaftsordnung umfassend Rechnung getragen wird. Wie kann jedoch das Wettbewerbsprinzip durchgesetzt werden? Wie also kann eine Wettbewerbsordnung geschaffen und erhalten werden? Eucken führt sieben Voraussetzungen an, die er konstituierende Prinzipien nennt.

Erstens muss eine Wirtschaftsstrukur bestehen, in der ein funktionsfähiges Preissystem die tatsächlichen Knappheitsrelationen zuverlässig anzeigt und in der ein intensiver Wettbewerb herrscht. Voraussetzung hierfür ist zum einen, dass der Staat sich jedes Eingriffs in den Wirtschaftsprozess enthält; denn Subventionen oder andere Maßnahmen verzerren das Preisgefüge. Voraussetzung ist zum anderen, dass auf den Märkten viele Anbieter und Nachfrager agieren, die Märkte also nicht monopolisiert sind; Monopole und Kartelle können kraft ihrer Marktmacht unmittelbaren Einfluss auf die Preise nehmen. Außerdem führen sie oft zur Verringerung der Wettbewerbsintensität. Hieraus folgt, dass der Staat Kartelle oder Unternehmensfusionen, die den Wettbewerb beschränken, unterbinden muss. Auch jede Form der Behinderung von Konkurrenten ist zu untersagen. Nicht Behinderungs-, sondern Leistungswettbewerb hat zu herrschen.

Zweitens muss der Geldwert stabil sein. Inflation führt dazu, dass das Preissystem kein zuverlässiger Indikator für die Intensität der wirtschaftlichen Knappheit verschiedener Güter ist. Die Sparer und andere werden faktisch enteignet. *Drittens* muss der Marktzutritt frei sein. Jede Behinderung potenzieller Konkurrenten senkt die Wettbewerbsintensität. *Viertens* muss Privateigentum bestehen. Die Konzentration des Eigentums beim Staat würde diesem ein erdrückendes Machtpotenzial verschaffen. Zudem verfahren die Bürger mit Staatseigentum weniger verantwortungsvoll als mit Gegenständen, die ihnen selbst gehören.

Fünftens bedarf es einer umfassenden Vertragsfreiheit. Nur wenn die Menschen selbst entscheiden, mit wem sie Verträge schließen und mit wem nicht, kann Wettbewerb zwischen Konkurrenten entstehen. Allerdings darf die Vertragsfreiheit nicht dazu missbraucht werden, den Wettbewerb auszuschalten oder die Vertragsfreiheit anderer zu beschränken. *Sechstens* hat jeder Wirtschaftsteilnehmer für seine wirtschaftlichen Aktivitäten umfassend zu haften. Denn nur dann wird er im Wirtschaftsleben sorgsam und vorsichtig handeln. Haftungsbeschränkungen, wie sie Kapitalgesellschaften eigen sind, akzeptiert Eucken nur für Kleinaktionäre und Teilhaber, die an der Geschäftsführung nicht mitwirken. *Siebtens* hat die Wirtschaftspolitik stetig zu sein. Die Dynamik des Wirtschaftsprozesses enthält bereits aus sich heraus viel Unsicherheit über die künftige Entwicklung. Diese darf der Staat nicht noch vergrößern.

... Allerdings reicht die Verwirklichung der sieben konstituierenden Prinzipien nicht aus, wenn die Wettbewerbsordnung auch nachhaltig funktionsfähig sein soll. ...

So können Unternehmen eine Monopolstellung auch durch Effizienzvorteile erlangen, sodass aus der Wettbewerbsordnung heraus kein wirtschaftlich sinnvoller Wettbewerb aufkommt. Für solche Fälle plädiert Eucken für ein unabhängiges Kartellamt, das die missbräuchliche Ausnutzung der Monopolstellung verhindert.

Lüder Gerken, in: Frankfurter Allgemeine Zeitung, 20.3.2000, S. 18

M 17 Der Staat im System der Sozialen Marktwirtschaft

Wie die Übersicht auf Seite 11 zeigt, wirkt der Staat als Rahmensetzer und als Interventionist ebenso auf die großen Märkte (Arbeits-, Güter- und Kapitalmarkt), wie es der Staat in seiner Funktion als Unternehmer tut. Verschärft er zum Beispiel Umweltschutzgesetze, können dadurch Arbeitsplätze wegfallen, weil einige Unternehmen nicht genug Geld für entsprechende Investitionen haben.

Beschließt der Staat zum Beispiel neue steuerliche Rahmenbedingungen – wie etwa Steuervergünstigungen für Eigenheimkredite –, kann das zu einer Ausweitung der Bautätigkeit mit mehr Arbeitsnachfrage führen, die Nachfrage nach Gütern für den Wohnungsbau steigern und zugleich die Nachfrage auf dem Kapitalmarkt verändern, weil verstärkt Kredite nachgefragt werden. Beschließt der Staat als Arbeitgeber, zum Beispiel neue oder zusätzliche Dienstleistungen anzubieten – wie etwa im Kindergarten –, Schul- oder Hochschulbereich –, muss er dafür auf dem Arbeitsmarkt Kindergärtner und Lehrer finden. Baut er dann noch neue Gebäude mit Kantinen für Kinder, Schüler und Studenten, wird er über eine gesteigerte Investitionsnachfrage und höhere Nachfrage auf dem Konsumgütermarkt auf dem Gütermarkt tätig.

Je mehr der Staat per Gesetz und Verordnungen, durch Subventionen und Transferzahlungen auf das Wirtschaftsgeschehen Einfluss nimmt oder je häufiger er als Großunternehmer auftritt, um so mehr wird das freie Spiel der Kräfte beeinflusst.

Viktor Lüpertz, Problemorientierte Einführung in die Volkswirtschaftslehre, 4. Aufl., Darmstadt 2005, S. 225

M 18 Träger der Wirtschaftspolitik

Entscheidungsträger				Einflussträger	
Staatliche Institutionen	**Institutionen unter staatlicher Aufsicht**	**Vom Staat unabhängige Institutionen**	**Internationale Institutionen**	**Öffentlich-rechtliche Institutionen**	**Private Institutionen**
Beispiele					
Legislative Parlamente (Bund, Länder, Kommunen) **Exekutive** Regierungen (Bund, Länder, Verwaltungen, Behörden) **Judikative** u.a. Bundesverfassungsgericht, Arbeits- und Sozialgerichte	**Bundeskartellamt** (Wettbewerbspolitik) **Bundesagentur für Arbeit** (Arbeitsmarktpolitik)	**Europäisches System der Zentralbanken** (Geldpolitik) **Selbstverwaltungsorgane** (Industrie- und Handelskammern) **Tarifparteien** Gewerkschaften und Arbeitgeberverbände (Lohnpolitik)	**Europäische Union** **Internationaler Währungsfonds** (IWF) **Welthandelsorganisation** (WTO)	**Beratungsgremien** Sachverständigenrat, wissenschaftliche Beiräte, Monopolkommission	**Interessengruppen** Verbände, Parteien

Viktor Lüpertz, Problemorientierte Einführung in die Volkswirtschaftslehre, 4. Aufl., Darmstadt 2005, S. 286

M 19

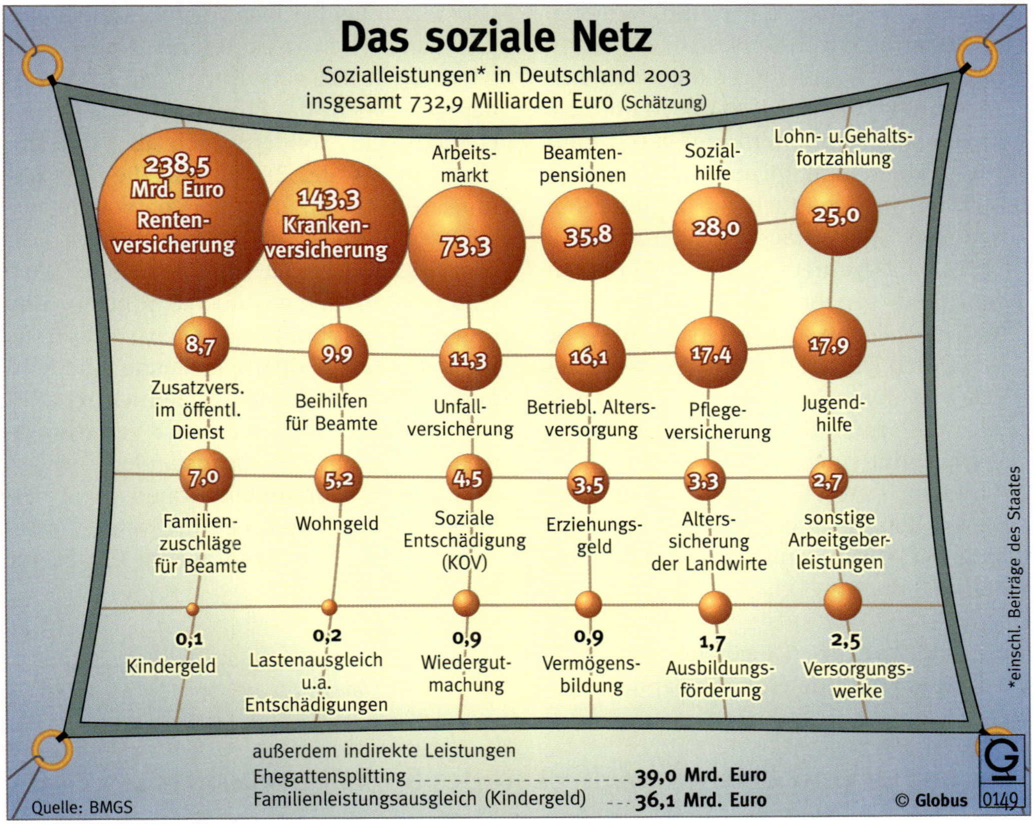

Grundgesetz und Wirtschaftsordnung

M 20

Im Grundgesetz finden sich keine Entscheidungen für eine bestimmte Wirtschaftsordnung. Seine „wirtschaftspolitische Neutralität" ermöglicht es dem Gesetzgeber, die ihm jeweils sachgemäß erscheinende Wirtschaftspolitik zu verfolgen. Die gegenwärtige Wirtschafts- und Sozialordnung ist keinesfalls die verfassungsrechtlich einzig mögliche (BVerfGE 4, 8/18). Der Gesetzgeber ist nur verpflichtet, die von der Verfassung an jede Wirtschaftspolitik gestellten Mindestanforderungen zu beachten: Die Wirtschaftspolitik muss dem Grundrecht der freien Entfaltung der Persönlichkeit einerseits und der in Art. 20 Abs. 1 getroffenen Entscheidung für den Sozialstaat andererseits gerecht werden. Die allgemeine Handlungsfreiheit auf wirtschaftlichem Gebiet hat folgende Auswirkungen:

a) Es steht jedem frei, ob er sich wirtschaftlich betätigen will („Unternehmerfreiheit"), insbesondere ob er ein Gewerbe betreiben will oder nicht („Gewerbefreiheit"). Das freie Unternehmertum und die dafür typisch freie Unternehmerinitiative dürfen nicht völlig beseitigt werden. ...
b) Die wirtschaftliche Freiheit enthält die Wettbewerbsfreiheit, d.h. das Recht jedes Unternehmens oder Unternehmers, mit anderen Unternehmen auf dem Markt in Konkurrenz zu treten. Zwar ist nicht jede wettbewerbsbeschränkende Absprache zwischen den verschiedenen Erzeugern

derselben Produkte („Kartelle") verboten, doch darf durch sie keinesfalls ein monopolartiges Wirtschaftsgebilde entstehen. Diesem Ziel dienen die Gesetze über den unlauteren Wettbewerb und gegen Wettbewerbsbeschränkungen.

c) Aus der wirtschaftlichen Handlungsfreiheit folgt die Vertragsfreiheit (BVerfGE 8, 274/328). Darunter ist die Freiheit des Einzelnen zu verstehen, seine Rechtsstellung und die Rechtslage der von ihm beherrschten Rechtsgüter (z. B. Sachen) nach Belieben durch Verträge mit anderen zu ändern: Grundsätzlich kann jedermann Verträge mit einem beliebigen Partner abschließen („Abschlussfreiheit") und mit diesem den Inhalt der vertraglichen Regelung frei bestimmen („Freiheit der inhaltlichen Gestaltung"). ...

Diese wirtschaftlichen Freiheiten verlangen aber keineswegs eine einseitig kapitalistisch oder ausschließlich marktwirtschaftlich ausgerichtete Wirtschaftsordnung. Das GG hebt selbst das Sozialstaatsprinzip (Art. 20 Abs. 1) hervor, versteht das Eigentum nicht nur als Freiheitsrecht, sondern auch als Verpflichtung (Art. 14 Abs. 2) und lässt die Überführung von Grund und Boden, von Naturschätzen und Produktionsmitteln in Gemeineigentum zu (Art. 15). Eine Wirtschaftspolitik, die aus übergeordneten Interessen in bestimmten Bereichen das freie Spiel der Kräfte durch lenkende Maßnahmen einschränkt oder gemeinwirtschaftliche Züge annimmt, ist daher verfassungsrechtlich nicht zu beanstanden, soweit dadurch nicht die unternehmerischen Freiheiten in ihrem Kern berührt werden, d. h. nicht private Initiativen auf diesem Sektor untersagt werden.

Dieter Hesselberger, Das Grundgesetz, Kommentar für die politische Bildung, 13. Aufl., Bonn 2003, S. 73 f.

M 21 Leistungen und Leistungsfähigkeit der Sozialen Marktwirtschaft

Bevor die Frage nach den Leistungen und der Leistungsfähigkeit der Sozialen Marktwirtschaft zu beantworten versucht wird, gebietet es die Chronistenpflicht, darauf hinzuweisen, dass der Aufbau der Sozialen Marktwirtschaft in den Jahren nach dem totalen politischen und wirtschaftlichen Zusammenbruch Deutschlands des Jahres 1945 eine große politische Leistung war. Die wirtschaftsordnungspolitische und wirtschaftsprozesspolitische gesetzgeberische Aufbauleistung, die Parlament und Regierung aus dem durch den Zweiten Weltkrieg verursachten Chaos heraus vollbracht haben, verdient hohe Anerkennung. Das gilt – um einige Punkte zu nennen – für die Reintegration der Bundesrepublik Deutschland in die europäische Wirtschaft und in die Weltwirtschaft. Es gilt weitgehend auch für die Schaffung der Wettbewerbsordnung und für den Aufbau des Sozialstaates Bundesrepublik.

Die Bundesrepublik musste auf einem wirtschaftlichen und sozialen Scherbenhaufen beginnen, den das „Dritte Reich" hinterlassen hatte. Sie hatte ... für Millionen von Flüchtlingen, Heimkehrern und politisch Geschädigten soziale Hilfe zu gewähren. Sie hatte sich der Kriegshinterbliebenen, der Kriegsbeschädigten und Kriegsgeschädigten anzunehmen, um die unmittelbarsten Kriegsfolgen zu lindern. Sie musste darüber hinaus eine neue Arbeits- und Sozialordnung aufbauen, die der neuen Gesellschaft ein tragfähiges, dauerhaftes Fundament gab. Vergleicht man mit diesem Aufgabenbündel die erbrachten sozialen Leistungen, dann wird man der sozialen Aufbauleistung des Parlaments, der Regierung und der Bevölkerung Anerkennung nicht versagen können. ...

Obwohl der wirtschaftliche Wiederaufstieg der Bundesrepublik durch eine Reihe politischer, wirtschaftlicher und sozialer Faktoren begünstigt wurde, ist nicht zu verkennen, dass die wirtschaftlichen Freiheiten, die die Soziale Marktwirtschaft Unternehmern, Arbeitnehmern und Verbrauchern einräumt, den persönlichen Einsatzwillen, die Leistungsbereitschaft, die Eigeninitiative, den Fleiß und die Begabungen mehr stimulierten, und besser zur Entfaltung kommen ließen als andere Wirtschaftsordnungen mit einem geringeren Gehalt an wirtschaftlichen Freiheiten es vermocht hätten. Es ist nicht zu übersehen, dass der Wettbewerb die Produktivität erhöhte, qualitativ hochwertige Leistungen erzwang, die Rationalisierung förderte und – im Zusammenhang mit wirtschaftspolitischen Investitionsanreizen – eine wachstumserhöhende Investitionsquote sicherte. ...

Trotz der großen Bedeutung wirtschaftlichen Wachstums für die Wohlfahrt einer Gesellschaft ist Wachstum kein Kriterium, das bei der Entscheidung für oder gegen eine Wirtschaftsordnung allein ausschlaggebend sein kann. Ausschlaggebend für die wirtschaftsordnungspolitische Entscheidung müssen vielmehr die Wirkungen der Wirtschaftsordnung auf die Gesellschafts- und Sozialordnung und auf die Erreichbarkeit gesellschafts-, wirtschafts- , und sozialpolitischer Ziele sein. ...
Den Begründern des Konzepts lag neben dem Wachstum vor allem der Aufbau einer menschenwürdigen Gesellschaftsordnung am Herzen, zu der die Wirtschafts- und Sozialordnung ihren Beitrag leisten soll. So ist immer wieder von einer „Versittlichung der Gesellschaftsordnung", von der Einbettung der Sozialen Marktwirtschaft in „eine höhere Gesamtordnung" die Rede.
Dass die Soziale Marktwirtschaft in die Gesamtordnung der Bundesrepublik eingebettet ist, dass sie insbesondere der Verfassungsidee und der Verfassungswirklichkeit der Bundesrepublik in hohem Maße entspricht und dazu beiträgt bzw. beitragen kann, die Forderung nach freier Entfaltung der Persönlichkeit, nach sozialer Sicherheit, sozialer Gerechtigkeit, sozialem Frieden und Rechtsstaatlichkeit zu verwirklichen, und dass sie der Staats- und Gesellschaftsordnung ein breites, tragfähiges ökonomisches Fundament gibt, haben ... 50 Jahre westdeutscher Wirtschafts- und Sozialgeschichte gelehrt. ...

Damit ist keinesfalls gesagt, dass die aktuelle Ausprägung, die die Wirtschaftsordnungsidee der Sozialen Marktwirtschaft in der Bundesrepublik Deutschland gefunden hat, nicht verbesserungsfähig ist.

Heinz Lampert, Die Wirtschafts- und Sozialordnung der Bundesrepublik Deutschland, 13. Aufl., München/Landsberg a.L. 1997, S. 315 ff.

AUFGABEN

1. Erläutern Sie, inwiefern die Soziale Marktwirtschaft als „Dritter Weg" zwischen Marktwirtschaft und Planwirtschaft betrachtet werden kann (M 15, M 16).
2. Sammeln Sie aktuelle Beispiele, wie der Staat im Rahmen der Sozialen Marktwirtschaft in das Wirtschaftsgeschehen eingreift. Zeigen Sie die Wirkungen der Maßnahmen auf verschiedene gesellschaftliche Gruppen auf (M 17).
3. Stellen Sie mit Hilfe von M 15 – M 21 abschließend die Grundidee der Sozialen Marktwirtschaft dar, beziehen Sie dabei auch Grundgesetzartikel mit ein. Erläutern Sie Ihren Entwurf im Plenum.

1.2.2 Die Rolle des Unternehmens in der Sozialen Marktwirtschaft

M 22 Die Stellung des Unternehmens in der Wirtschaftsordnung

M 23 Gründer und Mittelstand schaffen Arbeitsplätze

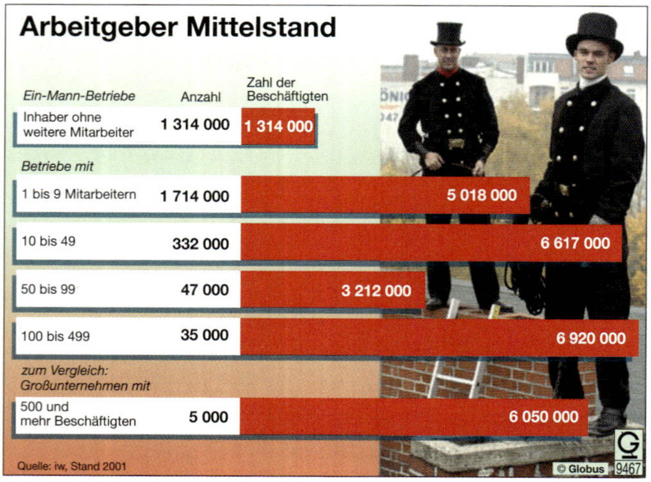

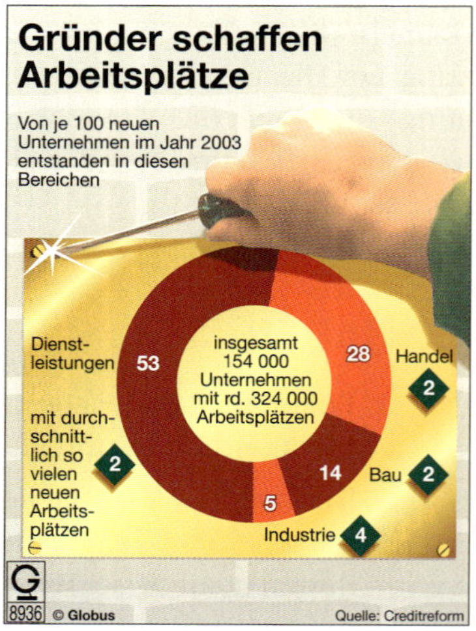

Kontrovers diskutiert: Unternehmer – ohne Verantwortung für die Gesellschaft?

M 24

a) „Wer als Reicher stirbt, hat Schande über sein Leben gebracht."

Gegenwärtig vollzieht sich eine brisante Polarisierung des kulturellen Sprach- und Berufsspektrums, wodurch ganz neue Zuordnungen von Zumutbarkeitsregeln und Verantwortungen kollektiv befestigt werden. In einer Zeit offenkundig enger werdender Verteilungsspielräume öffentlicher Haushaltsmittel finden sich nämlich sehr viele Menschen mit neuen Zumutbarkeiten und Erwartungen konfrontiert: Man hält es für zumutbar, dass sie ihr beträchtliches Lebensniveau um einige Stufen senken, sich also ohne großes Murren zu Opfergeschenken auf den Altären allgemeiner Wohlfahrt bereit erklären ...

Höchst merkwürdige Verschiebungen zeichnen sich ab. Je weiter wir den Blick nach oben richten, auf die glanzvollen und privilegierten Macht- und Herrschaftsetagen, desto unsicherer werden Opferzumutungen und Verhaltensweisen, die Anzeichen von Verantwortungsbewusstsein vermuten lassen. Zehn Euro Praxisgebühr – das ist so handfest und unmissverständlich-durchsichtig wie der Zehnte vom Ernteertrag, den der mittelalterliche Bauer der bedürftigen Kirche zu entrichten hatte.

„Soll ich denn das selber bezahlen?" gab der Bundesbankpräsident Welteke der verblüfften Journalistenrunde zur Antwort, als ihm die von einer Privatbank beglichene Rechnung für eine weitgehend zu familiären Urlaubszwecken genutzte Suite im Adlon-Hotel vorgehalten wurde. Ist das zumutbar, eine Rechnung von 7000 Euro zu bezahlen, auch wenn dahinter ein Einkommen von 350 000 Euro steht? Oder gelten hier ganz andere Zumutbarkeitsregeln als auf dem normalen Arbeitsmarkt ...?

In den siebziger Jahren galt die Devise: Die Gewinne von heute sind die Investitionen von morgen und die Arbeitsplätze von übermorgen. Eine überzeugende Kausalkette, wie man zeitweilig glaubte. Die Sache hat jedoch eine geradezu absurde Wendung bekommen: Die Gewinne von heute sind immer häufiger die Arbeitslosen von morgen.

Im Geschäftsbericht für 2002/2003 enthüllt der Siemens-Konzern eine derart gute Gewinnlage, dass sich der Vorstand um Heinrich von Pierer im November ein dickes Weihnachtsgeld zukommen lassen kann. Für die 13 Topmanager werden insgesamt 28,2 Millionen Euro Gehälter und Boni ausgeschüttet, 52 Prozent mehr als im Vorjahr. Wenige Monate später kündigt Siemens eine Schließung von Betriebsteilen und deren Verlagerung in Billiglohnländer an, aus unabwendbaren Gründen einer betriebswirtschaftlich gebotenen Kostenreduktion. Fragen der Zumutbarkeit und der Verantwortung bleiben an solchen Widersprüchen haften: Warum ist niemand unter den 13 Topmanagern auf den Gedanken gekommen, wenigstens einen Teil der äußerst üppigen Gehälter und Zuwendungen für den Erhalt der Arbeitsplätze jener Menschen zur Verfügung zu stellen, von deren kollektiven Leistungen und ihrer sozialen Bindebereitschaft die Wertschöpfung am Ende doch abhängt?

Die Wirtschaftseliten, die den Unternehmertypus gerne zum bestimmenden Menschenbild stilisieren möchten, sind heute dabei, ihr Ansehen in einer Weise zu beschädigen, das in der deutschen Nachkriegsgeschichte ohne Beispiel ist. Es sind bedrohliche Zerfallserscheinungen einer politischen Kultur, wenn Topmanager und Verbandsfunktionäre Tag für Tag das Anspruchsverhalten von Lohn- und Gehaltsempfängern der Kritik unterziehen, längere Arbeitszeiten ohne Lohnausgleich, mehr Eigenverantwortung für die Gesundheitsversorgung fordern, gleichzeitig aber die Geldgier privilegierter

Managercliquen, von deren Gehältern ja selbst das Führungspersonal mittelständischer Unternehmen nur träumen kann, mit Schweigen oder verständnisvoller Duldung übergehen.
Als der Bundeskanzler deutsche Firmen als unpatriotisch bezeichnete, die Betriebe in Billiglohnländer verlagern, empörte sich verständlicherweise die Wirtschaftselite. Aber einige gingen auch daran, diesem „Outsourcing", wie sie es scheinwissenschaftlich nennen, einen ökonomisch zwingenden Sinngehalt zuzusprechen. „Mit der Verlagerung von Arbeitsplätzen ins Ausland stabilisiert das Unternehmen die Gewinnsituation. Damit werden die verbliebenen Arbeitsplätze sicherer, wenigstens vorübergehend", sagt der Würzburger Ökonom Norbert Berthold ... Verantwortung hängt von der Voraussetzung ab, dass wir uns als freie und entscheidungsfähige Lebewesen begreifen. Es mag ja sein, dass es zwingende ökonomische Gesetze gibt, die beachtet werden müssen. Aber wer zwingt mich, den angesammelten Privatreichtum nur für Privatzwecke zu verwenden? Deutsche Manager blicken gerne, wenn sie sich ihre Gehälter ansehen, nach Amerika; aber dieser neidvolle Blick ist riskant, weil nicht nur die amerikanischen Gerichte gegen räuberische und betrügerische Praktiken sehr schnell Anklage erheben; es existiert dort auch eine ganz andere Unternehmenskultur.

Einer der reichsten Amerikaner, Andrew Carnegie, hat um 1900 die Verantwortungsrichtung für Reiche mit der Maxime formuliert: „Wer als Reicher stirbt, hat Schande über seinen Leben gebracht." Den größten Teil seines Vermögens hat er veräußert und das Geld in Stiftungen gesteckt. Darunter befinden sich Pensionsfonds für Lehrer, Konzerthallen, aber auch eine große Stiftung zur Unterstützung internationaler Friedensbemühungen. Das ist eine Form der Wiedergutmachung und der sozialen Verantwortung. Sie ist auch deutschen Managern zumutbar.

Oskar Negt, Das Zumutbare und die Verantwortung, in: Stuttgarter Zeitung, 17.4.2004

b) „Unternehmen folgen in erster Linie jenen Regeln, die wirtschaftlichen Erfolg versprechen"

Die gesellschaftliche Verantwortung des Unternehmens und seiner Beschäftigten wird zwar seit Jahren diskutiert. Aber erst in jüngster Zeit fragt unsere Gesellschaft stärker nach, bedingt vor allem durch eklatante Führungsfehler in der Wirtschaft. Neben einer erhöhten Sensibilität der Justizbehörden geht es um die gesellschaftlichen Folgen unternehmerischer Tätigkeit, um Umwelt- und Sozialbilanzen, um Geschäftsethik, Steuerflucht, Arbeits- und Ausbildungsplätze, Produkthaftung, Gehaltshöhe. Leider wird in der Debatte auch viel Unsinn verbreitet. Zudem kommen immer wieder Vorschläge, die angeblich exzessive Freiheit von Managern und Unternehmern durch neue Regeln einzuschränken. Hier heißt es aufpassen. Unternehmen folgen in erster Linie jenen Regeln, die wirtschaftlichen Erfolg versprechen. Aber sie sind auch in das Regelwerk der Gesellschaft eingebunden. Wie weit reicht die Verantwortung? Ich will das durch sechs Thesen deutlich machen.
Erstens: Gewinnorientierung ist eine gesellschaftliche Verantwortung des Unternehmens. Diese liegt darin, die verfügbaren knappen Mittel gewinnbringend einzusetzen, solange dies unter Beachtung der Regeln des öffentlichen Wettbewerbs geschieht. Nur Unternehmen, die Gewinne erzielen, können über das Eigeninteresse hinaus auch den Ansprüchen der Mitarbeiter, des Staates und der Gesellschaft Rechnung tragen. Der Gewinn eines Unternehmens ist ein gutes Maß für erfolgreiche Unternehmenstätigkeit. ...

Aber auch dies gilt: Wer in unserer bereits extrem regulierten Marktwirtschaft einen zügellosen Kapitalismus entdeckt, um nur noch mehr Regulierungen einzufordern, hat von der wirtschaftlichen Realität keine Ahnung, oder er will ein anderes Wirtschaftssystem.

Auch die pauschale Kritik an den angeblich exzessiven Einkommen und der „Geldgier privilegierter Managercliquen“ (so Oskar Negt in der StZ vom 17. April) führt nicht zum Ziel. Führungskräfte verdienen das, was ihnen vertraglich zusteht. Die Wirtschaft beschäftigt hunderttausende von leistungsbereiten Führungskräften, deren Gehälter sich in erster Linie nach Angebot und Nachfrage richten. Und erfolglose Manager verlieren ihren Job ähnlich schnell wie Fußballtrainer.

Zweitens: Gesellschaftliche Verantwortung beweist ein Unternehmen, wenn es erfolgreich bleibt. Was richtig oder falsch ist, wird in der Wirtschaft fast immer sofort bewiesen. Am Ende wird der bestraft, welcher der Wirklichkeit ein zu geringes Gewicht beimisst. Zahlreich sind die – neuerdings auch patriotischen – Appelle aus Politik und Gesellschaft, Unternehmen sollten unrentable Betriebe nicht schließen oder verlagern. Wer dann aber die langjährigen Verluste decken soll, bleibt meistens ungenannt.

Strukturwandel in der Wirtschaft ist unvermeidlich, wenn es nachhaltiges Wachstum geben soll. Nicht Wachstum durch Zwang ist gemeint, sondern Wachstum in Freiheit. Daher muss bei uns die Unmenge an Regelungen beklagt werden, die einige schützen sollen, indem sie anderen die Dispositionsfreiheit beschränken. Der sich ausbreitende Kollektivzwang nimmt unseren Leistungsbereiten Lust und Luft zum Handeln.

Drittens: Als Unternehmer und Manager verantwortlich handeln heißt heute vor allem – bei Strafe des eigenen Untergangs – die Firma auch gegen Widerstand umzubauen und, wenn es sein muss, deutlich zu verändern. Kurzum, alles zu unternehmen, um den Betrieb dauerhaft am Leben zu erhalten und seinen Wert zu erhöhen. Die Fähigkeit und Bereitschaft, Veränderungen durchzuführen, ist heute für Führungskräfte entscheidend. Die Ergebnisse von Veränderungen in den Betrieben waren in den letzten Jahren oft traumatisch für alle Betroffenen.

Leider wird aber nicht deutlich genug gesagt, welchen Veränderungen unsere Wirtschaft auch in Zukunft ausgesetzt sein wird. Oder es wird so getan, als ob das alles nicht nötig sei. Unklare Furcht vor Veränderungen und Risikoscheu sind die Folge. Auf lange Sicht sind aber nur jene Arbeitsplätze sicher, die einen wirklichen Wert für Kunden erzeugen oder die die Produktivität erhöhen. Und nur diejenigen, die glauben, dass es eine Obergrenze für diese Entwicklung gibt, glauben auch an eine Gewinner-Verlierer-Logik und verteidigen verbissen den Status quo.

Viertens: Ein Unternehmen handelt gesellschaftlich verantwortlich, wenn es Produkte und Dienstleistungen herstellt, die die Gesellschaft auch wirklich braucht. Zu dieser Verantwortung gehört auch, dass die Produkte halten, was sie versprechen, dass sie sicher sind und nicht schaden und dass sich der Unternehmer seiner Produkthaftung bewusst ist und diese aktiv wahrnimmt.

Fünftens: Verantwortlich handelnde Unternehmer und Manager erkennen die Bedeutung förderlicher Arbeitsbedingungen. Nun wirkt ein Teil des gesellschaftlichen Regelwerks direkt in die Unternehmen, zum Beispiel die Vorschriften der Sozialgesetze, des Arbeitsrechts oder des Tarifrechts. Diese Gesetze wurden in den letzten hundert Jahren durch weitsichtige Sozialpolitiker, Gewerkschafter und Unternehmer geformt. Heute wirken sie lähmend und sollten dringend an die Erfordernisse einer weltweit operierenden Wirtschaft angepasst werden.

Fortschrittliche Unternehmen wissen, dass eine vertrauensvolle Zusammenarbeit im Betrieb nicht nur zeitgemäß ist, sondern auch erfolgreich macht. Je stärker ein Unternehmer selbstverantwortlich gestaltet, desto sicherer wird seine Position gegen externe, zumeist ideologische Einflüsse. Die offene Zusammenarbeit, eine kompromisslose Geschäftsintegrität, Innovations- und Leistungsorientierung, Mitbeteiligung am Gewinn und Kapital für alle Beschäftigten sind Werte, die jedes Unternehmen aufstellen kann. Dazu brauchen wir keine neuen Gesetze, Bundestarife, Quoten oder Ideologen.

Sechstens: Ein Unternehmen wird seiner gesellschaftlichen Verantwortung gerecht, wenn es die Beziehungen seiner Mitarbeiter zu Kunden, Partnern, zur Gesellschaft und innerhalb des Unternehmens durch allgemein gültige Werte fördert. Wichtig dabei ist, dass Werte auch gelebt werden und sie uns nicht im Hals stecken bleiben, wenn wir zum Beispiel in diesen Tagen beobachten, wie Führungskräfte in Wirtschaft und Politik ihre Glaubwürdigkeit durch persönliches Fehlverhalten verspielen.

Im Gegensatz zu manchen Skeptikern konnte ich erfahren, dass weltweit tätige Unternehmen ihre Wertesysteme auch auf internationaler Ebene erfolgreich anwenden. Leider gibt es auch klare unternehmerische Fehler. Shell erlebte ein Debakel mit der Entsorgung eines Ölbohrturms (Brent Spar), Nikes dezentrale Länderorganisation führt in Asien zum Vorwurf der Kinderarbeit.

Unternehmen nutzen die Ressourcen eines Standortes, um Ergebnisse zu erzielen. Sie brauchen gebildete Menschen, eine effektive Infrastruktur, eine verlässliche Gesetzgebung und anderes mehr. Was geben Unternehmen der Gesellschaft dafür? Sie erzeugen nützliche Produkte und schaffen Arbeitsplätze, sie zahlen Löhne und Lohnnebenkosten. Die Unternehmen selbst entrichten im Rahmen der geltenden Gesetze nicht nur Steuern, Zölle und sonstige Abgaben. Sie investieren auch freiwillig in Ausbildungsplätze. Sie errichten Stiftungen und tätigen Schenkungen an gemeinnützige Einrichtungen. Unternehmen ermöglichen auch die Arbeit von Verbänden, sie unterstützen Diplomanden und Praktikanten. Ihre Mitarbeiter unterrichten an Universitäten und Schulen.

Wie thesenhaft gezeigt, der Umfang der gesellschaftlichen Verantwortung eines Unternehmens und seiner Mitarbeiter geht weit über das ausschließliche Gewinnstreben hinaus. Einer der beiden Unternehmensgründer von Hewlett Packard, Dave Packard, sagte 1980: „Unternehmen sollten der Gesellschaft mehr geben als nehmen." In einer freien Marktwirtschaft kann diese unternehmerische Einstellung den richtigen Humus für nachhaltigen Wohlstand für alle bilden.

Menno Harms, Gewinn, Ethik und die Globalisierung, in: Stuttgarter Zeitung, 11.5.2004

AUFGABEN

1. Erläutern Sie mit Hilfe der Grafik die Stellung des Unternehmens in der Sozialen Marktwirtschaft (M 22).
2. Beschreiben Sie die volkswirtschaftliche Bedeutung von Unternehmensgründungen und diskutieren Sie die damit verbundenen Chancen und Risiken (M 22, M 23).
3. In M 24 sind unterschiedliche Standpunkte zur Frage dargestellt, ob die Unternehmen ihrer gesellschaftlichen Verantwortung noch gerecht werden. Fassen Sie die Argumente der Autoren zusammen und nehmen Sie dazu Stellung.

1.2.3 Die Soziale Marktwirtschaft – Wirtschaftsordnung für das 21. Jahrhundert?

Abriss – Umbau – Neubau?

M 25

Spekulationsobjekt

SZ-Zeichnung: Pepsch Gottscheber

Roman Herzog: „So viel Sozialstaat ist unsozial"

M 26

Herr Herzog, Sie fordern einen schlankeren Staat. Wo sind denn die Fettpolster?

Es wäre schneller aufzuzählen, wo unser Gemeinwesen nicht verfettet ist. Um die deutsche Regulierungswut kennen zu lernen, reicht es schon, ein kleines Einfamilienhaus zu bauen. Und wer ein Unternehmen gründet und Arbeitsplätze schafft, den trifft die Bürokratie noch mehr. Bill Gates fing in einer Garage an. In Deutschland wäre er damit schon an der Gewerbeaufsicht gescheitert.

Der Staat soll sich also weniger einmischen?

Ja, wir müssen die Rolle des Staates ganz neu bestimmen. Wir haben so viel Sozialstaat aufgebaut, dass er unsozial geworden ist. In allerbester Absicht haben wir das Gegenteil dessen erreicht, was wir wollten.

Können Sie ein Beispiel nennen?

Schauen Sie sich die Sozialhilfe an. Was ich jetzt sage, gilt natürlich nicht für alle. Aber für viele ist es komfortabler, sich vom Staat aushalten zu lassen, als sich anzustrengen und etwas zu leisten. Das ist eine zum Himmel schreiende Ungerechtigkeit für alle, die arbeiten. Zusammen mit den hohen Steuern und Abgaben ist das der Boden für die Schwarzarbeit – das Unsozialste von allem.

Der Staat soll die Faulen zwingen?

Der Staat soll erst einmal aufhören, die Menschen zu entmündigen. Der übertriebene Staat gründet auf einer Lüge: Angeblich hilft er den Menschen. Aber in Wirklichkeit macht er sie abhängig von der Versorgung und erstickt ihre Antriebskräfte.

Was schlagen Sie vor?
Der Staat muss sich beschränken, die Bürger und auch die Unternehmen müssen mehr Freiräume bekommen. Von jedem Euro, der in Deutschland verdient wird, geht fast die Hälfte durch die Kasse des Staates. Das ist viel zu viel! Wenn der Staat sich zurückhält, wird alles beweglicher, kundenfreundlicher und billiger.

Also weniger Staat und alles wird gut?
Es wäre ein Anfang. Wir müssen zu einem neuen Selbstbewusstsein der Bürger kommen. Sie handeln aus Eigeninitiative und Eigenverantwortung. Der Staat bevormundet sie nicht, sondern lässt ihnen so viel Freiraum wie möglich.

Anzeige der Initiative Neue Soziale Marktwirtschaft, in: Der Spiegel, 47/2001, S. 249

M 27 Die Soziale Marktwirtschaft als Wirtschafts- und Gesellschaftsordnung der Zukunft – die unternehmerische Perspektive

Für das Modell Soziale Marktwirtschaft zu werben, bedeutet eine ständige Herausforderung. Damals, in den Jahren nach dem Zweiten Weltkrieg, gehörte angesichts von Millionen Vertriebener, Flüchtlinge und Bombengeschädigter viel politischer Mut und viel Überzeugungskraft dazu, gegen staatliche Zwangswirtschaft und für wirtschaftliche Freiheit einzutreten.
Der Erfolg aber gab den Initiatoren der Sozialen Marktwirtschaft Recht. Erfolg in Form eines kräftigen Wirtschaftswachstums, rasch sinkender Arbeitslosenquoten und einer ebenso rasch steigenden internationalen Wettbewerbsfähigkeit. All dies machte es möglich, auch jenen, die aus objektiven Gründen nicht aktiv am volkswirtschaftlichen Leistungsprozess teilnehmen konnten, einen angemessenen Lebensstandard zu sichern. Nicht umsonst sprechen wir vom damaligen deutschen „Wirtschaftwunder".
Und heute? Heute wird Deutschland schon verschiedentlich als der „kranke Mann Europas" bezeichnet: Wachstumsschwäche, steigende Insolvenzzahlen, Massenarbeitslosigkeit und leere Staatskassen: All dies ist – in doppeltem Sinne – durchaus kein Wunder ... Eine wesentliche Ursache unseres heutigen Wachstums- und Beschäftigungsproblems liegt darin, dass sich Deutschland ein gutes Stück weit von den Leitbildern Ludwig Erhards, Alfred Müller-Armacks und Walter Euckens entfernt hat. Zu viele Stolpersteine hat man der Wirtschaft in den Weg gelegt ... Wir brauchen deshalb einen raschen wirtschaftlichen Befreiungsschlag, der die Wachstumskräfte in Deutschland nachhaltig stärkt; der ähnlich mutig und entschieden ist wie 1948/49; und der auf Partikularinteressen keine Rücksicht nimmt. ... Entsprechend dem Urtyp der Sozialen Marktwirtschaft gilt es,

1. die persönlichen Gestaltungsspielräume von Unternehmen und privaten Haushalten wieder zu erweitern.

2. Der Leistungswettbewerb muss wieder einen größeren Stellenwert erhalten als der Wettlauf um staatliche Subventionen und Transfers.

3. Und es ist die sozial motivierte Staatstätigkeit auf ein vernünftiges Maß zurückzuführen und so zu gestalten, dass sie den gesamtwirtschaftlich effizienten Einsatz knapper Ressourcen nicht wesentlich beeinträchtigt. ...

In Deutschland gerät offenbar immer mehr in Vergessenheit, dass der Staatshaushalt neben einer Einnahmenseite auch eine Ausgabenseite hat. Hier sollte die Bundesregierung neue Maßstäbe setzen. Sie sollte den Abbau staatlicher Subventionen ernsthaft vorantreiben – trotz aller Widerstände.

Mit dem allmählichen Abbau dieser Subventionen – möglichst gleichmäßig quer durch alle betroffenen Bereiche – würde man mehrere Fliegen mit einer Klappe schlagen: Die öffentlichen Haushalte würden beträchtlich entlastet, es entstände breiter Raum für Steuersenkungen, und gleichzeitig würde eine Reihe von strukturellen Schieflagen unserer Wirtschaft, wenn nicht gänzlich beseitigt, so doch deutlich entschärft.
Die Masse an staatlichen Subventionen und Transferzahlungen ist letztlich Ausdruck des herrschenden Verteilungs- und Umverteilungsdogmas in Deutschland, das nichts mehr mit dem Anliegen der Sozialen Marktwirtschaft zu tun hat, nämlich den wirklichen Bedürftigen beizustehen. Wir werden erst dann wieder zu den Spitzenreitern der europäischen Wachstumsliga aufschließen, wenn wir die Umverteilung von Einkommen und Vermögen auf ein vernünftiges Maß begrenzen. Die Leistungsfähigkeit unserer Volkswirtschaft ist nur so gut wie die Leistungsbereitschaft derer, die sie tragen.
Um die Leistungsfähigkeit unserer Volkswirtschaft zu verbessern, müssen wir vor allem auch die Funktionsdefizite unseres Arbeitsmarktes beseitigen. De facto handelt es sich hier ja nicht um einen „Markt" im engeren Sinne, da der Preismechanismus durch zahlreiche Dirigismen nur unzureichend zum Tragen kommt. Dementsprechend groß und nachhaltig ist das Ungleichgewicht zwischen Angebot und Nachfrage.
Reformansätze werden seit Jahren diskutiert, so zum Beispiel die Liberalisierung von Zeitarbeit und befristeten Beschäftigungsverhältnissen, die Erleichterung von Selbstständigkeit, weniger rigide Kündigungsschutz- regeln oder Einsteigertarife für Arbeitslose. Es fehlt an der nötigen Flexibilität. Eine spürbare Erhöhung des Beschäftigungsgrades ist mit der Straffung der staatlichen Arbeitsvermittlung und einer besseren Verwaltung des Mangels nicht zu erreichen. Der nachhaltige Abbau der Arbeitslosigkeit erfordert die Rückbesinnung auf den grundlegenden Zusammenhang zwischen Reallöhnen, Produktion und Arbeitseinsatz und eine konsequente Verlagerung der Tarifverträge von der Fläche in die Unternehmen. Das dem deutschen Arbeitsmarkt angelegte und oft als soziale Errungenschaft gewürdigte Korsett ist – angesichts von offiziell gut vier Millionen Arbeitslosen (nicht eingerechnet die verdeckte Arbeitslosigkeit) – in Wahrheit höchst unsozial.
Zu dieser Situation tragen ausgerechnet die sozialen Sicherungssysteme maßgeblich bei; denn die steigende Last der Sozialbeiträge hemmt zugleich Arbeitsangebot und Arbeitsnachfrage. Die Quote der Sozialbeiträge muss daher möglichst rasch durch wirksame Reformen der Sozialversicherungen deutlich unter die 40%-Marke gesenkt werden. Wege dazu gibt es durchaus.

Auszüge einer Rede von Henning Schulte-Noelle, in: Aktionsgemeinschaft Soziale Marktwirtschaft, ASM Bulletin 2003 Nr. 1, S. 11–18

Soziale Rechte sind keine Almosen

M 28

Grundrechte sind fragile zivilisatorische Gewächse, die Platz zum Gedeihen und ausreichend Pflege brauchen, um sich als stark genug erweisen zu können, dem stetigen Wind widerstreitender Interessen und Machtpositionen nicht zum Opfer zu fallen. Und dieser Wind bläst ihnen gerade heutzutage durchaus heftig aus verschiedenen Richtungen entgegen. ...
Nun steht außer Frage, dass sich aus den Grundrechten nicht im Detail ablesen lässt, welcher soziale Standard angemessen ist, um für alle Chancen zu eröffnen und sie in ausreichendem Umfang gegen Risiken abzusichern. Es ist Sache der Politik, dieses Maß auszutarieren und den ökonomischen wie gesellschaftlichen Notwendigkeiten anzupassen. Stete Reformbedürftigkeit kennzeichnet den Sozial-

staat, der auf gesellschaftlichen Wandel wie neue Bedürfnisstrukturen zu reagieren hat, damit der soziale Ausgleich, den er bewirken soll, nicht selbst neue Schieflagen erzeugt.

Es beschleicht einen aber der Eindruck, dass dieses Anliegen heutzutage quasi auf den Kopf gestellt zu werden droht, wenn im Eifer der Reformen zur „Entlastung der Wirtschaft" denen, die wenig haben, genommen wird, um es denen zu geben, die schon haben, oder wenn Freiheit sich am Kapital ausrichtet und zur Legitimation der Freisetzung von Menschen gereicht, die nur noch als störende Kos-

Wie viel staatliche Unterstützung ist notwendig, um dem Einzelnen Chancen zu eröffnen, am Wirtschaftsleben teilzuhaben und ihn in ausreichendem Umfang gegen soziale Risiken abzusichern?

tenfaktoren wahrgenommen werden. Auf solchen Wegen bleibt nicht nur der Sozialstaat Stück für Stück auf der Strecke, sondern es geht auch das verloren, was eine Gemeinschaft zusammenhält. ...

Wen wundert eine solche dem Gemeinwesen schadende Entwicklung, wenn das Ziel heutiger Manager nicht mehr vorrangig ist, das ihnen anvertraute Unternehmen so zu führen, dass alle, die darin arbeiten, an einem Strang ziehen, damit es Rendite und seinen Arbeitnehmern ein Auskommen bringt, sondern ihr Erfolg und Gehalt daran gemessen wird, wie geschickt sie das Unternehmen auf den Börsenmärkten platzieren und auf die Shareholder verteilen, um es dann im richtigen Moment profitabel zu verkaufen, und stolz dabei sind, sich damit wieder tausender Arbeitnehmer entledigt zu haben. Der arbeitende Mensch spielt bei diesem Monopoly keine Rolle mehr. So gemeinte und angemaßte Freiheit verträgt sich nicht nur nicht mit der vom Grundgesetz geforderten Sozialstaatlichkeit, sie tut auch so, als stünden die Grundrechte nur denen zu, die auf der ökonomischen Sonnenseite das Sagen haben. Dies aber spricht den Grundrechten Hohn, stehen sie doch unter dem Vorzeichen der Würde jedes einzelnen Menschen und sollen verhindern, dass Menschen zur Manövriermasse anderer werden. Grundrechtsschutz bedeutet deshalb auch, sich diesen gesellschaftlichen Tendenzen entgegenzustellen. Wie sagte Johannes Rau zu Recht in seiner letzten Berliner Rede: „Es ist ein Irrtum zu glauben, dass man Menschen zu besserer oder mehr Leistung motivieren kann, wenn sie ständig Angst haben müssen, ihren Arbeitsplatz zu verlieren oder im Alter in Not zu geraten. Jeder Mensch braucht eine gewisse Grundsicherheit, damit er den Kopf frei hat, auch für Anstrengung und Erfolg im Beruf." ...

Und noch aus einer weiteren Richtung weht den Grundrechten der Wind entgegen. Das Verständnis von dem, was Sache des Staates ist, hat in den letzten Jahren einen Wandel erfahren. Dem Staat wird inzwischen laut der Rückmarsch geblasen und dies nicht nur, weil seine Kassen immer leerer werden, sondern damit der Bürger endlich frei von der Last und Gängelung des Staates agieren kann, wie uns erklärt wird. Dies klingt zunächst durchaus überzeugend und den Grundrechten entgegenkommend, setzen doch gerade sie dem Staat Grenzen, um dem Bürger seine Freiheit zu wahren. Aber geht die Rechnung „je weniger Staat, desto mehr Freiheit" auf? Es ist schon erstaunlich, wie viele auch auf Seiten der Sozialdemokratie inzwischen daran glauben. ...

Aber ist damit schon alles auch für die Zukunft so zum Besten bestellt worden, dass dem Staate zu tun nicht mehr viel übrig bleibt? Schaut man auf die Verteilung von Geld, Macht und Chancen in unserer heutigen Gesellschaft zwischen Arm und Reich, Jung und Alt, Männern und Frauen, Familien und Singles und sieht zugleich das wachsende Bedürfnis der Menschen, vor immer mehr ihnen drohenden Lebensrisiken geschützt zu werden, dann kann davon keine Rede sein. Hier ist noch viel zu bewegen. Soll der Staat aber die Aufgaben erfüllen, die ihm das Grundgesetz mit seinen grundrechtlichen Wertentscheidungen vorgibt, braucht er Handlungskraft und darf wegen eines Schlankheitsverdikts nicht der Magersucht verfallen. Er braucht Ressourcen, um Freiheit eröffnen wie Gleichheit herstellen zu können und braucht Menschen, die dies für ihn tun.

Einen schlanken Staat kann sich nur der leisten und wünschen, der selbst ausreichend Speckringe angesetzt hat und von seinem gedeckten Tisch nichts abgeben möchte.

Wie notwendig staatliches Intervenieren heute ist, zeigt auch ein Blick auf die beiden Seiten unseres wiedervereinten Deutschlands, in dem das, was zusammengehört, noch längst nicht zusammengewachsen ist, sondern eher in der Gefahr steht, sich fremd zu bleiben. Aus der Sehnsucht nach der Demokratie geboren und dem Ruf nach der starken D-Mark folgend sind die Menschen im Osten unseres Landes vor nun mehr als einem Jahrzehnt in die Freiheit entlassen worden, haben dort aber inzwischen erfahren müssen, dass sie zwar als Konsumenten willkommen, aber als Arbeitskräfte nur gelitten sind, wenn sie ihren Preis senken und auf Rechte verzichten. Der Sozialstaat hat ihnen zwar Halt unter den Füßen geboten. Mit diesen treten sie aber immer mehr den Weg nach Westen an, um nicht arbeitslos auf den Investitionsruinen westlicher Steuerraubritter und Spekulanten im Osten sitzen zu bleiben. Zurück bleibt Perspektivlosigkeit, das Gefühl des Versagens und die Suche nach Schuldigen. Auf solchem Boden wächst kein Vertrauen in den Staat und seine Verfassung.

Christine Hohmann-Dennhardt, Frankfurter Rundschau, 12.7.2004 (Hohmann-Dennhardt ist seit 1999 Richterin des Bundesverfassungsgerichts)

AUFGABEN

1. In M 26 – M 28 finden sich unterschiedliche Positionen zur zukünftigen Entwicklung der Sozialen Marktwirtschaft. Arbeiten Sie heraus, wo die Autoren die Krise der Sozialen Marktwirtschaft sehen und welche Lösungen sie anbieten. Nehmen Sie Stellung zu den Ansätzen und begründen Sie Ihre Position.
2. „Sozialleistungen kann die Bevölkerung nicht genug bekommen. Vor den Soziallasten scheut sie hingegen zurück“ (Prof. Dr. M. Miegel). Stimmen Sie dieser Aussage zu? Begründen Sie ihre Meinung.

LINKS

www.chancenfueralle.de (Seite der Initiative Neue Soziale Marktwirtschaft mit Diskussionsbeiträgen zum Thema Soziale Marktwirtschaft und einem sehr guten Wirtschaftslexikon)

www.sozialpolitik.com (Seite der Arbeitsgemeinschaft Jugend und Bildung e.V. im Auftrag des Bundesministeriums für Gesundheit und Soziale Sicherung; Informationen zum Thema Sozialstaat speziell für Schüler)

Informationen und Zusammenhänge

Soziale Marktwirtschaft
M 15 – M 18

Die Soziale Marktwirtschaft, konzipiert von der „Freiburger Schule“ (z.B. Walter Eucken, Franz Böhm, Alfred Müller-Armack, Wilhelm Röpcke, Alexander Rüstow) und politisch durchgesetzt von Ludwig Erhard, dem ersten Wirtschaftsminister der Bundesrepublik Deutschland, ist dadurch gekennzeichnet, dass sie marktwirtschaftliche Prozesse durch eine vom Staat durchgesetzte und kontrollierte Wettbewerbsordnung und eine staatliche Sozialordnung ergänzt, um die zu erwartenden bzw. nicht gewünschten Ergebnisse eines rein marktwirtschaftlichen Systems zu korrigieren.

Grundgesetz und Wirtschaftsordnung
M 20

Das Grundgesetz schreibt keine Wirtschaftsordnung für die Bundesrepublik Deutschland vor, sondern gibt die Rahmenbedingungen an, innerhalb derer sich die Wirtschaftsordnung zu bewegen hat. Dieser Rahmen wird durch die im Grundgesetz garantierten Freiheitsrechte, die Gleichheitsrechte und das Sozialstaatspostulat (Art. 20,1 und 28,1) abgesteckt.

Leistungsfähigkeit der Sozialen Marktwirtschaft
M 21

Das Modell der Sozialen Marktwirtschaft hat durch die Verbindung von persönlicher Freiheit mit dem Gedanken des sozialen Ausgleichs zu einer beispiellosen Wohlstandserzeugung nach dem Zweiten Weltkrieg beigetragen und Deutschland in den Kreis der wohlhabenden Nationen geführt.

Unternehmen in der Sozialen Marktwirtschaft
M 22 – M 24

Unternehmerisches Handeln findet in der Sozialen Marktwirtschaft in einem durch politische Entscheidungen vorgegebenen Rahmen statt. Dazu gehören z.B. Rechtsformen von Unternehmen (AG, GmbH etc.), Mitbestimmungsrechte, staatliche Wettbewerbskontrolle oder Auflagen für den Umweltschutz. Unternehmen produzieren Güter, um die Bedürfnisse der Konsumenten zu befriedigen. Sie schaffen Arbeitsplätze, die Einkommen erzeugen. Das Einkommen der Unternehmen ist der Gewinn. Der Staat ist daran interessiert, dass Unternehmen erhalten bleiben und neue Unternehmen gegründet werden, weil so Beschäftigung, Einkommen und Steuereinnahmen gesichert werden. Ob sich Unternehmen stärker gesellschaftlich engagieren sollten, wird unterschiedlich beurteilt.

Kontroverse um die Zukunftsfähigkeit der Sozialen Marktwirtschaft

Angesichts anhaltend hoher Arbeitslosigkeit, einer hohen Staatsverschuldung sowie den Auswirkungen der Wiedervereinigung und der Globalisierung stellt sich die Frage nach der weiteren Entwicklung des Modells der Sozialen Marktwirtschaft.

Im Zentrum der Diskussion stehen die Kontroversen um Eigenverantwortung und das Ausmaß staatlicher Leistungen, um die Interpretation der Grundrechte, um eine angemessene Steuerpolitik sowie um die Gestaltung der sozialen Sicherungssysteme.

2 Konjunktur und wirtschaftspolitische Zielsetzungen

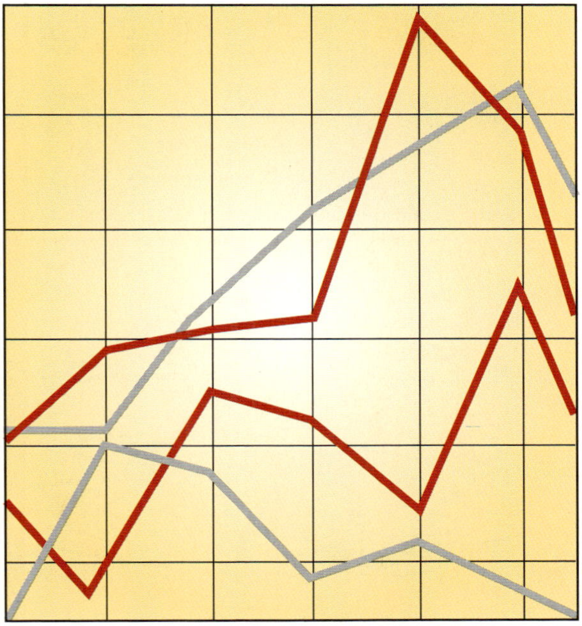

Die wirtschaftliche Entwicklung der Bundesrepublik Deutschland, wie auch die weltwirtschaftliche Entwicklung, verlaufen nicht geradlinig, sondern in einem steten Auf und Ab. Die Auswirkungen dieser konjunkturellen Schwankungen bekommt jeder Einzelne von uns zu spüren, sei es durch gute oder schlechte Chancen auf dem Arbeitsmarkt, durch steigende oder fallende Löhne oder durch steigende oder fallende Kaufkraft des Einkommens (M 1, M 2).

Betrachtet man einzelne Wachstumszyklen näher, so wird deutlich, dass die Schwankungen unterschiedliche Ursachen haben. Strukturelle, konjunkturelle und saisonale Entwicklungen beeinflussen das Wachstum in charakteristischer Weise (M 3 – M 6).

Wichtiger und gleichzeitig schwieriger als die Beschreibung von Konjunkturverläufen ist deren Erklärung. Stellvertretend für viele Theorien werden in M 7 einige Ansätze vorgestellt, welche die Ursachen der konjunkturellen Schwankungen aufzeigen.

Ziel der Wirtschaftspolitik ist es, Konjunkturschwankungen entgegenzuarbeiten und so für wirtschaftliche Stabilität zu sorgen. Für die Bundesrepublik Deutschland wurden die stabilitätspolitischen Ziele stetiges und angemessenes Wirtschaftswachstum, hoher Beschäftigungsstand, stabiles Preisniveau und außenwirtschaftliches Gleichgewicht im Stabilitäts- und Wachstumsgesetz von 1967 festgelegt (M 8, M 9). Die Materialien M 10 – M 27 zeigen, wie diese Zielgrößen gemessen werden, wo Probleme der Messweise auftreten und wie die Ziele begründet werden können. Eine Auseinandersetzung mit den Zielgrößen führt zu der Frage, ob man mit den genannten Wirtschaftszielen den heutigen gesellschaftlichen und politischen Problemen noch gerecht werden kann oder ob das „Magische Viereck" der Ziele aufgegeben, ergänzt oder verändert werden soll.

2.1 Die konjunkturelle Entwicklung in der Bundesrepublik Deutschland

M 1 Die deutsche Wirtschaft – Zeiten und Bilder

Großer Bahnhof in Köln: Der millionste „Gastarbeiter“, der Portugiese Hernando Rodrigues de Sá, wird von Unternehmern feierlich empfangen und bekommt ein Moped und Blumen geschenkt.

In Reaktion auf die Ölkrise 1973 wurde an vier Sonntagen im November und Dezember ein Fahrverbot in Deutschland verhängt.

Gruß von der Firma Igel & Co.

Karikatur: Haitzinger/CCC, www.c5.net

Die deutsche Wirtschaft – Daten und Fakten

M 2

Jahr	reales BIP in v.H.[1]	Arbeitslosen in v.H.[1]	Preisindex der Lebenshaltung[1]	Leistungsbilanz Saldo in Mrd. €[1]
1958	3,7	3,6	2,2	3,1
1959	7,3	2,5	1,0	2,1
1960	9,0	1,3	1,4	2,5
1961	4,9	0,9	2,3	1,6
1962	4,4	0,7	3,0	–0,8
1963	3,0	0,9	3,0	0,5
1964	6,6	0,8	2,3	0,3
1965	5,5	0,7	3,4	–3,2
1966	2,5	0,7	3,5	0,3
1967	–0,1	2,1	1,4	5,1
1968	6,5	1,5	1,5	6,1
1969	7,9	0,8	2,8	3,8
1970	5,9	0,7	3,7	1,6
1971	3,3	0,8	5,4	1,4
1972	3,6	1,1	5,8	1,4
1973	4,9	1,2	6,9	6,3
1974	0,4	2,5	7,3	13,6
1975	–1,8	4,7	6,1	5,1
1976	5,3	4,6	4,5	5,1
1977	2,6	4,5	3,8	4,9
1978	3,5	4,3	2,7	9,2
1979	4,4	3,7	4,2	–5,6
1980	1,8	3,6	5,4	–12,8
1981	–0,2	5,5	6,3	–4,1
1982	–1,2	7,5	5,3	6,3
1983	1,9	9,1	3,2	6,9
1984	3,3	9,1	2,5	14,3
1985	1,9	9,3	2,1	24,7
1986	2,3	9,0	–0,5	43,6
1987	1,6	8,9	0,2	42,2
1988	3,7	8,7	1,3	45,4
1989	3,8	7,6	2,8	55,0
1990	4,5	6,9	2,7	39,6
1991	3,2	6,1	3,5	–16,9
1992	2,2	7,7	5,0	–20,5
1993	–1,1	8,9	4,5	–17,0
1994	2,3	9,6	2,7	–17,5
1995	1,7	9,4	1,7	–15,2
1996	0,8	10,3	1,4	–10,2
1997	1,4	11,4	1,9	–5,2
1998	2,1	11,2	1,0	–6,1
1999	1,6	10,5	0,6	–16,8
2000	2,9	9,6	1,4	–27,9
2001	0,8	9,4	2,0	1,7
2002	0,2	9,8	1,4	45,7
2003	–0,1	10,5	1,1	46,8
2004	1,6	10,2	1,6	85,0
2005	0,9	10,1	2,0	90,4

[1] *Statistisches Bundesamt; Bundesagentur für Arbeit; Arbeitskreis VGR der Länder; Deutsche Bundesbank*

M 3 Konjunktur – in kurzen und langen Wellen

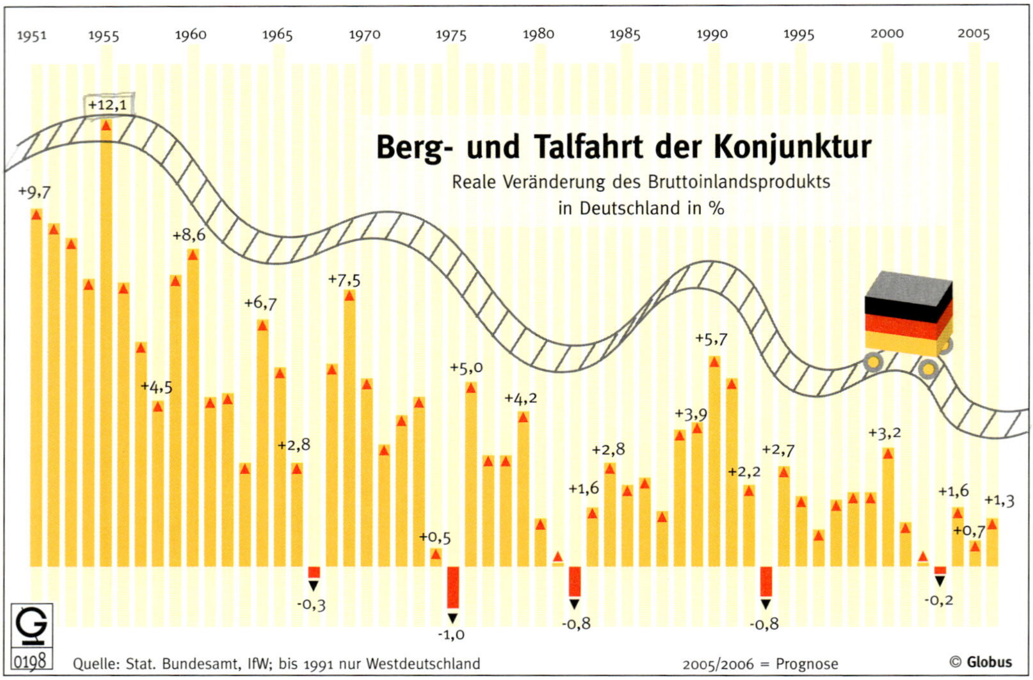

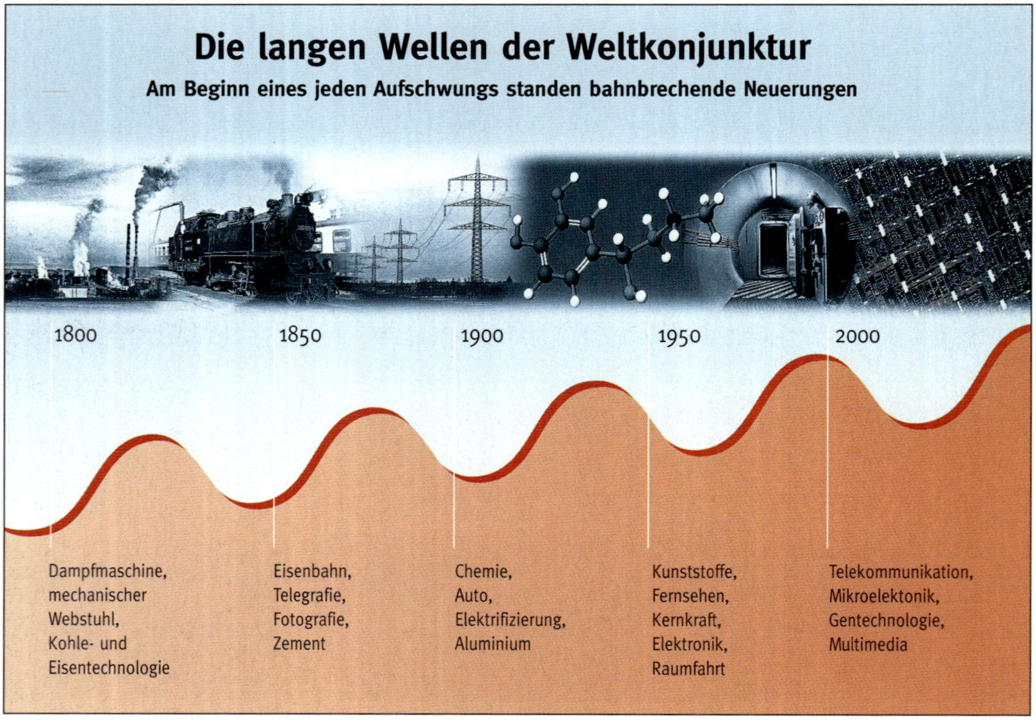

Quelle: Globus

Strukturelle, konjunkturelle und saisonale Schwankungen

M 4

Das Phänomen ist dem Menschen seit jeher bekannt: Die wirtschaftliche Entwicklung vollzieht sich nicht regelmäßig, sondern in „Schwankungen“. Selbst die Bibel berichtet von den „sieben fetten und den sieben mageren Jahren“.
Je nach der Dauer der wirtschaftlichen Schwankungen, die in der Regel an der Entwicklung des Bruttoinlandsprodukts gemessen werden, unterscheidet man langfristige (strukturelle), mittelfristige (konjunkturelle) und kurzfristige (saisonale) Wirtschaftsschwankungen.

Strukturelle Schwankungen

Im Jahre 1926 stellte der Russe N.D. Kondratieff die Theorie auf, dass sich die kapitalistische (marktwirtschaftliche) Wirtschaft in Form „langer Wellen“ fortentwickle, wobei die Dauer dieser Wellen rund 50 bis 60 Jahre beträgt. Die Ursachen dieser sogenannten „Kondratieff-Wellen“ liegen in tiefgreifenden strukturellen Wandlungen der Wirtschaft, die durch technische Neuerungen hervorgerufen werden (Dampfmaschine, Eisenbahn, Flugzeuge, Raumfahrt, Computer).[1]

Konjunkturelle Schwankungen

Mittelfristige Wirtschaftsschwankungen werden als Konjunkturschwankungen bezeichnet. Man rechnet heute mit einer Zyklendauer von rund 5 bis 8 Jahren.

Saisonschwankungen

Die jahreszeitlich wiederkehrenden saisonalen Schwankungen haben ihre Ursachen in erster Linie im Klimawechsel der Jahreszeiten. So ist beispielsweise die Bau-, Land-, Forst- und Transportwirtschaft im Winter mehr oder weniger stark betroffen. Die Jahreszeiten beeinflussen ferner die Bekleidungs- und Getränkeindustrie sowie den Brennstoffhandel. Auch die Lage besonderer Festtage (Ostern, Weihnachten) sowie die traditionellen Ferienzeiten beeinflussen den Umsatz (die Beschäftigung) vieler Wirtschaftsbereiche (z. B. Einzelhandel, Reiseveranstalter).
Saisonschwankungen sind somit kurzfristige Wirtschaftsschwankungen ohne erheblichen Nachteil für die Gesamtwirtschaft. Sie sind voraussehbar und damit auch einplanbar.

[1] *s. dazu Kap. 6.1*

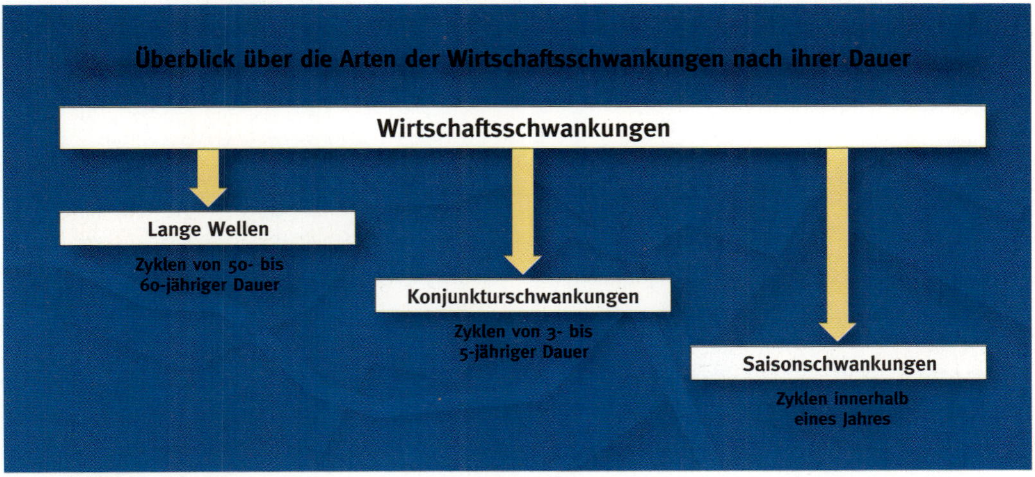

Gernot Hartmann, Volks- und Weltwirtschaft, 22. Aufl., Rinteln 2001, S. 420 f.

M 5 Der Konjunkturzyklus

Das idealtypische Schema eines Konjunkturzyklus wird durch den Ablauf von vier Phasen beschrieben:

- Die Phase eines **Konjunkturaufschwungs** folgt nach der Überwindung einer vorherigen Konjunkturkrise. Die Auslastungsquoten des Produktionspotenzials nehmen zu; das Wachstum des Sozialprodukts beschleunigt sich. Mit der beschleunigten Zunahme der Produktion nehmen in der Regel die Arbeitsproduktivität und die Gewinne der Unternehmen zu. Das Vertrauen in die wirtschaftliche Entwicklung eines Landes wendet sich in positiver Richtung.
- In der **Boomphase** wird die Normalauslastung überschritten. In verschiedenen Sektoren werden Produktionsengpässe erreicht; die Zuwachsraten der Produktion werden allgemein geringer. Die Gefahr von Kosten- und Preissteigerungen wird in dieser Konjunkturphase relativ größer als in der frühen Aufschwungphase.
- Nach einem oberen Wendepunkt folgt die Phase des **Konjunkturabschwungs** mit sinkender Kapazitätsauslastung.
- Die **Rezession** kennzeichnet dann die Phase der Unterauslastung der Kapazitäten. Die Nachfrage bleibt offenbar deutlich hinter den Produktionsmöglichkeiten zurück. Der geringen Auslastung folgt häufig eine negative Entwicklung der Beschäftigung und eine steigende Arbeitslosigkeit. Bei geringer Kapazitätsauslastung verstärkt sich regelmäßig der Kostendruck in der Wirtschaft.

Die Länge des Konjunkturzyklus erfasst den Zeitraum zwischen zwei oberen (oder unteren) Wendepunkten der Konjunkturentwicklung. Die Amplitude der Konjunktur misst die prozentuale Abweichung der Produktion zwischen dem unteren und dem oberen Wendepunkt.

Heinz Dieter Hardes/Jürgen Mertes, Grundzüge der Volkswirtschaftslehre, München/Wien 1994, S. 259

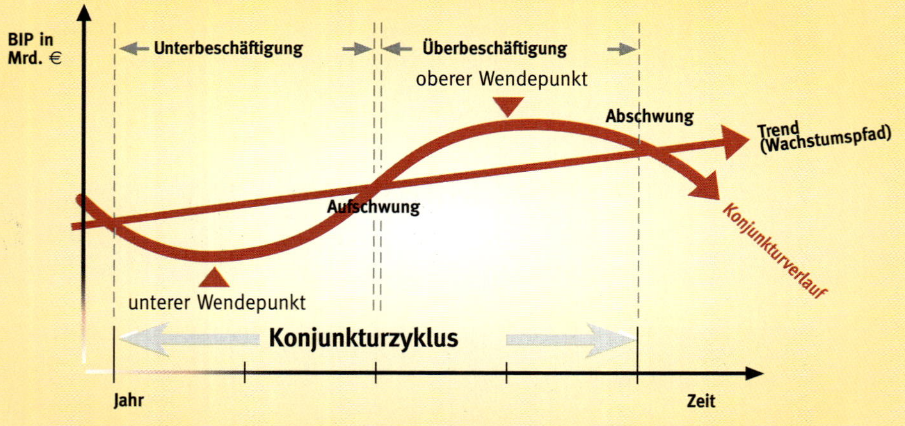

Darstellung eines Konjunkturzyklus von vierjähriger Dauer

nach: Gernot Hartmann, Volks- und Weltwirtschaft, 22. Aufl., Rinteln 2001, S. 422

Konjunkturindikatoren

M 6

Zur Beschreibung und Prognose der gesamtwirtschaftlichen Lage ist es notwendig, Indikatoren heranzuziehen. Indikatoren sind ausgewählte Messgrößen, mit deren Hilfe eine objektive Einschätzung der wirtschaftlichen Entwicklung eines Landes ermöglicht werden soll. Nach dem zeitlichen Ablauf lassen sich Früh-, Präsenz- und Spätindikatoren unterscheiden. Als wichtigste Früh- oder vorauslaufende Indikatoren gelten die Auftragseingänge und der Index des Geschäftsklimas. Aber auch die Anzahl der erteilten Baugenehmigungen kann frühen Aufschluss über die zu erwartende konjunkturelle Entwicklung geben.

Als Präsenz- oder gleichlaufende Indikatoren werden der Produktionsindex, die Kapazitätsauslastung und die Einfuhren- und Ausfuhren, auch gemessen an der Handelsbilanz, bezeichnet.

Spät- oder nachlaufende Indikatoren reagieren erst mit einer gewissen Verzögerung. Zu ihnen zählen die Veränderung des Preisindex, die Entwicklungen des Arbeitsmarktes und die Veränderung des Inlandsproduktes. Dabei ist auch eine Kombination einzelner Indikatoren zu einem Gesamtindikator (Diffusionsindex) möglich.

Die Auswahl und Erhebung von geeigneten Indikatoren ist jedoch nicht unumstritten. Auch die Zuordnung der Indikatoren darf nicht als eindeutig betrachtet werden.

Teilweise werden etwa die Zahlen des Arbeitsmarktes auch zu den Präsenzindikatoren gezählt, was in Zeiten hoher Arbeitslosigkeit und flexibler Beschäftigungsverhältnisse plausibel erscheint.

Je nach Wahl der einzelnen Konjunkturindikatoren ergeben sich somit unterschiedliche Konjunkturwellen (s. Abb.). Präsenz- und Spätindikatoren können dabei auch zeigen, inwieweit die Ziele der Stabilitätspolitik erreicht worden sind.

Eine Einteilung der Indikatoren kann auch nach anderen Kriterien erfolgen. So werden Mengen- (Auftragseingang, Lagerhaltung, ...) und Preisindikatoren (Löhne, Lebenshaltung, ...), Angebots- und Nachfrageindikatoren oder quantitative und qualitative Indikatoren (nach Art der Erhebung) unterschieden.

Autorentext

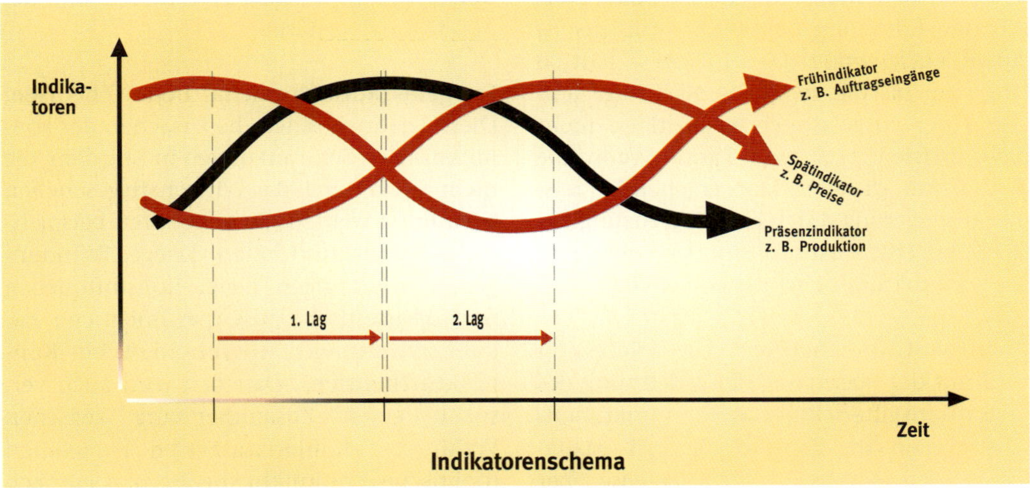

Gernot Hartmann, Volks- und Weltwirtschaft, 22. Aufl., Rinteln 2001, S.425

M 7 Ursachen der Konjunkturschwankungen

Es gibt keine einheitliche Konjunkturtheorie, mit der die zyklische Entwicklung der gesamtwirtschaftlichen Aktivität erklärt werden könnte. Vielmehr werden konjunkturelle Schwankungen durch das Zusammenwirken unterschiedlicher Verursachungsfaktoren ausgelöst. Bei der Vielzahl der sich teilweise gegenseitig widersprechenden Erklärungsansätze lassen sich u. a. folgende Gruppen unterscheiden:

Monetäre Theorien: Die Konjunkturzyklen werden in erster Linie auf monetäre Faktoren (Geldmengen- und Zinsveränderungen) zurückgeführt. Demnach führt eine Ausdehnung der Geldmenge und die sich daraus ergebende Erhöhung des Kreditvolumens zu einem Aufschwung. Dieser Prozess hält so lange an, bis die steigende Nachfrage aufgrund der ausgelasteten Kapazitäten nicht mehr befriedigt werden kann. Wenn die Zentralbank die sich dann ergebende Preisniveausteigerung durch eine Begrenzung des Geldmengenwachstums stoppen will, wird ein Konjunkturabschwung eingeleitet.

Überinvestitionstheorie: Die Rezession wird mit der übermäßigen Ausdehnung des Investitionsgütersektors im Konjunkturaufschwung erklärt. Die Produktionskapazitäten werden demnach möglicherweise über das zur Befriedung der steigenden Konsumgüternachfrage nötige Maß hinaus vergrößert. Der Abbau der Überkapazitäten leitet nach dieser Auffassung den Konjunkturabschwung ein.

Unterkonsumtionstheorie: Die Rezession wird als Folge einer ungleichgewichtigen Entwicklung zwischen Konsum- und Investitionsgüterindustrie im Aufschwung erklärt. Die Ausdehnung der Produktionskapazitäten ermöglicht eine Erhöhung der Konsumgüterproduktion. Im Boom bleibt aber die Konsumgüternachfrage hinter den Produktionsmöglichkeiten zurück, da Löhne und Gehälter nicht in gleichem Ausmaß steigen wie die Güterpreise und Gewinne. Es fehlt den privaten Haushalten an Kaufkraft, sodass die zu geringe Nachfrage den Abschwung einleitet. Diese Situation wird durch eine ungleiche Einkommensverteilung verschärft, indem die Bezieher hoher (Kapital-)Einkommen wegen ihrer hohen Sparquote zu wenig Konsumgüter nachfragen. Dadurch wird der Abschwung verstärkt.

Exogene (außerwirtschaftliche) Theorien: Diese Theorien sehen die Ursachen der konjunkturellen Schwankungen in Faktoren, die nicht direkt durch das Wirtschaftsgeschehen beeinflusst werden. Dazu gehören beispielsweise Naturkatastrophen, Kriege, Erfindungen, Entdeckungen neuer Rohstoffquellen und optimistische bzw. pessimistische Zukunftserwartungen (**psychologische Konjunkturtheorien**). Daneben wird auch versucht, einen Zusammenhang zwischen Wahl- und Konjunkturzyklen herzuleiten (politische Konjunkturtheorien). Demnach sind die von demokratischen Regierungen in Zusammenhang mit ihren Bemühungen um eine Wiederwahl ergriffenen Maßnahmen (Wahlversprechen und Wahlgeschenke) Ursache für Konjunkturschwankungen.

Viktor Lüpertz, Problemorientierte Einführung in die Volkswirtschaftslehre, 4. Aufl., Darmstadt 2005, S. 305

AUFGABEN

1. Die Bilder und Karikaturen in M 1 sind charakteristisch für die wirtschaftliche Entwicklung der Bundesrepublik Deutschland in bestimmten Phasen. Ordnen Sie die Bilder den Daten von M 2 zu und diskutieren Sie den Einfluss der wirtschaftlichen Entwicklung auf das Lebensgefühl der Menschen.
2. Leiten Sie aus der Darstellung der Daten in M 2 in einem Koordinatensystem den Begriff „Magisches Viereck" ab.
3. Zur Beurteilung des Konjunkturverlaufs werden Konjunkturindikatoren herangezogen (vgl. M 6). Man unterscheidet Frühindikatoren (z.B. Auftragseingang des verarbeitenden Gewerbes), Präsenzindikatoren (z.B. Produktion, Kapazitätsauslastung) und Spätindikatoren (z.B. Arbeitslosenquote). Greifen Sie einen dieser Indikatoren heraus und beschreiben Sie in einer Wirkungskette die Auswirkungen von Veränderungen auf private Haushalte, Unternehmen und Staat.
4. Diskutieren Sie kritisch Reichweite und Grenzen der einzelnen Konjunkturtheorien in M 7.

Informationen und Zusammenhänge

Wirtschaftsschwankungen
M 3, M 4

Die schwankende Wirtschaftsentwicklung, die sich für die Bundesrepublik Deutschland nachweisen lässt, ist ein allgemein anerkanntes, weltweit zu beobachtendes Phänomen. Die Ursachen für den unstetigen Wirtschaftsverlauf können dabei struktureller (=langfristige, tief greifende Veränderungen der Wirtschaft), konjunktureller (=mittelfristig, unterschiedliche Erklärungsmodelle) oder saisonaler (=jahreszeitlich bedingt) Natur sein. Konjunkturelle und strukturelle Wirtschaftsschwankungen stellen große Herausforderungen für die Wirtschaftspolitik dar.

Konjunkturphasen
M 5

Konjunkturschwankungen sind Wachstumsschwankungen, die sich in dem Grundmuster eines Konjunkturzyklus mit vier Phasen darstellen lassen. Die Dauer der Zyklen ist unterschiedlich und bewegt sich für die Bundesrepublik Deutschland zwischen 4 und 6 Jahren. Ein Aufschwung ist gekennzeichnet durch die Zunahme der Wachstumsraten des BIP, die Arbeitslosigkeit nimmt im Verlauf des Aufschwungs meist ab, die Kaufkraft steigt, zunehmende Kapazitätsauslastung bewirkt eine steigende Investitionstätigkeit, insgesamt wächst das Vertrauen in die wirtschaftliche Entwicklung.

Konjunkturindikatoren
M 6

Konjunkturschwankungen wirken sich auf verschiedene ökonomische Größen aus und lassen sich an Konjunkturindikatoren ablesen. Ein charakteristischer Frühindikator ist der Geschäftsklimaindex, welcher regelmäßig von Wirtschaftsinstituten gemessen wird. Durch Befragungen von Unternehmen aus dem Verarbeitenden Gewerbe, dem Bauhauptgewerbe und dem Groß- und Einzelhandel werden die Erwartungen der Unternehmen in Bezug auf Auftragseingänge und Investitionspläne ermittelt. Mit den ermittelten Daten werden Prognosen zur konjunkturellen Entwicklungen möglich. Die Arbeitslosenquote gilt als Spätindikator, der – ebenso wie Preise – zeitlich verzögert auf konjunkturelle Entwicklungen reagiert. Ein typischer Präsenzindikator ist das BIP. Für alle Konjunkturindikatoren gilt, dass ihre Aussagekraft begrenzt ist, da wirtschaftliche Entwicklungen nicht gesetzmäßig verlaufen.

Konjunkturtheorien
M 7

Die Beschreibung und Prognose des Konjunkturverlaufs kann aber die Erklärung nicht ersetzen. Unterschiedliche Konjunkturtheorien versuchen z.B. durch Schwankungen der Geldmenge, der Investitionstätigkeit oder des Konsums das Umschlagen der wirtschaftlichen Entwicklung von einem positiven in einen negativen Trend zu erklären. Wahrscheinlich ist jedoch, dass die Schwankungen durch das Zusammenwirken verschiedener Faktoren ausgelöst werden.

2.2 Wirtschaftspolitische Zielsetzungen

Motive zur Stabilisierung

M 8

Nicht erst seit der drastischen Zunahme der Arbeitslosigkeit in den siebziger Jahren in fast allen westlichen Industrieländern und inzwischen auch in den östlichen Ländern bildet das Problem der wirtschaftlichen Stabilität einen Schwerpunkt der wissenschaftlichen und wirtschaftspolitischen Diskussion. Auch in den Jahren und Jahrzehnten vorher hatte das Stabilitätsproblem in den marktwirtschaftlich-kapitalistischen Ländern zentrale Bedeutung. Warum der wirtschaftlichen Stabilität allerdings so große Bedeutung beigemessen wird, ist bei genaueren Überlegungen gar nicht so eindeutig zu beantworten. Gerade in einer Marktwirtschaft, in der Wandel und Dynamik vorherrschen, ist eher eine Entwicklung mit ständigen Veränderungen zu erwarten, da Millionen an Einzelentscheidungen von Produzenten, Konsumenten und Arbeitnehmern getroffen sowie laufend neue Produkte und Produktionsverfahren eingeführt werden. Dass trotzdem eine stabile wirtschaftliche Entwicklung einen so hohen Stellenwert besitzt, liegt daran, dass

- aus wirtschaftlicher und gesellschaftlicher Sicht mit einer instabilen Entwicklung unerwünschte Zustände wie unausgelastete Kapazitäten, Arbeitslosigkeit oder auch politische Krisen verbunden sind;
- sich die Wirtschaftswissenschaft am Konzept des wirtschaftlichen Gleichgewichts orientiert, das seinerseits aus der Mechanik in der Physik entlehnt ist.

Diese kurzen Anmerkungen machen bereits deutlich, dass Stabilität keinen eigenständigen Wert besitzt, sondern auf gesellschaftlichen und wissenschaftlichen Orientierungen gründet. So verdeutlicht ein Vergleich der letzten Jahrzehnte in der Bundesrepublik, dass unterschiedliche wirtschaftliche Situationen als stabil galten.

Heinz-Dieter Hardes u. a. , Volkswirtschaftslehre problemorientiert, 20. Aufl., Tübingen 1999, S. 164

Das Stabilitäts- und Wachstumsgesetz

M 9

Das 1967 verabschiedete Gesetz zur Förderung der Stabilität und des Wachstums der Wirtschaft („Stabilitätsgesetz", StabG) verpflichtet den Bund und die Länder zu einer an den „Erfordernissen des gesamtwirtschaftlichen Gleichgewichts" orientierten Wirtschafts- und Finanzpolitik:

„Bund und Länder haben bei ihren wirtschafts- und finanzpolitischen Maßnahmen die Erfordernisse des gesamtwirtschaftlichen Gleichgewichts zu beachten. Die Maßnahmen sind so zutreffen, dass sie im Rahmen der marktwirtschaftlichen Ordnung gleichzeitig zur Stabilität des Preisniveaus, zu einem hohen Beschäftigungsstand und außenwirtschaftlichen Gleichgewicht bei stetigem und angemessenem Wirtschaftswachstum beitragen" (§ 1 des StabG).

Die im Stabilitätsgesetz formulierten Ziele werden auch als „magisches Viereck" bezeichnet. Zwischen den einzelnen Stabilitätszielen bestehen wechselseitige Abhängigkeiten und Zielkonflikte, die eine gleichzeitige vollständige Erfüllbarkeit aller Ziele unter Umständen verhindern.

Hoher Beschäftigungsgrad

Wirtschaftspolitische Bedeutung:
- Ausschöpfung des gesamtwirtschaftlichen Produktionspotenzials zum Zwecke der allgemeinen Güterversorgung
- Vermeidung sozialer Härten infolge unfreiwilliger Arbeits- und Erwerbslosigkeit

Preisniveaustabilität

Wirtschaftspolitische Bedeutung:
- Erleichterung der Erwartungsbildung der Wirtschaftssubjekte bezüglich der allgemeinen Preisentwicklung
- Förderung der Koordinationsfähigkeit des freien Preisbildungsmechanismus

Stetiges und angemessenes Wirtschaftswachstum

Wirtschaftspolitische Bedeutung:
- der Stetigkeit: Vermeidung oder Dämpfung der konjunkturellen Schwankungen von Wachstum und Beschäftigung
- der Angemessenheit: Notwendigkeit eines ausreichenden Wachstums für die Erreichung eines hohen Beschäftigungsgrades in der Zukunft

Außenwirtschaftliches Gleichgewicht

Wirtschaftspolitische Bedeutung:
- Erreichung einer langfristigen ausgeglichenen Zahlungsbilanz (Devisenzuflüsse = Devisenabflüsse)
- Vermeidung eines dauerhaften Netto-Abflusses inländischer Ressourcen ins Ausland, Vermeidung einer dauerhaft ansteigenden Nettoverschuldung des Inlands gegenüber dem Ausland

Duden Basiswissen Schule, Politik, Berlin/Mannheim 2004, S. 160 f.

Ziel: Stetiges und angemessenes Wirtschaftswachstum

M 10

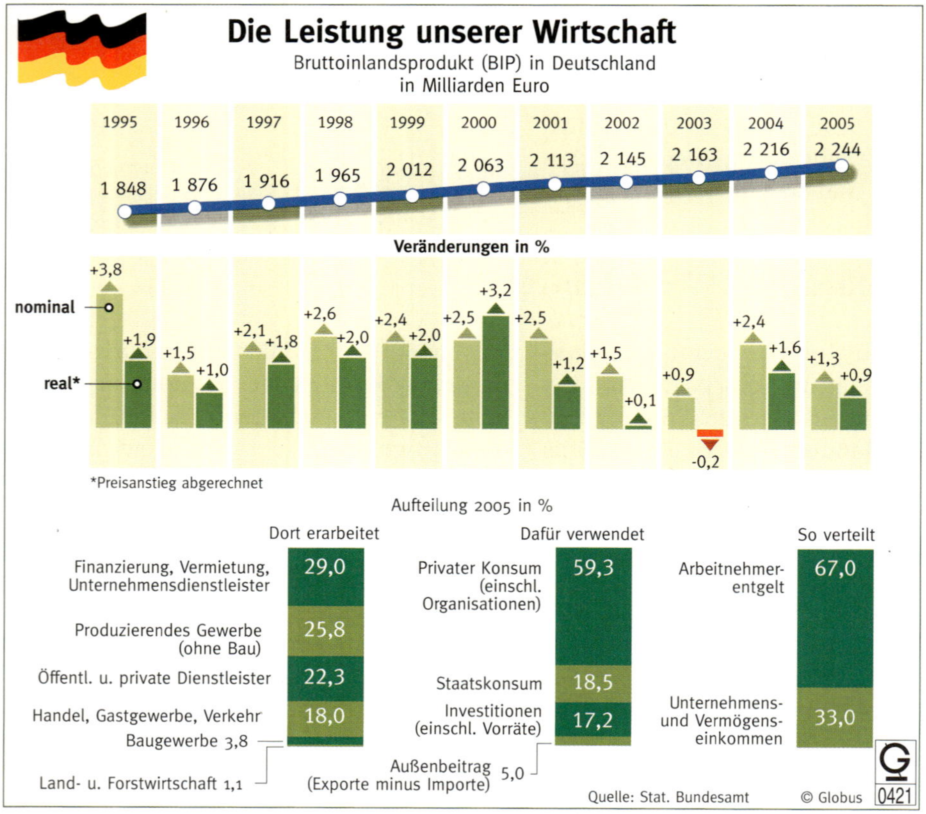

Wie wird das Wirtschaftswachstum gemessen?

M 11

Bruttoinlandsprodukt (BIP)
Der Marktwert aller für den Endverbrauch bestimmten Waren und Dienstleistungen, die in einem Land in einem Zeitabschnitt hergestellt werden.

„Das BIP ist der Marktwert ..."
Sie kennen wahrscheinlich das Sprichwort: „Man kann Äpfel nicht mit Birnen vergleichen." Das BIP tut jedoch genau das. Im BIP werden viele unterschiedliche Arten an Gütern in ein einziges Maß für die ökonomische Aktivität zusammengerechnet. Um dieses möglich zu machen, werden Marktpreise verwendet. Da Marktpreise diejenigen Geldsummen messen, die die Menschen bereit sind für unterschiedliche Güter zu zahlen, spiegeln diese den Wert der entsprechenden Güter wider. Ist der Preis eines Apfels doppelt so hoch wie der Preis einer Birne, dann trägt ein Apfel doppelt so viel zum BIP bei wie eine Birne.

„... aller ..."
Das BIP versucht, ein umfassendes Maß zu sein. Es beinhaltet alles, was in einer Volkswirtschaft hergestellt und legal auf den Märkten verkauft wird. Das BIP misst also nicht nur den Wert von Äpfeln und Birnen, sondern ebenso denjenigen von Orangen oder Pampelmusen, Büchern und Filmen, Haarschnitten und Gesundheitsvorsorge usw. ...
Es gibt jedoch einige Produkte, die aufgrund der auftretenden Schwierigkeiten bei der Messung nicht in das BIP einfließen. Das BIP schließt all diejenigen Dinge aus, die illegal hergestellt und verkauft werden, wie z. B. illegale Drogen. Es schließt ebenso die meisten Dinge aus, die zu Hause produziert und konsumiert werden und damit nicht über den Markt gehandelt werden. Gemüse, das sie beim Gemüsehändler kaufen, ist ein Teil des BIP; Gemüse, das sie im eigenen Garten anbauen, zählt hingegen nicht zum BIP.
Diese Abgrenzung des BIP kann teilweise zu paradoxen Ergebnissen führen. Bezahlt Karen beispielsweise Doug dafür, dass er ihren Rasen mäht, so geht diese Transaktion in das BIP ein. Würde Karen Doug heiraten, so würde sich die Situation ändern. Auch wenn Doug weiterhin Karens Rasen mäht, bleibt der Wert des Rasenmähens nun außerhalb des BIP, denn Dougs Dienstleistung wird nicht mehr über den Markt entlohnt. Wenn also Karen und Doug heiraten, so fällt das BIP.

„... für den Endverbrauch bestimmten ..."
Wenn eine Unternehmung Papier herstellt, welches eine andere Unternehmung dazu benutzt, Grußkarten herzustellen, so wird das Papier Zwischenprodukt genannt und die Karte wird Endprodukt genannt. Das BIP umfasst nur den Wert der Endprodukte. Der Grund dafür liegt darin, dass der Wert der Zwischenprodukte schon im Preis des Endprodukts enthalten ist. Das Hinzurechnen des Marktwertes des Papiers zum Marktwert der Karte würde eine Doppelzählung beinhalten. D. h. man würde das Papier zweimal zählen (was nicht korrekt wäre).
Eine wichtige Ausnahme von diesem Prinzip stellt der Fall dar, in dem ein Zwischenprodukt hergestellt wird und, anstatt sofort verbraucht zu werden, die Lagerhaltung einer Unternehmung erhöht, um zu einem späteren Zeitpunkt genutzt oder verkauft zu werden. In diesem Fall wird das Zwischenprodukt im Betrachtungszeitraum als Endprodukt behandelt, und dessen Wert fließt als Lagerinvestition in das BIP ein. Wird der Lagerbestand an Zwischenprodukten später genutzt oder verkauft, so ist dies gleichbedeutend mit negativen Lagerinvestitionen, und das BIP dieser späteren Periode wird dementsprechend niedriger ausfallen.

„... die in einem Land ..."
Das BIP misst den Wert der Produktion in-

nerhalb der geografischen Grenzen eines Landes. Arbeitet ein französischer Staatsbürger vorübergehend in Deutschland, so zählt seine Produktionsleistung zum deutschen BIP. Besitzt ein deutscher Staatsbürger eine Fabrik in Portugal, so zählt die Produktionsleistung in seiner Fabrik nicht zum deutschen BIP. (Sie zählt zum portugiesischen BIP.) In das BIP eines Landes fließen also Dinge ein, die in diesem Land hergestellt werden, unabhängig von der Staatsangehörigkeit der Produzenten.

„... in einem bestimmten Zeitabschnitt ...“
Das BIP misst den Wert der Produktion, die innerhalb eines bestimmten Zeitintervalls stattfindet. In der Regel ist dieses Intervall ein Jahr oder ein Quartal (drei Monate). Das BIP misst die Einkommens- und Ausgabenströme während dieses Zeitraums.
Gibt das statistische Zentralamt eines Staates (z. B. Statistisches Bundesamt) das BIP für ein Quartal an, so sind dies in der Regel Daten, die zuvor durch einen statistischen Vorgang, saisonale Anpassung genannt, modifiziert wurden. Die nicht angepassten Daten zeigen deutlich, dass in der Volkswirtschaft während einiger Zeiten innerhalb des Jahrs mehr Waren produziert und Dienstleistungen erbracht werden als während anderer. (Wie Sie vielleicht schon vermuten, ist die vorweihnachtliche Einkaufszeit ein Höhepunkt). Bei der Beobachtung der wirtschaftlichen Bedingungen wollen Ökonomen und Politiker oftmals über diese saisonalen Schwankungen hinaussehen. Daher passen die staatlichen Statistiker die Quartalsdaten an, indem sie saisonale Zyklen herausnehmen. Die BIP-Werte, die in den Nachrichten berichtet werden, sind meist saisonbereinigte Zahlen.

N. Gregory Mankiw, Grundzüge der Volkwirtschaftslehre, 3., überarb. Aufl., Stuttgart 2004, S. 542 ff.

M 12 Warum brauchen wir Wirtschaftswachstum?

Wirtschaftliches Wachstum (vgl. Kap. 6) als Ziel wird in der Regel mit folgenden Argumenten begründet:

- Erhöhung des wirtschaftlichen Wohlstands der Menschen in Form von privatem und/oder öffentlichem Konsum;
- Sicherung oder Steigerung des Arbeitsplatzangebots;
- Erleichterung der Umverteilung von Einkommen und Vermögen.

Dabei ist richtig, dass die Produktion von mehr Gütern und Dienstleistungen es den Menschen ermöglicht, ihre materiellen Bedürfnisse besser zu befriedigen. Vordringlich ist in vielen Ländern der Welt die Deckung elementarer Grundbedürfnisse, in den entwickelten Industrienationen geht es eher um eine größere Auswahl für die Konsumenten, um Freizeitaktivitäten, kulturelle Bedürfnisse oder Maßnahmen zur Erhaltung der Umwelt.
Richtig ist auch, dass eine wachsende Wirtschaft unter sonst gleichen Bedingungen die Nachfrage nach Arbeitsleistungen erhöht. Allerdings bleiben die Bedingungen üblicherweise nicht konstant. Wachstum ist in der Regel mit einer Zunahme der Arbeitsproduktivität verbunden. In diesem Fall muss die Wachstumsrate des Inlandsproduktes die Wachstumsrate der Arbeitsproduktivität übersteigen, damit es zu einer Mehrnachfrage nach Arbeit kommt (vgl. Kap. 3). Fällt dagegen die Wachstumsrate des Inlandsproduktes hinter die Wachstumsrate der Arbeitsproduktivität zurück, so sinken die Arbeitsnachfrage und das Arbeitsvolumen, es kommt dann zu einem Rückgang der Beschäftigtenzahl. Die Lücke zwischen Wachstum der Produktion und Wachstum der Produktivität kann allerdings durch Ar-

beitszeitverkürzungen geschlossen werden. Nur unter der Bedingung konstanter Arbeitszeit muss die Produktion so wachsen wie die Produktivität, um die Nachfrage nach Arbeit konstant zu halten. Für die Bundesrepublik lässt sich dabei auch empirisch zeigen, dass immer dann, wenn das reale Bruttoinlandsprodukt langsamer gewachsen ist als die Arbeitsproduktivität je Erwerbstätigen, die Zahl der Erwerbstätigen abgenommen hat.
Die oben zuletzt genannte Begründung für das Wachstumsziel – Erleichterung der Umverteilung – erweist sich bei näherer Betrachtung als „zweischneidiges Schwert“: Sicher ist es richtig, dass Wachstum eine Umverteilung erleichtert, weil Widerstände gegen eine Umverteilung von Zuwächsen erfahrungsgemäß kleiner sind als Widerstände gegen eine Umverteilung bestehender Einkommen und Vermögen (vgl. Kap. 4.2).
Auf der anderen Seite ist die Ungleichheit in der Verteilung im Wesentlichen mit dem Argument des Leistungsanreizes begründet: Eine kapitalistische Marktwirtschaft benötigt den Leistungsanreiz unterschiedlicher Einkommen, um Wachstum herbeizuführen.

Ulrich Baßeler, Jürgen Heinrich, Burkhard Utecht, Grundlagen und Probleme der Volkswirtschaft, 17. Aufl., Stuttgart 2002, S. 791 ff.

Wachstum als Wohlstandsindikator?

M 13

Die Wachstumskritik muss klar trennen zwischen der Kritik an der richtigen Messung des Inlandsproduktes und der Kritik am grundsätzlichen Konzept des Inlandsproduktes als angemessenem Maßstab für die Wohlfahrtsentwicklung einer Volkswirtschaft.

- es wird in der Regel nur die Produktion erfasst, die einen Marktpreis hat, nicht der weite Bereich der Nicht-Markt-Produktionen;
- es werden generell allenfalls die Kosten des Inputs in die Produktion wohlfahrtsrelevanter Güter erfasst, nicht aber der Output an wohlfahrtsrelevanten Gütern. So wird im Inlandsproduktkonzept z. B. die Produktion von Waschmitteln, von Arzneimitteln oder Lärmschutzwänden verbucht, nicht aber die wohlfahrtsrelevante Sauberkeit, Gesundheit oder Ruhe. Dies führt zu erheblicher Verzerrung, weil damit systematisch die Nachteile einer industriellen Produktion unterschätzt werden, die in vielen Fällen nur den Charakter einer Produktion zur Reparatur von Schaden hat. Man spricht dann von Kontraproduktivität, wenn die Produktion von Gütern und Dienstleistungen allenfalls das vor der Produktion bestehende Niveau an Bedürfnisbefriedigung aufrecht erhält;
- und schließlich wird der bei der Produktion anfallende Verbrauch an Umweltkapital (z. B. Rohstoffe, Luft, Wasser, Landschaft) und Humankapital (Bestand an Gesundheit und Fähigkeiten) nicht als Abschreibung, also nicht negativ erfasst, wie es richtigerweise sein müsste.

Wachstum wird also durch die Zunahme des realen Inlandsproduktes nicht „richtig“ gemessen. Aber selbst wenn es gelänge, die konzeptionellen Messprobleme zu lösen, so ist doch unbestritten, dass das Wachstum des Inlandsproduktes nur in sehr begrenztem Maße dazu geeignet ist, die Entwicklung der Wohlfahrt der Gesellschaft widerzuspiegeln.
Die Kritik an diesem Wachstumskonzept ist im Wesentlichen eine Kritik an der industriellen Produktionsweise und den ihr zugrunde liegenden Postulaten. Das Ziel ist hier eine maximale materielle Wohlfahrt. Wie Erich Fromm es ausgedrückt hat, ist damit das „Haben“ die herrschende Existenzweise der Gesellschaft, nicht das „Sein“, das allein zur eigentlichen Entfaltung der menschlichen Fähigkeiten führt. Die maximale materielle Wohlfahrt soll durch maxi-

malen Konsum erreicht werden. Auch dies ist zumindest unsicher:

- die Befriedigung durch Arbeit wird nicht berücksichtigt, Arbeit wird fälschlicherweise nur als Arbeitsleid gedacht;
- die zum Konsum zur Verfügung stehende Zeit ist begrenzt;
- es gibt Güter, die – wie z. B. das Auto oder Reisen – mit steigendem Konsum zu Beeinträchtigungen („Verstopfungen") führen; und schließlich führt die Auffassung, durch Konsum allein Bedürfnisse befriedigen zu können, zu Ersatzbefriedigung (man befriedigt z. B. das Bedürfnis nach sozialer Wertschätzung durch den Erwerb von Statussymbolen) und damit zur Frustration.

Schließlich ist für einen maximalen Konsum eine maximale Produktion erforderlich, die ihrerseits wiederum eine weitestgehende Arbeitsteilung bedingt. Mit zunehmender Arbeitsteilung wird menschliche Arbeit indes zunehmend fremdbestimmt (grob gesprochen ist die Arbeit fremdbestimmt, wenn man das, was man produziert, nicht konsumiert, und was man konsumiert, nicht produziert). Arbeitsteilung setzt damit ein System von Leistungsanreizen, Kontrollen und hierarchische Strukturen voraus, Arbeit wird zunehmend monoton und ihrer Funktion entkleidet.

Damit sind wichtige negative Begleiterscheinungen eines Wirtschaftswachstums aufgezeigt. Eine generelle Abwägung der Wünschbarkeit von Wirtschaftswachstum kann hier nicht gegeben werden. Allerdings sollte bei aller Wachstumskritik nicht vergessen werden, dass für die weitaus meisten Bewohner der Erde die Freiheit von materieller Not ein unerreichtes Ziel ist.

Ulrich Baßeler, Jürgen Heinrich, Burkhard Utecht, Grundlagen und Probleme der Volkswirtschaft, Stuttgart 2002, S. 792 – 794.

Ziel: Vollbeschäftigung

M 14

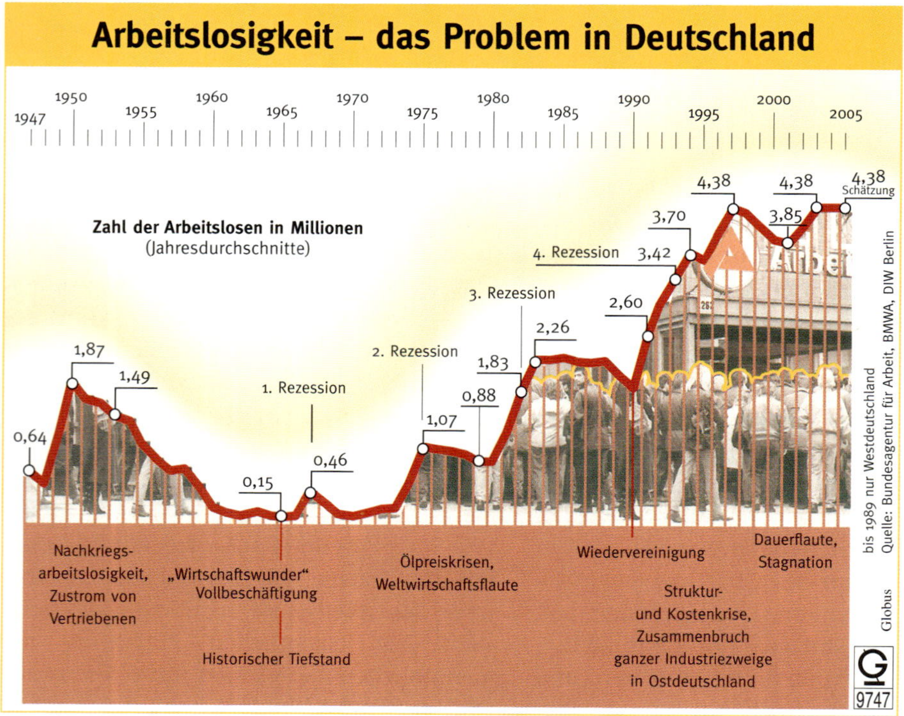

Wie wird die Arbeitslosenquote berechnet?

M 15

Die Beschreibung der Beschäftigungsentwicklung und der Arbeitslosigkeit erfolgt anhand verschiedener Maßgrößen. ...

Das Erwerbspersonenpotenzial umfasst die Personen, die unmittelbar oder mittelbar eine auf Erwerb ausgerichtete Tätigkeit ausüben oder suchen. Die Erwerbsquote drückt den Anteil der Erwerbspersonen an der Bevölkerung aus. Maßgeblich für die Höhe der Erwerbsquote sind demografische, ökonomische, politische und psychosoziale Gründe. Welche Bedeutung dem Erwerbsverhalten zukommt, zeigt die erhebliche Zunahme der Frauenerwerbstätigkeit in der Bundesrepublik in den letzten beiden Jahrzehnten. Von erheblicher Bedeutung für die Höhe des Erwerbspersonenpotenzials sind auch institutionelle Regelungen wie Schulzeit und Altersübergangsregelungen. ...

Ein häufig verwendeter Indikator dafür, ob Vollbeschäftigung erreicht wurde oder nicht, ist die Arbeitslosenquote (AQ), definiert als Anteil der bei den Arbeitsämtern registrierten Arbeitslosen (Al^{reg}) an den abhängigen Erwerbspersonen (= abhängige Erwerbstätige (EWT^{abh}) plus registrierte Arbeitslose):

$$AQ = \frac{Al^{reg}}{EWT^{abh} + Al^{reg}}$$

Neuerdings werden zunehmend, vor allem aus Gründen internationaler Vergleichbarkeit, die Arbeitslosen auf die gesamten Erwerbspersonen (= abhängige Erwerbstätige plus Selbständige plus registrierte Arbeitslose) bezogen. Wir verwenden hier die erste Definition. Die Arbeitslosenquote ist nur von begrenzter Aussagefähigkeit. Sie erfasst nur einen Teil der Erwerbslosigkeit, die bei den Arbeitsämtern registrierten Arbeitslosen. Die Personen, die eine Arbeit suchen, ohne arbeitslos gemeldet zu sein, werden in der Arbeitslosenquote nicht erfasst. Dieser Teil der Erwerbslosen wird durch den Indikator Stille Reserve zu erfassen versucht. ...

Hinter der Stillen Reserve verbergen sich vor allem arbeitssuchende Frauen, Ältere und teilweise auch Ausländer. Zählt man diese nicht registrierten zu den registrierten Arbeitslosen hinzu, dann belief sich z.B. die gesamte Erwerbslosigkeit 1995 auf etwa 6,2 Mio, das entspricht einer (abhängigen) Erwerbslosenquote von 15 v.H.

Die Arbeitslosenquote berücksichtigt auch Veränderungen in der Arbeitszeit nicht, so bleibt bei Kurzarbeit zwar die Anzahl der beschäftigten Personen und der registrierten Arbeitslosen konstant; in Arbeitsstunden gemessen hat aber die Beschäftigung abgenommen.

Um Begrenzungen des Indikators Arbeitslosenquote zumindest teilweise zu überwinden, wird zusätzlich der Indikator Offene Stellen herangezogen. Dieser weist die freien Arbeitsplätze aus, die die Unternehmen den Arbeitsämtern melden. Ein Nebeneinander von unbesetzten Arbeitsplätzen und Arbeitslosen, ein „mismatch" von Arbeitsangebot und -nachfrage, hat strukturelle Ursachen. Um es an einem extremen Beispiel zu erläutern: Ein freier Arbeitsplatz in Frankfurt wird kaum mit einem Arbeitslosen aus Ostfriesland oder Mecklenburg-Vorpommern besetzt werden. Auch der Indikator „Offene Stellen" weist Mängel auf, die seine Aussagefähigkeit und Verwendbarkeit beschränken. So werden freie Stellen nur zu einem Teil offen ausgewiesen, da die Arbeitgeber nicht verpflichtet sind, diese den Arbeitsämtern zu melden. Die tatsächliche Zahl der freien Stellen wird etwa dreimal höher als die der gemeldeten freien Arbeitsplätze geschätzt. Andererseits kann die Zahl der gemeldeten offenen Stellen vom tatsächlichen Arbeitskräftebedarf der Unternehmen abweichen, da keine Sicherheit besteht, ob die gemeldeten Stellen auch tatsächlich zu besetzen sind.

Die beiden Indikatoren „Arbeitslosenquote"

und „Offene Stellen" verdeutlichen exemplarisch, mit welchen Problemen Indikatoren als Maßgrößen für die jeweiligen Zielvariablen behaftet sein können. Die Gründe dafür bestehen in der Diskrepanz zwischen den Anforderungen des Ziels und den ungenügend entwickelten Indikatoren und/oder den unzureichenden empirischen Kenntnissen. Die Konsequenz aus diesen Problemen besteht aber nicht darin, auf Indikatoren zu verzichten, da dann keine empirischen Informationen zur Verfügung stünden. Erforderlich ist vielmehr, die Aussagefähigkeit der jeweiligen Indikatoren und ihre Grenzen zu kennen und sie nur als Annäherung an die Beschreibung der realen Entwicklung zu verstehen.

Heinz-Dieter Hardes u.a., Volkswirtschaftslehre problemorientiert, 20. Aufl., Tübingen 1999, S. 173 ff.

M 16

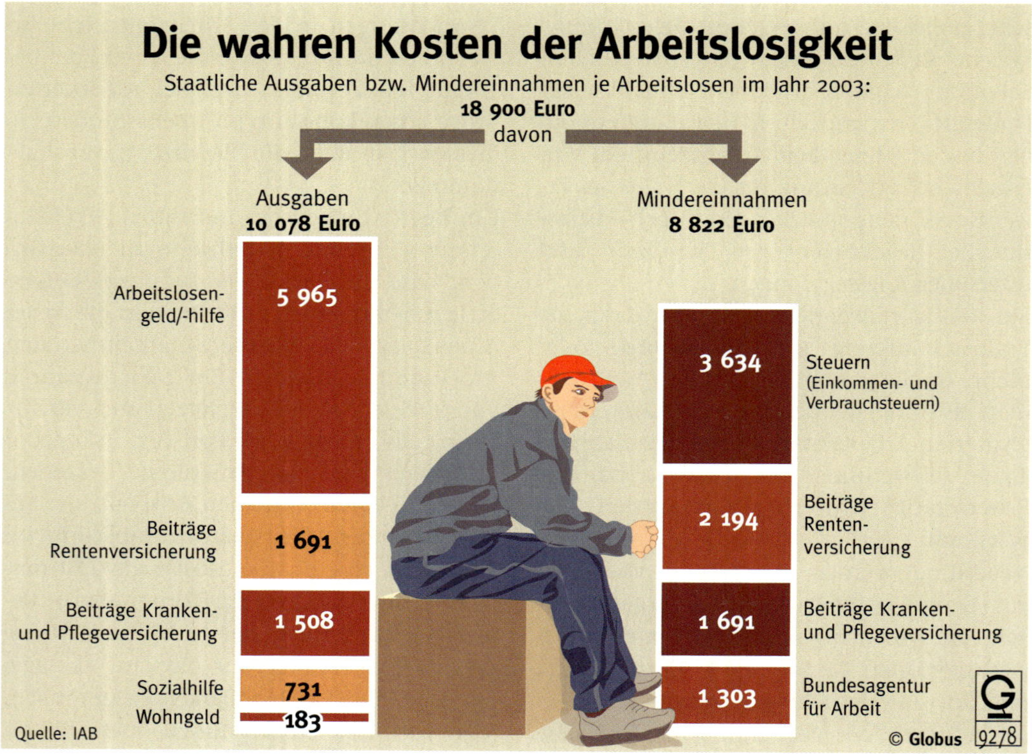

M 17 Formen der Arbeitslosigkeit

Strukturelle Arbeitslosigkeit wird durch Veränderungen der Wirtschaftsstrukturen und die sich dadurch verändernden Anforderungsprofile für die Beschäftigten verursacht: Werftarbeiter müssen über andere Qualifikationen verfügen als Beschäftigte der Computerindustrie. Mangelnde Mobilität und Flexibilität der Arbeiter, die bei sich ändernden Produktionsstrukturen nicht bereit oder nicht in der Lage sind, schnell den Standort, den Beruf oder die Branche zu wechseln, sind also als Hauptmerkmale der strukturellen Arbeitslosigkeit anzusehen. Man spricht in diesem Zusammenhang in der neueren Literatur auch von qualifikationsmäßiger und regionaler **Mismatch-Arbeitslosigkeit**.

Saisonale Arbeitslosigkeit entsteht durch schwächere wirtschaftliche Aktivitäten einzelner Wirtschaftsbereiche während bestimmter Jahreszeiten. Besonders betroffen sind hiervon der Agrarsektor, das Baugewerbe, aber auch die Tourismusbranche.

Friktionelle Arbeitslosigkeit entsteht bei dem Wechsel von Arbeitnehmern von einer Arbeitsstelle zur anderen. Friktionelle Arbeitslosigkeit ist auch eine Folge kurzfristiger Veränderungen auf dem Arbeitsmarkt, die mit den Strömen „Zugänge" und „Abgänge" in einer engen Beziehung stehen.

Die **konjunkturelle Arbeitslosigkeit** ist auf eine wiederkehrende Unterauslastung des Produktionspotenzials zurückzuführen, die alle Branchen der Volkswirtschaft im Prinzip in gleicher Weise trifft.

Ulrich Baßeler, Jürgen Heinrich, Burkhard Utecht, Grundlagen und Probleme der Volkswirtschaft, 22. Aufl., Stuttgart 2002, S. 767–769

Ziel: Stabilität des Preisniveaus

M 18

Die Entwicklung der Verbraucherpreise in Deutschland

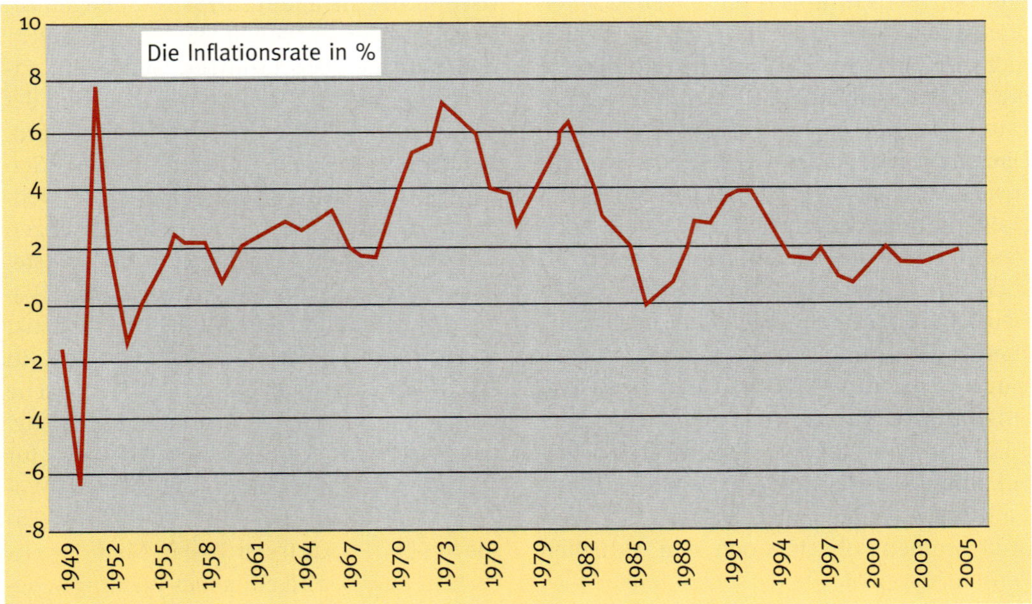

Peter Bofinger, Grundzüge der Volkswirtschaftslehre, München 2003, S. 240

M 19 Warenkorb und Wägungsschema

Die Begriffe Warenkorb und Wägungsschema werden häufig als Synonyme verwandt. Diese Art der Darstellung ist aber sehr vereinfachend und oft Anlass für Missverständnisse. Der wichtigere Begriff für die Verbraucherpreisstatistik ist der Begriff des Wägungsschemas, in der Öffentlichkeit bekannter ist dagegen der Begriff Warenkorb. Der Verbraucherpreisindex für Deutschland will ein umfassendes Bild der Preisentwicklung vermitteln, soweit davon die privaten Haushalte betroffen sind. Es ist deshalb erforderlich, deren Verbrauchsgewohnheiten umfassend und sehr detailliert zu erfassen und den Berechnungen eines Verbraucherpreisindex zu Grunde zu legen. Es ist aber nicht möglich und auch nicht erforderlich, die Preise für alle angebotenen und von privaten Haushalten gekauften Waren und Dienstleistungen zu erheben. Es ist vielmehr ausreichend, aus der Fülle des Güterangebots einige hundert auszuwählen, die stellvertretend sowohl den gesamten Verbrauch als auch die Preisentwicklung der von den Haushalten nachgefragten Güter mit hinreichender Genauigkeit repräsentieren. Die Gesamtheit der ausgewählten Güter heißt Warenkorb. Der Warenkorb für die Preisindizes in Deutschland umfasst zurzeit ca. 750 Waren und Dienstleistungen. Diese Güterauswahl muss von Zeit zu Zeit daraufhin überprüft werden, ob sie noch den aktuellen Verbrauchsgewohnheiten entspricht. Es ist dabei nicht nötig, jede kurzfristige Konsumveränderung exakt abzubilden. Längerfristige Veränderungen im Verbrauchsverhalten müssen aber berücksichtigt werden. Darüber hinaus werden ständig neue Produkte angeboten, alte verschwinden vom Markt. Dies vollzieht sich aber nicht schlagartig, sondern über längere Zeiträume hinweg. Die Veränderungen in der Zusammensetzung des Warenkorbs 2000 im Vergleich zu 1995 sind daher nicht spektakulär und haben nur einen vergleichsweise geringen Einfluss auf die Ergebnisse der Verbraucherpreisstatistik. Viel wichtiger als die Auswahl der einzelnen Preisrepräsentanten, also die Festlegung des Warenkorbes, ist die Bestimmung des Gewichts, mit dem die Preisentwicklung einzelner Preisrepräsentanten in die Gesamtindizes eingeht. Das Wägungsschema quantifiziert, welchen Anteil z.B. die Mietausgaben oder andere Ausgabepositionen an den gesamten Verbrauchsausgaben der privaten Haushalte haben. Höhe und Struktur der Ausgaben der privaten Haushalte werden vom Statistischen Bundesamt aus den Ergebnissen der Einkommens- und Verbrauchsstichprobe, die alle fünf Jahre durchgeführt wird, und der jährlichen Statistik der laufenden Wirtschaftsrechnungen abgeleitet. Ergänzend werden hierfür Ergebnisse der Volkswirtschaftlichen Gesamtrechnungen, der Steuerstatistiken, anderer amtlicher Statistiken und weiterer Datenquellen verwendet. Weil sich Güterangebot und Präferenzen der Verbraucher im Zeitablauf ändern, stehen der Grundsatz der Aktualität des Wägungsschemas und das Ziel der Preisstatistik, reine Preisveränderungen auszuweisen, in einem gewissen Widerstreit. Das Statistische Bundesamt trägt dem dadurch Rechnung, dass es den Verbraucherpreisindex für Deutschland mit einem konstanten Wägungsschema auf fester Basis berechnet (Laspeyres-Index auf fester Basis). Nach jeweils ca. fünf Jahren wird ein neues Wägungsschema und damit eine neue Basisperiode eingeführt. Veränderungen im Wägungsschema können sowohl durch veränderte Angebots- als auch durch veränderte Nachfragekonstellationen bedingt sein. Diese Verfahrensweise stellt für einen hinreichend langen Zeitraum Indexwerte mit fester Basis zur Verfügung, mit denen im Zeitablauf reine Preisveränderungen – unbeeinflusst von Mengenveränderungen – berechnet werden können. Diese Indexreihen mit fester Basis werden vom Statistischen Bundesamt ab der jeweiligen

Basisperiode Preisindexwerte bis zum Beginn dieser Basisperiode, also für einen Zeitraum von ca. drei Jahren, zurückgerechnet. Wie oben erwähnt, sind Veränderungen im Warenkorb selten spektakulär. Das liegt unter anderem auch daran, dass Neuaufnahmen nicht in jedem Fall an den Termin einer Indexreform gebunden sind und bei dringendem Bedarf auch zwischen zwei Revisionsterminen in die Berechnung einbezogen werden. So wurde z.B. die Internet-Nutzung bereits zu Beginn des Jahres 2001 berücksichtigt. Bei jeder Indexreform ergibt sich aber eine Vielzahl von Änderungen, die oft nur Verschiebungen in der zu erfassenden Gütervariante darstellen. Allerdings werden verschiedene Verwendungszwecke, die an Verbrauchsbedeutung gewinnen, durch eine größere Anzahl von Gütern (oder Gütervarianten) in der Stichprobe repräsentiert, umgekehrt kann die Stichprobe dort, wo die Verbrauchsbedeutung zurückgeht, auch reduziert werden. Die Herausnahme einer Erhebungsposition aus der Stichprobe bedeutet aber nicht, dass diese Ware oder Dienstleistung jetzt nicht mehr angeboten oder gekauft würde, sondern nur, dass dieser Verwendungszweck ausreichend durch ähnliche Güter abgebildet wird.

Veränderungen im Warenkorb (Beispiele)

Rein: Brötchen zum Fertigbacken, Pizza zum Mitnehmen, Scanner, Laserdrucker, Digitalkamera, DSL (Digital Subscriber Line), Preselection-Tarif, Blutdruckmessgerät, Monatsbeitrag für Kinderkrippenbesuch, Unterbringung und Verpflegung im Altenheim, Fahrradreparatur, Pizzaservice, Fitnessstudio

Raus: Kaffeefilter, Diaprojektor, elektrische Schreibmaschine

Ausgetauscht: Disketten durch CD-Rohlinge, Schreibmaschinenpapier durch Druckerpapier, Fußbodenpflegemittel durch Allzweckreiniger, PVC-Bodenbelag durch Laminat

Veränderungen im Wägungsschema

Abteilung	Gewichtung in Promille 1995 = 100	2000 = 100
01 Nahrungsmittel und alkoholfreie Getränke	131,26	103,35
02 Alkoholische Getränke Tabakwaren	41,67	36,73
03 Bekleidung und Schuhe	68,76	55,09
04 Wohnung, Wasser, Strom, Gas u. a. Brennstoffe	274,77	302,66
05 Einrichtungsgegenstände	70,56	68,54
06 Gesundheitspflege	34,39	35,46
07 Verkehr	138,82	138,65
08 Nachrichtenübermittlung	22,66	25,21
09 Freizeit, Unterhaltung und Kultur	103,57	110,85
10 Bildungswesen	6,51	6,66
11 Beherbergungs- und Gaststättendienstleistungen	46,08	46,57
12 Andere Waren und Dienstleistungen	60,95	70,23

Statistisches Bundesamt, Verbraucherindex auf Basis 2000, Wiesbaden 2003, S. 8 f.

Warum ein wenig mehr Inflation zu viel sein kann

M 20

Geld kann seine Funktion als Zahlungsmittel und als Wertaufbewahrungsmittel auf die Dauer nur erfüllen, wenn es von den Menschen akzeptiert wird. Und akzeptiert wird es nur, wenn niemand befürchten muss, dass der Geldwert durch Preissteigerungen ausgehöhlt wird. Dem scheint die Erfahrung zu widersprechen. In der Bundesrepublik hat es Geldwertstabilität im strengen Sinne nicht gegeben. Das Preisniveau ist vielmehr angestiegen, und entsprechend hat sich der Geldwert verringert.

Trotzdem haben die Menschen nicht das Vertrauen in die D-Mark verloren. In anderen Ländern ist die Inflationsrate sogar noch höher als in Deutschland gewesen, und den-

noch ist die Geldordnung dort nicht zusammengebrochen. Wird das Ziel der Geldwertstabilität überschätzt?
Sicherlich: Wenn es bei moderaten Preissteigerungen bleibt, werden sich die Menschen nicht gleich von dem ihnen vertrauten Geld abwenden. Viele gewöhnen sich an den Preisauftrieb und passen sich an. Bei Lohnverhandlungen wird die Preissteigerungsrate wie selbstverständlich mit einkalkuliert; insoweit beeinträchtigt der Preisauftrieb die Kaufkraft der Löhne nicht. In den Zinssätzen schlägt sich die Preissteigerungsrate ebenfalls nieder. Besitzer von Geldvermögen erleiden insoweit bei Preissteigerungen keine Realwertverluste ihres Vermögens. Und solange die inländischen Preissteigerungen nicht über denen im Ausland liegen, ist nicht einmal eine Abwertung der einheimischen Währung zu befürchten.
Vor diesem Hintergrund mögen moderate Preissteigerungen wie ein „Schönheitsfehler“ erscheinen, den man ruhig hinnehmen könne. Aber eine solchermaßen aufgeweichte Fassung des geldpolitischen Zieles Geldwertstabilität wäre höchst riskant. Die große Gefahr liegt in einer möglichen, spontanen Beschleunigung des Preisauftriebs. An sie kann sich niemand anpassen, weil sie nicht vorausgesehen wird. Wenn die Preisentwicklung plötzlich aus dem Ruder läuft, kommt es zu Kaufkrafteinbußen bei den Löhnen, zu Realwertverlusten beim Geldvermögen, zum Abwertungsdruck auf die heimische Währung. Jetzt muss mit dem Schlimmsten gerechnet werden, und die Flucht aus dem Geld (in die Sachwerte) kündigt den Zusammenbruch der Geldordnung an.
Die Inflation in den Jahren 1922/23 liefert hierfür eindrucksvolles Material. ... Bis zu einer Preissteigerungsrate von x Prozent mögen die Menschen noch gelassen bleiben, doch beim Überschreiten dieser Rate ändern sie ihr Verhalten. Es ist wie bei einem Luftballon. Man kann ihn zunächst mit immer mehr Luft füllen, ohne dass er platzt. Und plötzlich übersteigt der Luftdruck einen Grenzwert, und der Ballon platzt. Übertragen auf das monetäre System soll das sagen: Der Umschwung von moderaten Preissteigerungen, an die sich die Menschen gewöhnt haben und die sie faktisch hinnehmen, zu einem beschleunigten Inflationsauftrieb, der nicht mehr hingenommen wird und in einem Zusammenbruch des Geldsystems münden kann, findet plötzlich und ohne Vorankündigung statt. Wenn der Luftballon platzt, ist es für Korrekturen zu spät. Preisniveausteigerungen müssen so gering wie möglich gehalten werden, damit sie gar nicht erst in die Nähe der Grenze kommen, von der ab sie nicht mehr von der Bevölkerung toleriert werden und von der ab die inflationäre Lawine losbricht.
Geldwertstabilität ist das Ziel der Geldpolitik und sie liegt damit in der Verantwortung der Notenbank (vgl. Kapitel 5).

Rüdiger Pohl, Geld und Währung, Mannheim 1993, S. 85 f.

Ziel: Außenwirtschaftliches Gleichgewicht

M 21

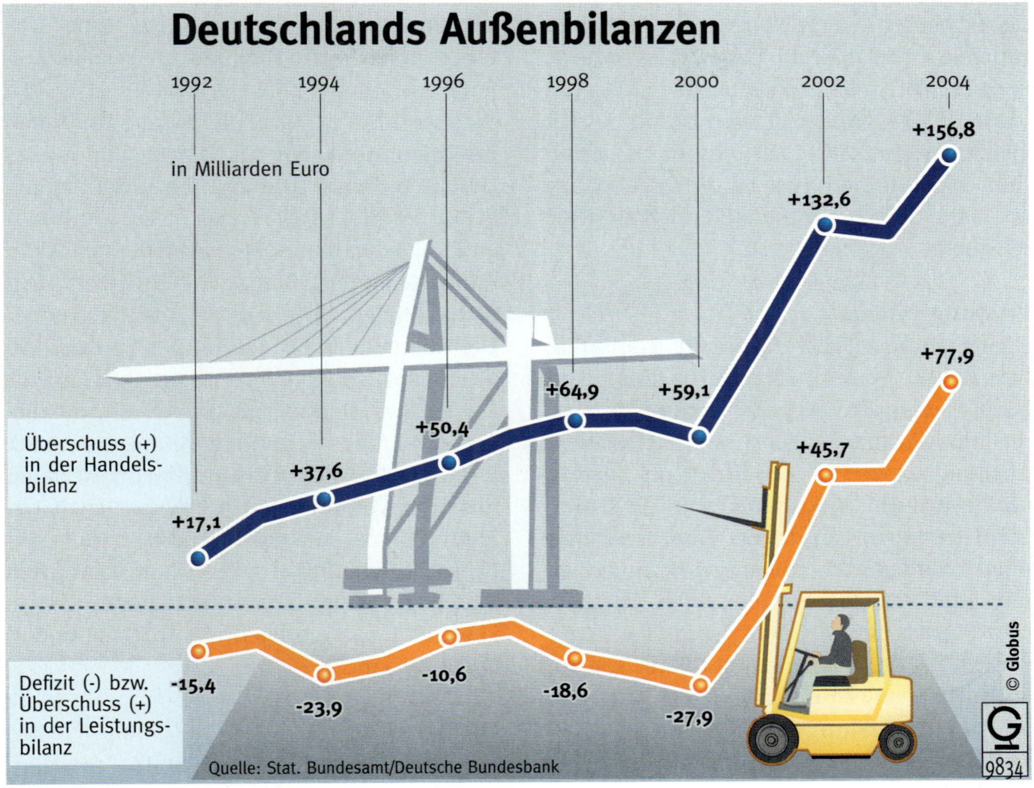

Der Aufbau der Zahlungsbilanz

M 22

Die Zahlungsbilanz erfasst alle Transaktionen zwischen Inländern und Ausländern, die in einem bestimmten Zeitraum stattgefunden haben. Im Gegensatz zur Bilanz eines Unternehmens setzt sich die Zahlungsbilanz aus Stromgrößen (z. B. Zahlungen für Exporte und Importe innerhalb eines Jahres) und nicht aus Bestandsgrößen zu einem festgelegten Stichtag zusammen. Ökonomische Transaktionen sind im Wesentlichen der Handeln mit Gütern und Dienstleistungen, die Übertragungen von Vermögen und die Vergabe von Krediten.

Funktion und Gliederung

Die Zahlungsbilanz gibt Auskunft über die ökonomischen Verflechtungen mit dem Ausland und zeigt, ob z. B. im Handel mit dem Ausland ein wertmäßiges Gleichgewicht besteht oder ob das Inland mehr oder weniger exportiert, als es aus dem Ausland bezieht. Dadurch wird sie auch zu einem Indikator der Zahlungsfähigkeit gegenüber dem Ausland.

Bei der Verbuchung der Transaktionen werden die Zahlungseingänge (Einnahmen) des Inlandes auf der Aktivseite (Habenseite, Kreditseite) und die Zahlungsausgänge (Ausgaben) auf der Passivseite (Sollseite, Debitseite) verbucht.

Die Zahlungsbilanz wird in mehrere Unterbilanzen untergliedert, die wichtigsten sind

Leistungsbilanz, Kapitalbilanz und Devisenbilanz. Da alle Transaktionen doppelt gebucht werden, ist die Summe aller Teilbilanzen gleich null. Nur die Unterbilanzen selbst können von null abweichende Salden aufweisen. Der relativ ungenaue Begriff des Ungleichgewichts der Zahlungsbilanz bezieht sich daher immer nur auf eine Teilbilanz, meistens die Leistungsbilanz oder die Devisenbilanz.

Leistungsbilanz

Die Leistungsbilanz erfasst alle Transaktionen von Waren (**Handelsbilanz**) und Dienstleistungen (**Dienstleistungsbilanz**), die in das Ausland geliefert werden bzw. vom Ausland bezogen werden, sowie die Erwerbs- und Vermögenseinkommen und die laufenden Übertragungen. In der Dienstleistungsbilanz werden z. B. Transportleistungen, Patent- und Lizenzgebühren sowie Ausgaben und Einnahmen aus dem Tourismus ausgewiesen, in der Übertragungsbilanz alle unentgeltlichen Leistungen (z. B. Zahlungen an die EU, Entwicklungshilfe).

Ein Überschuss in der Leistungsbilanz zeigt an, dass das Inland mehr Leistungen an das Ausland erbringt, als es von dort bezieht. Dies bedeutet eine Zunahme der gesamtwirtschaftlichen Ersparnis des Inlandes. Bei einem Defizit nimmt dagegen die Verschuldung des Inlandes gegenüber dem Ausland zu. Für Deutschland ist die Handelsbilanz in der Vergangenheit immer positiv gewesen, während die Leistungsbilanz seit der deutschen Wiedervereinigung ein Defizit ausweist. Es gibt Länder, die (fast) immer einen Überschuss erwirtschaften (z. B. Japan), während etwa für die USA meistens ein hohes Defizit der Leistungsbilanz besteht.

Kapitalbilanz

Die Kapitalbilanz erfasst alle Kapitalbewegungen mit dem Ausland. Differenziert wird insbesondere nach Direktinvestitionen, Wertpapieranlagen (Portfolioinvestitionen) und Kreditverkehr. Die Kredite werden nochmals unterteilt in Kreditinstitute, Unternehmen und Privatpersonen sowie öffentliche Stellen.

Während bei der Leistungsbilanz und allen ihren Unterbilanzen die Exporte auf der Aktivseite verbucht werden, stehen die Kapitalexporte auf der Passivseite, da sie Zahlungsausgänge darstellen. Ein negativer Saldo der Kapitalbilanz ist demnach ein Überschuss der Kapitalexporte über die Kapitalimporte. Die Kapitalbilanz ist zusammen mit der Devisenbilanz das ökonomische Gegenstück zur Leistungsbilanz und bildet die mit den Transaktionen verbunden Finanzströme ab. Ein Überschuss der Leistungsbilanz ist daher meistens verbunden mit einem Defizit der Kapitalbilanz, sie müssen also ständig für Nettokapitalzuflüsse sorgen, um das Defizit in der Leistungsbilanz zu finanzieren. Umgekehrt ist Japan ein wichtiges internationales Gläubigerland.

Devisenbilanz

Die Devisenbilanz beschreibt die mengen- und wertmäßigen Veränderungen der Nettoauslandsaktiva der Währungsbehörde (z. B. Deutsche Bundesbank, Europäische Zentralbank). Erfasst werden alle Bewegungen der Währungsreserven, die v. a. aus Devisen und Gold bestehen. Kapitalbilanz und Devisenbilanz bilden die erweiterte Kapitalbilanz.

Noch zwei andere Teilbilanzen sind zu erwähnen. Zum einen ist dies die Bilanz der Vermögensübertragungen, die diejenigen unentgeltlichen Übertragungen erfasst, die nicht direkt zu Einkommensänderungen führen (z. B. ein Schuldenerlass). Zum anderen ist es der Saldo der statistisch nicht aufgliederbaren Transaktionen (Restposten). Hier schlagen sich alle Ermittlungsfehler der anderen Teilbilanzen nieder.

Bundeszentrale für politische Bildung, Wirtschaft heute, 4. Aufl., Bonn 2003, S. 252 f.

Auszug aus der Zahlungsbilanz

M 23

Mrd €				
Position	**2000**	**2001**	**2002**	**2003**
I. Leistungsbilanz	– 27,9	+ 1,7	+ 45,7	+ 46,8
1. Außenhandel [1]	+ 62,9	+ 100,7	+ 136,9	+ 133,3
Ausfuhr (fob) [1]	596,9	637,3	653,5	663,6
Einfuhr (fob) [1]	534,0	536,6	516,6	530,3
2. Dienstleistungen	– 59,8	– 60,9	– 46,5	– 45,2
darunter:				
Reiseverkehr	– 37,2	– 38,0	– 35,4	– 36,1
3. Erwerbs- und Vermögenseinkommen	– 2,6	– 10,7	– 16,8	– 12,5
darunter:				
Vermögenseinkommen	– 2,1	– 10,4	– 16,7	– 12,4
4. Laufende Übertragungen	– 28,4	– 27,4	– 27,9	– 28,8
darunter:				
Nettoleistung zum EU-Haushalt [2]	– 15,0	– 12,3	– 10,9	– 13,9
Sonstige laufende öffentliche Leistungen an das Ausland (netto)	– 4,1	– 4,6	– 5,4	– 4,9
II. Vermögensübertragungen [3]	+ 6,8	– 0,4	– 0,2	+ 0,3
III. Kapitalbilanz (Netto-Kapitalexport: –)	+ 28,3	– 26,2	– 68,7	– 55,0
1. Direktinvestitionen	+ 158,8	– 17,6	+ 29,1	+ 9,1
Deutsche Anlagen im Ausland	– 61,4	– 41,2	– 9,2	– 2,3
Ausländische Anlagen im Inland	+ 215,2	+ 23,6	+ 38,3	+ 11,4
2. Wertpapiere	– 152,4	+ 26,5	+ 43,9	+ 59,0
Deutsche Anlagen im Ausland	– 203,5	– 124,4	– 65,8	– 32,3
darunter:				
Aktien	– 102,3	– 10,6	– 4,8	+ 7,6
Rentenwerte	– 70,1	– 95,1	– 49,1	– 37,8
Ausländische Anlagen im Inland	+ 51,1	+ 150,9	+ 109,8	+ 91,3
darunter:				
Aktien	– 34,7	+ 86,8	+ 15,7	+ 24,2
Rentenwerte	+ 74,5	+ 80,3	+ 83,5	+ 69,2
3. Finanzderivate	– 12,5	+ 6,8	– 0,9	– 0,5
4. Kreditverkehr	+ 41,3	– 40,7	– 139,4	– 120,0
Kreditinstitute	+ 13,8	– 76,3	– 102,1	– 110,1
darunter kurzfristig	+ 38,3	– 33,1	– 88,7	– 73,1
Unternehmen und Privatpersonen	+ 4,5	– 7,9	+ 7,5	– 17,1
darunter kurzfristig	+ 0,5	– 17,1	– 11,6	– 12,4
Staat	– 19,4	+ 16,9	+ 5,5	+ 4,9
darunter kurzfristig	– 17,9	+ 16,8	+ 5,5	– 0,6
Bundesbank	+ 42,4	+ 26,6	– 35,4	+ 2,2
5. Sonstige Kapitalanlagen	– 1,9	– 1,3	– 1,5	– 2,6
IV. Veränderung der Währungsreserven zu Transaktionswerten (Zunahme: –) [4]	+ 5,8	+ 6,0	+ 2,1	+ 0,4
V. Saldo der statistisch nicht aufgliederbaren Transaktionen (Restposten)	– 13,2	+ 18,8	+ 21,2	+ 7,4

[1] Spezialhandel nach der amtlichen Außenhandelsstatistik einschl. Ergänzungen; Einfuhr ohne Fracht- und Seetransportversicherungskosten, die in den Dienstleistungen enthalten sind. – [2] Ohne Erhebungskosten, EAGFL (Ausrichtungsfonds), Regionalfonds und sonstige Vermögensübertragungen, soweit erkennbar. – [3] Einschl. Kauf/Verkauf von immateriellen nichtproduzierten Vermögensgütern. – [4] Ohne SZR-Zuteilung und bewertungsbedingte Veränderungen.

Deutsche Bundesbank

M 24 Auswirkungen eines Zahlungsbilanzungleichgewichts

1. Wirkungen einer passiven (defizitären) Zahlungsbilanz[1]

Eine passive (defizitäre) Zahlungsbilanz kann häufig auf zu niedrige Exporte von Waren und Dienstleistungen ins Devisenausland und/oder auf eine passive Übertragungsbilanz (Vermögensübertragungen ins Devisenausland > als Vermögensübertragungen aus dem Devisenausland) zurückzuführen sein. Beides führt – je nach Zahlungsbedingungen – kurz- oder langfristig zu **Devisenmangel**, weil

a) aus dem Export in Fremdwährungsländer zu wenig Devisen erlöst werden, um die Importe aus Fremdwährungsländern Devisen zu bezahlen, und

b) aufgrund hoher unentgeltlicher Übertragungen an Fremdwährungsländer abfließen.

Letztlich bedeuten **Nettodevisenabflüsse** (Devisenabflüsse > Devisenzuflüsse) eine Verminderung der Geldmenge im eigenen Währungsgebiet, weil die Zentralbank durch die Abgabe von Devisen eigenes Geld (Binnenwährung) vernichtet. Die Wirkung abnehmender Geldmenge sind bekannt: Inflationäre Tendenzen werden gemildert, die Beschäftigung wird beeinträchtigt. In der gleichen Richtung wirkt der Versuch, bisherige Zahlungsbilanzüberschüsse abzubauen.

2. Wirkungen einer aktiven Zahlungsbilanz

Ein Zahlungsbilanzüberschuss hat entgegengesetzte Folgen. Übersteigen die Exporte in das Devisenausland die Importe aus dem Devisenausland bzw. ist die Übertragungsbilanz aktiv (Vermögensübertragungen aus dem Devisenausland > Vermögensübertragungen in das Devisenausland), entstehen kurz- oder langfristig – je nach Zahlungsbedingungen – **Devisenüberschüsse**, weil

a) aus dem Export in Fremdwährungsländer mehr Devisen erlöst als für den Import aus Fremdwährungsländern benötigt werden und

b) aufgrund hoher unentgeltlicher Übertragungen aus Fremdwährungsländern Devisen in das eigene Währungsgebiet einströmen.

Letzten Endes bewirken **Nettodevisenzuflüsse** (Devisenzuflüsse > Devisenabflüsse) eine Erhöhung der Geldmenge im eigenen Währungsgebiet, weil die Zentralbank durch den Ankauf von Devisen zusätzliches eigenes Geld (Binnenwährung) schöpft. Die Wirkungen steigender Geldmengen wurden ausführlich behandelt: Die Beschäftigung wird erhöht; bei bereits bestehender Vollbeschäftigung drohen Konjunkturüberhitzung und Inflationsgefahr („importierte Inflation").

Gernot Hartmann, Volks- und Weltwirtschaft, 22. Aufl., Rinteln 2001, S.518

[1] Da die Zahlungsbilanz immer ausgeglichen ist, bezieht sich der Begriff hier auf eine Teilbilanz, vgl. dazu M 22.

M 25 Zielkonflikte des Stabilitätsgesetzes

Das Stabilitätsgesetz nennt keine Priorität für die vorgegebenen Zielsetzungen. In der Praxis sind in der Hochkonjunktur meist die steigenden Preise das Hauptsorgenkind, in der Flaute das Wachstum und vor allem die Arbeitslosigkeit.

- Als schwer vereinbar haben sich nach bisheriger Erfahrung insbesondere die Zielpaare Vollbeschäftigung und Preisstabilität bzw. angemessenes Wachstum und Preisstabilität erwiesen: Wächst die Wirtschaft, so steigen auch die Preise, und werden bei hoher Beschäftigung hohe Lohnerhöhungen ausgehandelt, so wirkt dies – als zusätzliche kaufkräftige Nachfrage und höhere Produktionskosten – gleichfalls preistreibend.

- Auch kennen wir in jüngerer Zeit die (nach der klassischen volkswirtschaftlichen Gleichgewichtstheorie eigentlich nicht denkbaren) Konstellationen Wachstum- und Beschäftigungsschwäche bei steigenden Preisen (= Stagflation) und unzureichende Beschäftigung trotz wachsender Wirtschaft (= Jobless growth), die beide vor allem in der weitgehenden Aushebelung des Preismechanismus am Arbeitsmarkt (d. h. nach unten praktisch unflexiblen Löhnen) begründet sein dürften. Freilich sind hier die Standpunkte sehr unterschiedlich.

Schul/Bank, Bundesverband Deutscher Banken, 2.6.1994

Vom Viereck zum Vieleck?

M 26

Neben den im Stabilitätsgesetz von 1967 festgelegten Zielen der Wirtschaftspolitik (vgl. M 9) wird von Zeit zu Zeit diskutiert, ob nicht eine Ergänzung des Zielkatalogs erforderlich ist. Schon 1994 wurde der Umweltschutz als allgemeines Staatsziel in das Grundgesetz (Art. 20a) aufgenommen, sodass eine umweltverträgliche Wirtschaftsentwicklung als weiteres Stabilitätsziel angesehen werden kann. Umstritten ist das Ziel der Verteilungsgerechtigkeit, da sich die Definition von Gerechtigkeit nur im gesellschaftlichen Diskurs bestimmen lässt und daher einem dauernden Wandel unterworfen ist.

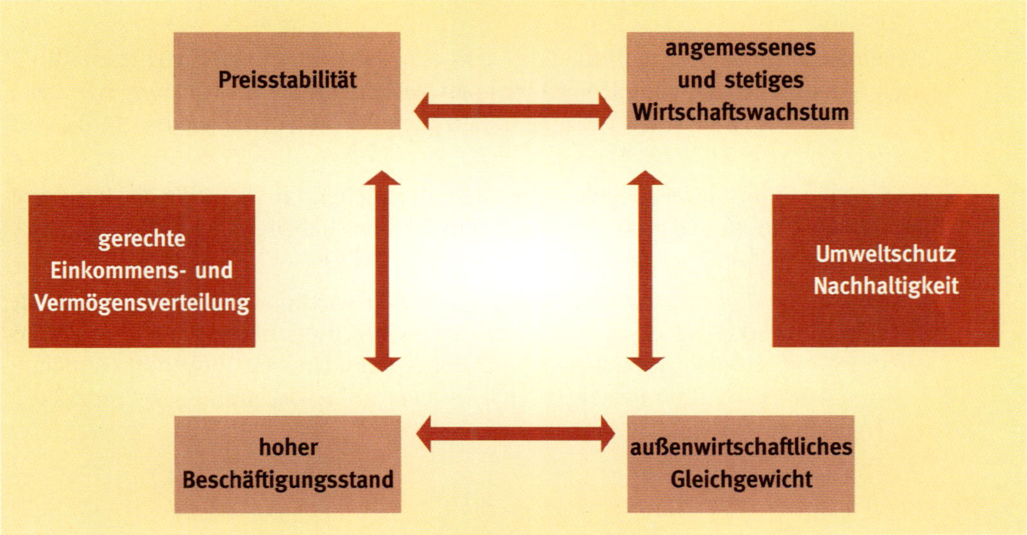

Autorentext

M 27 Wirtschaftspolitische Zielsetzungen im Verfassungsvertrag der EU

Aus dem Vertrag über eine Verfassung für Europa (Artikel 1, 3):

(3) Die Union wirkt auf die nachhaltige Entwicklung Europas auf der Grundlage eines ausgewogenen Wirtschaftswachstums und von Preisstabilität, eine in hohem Maße wettbewerbsfähige soziale Marktwirtschaft, die auf Vollbeschäftigung und sozialen Fortschritt abzielt, sowie ein hohes Maß an Umweltschutz und Verbesserung der Umweltqualität hin. Sie fördert den wissenschaftlichen und technischen Fortschritt.

AUFGABEN

1. Im Stabilitäts- und Wachstumsgesetz (M 9) ist das Ziel einer stabilen wirtschaftlichen Entwicklung fixiert. Bilden Sie zu jeder Zielvorgabe des Gesetzes eine Arbeitsgruppe und bearbeiten Sie die Zielgrößen mit Hilfe folgender Arbeitsanweisungen (M 10 – M 27):
   a) Ermitteln Sie die aktuelle Entwicklung der Zielgröße.
   b) Beschreiben Sie, wie die Zielgröße gemessen wird und welche Probleme sich gegebenenfalls aus der Messweise für die Aussagekraft des Indikators ergeben.
   c) Stellen Sie wirtschaftliche und politische Argumente zusammen, die für das Festhalten an Ihrer Zielgröße sprechen.
   d) Erläutern Sie Gründe, die jeweils aus der Sicht der privaten Haushalte, der Unternehmen und des Staates für eine Stabilisierungspolitik angeführt werden können.
2. Stellen Sie aktuelle Informationen aus der Presse zusammen, welche wirtschaftlichen Akteure (vgl. S. 26, M 18) mit welchen Mitteln auf die Entwicklung der Zielgrößen Einfluss zu nehmen versuchen. Bewerten Sie die Vorschläge in Hinblick auf das Erreichen der Ziele des StWG.
3. Prüfen Sie für verschiedene Phasen der wirtschaftlichen Entwicklung der Bundesrepublik, wie sich die Zielgrößen zueinander verhalten haben. Stellen Sie mögliche Gründe für Zielkonflikte und Zielharmonien dar (M 2).
4. Immer wieder wird in der wirtschaftspolitischen Diskussion der Vorschlag laut, die Ziele des StWG mögen um die Komponenten „Gerechte Einkommens- und Vermögensverteilung“ sowie „Erhaltung einer lebenswerten Umwelt“ erweitert werden. Sammeln Sie Pro- und Kontraargumente zu diesem Vorschlag und gewichten Sie die Argumente (M 26).

LINKS

www.destatis.de (Statistisches Bundesamt)

www.diw-berlin.de/ (DIW, Deutsches Institut für Wirtschaftsforschung)

www.hwwa.de/ (HWWA, Institut für Wirtschaftsforschung Hamburg)

www.ifo.de/ (ifo, Institut für Weltwirtschaftsforschung e.V.)

www.uni-kiel.de/ifw/ (IFW, Institut für Weltwirtschaft)

Informationen und Zusammenhänge

Das „magische Viereck“ des Stabilitäts- und Wachstumsgesetzes
M 9

Um die mit Konjunkturschwankungen verbundenen negativen Effekte zu vermeiden und eine größere Planungssicherheit für alle Wirtschaftsakteure zu erreichen, ist eine stabile wirtschaftliche Entwicklung generell wünschenswert. 1967 wurden deshalb die Ziele staatlicher Wirtschaftspolitik in dem Gesetz zur Förderung der Stabilität und des Wachstums der Wirtschaft, dem Stabilitätsgesetz, formuliert. Es verpflichtet die Politik, gleichzeitig einen hohen Beschäftigungsstand, stetiges und angemessenes Wachstum, ein stabiles Preisniveau und außenwirtschaftliches Gleichgewicht anzustreben. Die Charakterisierung der stabilitätspolitischen Zielsetzungen als „magisches Viereck“ bezieht sich darauf, dass in der Geschichte der Bundesrepublik Deutschland noch nie alle Zielsetzungen gleichzeitig erreicht worden sind und die Ziele untereinander zum Teil nicht kompatibel sind.

Stetiges und angemessenes Wachstum
M 11 – M 13

Durch wachstumspolitische Maßnahmen versucht der Staat, die Bedingungen für zukünftiges Wachstum zu verbessern, stabilitätspolitische Maßnahmen sollen Konjunkturschwankungen begrenzen. Die Änderungsrate des Bruttoinlandsproduktes (BIP) gilt dabei als Indikator für das Wirtschaftswachstum. Es muss dabei aber berücksichtigt werden, dass nur Leistungen erfasst werden, die über den Markt gelaufen sind, sich also in Geldwert ausdrücken lassen. So bleibt z.B. die Produktion der privaten Haushalte unberücksichtigt. Auch bleibt unbeachtet, dass ein Teil des Wachstums negative Auswirkungen hat, z.B. den Verbrauch von natürlichen Ressourcen. Steigende Wachstumsraten können also nicht ohne weiteres mit Wohlstandsmehrung gleichgesetzt werden.

Hoher Beschäftigungsstand
M 16, M 17

Arbeitslosigkeit stellt für die individuell Betroffenen und gesamtwirtschaftlich eine hohe Belastung dar. Kosten entstehen durch passive arbeitsmarktpolitische Maßnahmen wie Lohnersatzleistungen (Arbeitslosengeld und -hilfe) und durch aktive Arbeitsbeschaffungsmaßnahmen. Neben diesen Ausgaben bedingt die Arbeitslosigkeit auch zurückgehende Einnahmen des Staates aufgrund von Steuermindereinnahmen und Beitragsausfällen der Sozialversicherungen. Dazu kommt, dass die Binnennachfrage bei hoher Arbeitslosigkeit weniger wächst als bei hohem Beschäftigungsstand.

Preisniveaustabilität
M 19 – M 20

Inflation bedeutet, dass das allgemeine Preisniveau steigt. Verschiedene Wirtschaftssubjekte sind unterschiedlich von Inflation betroffen. Die Empfänger von Transferleistungen (Kindergeld, Sozialhilfe, Bafög) spüren die Inflation stark, da diese Leistungen nur mit Verzögerung angehoben werden und zudem der Kaufkraftverlust oft durch die Geldanpassung nicht voll ausgeglichen wird. Lohn- und Gehaltsempfänger sind bei einer Inflation die Verlierer, wenn ihr Einkommen nicht im gleichen Maße steigt wie das Preisniveau. Gewinner der Inflation sind Schuldner sowie Sachmittel- und Immobilienbesitzer, während auf der Verliererseite Gläubiger und Kleinsparer zu finden sind.

Außenwirtschaftliches Gleichgewicht
M 22, M 24

Die Zahlungsbilanz eines Landes misst alle ökonomischen Transaktionen, die zwischen Inländern und Ausländern in einer bestimmten Periode stattgefunden haben. Als Ganzes ist die Zahlungsbilanz immer ausgeglichen, Salden entstehen nur in den Teilbilanzen.
Die Bundesrepublik Deutschland hat traditionell eine aktive Handelsbilanz, d.h. die Warenexporte sind größer als die Importe. Dienstleistungs- und Übertragungsbilanz dagegen sind traditionell passive Bilanzen, was z.B. mit der Reiselust der Deutschen ins Ausland bzw. den deutschen Zahlungen an internationale Organisationen (EU, UNO) zu erklären ist.

Messprobleme der Zielindikatoren
M 15

Die zahlenmäßigen Veränderungen innerhalb der Determinanten des „magischen Vierecks" werden mithilfe der sogenannten Zielindikatoren gemessen. Die Aussagekraft dieser Indikatoren ist jedoch mit Ungenauigkeit behaftet. So sagt z.B. der Indikator Arbeitslosenquote nichts über die verdeckte Arbeitslosigkeit aus. Hinter der stillen Reserve verbirgt sich eine hohe Zahl von Arbeitslosen, die nicht in der Statistik auftaucht.
Der Indikator zur Messung von Inflation ist der „Verbraucherpreisindex für Deutschland, VPI". Dazu wird ein Warenkorb mit repräsentativen Gütern und Dienstleistungen zusammengestellt, die je nach ihrer Bedeutung für die Bevölkerung gewichtet sind. Basisjahr und Wägungsschema des Warenkorbes reagieren jedoch nur zeitlich verzögert auf die geänderten Verbrauchsgewohnheiten. Die Anpassung erfolgt ungefähr im 5-Jahres-Rhythmus.

Das „magische Viereck" in der Diskussion
M 25, M 26

Im StWG von 1967 sind Ziele nicht berücksichtigt, die in der aktuellen wirtschaftspolitischen Diskussion eine Rolle spielen und sich zum Teil auch aus den Bestimmungen des Grundgesetzes ableiten lassen. Dazu gehören nachhaltiges Wirtschaftswachstum, Umweltschutz sowie gerechte Einkommens- und Vermögensverteilung. Es muss aber auch gefragt werden, ob weitere Zielvorgaben sinnvoll sind, wenn schon die Ziele des Stabilitätsgesetzes nicht einzuhalten sind. Welche wirtschaftspolitischen Ziele formuliert werden und welchen Zielen Priorität beigemessen wird, ist immer eine politische Frage.

Exkurs: Der Wirtschaftskreislauf und die Volkswirtschaftliche Gesamtrechnung

Der einfache Wirtschaftskreislauf

M 28

Der Wirtschaftskreislauf einer modernen Volkswirtschaft ist äußerst komplex. Es erscheint daher nur vernünftig, die Wirklichkeit bildhaft zu vereinfachen, um die wirtschaftlichen Beziehungen zwischen den einzelnen Sektoren darzustellen. Der einfache Wirtschaftskreislauf stellt zunächst die Beziehungen zwischen den Unternehmen und den Haushalten dar (Zwei-Sektoren-Modell). Dafür gelten die folgenden Bedingungen (Prämissen):

- Der Kreislauf ist geschlossen. Die Summe der Zuströme in einem Sektor entspricht der Summe der Abströme.
- Die Wirtschaft ist staatsfrei.
- Es bestehen keine Beziehungen zum Ausland (geschlossenen Wirtschaft).
- Haushalte und Unternehmen sparen nicht, d.h. die Wirtschaft ist stationär.
- Die Ersatzinvestitionen (I^e) der Unternehmen werden als In-Sich-Strom des Unternehmenssektors dargestellt.

Die Haushalte stellen den Unternehmen Produktionsfaktoren zur Verfügung (Boden, Kapital, Arbeit). Die Unternehmen produzieren damit Güter und stellen diese den Haushalten zur Verfügung (Güterstrom).
Die Haushalte beziehen von den Unternehmen Einkommen aus der Überlassung der Produktionsfaktoren (Löhne, Zinsen, Miete). Dafür bezahlen sie mit diesem Einkommen die von den Unternehmen produzierten Güter (Geldstrom). In Geldwirtschaften entspricht in der Regel jedem realen Strom ein monetärer Strom.

Für den einfachen Wirtschaftskreislauf gilt, dass das mit der Produktion entstehende Volkseinkommen (Y) voll für den Konsum (C) verwendet wird: Y = C.

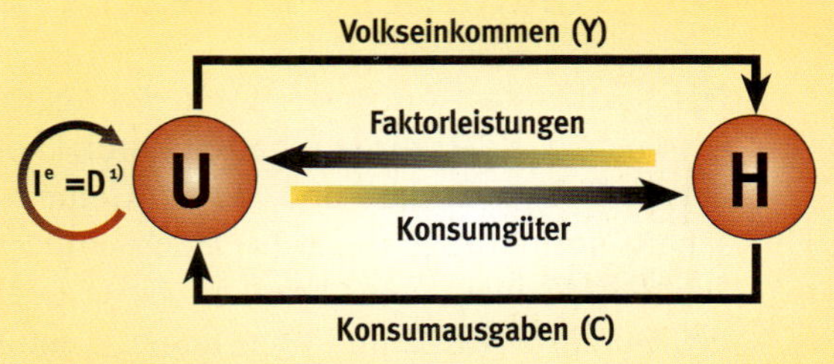

[1] Die Ersatzinvestitionen werden auch Abschreibungen (D von engl. „Depreciation") genannt.

Autorentext

Die evolutorische Wirtschaft

M 29

Reale Volkswirtschaften sind nicht stationär. Die Haushalte geben nur einen Teil ihres Einkommens für Konsumgüter aus, einen Teil sparen sie. Die Unternehmen stellen nicht immer gerade so viele Güter her, wie zum Ersatz verbrauchter Anlagen notwendig sind. Sind die Gesamtinvestitionen höher als der Ersatzbedarf, findet eine Ausweitung des Kapitalstocks statt. ... Eine solche Wirtschaft wird als evolutorisch bezeichnet. Da dies der Normalfall ist, wird die Bezeichnung im Folgenden nicht immer ausdrücklich mitgeführt. Unter den Bedingungen einer evolutorischen Wirtschaft liefert die bisherige Betrachtung einen offenen Kreislauf; z. B. ist bei den Haushalten die Summe der Zuströme (Volkseinkommen) nicht genauso hoch wie die Summe der Abströme (Ausgaben für

Konsumgüter). Um den Kreislauf zu schließen, muss er um die Ströme Ersparnisse (Abk.: S für Savings) und Investitionen (Abk.: I) erweitert werden. ...
Die Haushalte sparen in der Regel unter Einschaltung von Banken, und die Unternehmen holen sich ihren Finanzbedarf für die Investitionen ebenfalls von Banken. Einen Sektor Banken einzuführen, der den Zustrom an Erparnissen der Haushalte aufnimmt und über einen Abstrom an Investitionsmitteln verfügt, verbietet sich schon deshalb, weil es einen Sektor „Banken" nicht gibt. In sektoraler Betrachtung gehören Banken zu den Unternehmen. Darüber hinaus würden jene Ersparnisse, die nicht bei Banken hinterlegt werden, und jene Investitionen, die nicht über Banken finanziert werden, nicht erfasst. ... Was geschieht durch das Sparen der Haushalte und die Investitionen der Unternehmen? Durch beide Vorgänge findet ein Vermögenszuwachs statt: Geldvermögen bei den Haushalten, Sachvermögen bei den Unternehmen. ... Benötigt wird also lediglich ein weiterer Pol (Sektor), der die Vermögensveränderung (Abk.: VV) festhält.

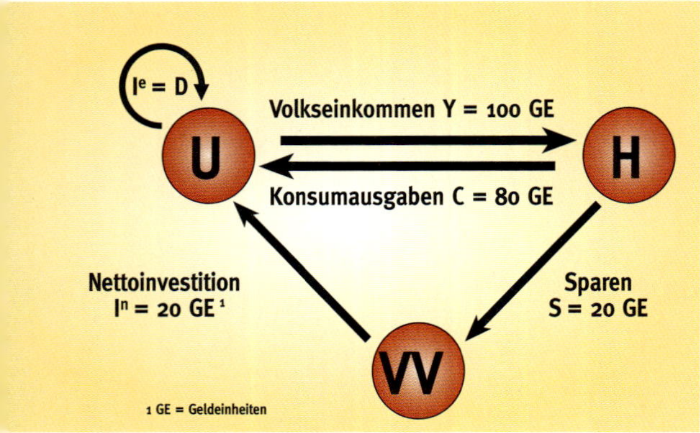

Hans-Jürgen Albers u. a., Volkswirtschaftslehre, Haan-Gruiten 1997, S. 37 f.

M 30 Die evolutorische Wirtschaft mit staatlicher Aktivität

Der Sektor Staat entsteht durch die Aggregation der Gebietskörperschaften Bund, Länder und Gemeinden und deren Gemeinschaftseinrichtungen wie Hochschulen, Schulen, Kindergärten, Krankenhäuser oder die Bundeswehr. Zum öffentlichen Sektor rechnen aber auch die Sozialversicherungshaushalte der Renten-, Kranken-, Arbeitslosen-, Unfall- und Pflegeversicherung. Nicht zum Staat zählen Unternehmen im Eigentum der öffentlichen Hand. Sie werden in der Kreislaufbetrachtung den Unternehmen zugerechnet, da bei ihnen die Produktion von Gütern im Vordergrund steht.
Unternehmen stellen Güter her, private Haushalte konsumieren. Neben seinen hoheitlichen Aufgaben, z. B. der Sicherung der öffentlichen Ordnung, sorgt der Staat, entsprechend seinem Sozialauftrag, für die Umverteilung der ihm zugeflossenen Mittel. Eine weitere Aufgabe des Staates liegt in der Finanzierung öffentlicher Güter, wie z. B. Schulen, Verkehrswege oder Krankenhäuser. Auch der Sektor Staat ist durch Einnahme- und Ausgabeströme mit den anderen Polen des Kreislaufmodells verbunden.

Die Einnahmeströme des Staates

Die direkten Steuern

Zum Geldstrom direkte Steuern (Abk.: T_{dir}, abgeleitet von Tax) zählen alle Einkommens- und Ertragssteuern, aber auch Beiträge und Abgaben, die die privaten Haushalte an den Staat zahlen. Zur Vereinfachung werden auch die Sozialversicherungsbeiträge, die an den Staat zu zahlen sind, in den Strom direkte Steuern eingerechnet.

Die indirekten Steuern

Indirekte Steuern (Abk.: T_{ind}) fallen bei der Verwendung des Einkommens an. Zu ihnen gehören z. B. die Mehrwertsteuer, die Mineralöl- und die Tabaksteuer. Sie werden von den Unternehmen in die Produktpreise eingerechnet und sind damit Bestandteil des Marktpreises. Die Unternehmen zahlen die Steuer an den Staat, Steuerträger dagegen sind die privaten Haushalte.

Die Ausgabenströme des Staates

Der staatliche Konsum
Der Staat produziert Gemeinschaftsgüter wie Sicherheit (Bundeswehr, Polizei), Gesundheit (Krankenhäuser), Bildung (Schulen, Theater, Museen oder Bibliotheken), Ver- und Entsorgung (Verkehrswege, Wasser, Müll). Zudem tritt der Staat in erheblichem Umfang als Käufer von Sachgütern und Dienstleistungen bei Unternehmen auf. In der Kreislaufbetrachtung entsprechen diese Leistungen einem Ausgabenstrom des Sektors Staat, der bei den Unternehmen zum Einkommensstrom wird und als staatlicher Konsum oder Staatsverbrauch (Abk. C_{St}) bezeichnet wird.

Transferzahlungen an die privaten Haushalte
Hierbei handelt es sich um Unterstützungszahlungen (Abk.: Z_H) an die privaten Haushalte, die zu keiner direkten Gegenleistung verpflichtet sind. Hauptarten sind die Sozialversicherungen, Beamtenpensionen, Arbeitslosenunterstützung, Kindergeld, Sozialhilfe oder Mietbeihilfen.

Subventionen an Unternehmen
Subventionen (Abk.: Z_U) sind Geldleistungen an einzelne Unternehmen oder ganze Unternehmenszweige. Zu nennen sind etwa die Leistungen an den Agrarsektor und die Subventionen zugunsten der deutschen Steinkohle. Zweck der genannten Unterstützung ist es, den betreffenden Wirtschaftszweig wettbewerbsfähig zu halten und Arbeitsplätze zu sichern. Im Rahmen von Gestaltungssubventionen werden z. B. Unternehmensgründungen gefördert oder Forschungsprojekte finanziert.

Die positive Differenz aus Einnahmen und Ausgaben wird als **Ersparnis des Staates** (Abk.: S_{St}) bezeichnet und im Sektor Vermögensveränderung festgehalten. Übersteigt dagegen der Ausgabenstrom die Einnahmen, was meist der Realität entspricht, gleicht der Staat den Fehlbetrag durch **Kreditaufnahme** (Abk.: Kr_{St}) aus.

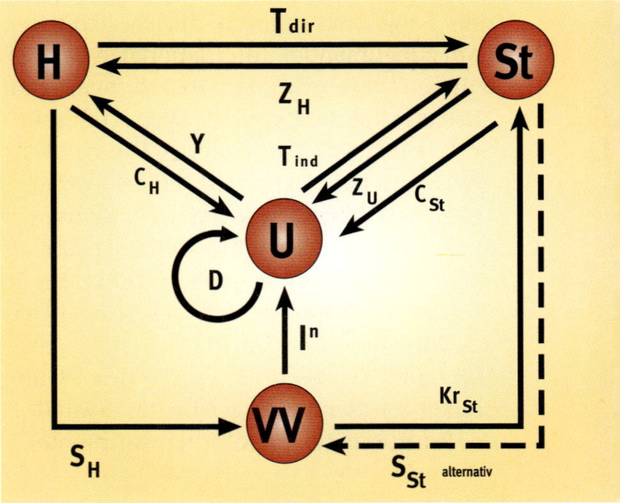

Autorentext

Die offene Volkswirtschaft mit staatlicher Aktivität

M 31

Durch die Einführung des Sektors **Ausland** (Abk.: Ausl) wird das Kreislaufmodell vollständig. Hinter dem Sammelbegriff „Ausland" verbergen sich ausländische Staaten, ausländische Unternehmen und ausländische Haushalte. Eine entsprechende Differenzierung nach Sektoren findet jedoch nicht statt. Alle grenzüberschreitenden Transaktionen werden global als Transaktionen mit dem Ausland dargestellt; es handelt sich um ein zusammengefasstes **Konto**[1] (oder **Sektor**) der übrigen Welt.
Moderne Volkswirtschaften verfügen über eine Vielzahl von Wirtschaftsbeziehungen

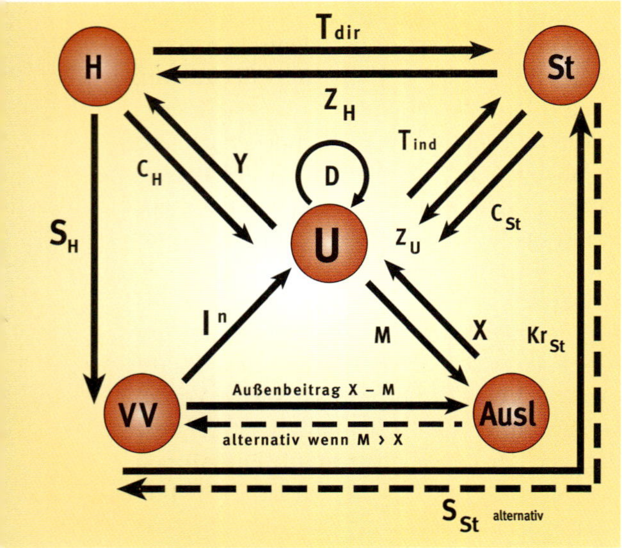

zum Ausland. Diese Auslandsverflechtungen sind Folge weltweiter Handelsbeziehungen und zunehmender internationaler Arbeitsteilung. Die wichtigsten Beziehungen zum Ausland sind die **Exporte** (Abk.: X) und **Importe** (Abk.: M) von Gütern[2]. Die deutsche Volkswirtschaft exportiert einen beträchtlichen Teil ihrer Leistungen ins Ausland; seit Mitte der achtziger Jahre werden mehr als ein Drittel aller hergestellten Güter ausgeführt (Ausfuhrquote). Im Gegenzug liefert das Ausland Güter an die deutsche Volkswirtschaft. Der Wert der eingeführten Güter beträgt seit den achtziger Jahren etwa 30 % des Bruttoinlandsprodukts (Einfuhrquote).

Im Umfang des Exports vermindert sich der Güterbestand einer Volkswirtschaft, im Umfang des Imports erhöht er sich. Die Differenz – oder der Saldo – zwischen den Exporten und Importen ist der **Außenbeitrag** (Abk.: X-M); er entspricht dem Nettozufluss bzw. -abfluss von Gütern.

Wichtig für die Darstellung der Auslandsbeziehungen ist, sich daran zu erinnern, dass im Wirtschaftskreislauf nur die Geldströme dargestellt werden. Exporte sind die Zahlungen des Auslands für die inländischen Ausfuhren; der Geldstrom für Exporte fließt also vom Ausland zum Inland; genauer: zum Sektor Unternehmen. Entsprechend fließt der Geldstrom für Importe von den Unternehmen zum Ausland.

Sind die Exporte höher als die Importe (X>M); positiver Außenbeitrag; Nettoabfluss von Gütern; Nettozufluss von Geld), erhöhen sich im Umfang des Ausfuhrüberschusses die Forderungen des Inlands gegenüber dem Ausland; das Vermögen des Inlands steigt. Sind die Exporte kleiner als die Importe (X<M; negativer Außenbeitrag; Nettozufluss von Gütern; Nettoabfluss von Geld), treten umgekehrte Vermögenseffekte ein; die Verbindlichkeiten des Inlands gegenüber dem Ausland erhöhen sich. Der Saldo zwischen Exporten und Importen verändert also das Vermögen einer Volkswirtschaft und wird daher im Sektor Vermögensveränderung festgehalten.

Hans-Jürgen Albers u. a., Volkswirtschaftslehre, Haan-Gruiten 1997, S. 42 f.

[1] Die Sektoren des Kreislaufmodells lassen sich auch in Kontoform darstellen
[2] Sachgüter und Dienstleistungen

M 32 Vom Wirtschaftskreislauf zur Volkswirtschaftlichen Gesamtrechnung

Die Volkswirtschaftliche Gesamtrechnung (VGR) liefert ein quantitatives Bild des makroökonomischen[1] Geschehens eines Landes. Sie steht in enger Beziehung mit der Kreislaufanalyse, in der die wesentlichen Zusammenhänge zwischen gesamtwirtschaftlichen Größen aufgezeigt werden. Die Volkswirtschaftliche Gesamtrechnung greift die gesamtwirtschaftlichen Konzepte der Kreislaufanalyse auf, erweitert sie und füllt sie mit Zahlen inhaltlich aus. Kreislaufanalyse und Volkswirtschaftliche Gesamtrechnung zusammen stellen die Basis jeglicher makroökonomischer Theorie und Politik dar. Solide Kenntnisse der Kreislaufanalyse und der Volkswirtschaftlichen Gesamtrechnung sind daher das unverzichtbare Fundament für eine erfolgreiche Beschäftigung mit makroökonomischer Theorie und Politik. Ist das Fundament schwach, kann – trotz aller Anstrengungen – auch das darauf errichtete makroökonomische Gebäude nur schwach sein.

Die Inlandsproduktsberechnung stellt zusammen mit den Nebenrechnungen der Volkswirtschaftlichen Gesamtrechnung ein zentrales Informationssystem für gesamtwirtschaftliche Untersuchungen dar. Die von ihr geleistete zahlenmäßige Erfassung des Wirtschaftsgeschehens dient unterschiedlichen Aufgaben. Erstens bilden die ermittelten Daten die wichtigste Basis für die Beschreibung der wirtschaftlichen Entwicklung eines Landes.

Darüber hinaus werden insbesondere die Daten der Inlandsproduktsberechnung und der Außenwirtschaftsrechnung von amtlichen Stellen an internationale [oder] supranationale Organisationen, wie die Europäische Union (EU), die Vereinten Nationen (UN), der Internationale Währungsfonds (IWF), die Organisation für wirtschaftliche Zusammenarbeit und Entwicklung (OECD) und die Weltbank, für deren Arbeit weitergeleitet. Zweitens liefert die Volkswirtschaftliche Gesamtrechnung die Datenbasis für das Studium von Ursache-Wirkungs-Zusammenhängen. Die Daten werden hierbei sowohl für die Ableitung wirtschaftstheoretischer Erkenntnisse als auch für deren empirische Überprüfung verwendet.

Dies ermöglicht es, die wirtschaftlichen Vorgänge besser zu verstehen und Veränderungen im Verhalten der am Wirtschaftsleben Beteiligten zu erkennen.

Drittens bilden die so gewonnenen wirtschaftstheoretischen Erkenntnisse zusammen mit den historischen Daten den Ausgangspunkt für Wirtschaftsprognosen. Diese haben die Aufgabe, die voraussichtliche Entwicklung zu projizieren und alternative Szenarien für den Fall des Einsatzes wirtschaftspolitischer Instrumente aufzuzeigen.

Michael Frenkel/Klaus Dieter John, Volkswirtschaftliche Gesamtrechnung, München 1996, S. 4; S. 7 f.

[1] *Makroökonomie: In der Makroökonomie werden gesamtwirtschaftliche Größen wie das Einkommen, die Investitionen oder der Konsum einer Volkswirtschaft untersucht. Im Gegensatz dazu beschäftigt sich die Mikroökonomie mit einzelwirtschaftlichen Aspekten von Haushalten oder Unternehmen, geht also der Frage nach, wovon z. B. das Konsumverhalten der Haushalte abhängt.*

Das Bruttoinlandsprodukt als zentrale Größe der VGR

M 33

Das Bruttoinlandsprodukt (BIP) ist die zentrale Größe zur Erfassung der Leistungsfähigkeit einer Volkswirtschaft. Ausgangspunkt für die Berechnung des BIP ist die mit Geld bewertete Produktion in einer Volkswirtschaft.

Addiert man die Produktionswerte der Unternehmen, der privaten Haushalte und des Staates, so erhält man den Produktionswert [Abk.: PW] der Volkswirtschaft. Es wäre falsch, diese Summe als Maßstab für die „letztlich neu produzierten Güter" des Jahres anzusehen. Jeder Sektor muss zur Erstellung der Produktion Vorleistungen [Abk.: V] – d. h. von anderen Sektoren in der gleichen Periode produzierte und bereitgestellte Güter – im Produktionsprozess einsetzen. Würde man die Produktionswerte einfach addieren, so würde man die Güter, die Vorleistungen darstellen, doppelt zählen: einmal bei dem Produktionswert des die Vorleistung produzierenden Sektors, zum anderen beim Produktionswert des die Vorleistungen verwendenden Sektors, da sie in dessen Produktionswert ebenfalls eingehen.

Besonders klar wird dieser Zusammenhang anhand eines einfachen Beispiels. Wir betrachten den Werdegang eines Brotes unter

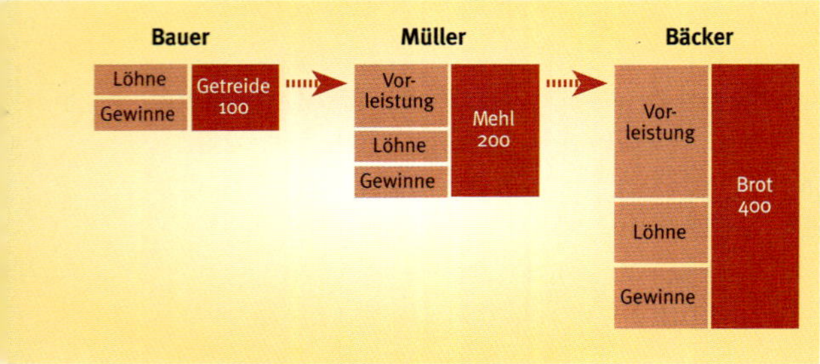

der vereinfachenden Annahme, dass Mehl der einzige Rohstoff bei der Brotproduktion sei und keine Abschreibungen anfallen. Ein Bauer produziere in einem Zeitabschnitt eine bestimmte Menge Weizen, ohne irgendwelche Vorleistungen in Anspruch zu nehmen. Er verkaufe den Weizen für 100 GE an den Müller, der ihn in der gleichen Periode zu Mehl verarbeite und dieses für 200 GE an den Bäcker weiterverkaufe. Der Bäcker schließlich produziere aus Mehl Brot, das er ebenfalls in derselben Periode für 400 GE an die Haushalte weiterverkaufe.

Der Produktionswert sämtlicher Unternehmungen beträgt in dem Beispiel:

$$100 + 200 + 400 = 700 \text{ GE}$$

Ist dies aber der Wert der in der Volkswirtschaft in dieser Periode letztlich neu produzierten Güter? Sicher nicht, denn der Müller musste Weizen im Werte von 100 GE verwenden, um daraus Mehl im Werte von 200 GE zu erstellen, und der Bäcker brauchte Mehl im Werte von 200 GE, um daraus Brot im Werte von 400 GE produzieren zu können. Müller und Bäcker brauchen also Vorleistungen von insgesamt 300 GE. Der Gesamtwert der letztlich neu produzierten Güter sämtlicher Unternehmungen beträgt also nur:

Produktionswert	–	Vorleistungen	=	Bruttoinlandsprodukt
700 GE	–	300 GE	=	400 GE

Man erhält dieses Bruttoinlandsprodukt also, indem man vom Produktionswert die Vorleistungen abzieht.[1]

$$Y_m^{br} = PW - V$$

Da die Bewertungsgrundlage die Marktpreise sind, wird es Bruttoinlandsprodukt zu Marktpreisen genannt (Symbol: Y_m^{br}).

An Gütern stehen einer Volkswirtschaft insgesamt die netto selbst produzierten Güter (das Bruttoinlandsprodukt) und die importierten Güter (M) zur Verfügung. Diese Güter können für drei Zwecke verwendet werden:

- Für den Konsum der privaten Haushalte (C_H) und des Staates (C_{ST}).
- Für die Ausfuhr = Export (X).
- Für die Erhaltung und Erweiterung des Kapitalbestandes der Unternehmen und des Staates, also für die Bruttoinvestitionen (I^{br}).

Da also in Höhe von Y_m^{br} und M Güter zur Verfügung stehen für den privaten Konsum (C_H), für den staatlichen Konsum (C_{ST}), für die Bruttoinvestitionen (I^{br}) sowie für die Exporte (X), gilt die Beziehung:

$$Y_m^{br} + M = C_H + C_{St} + I^{br} + X$$

$$Y_m^{br} = C_H + C_{St} + I^{br} + (X - M)$$

Diese Gleichung gibt eine gebräuchliche Definition des Bruttoinlandsprodukts wieder.

nach: Ulrich Baßeler, Jürgen Heinrich, Burkhard Utecht, Grundlagen und Probleme der Volkswirtschaft, 17. Aufl., Stuttgart 2002, S. 223 f.

[1] *Aus didaktischen Gründen ist hier von staatlichen Aktivitäten (Nettogütersteuer) abgesehen. Daher stimmt die Bezeichnung Bruttoinlandsprodukt nicht exakt mit der der VGR überein (vgl. M 34).*

Zum Verhältnis von Bruttoinlandsprodukt und Bruttonationaleinkommen

M 34

Vom Bruttoinlandsprodukt ist das Bruttosozialprodukt (BSP) zu unterscheiden, das nach der Revision der VGR 1995 nun als **Bruttonationaleinkommen** (BNE) bezeichnet wird:
Die BIP-Berechnung beruht auf dem **Inlandskonzept**. Erfasst werden alle wirtschaftlichen Leistungen, die im Beobachtungszeitraum innerhalb eines Landes erbracht wurden. Dabei ist es unerheblich, ob die Leistungserbringer ihren ständigen Wohnsitz in diesem Gebiet haben oder nicht. Das BIP misst unmittelbar die Produktion in einem Wirtschaftsgebiet, ist also in erster Linie ein Produktionsindikator.
Demgegenüber basiert das BNE auf dem **Inländerkonzept**, wobei „Inländer" nach dem Wohnsitz, nicht aber nach der Nationalität bestimmt werden. Gemessen wird beim BNE die wirtschaftliche Leistung der Inländer, unabhängig davon, ob die Faktorleistungen im In- oder Ausland erbracht wurden. Erzielt beispielsweise eine Person mit Wohnsitz in Deutschland Zinseinkünfte aus einer Geldanlage in den USA, so erhöhen diese das deutsche [Bruttonationaleinkommen], nicht aber das BIP. Das BNE ist primär ein Einkommensindikator, da es eher dem Bruttoeinkommen vor Abschreibungen entspricht, die den ansässigen Einwohnern eines Gebietes zukommen. Für die Abbildung der inländischen Wirtschaftsleistung ist das BNE deshalb weniger geeignet als das BIP, hängen doch über die Grenzen eines Landes zu- und abgeflossene Faktoreinkommen, z. B. aus Kapitalerträgen, kaum mit der inländischen Produktion von Waren und Dienstleistungen zusammen.

nach: Handelsblatt, 11.2.1997, S. 8

Vom Bruttoinlandsprodukt zu Marktpreisen zum Volkseinkommen

M 35

Ausgehend vom Bruttoinlandsprodukt zu Marktpreisen lassen sich weitere gesamtwirtschaftliche Größen berechnen. Um das Bruttonationaleinkommen zu Marktpreisen zu ermitteln, muss das BIP um den Saldo der **Primäreinkommen der Inländer mit der übrigen Welt**[1] bereinigt werden, d. h. um die vom Ausland empfangenen Erwerbs- und Vermögenseinkommen und die von der EU empfangenen Subventionen erhöht und um die ans Ausland geleisteten Erwerbs- und Vermögenseinkommen und die an die EU geleisteten Produktions- und Importabgaben vermindert werden. Das BNE kann größer oder kleiner sein als das BIP, je nachdem, ob der Saldo der grenzüberschreitenden Primäreinkommen zwischen dem In- und Ausland positiv oder negativ ausfällt.

Das BNE wird wie das BIP zu Marktpreisen berechnet. In dieser Form sind in den Werten Bestandteile enthalten, die die tatsächliche wirtschaftliche Leistung verschleiern können. Durch den Produktionsprozess wird ein Teil des volkswirtschaftlichen Anlagebestandes (Gebäude, Maschinen) abgenutzt. Diese Abnutzung muss erst ersetzt werden, wenn der Kapitalstock nicht von Periode zu Periode schrumpfen soll. Das tatsächliche Ausmaß der Abnutzung ist allerdings kaum zu bestimmen. Rechnerisch wird die Abnutzung in Form der **Abschreibung** erfasst. Jeder Betrieb schreibt Jahr für Jahr einen Teil seiner Anlagen ab. Die Aggregation aller betrieblichen Abschreibungen ergibt die volkswirtschaftliche Abschreibung. Nach Abzug des abnutzungsbedingten Ersatzes vom Bruttonationaleinkommen zu Marktpreisen ergeben sich netto die im eigentlichen Sinne neu geschaffenen Werte. Die entsprechende Größe ergibt das Nationaleinkommen zu Marktpreisen.

Durch die Erfassung der wirtschaftlichen Leistungen zu ihren Marktpreisen werden die Preisbestandteile mitgezählt, die die Aussage über den tatsächlichen Wert der hergestellten Güter verfälschen. Die **Produktions- und Importabgaben**[1] an den Staat und die EU (entsprechen weitgehend den indirekten Steuern einschließlich Zölle = T_{ind}) blähen die Güterpreise gewissermaßen künstlich auf. Um eine zutreffende Aussage über den Umfang der wirtschaftlichen Leistung machen zu können, müssen also die in den Marktpreisen enthaltenen Produktions- und Importabgaben abgezogen werden. Umgekehrt verhält es sich mit den Subventionen. **Subventionen** dämpfen künstlich die Preise. Für die Ermittlung des tatsächlichen Wertes der hergestellten Güter müssen Subventionen hinzugezählt werden. Der Saldo zwischen den Produktions- und Importabgaben und den Subventionen ergibt die **Nettoproduktionsabgaben**[1].

Das um die Nettoproduktionsabgaben verminderte Nationaleinkommen ergibt das Volkseinkommen, das den Erwerbs- und Vermögenseinkommen entspricht, die die inländischen Wirtschaftseinheiten in einer Wirtschaftsperiode empfangen haben.

nach: Hans-Jürgen Albers u. a., Volkswirtschafslehre, Haan-Gruiten 1997, S.61 f.

[1] Begriffe des ESVG von 1995

AUFGABEN

1. Für eine offene Volkswirtschaft mit staatlicher Aktivität liegen folgende Größen (in Mrd. GE) vor:

   Transferzahlungen an die privaten Haushalte (Z_H) = 590; Volkseinkommen (Y) = 3210; Konsum der privaten Haushalte (C_H) = 2496; Abschreibungen (D) = 390; Kreditaufnahme des Staates (Kr_{ST}) = 70; Subventionen (Z_U) = 67; Importe (M) = 735; Sparen der privaten Haushalte (S_H) = 394; Exporte (X) = 850; Nettoinvestitionen (I^n) = 214; Konsum des Staates (C_{ST}) = 763. Die Erwerbs- und Vermögenseinkommen von Inländern im Ausland beliefen sich auf 30 Mrd. GE, die von Ausländern im Inland betrugen 35 Mrd. GE. Übertragungen des Staates bzw. der privaten Haushalte an das Ausland bleiben unberücksichtigt.

   a) Stellen Sie den Sektor Staat einschließlich aller Zu- und Abflüsse für das Berichtsjahr dar (M 31).

   b) Die fehlenden Ströme T_{dir} und T_{ind} sind zu berechnen (M 31).

   c) Berechnen Sie für diese Volkswirtschaft das Bruttonationaleinkommen und den Anteil der Exporte an der gesamtwirtschaftlichen Nachfrage. Empfangene Subventionen der EU und geleistete Produktions- und Importabgaben an die EU bleiben unberücksichtigt (M 32 – M 35).

   d) In der kommenden Wirtschaftsperiode werden die direkten Steuern gesenkt. Beurteilen Sie, ausgehend vom Wirtschaftskreislauf, die Auswirkungen dieser Maßnahme auf private Haushalte, Unternehmen und Staat (M 31).

   e) Der Staat hat in den letzten Jahren einen Teil seines Vermögens durch Emission von Aktien privatisiert (z. B Telekom). Gehen Sie davon aus, dass die privaten Haushalte diese Aktien durch Auflösung von Sparguthaben gekauft haben. Erläutern Sie, wie sich diese Privatisierungen auf die Sektoren Staat, private Haushalte, Unternehmen und Vermögensveränderung auswirken (M 29 – M 31).

3 Beschäftigungspolitik zwischen Angebots- und Nachfrageorientierung

Das Problem der anhaltend hohen Arbeitslosigkeit beherrscht seit etwa zwei Jahrzehnten die wirtschaftspolitische Diskussion in Deutschland. Lösungsvorschläge zur Bewältigung der Beschäftigungskrise greifen dabei meist auf die Aussagen der beiden wirtschaftspolitischen Grundkonzeptionen der Nachfrage- und Angebotstheorie zurück. Diese Theorien unterscheiden sich besonders dadurch, welche Rolle sie dem Staat bei der Stabilisierung der gesamtwirtschaftlichen Entwicklung zuweisen.

In M 1 – M 8 werden die beiden Grundpositionen vorgestellt. Dabei wird zunächst das Konzept der nachfrageorientierten Wirtschaftspolitik dargestellt und anschließend die Aussagen der angebotsorientierten Wirtschaftspolitik erläutert.

Die Wachstums- und Beschäftigungskrise der Bundesrepublik Deutschland wird je nach Standpunkt der Autoren auf verschiedene Ursachen zurückgeführt.
In M 9 – M 12 lernen Sie Erklärungsansätze kennen, die das Problem aus unterschiedlichen Perspektiven beleuchten.

Karikatur: Barbara Henniger

So vielfältig wie die Ursachen sind die Lösungsansätze für die hohe Arbeitslosigkeit, welche von Parteien, Interessenverbänden oder der Wissenschaft in die Diskussion gebracht werden. M 13 – M 16 beschreiben einzelne Vorschläge, wie die Arbeitslosigkeit abgebaut werden kann. Dabei taucht auch immer wieder die Forderung nach einer Verlängerung der Arbeitszeit auf.

3.1 Wirtschaftspolitische Grundkonzeptionen

M 1 Aus dem Wirtschaftsteil der Zeitung

Keynes? Ja, aber intelligent
Die Welt, 4.7.2004

Keynes würde den Gewerkschaftsführern auf die Schulter klopfen
Die Welt, 2.11.2001

Ohne Keynes auf Crashkurs
Financial Times Deutschland, 1.10.2002

Viele neoliberale Rezepte für Schröder – Keynes ist kaum mehr gefragt
Nürnberger Nachrichten, 15.10.2003

Stoiber flirtet mit Keynes
Financial Times Deutschland, 6.9.2002

MIT KONSEQUENTER ANGEBOTSPOLITIK AUS DER WACHSTUMSFALLE
DIHK-PRESSEMITTEILUNG, 10.9.2003

M 2 Keynes und seine Wirtschaftstheorie

Der englische Ökonom John M. Keynes (1883–1946) wird weithin als einer der bedeutendsten Wirtschaftstheoretiker dieses Jahrhunderts angesehen. Unter dem Eindruck der Weltwirtschaftskrise der dreißiger Jahre schrieb er sein epochemachendes Werk, die „General Theory" (deutscher Titel: Allgemeine Theorie der Beschäftigung, des Zinses und des Geldes). Kein anderes ökonomisches Werk hat ähnlich weitreichende Auswirkungen auf die Wirtschaftstheorie und die praktische Wirtschaftspolitik in diesem Jahrhundert gehabt. Zurecht sprach man von der „keynesschen Revolution".

Der entscheidende Punkt war der, dass Keynes in seinem Buch der bislang vorherrschenden „klassischen" Wirtschaftstheorie widersprach, wonach der Marktmechanismus automatisch zu einem Vollbeschäftigungsgleichgewicht tendiere, so dass es keine anhaltende Arbeitslosigkeit geben könne. Die Beschäftigung, so die Klassiker, hänge vom Lohnsatz ab. Wenn also Arbeitslosigkeit entstehe, dann müsse dies zu einem Rückgang der Löhne führen und dadurch würde die Unterbeschäftigung schnell wieder beseitigt. Auf welch tönernen Füßen diese Theorie stand, zeigte sich in der Weltwirtschaftskrise 1929–32 mit ihrer katastrophalen Massenarbeitslosigkeit. Keynes führt in seinem Werk die gesamtwirtschaftliche – makroökonomische – Analyse ein und behauptet, dass die Beschäftigung vor allem vom Niveau der gesamtwirtschaftlichen Produktion und dieses wiederum von der Höhe der gesamtwirtschaftlichen Nachfrage abhänge. Die entscheidende Ursache für Arbeitslosigkeit sei also ein Rückgang der Produktion, und der sei auf eine unzureichende gesamtwirtschaftliche Nachfrage zurückzuführen. Eine Senkung der Nominallöhne – darin bestand das Rezept der Klassiker – sei erstens nicht möglich, so Keynes, weil die Gewerkschaften sich dagegen wehren würden, und führe zweitens zu einer Verringerung der Konsumnachfrage der privaten Haushalte. Dies würde also das Problem des gesamtwirtschaftlichen Nachfragemangels nur noch verschärfen. Erforderlich sei vielmehr eine Erhöhung der Nachfrage, und die einzige Instanz, die autonom zusätzliche Nachfrage schaffen könne, sei der Staat.

Gerhard Willke, Wirtschaft – Dimensionen der Politik, Berlin 1995, S. 56

Die Steuerung der gesamtwirtschaftlichen Nachfrage

M 3

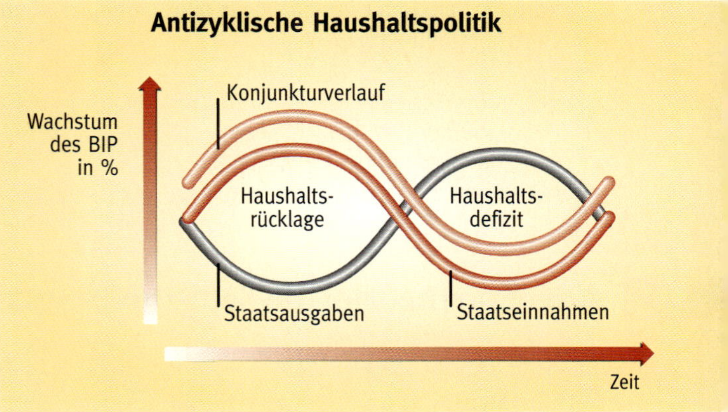

Keynes erkannte, dass zur Beseitigung von Arbeitslosigkeit die Marktkräfte nicht ausreichen, sondern der Staat gezielte Maßnahmen zu ihrer Beseitigung ergreifen muss. Zentraler Ansatzpunkt der keynesschen Theorie ist die gesamtwirtschaftliche Nachfrage, die sich aus privatem Konsum, staatlichem Konsum, Bruttoinvestitionen und Exporten zusammensetzt. Da sich Konjunkturschwankungen in einem Auseinanderklaffen von gesamtwirtschaftlichem Angebot und gesamtwirtschaftlicher Nachfrage äußern, fällt es dem Staat zu, die Nachfrage so zu steuern, dass sie dem Angebot entspricht. …

Ist die volkswirtschaftliche Nachfrage wegen fehlender privater Nachfrage im Vergleich zum volkswirtschaftlichen Angebot zu gering, muss der Staat diese fehlende Nachfrage durch Erhöhung seiner Ausgaben ausgleichen oder versuchen, die private Nachfrage durch geeignete Maßnahmen anzuregen. Im Falle einer überhöhten gesamtwirtschaftlichen Nachfrage hat der Staat seine Ausgaben und die der privaten Wirtschaft zu drosseln. Um den Konsum in der Depression zu erhöhen, soll die Regierung ein Haushaltsdefizit[1] in Kauf nehmen, in der Hochkonjunktur hingegen einen Haushaltsüberschuss bilden, damit die gesamtwirtschaftliche Nachfrage schrumpft. …

Der Staat hat sich mit Haushaltsdefizit bzw. -überschuss in seiner Finanzpolitik antizyklisch zum Konjunkturverlauf zu verhalten. Der Haushaltsausgleich braucht dabei nicht jährlich zu erfolgen, sondern sollte über die Zeitdauer des Konjunkturzyklus abgeschlossen sein.

Die Grundgedanken der keynesschen Theorie wurden im Jahr 1967 in das „Gesetz zur Förderung der Stabilität und des Wachstums der Wirtschaft“, kurz Stabilitätsgesetz genannt, aufgenommen. Dieses Gesetz enthält eine Reihe von Instrumenten, die es Bund und Ländern ermöglichen, dem Konjunkturverlauf entgegenzusteuern und eine antizyklische Finanzpolitik zu betreiben.

Günter Schiller, Volkswirtschaftslehre, 7. Aufl., Darmstadt 2001, S. 158 ff.

[1] *In der keynesschen Terminologie wird dies als „Deficit Spending“ bezeichnet.*

M 4 Mögliche Maßnahmen nach dem Stabilitätsgesetz

Bei Hochkonjunktur

- Stilllegung von Mitteln in der Konjunkturausgleichsrücklage
- Zusätzliche Tilgung von Schulden bei der Zentralbank
- Beschränkung der Kreditaufnahmen der öffentlichen Hand
- Streckung oder Zurückstellung von Investitionen
- Verstärkung der Offenmarktgeschäfte der Zentralbank[1]
- Erhöhung der Einkommen- bzw. Körperschaftsteuer für maximal 1 Jahr um bis zu 10% (Konjunkturzuschlag)
- Beschränkung der Abschreibungsmöglichkeiten
- Anpassung der Vorauszahlungen auf Einkommen- oder Gewerbesteuer nach oben

Bei Abschwächung der Konjunktur

- Entnahme von Mitteln aus der Konjunkturausgleichsrücklage
- Zusätzliche öffentliche Ausgaben, ggf. über Kredite finanziert („deficit spending")
- Beschleunigung geeigneter Investitionen („Investitions- bzw. Beschäftigungsprogramme")
- Verstärkung der Finanzhilfen von Bund an Länder bzw. von Ländern an Gemeinden
- Herabsetzung der Einkommen- bzw. Körperschaftsteuer für maximal 1 Jahr um bis zu 10%
- Einführung von Investitionszulagen
- Nachträgliche Anpassung der Einkommen- oder Gewerbesteuervorauszahlungen nach unten

[1] *vgl. Kap. 5*

Jörn Altmann, Wirtschaftspolitik, 7. Aufl., Stuttgart 2000, S. 325

M 5 Angebotstheorie: die Selbstheilungskräfte des Marktes

In einer freien Marktwirtschaft befasst sich kein Individuum und keine zentrale Stelle mit den Fragen, was, wie und für wen produziert werden soll. Ein großer Teil des Wirtschaftsablaufes geht ohne die direkte Einflussnahme des Staates vor sich. Hunderttausende von Gütern werden von Millionen von Menschen mehr oder weniger aufgrund ihrer eigenen Entscheidungen produziert, ohne dass es einen zentralen Gesamtplan gibt. Niemand hat dieses Konkurrenzsystem erdacht. „Es hat sich mit der Zeit entwickelt, und es ist genauso wie die menschliche Natur Änderungen unterworfen. Jedoch besteht es den wichtigsten Test, den eine soziale Organisation bestehen muss: Es ist lebensfähig." (Paul A. Samuelson, Volkswirtschaftslehre 1, Köln 1991)

Adam Smith, der diese Zusammenhänge erstmals aufzeigte, war fasziniert von der Erkenntnis, dass marktwirtschaftliche Systeme „selbstregulierende Systeme" sind, dass sie einer „inneren Ordnung" gehorchen und aus sich selbst heraus stabil sind. Er begründete das Prinzip der „unsichtbaren Hand": Jedes Individuum, das seine eigenen „egoistischen" Ziele verfolgt, wird wie durch eine unsichtbare Hand dazu gebracht, dass es in Wirklichkeit das Allgemeinwohl fördert. So heißt es bei Adam Smith: „Jeder Einzelne bemüht sich darum, sein Kapital so einzusetzen, dass es den größten Ertrag erbringt. Im Allgemeinen wird er weder bestrebt sein, das öffentliche Wohl zu fördern, noch wird er wissen, inwieweit er es fördert. Er interessiert sich nur für seine eigene Sicherheit und seinen eigenen Gewinn. Und gerade dabei wird er von einer unsichtbaren Hand geleitet, ein Ziel zu fördern, das er von sich aus nicht anstrebt. Indem er seine eigenen Interessen verfolgt, fördert er das Wohl der Gemeinschaft häufig wirksamer, als wenn er es beabsichtigt hätte." (Adam Smith, Der Reichtum der Nationen, 1776).

Josef Jäger, Bausteine der Makroökonomie, Darmstadt 1990, S. 64

Kennzeichen der Angebotspolitik

M 6

Milton Friedman, geb. 1912, amerikanischer Nationalökonom und Hauptvertreter der „Chicagoer Schule", Nobelpreis 1976

Aus der Klassischen Nationalökonomie stammt insbesondere der Grundsatz: möglichst wenig Staat und möglichst viel Markt. Damit ist eine Absage an die weitgehende Steuerung der nachfrageorientierten Politik verbunden. Für die dennoch notwendige Steuerung soll nicht die (Staats-)Nachfrage, sondern die Geldmenge die zentrale Steuerungsgröße sein. Die Bevorzugung der Geldmenge hat dem Konzept auch den Namen Monetarismus eingetragen. ...

Die Grundzüge dieser Position wurden in den fünfziger Jahren entwickelt und gehen vor allem auf Arbeiten von Friedman zurück. ...

Die angebotsorientierte Konjunkturpolitik knüpft vor allem an [vier] Prämissen an:

1. Wachstumsschwäche hat ihre Ursache in Störungen der Angebotsseite.
2. Unterbeschäftigung ist vor allem auf unzureichende Investitionen zurückzuführen.
3. Die Veränderung des realen Volkseinkommens und damit die Nachfrageentwicklung hängt in erster Linie von der Veränderung der Geldmenge ab.
4. Die Instabilitäten kommen nicht vom privaten Sektor, sondern rühren von den staatlichen Eingriffen her.

Aus diesen Erkenntnissen ergeben sich Schlussfolgerungen:

1. Zur Beseitigung von Wachstumsschwäche und damit Unterbeschäftigung müssen die Bedingungen des Angebotssektors verbessert werden. Produktion schafft Einkommen, Einkommen schafft Nachfrage.
2. Investitionshemmnisse müssen beseitigt werden; Produktion und Investitionen müssen rentabel sein. „Investitionen müssen sich lohnen." Da hier insbesondere das Preis-Kosten-Verhältnis verantwortlich ist und die Preise unter Wettbewerbsbedingungen für den Anbieter marktgegeben sind, müssen die Kosten, z. B. die Lohnkosten, in einem angemessenem Verhältnis stehen.
3. Steuerungen sollten über die Geldpolitik und nicht über die staatliche Fiskalpolitik erfolgen. Um einerseits eine ausreichende Liquidität und andererseits Geldwertstabilität sicherzustellen, hat sich die Geldmengenpolitik am Wachstumspotenzial der Wirtschaft zu orientieren. In enger Beziehung zur Forderung nach einer Geldmengenkontrolle steht die Forderung nach flexiblen Wechselkursen, da durch sie die Gefahr importierter Inflation geringer wird.

... Angebotsorientierte Konjunkturpolitik wendet sich gegen eine zu weit gehende Einkommensumverteilung durch den Staat, da hierdurch Leistungsanreize verschüttet werden.

Sofern die Geldpolitik einer unabhängigen Zentralbank übertragen wird, werden dem Staat vor allem folgende Aufgaben zugewiesen:

- Beseitigung von Investitionshemmnissen.
- Förderung privater Investitionstätigkeit und -bereitschaft.
- Stärkung der Antriebskräfte des Marktes durch Verzicht auf Interventionen sowie durch Abbau von Subventionen und leistungshemmenden Steuern.
- Konsolidierung der Staatsfinanzen durch Abbau der Staatsverschuldung und die Bevorzugung investiver statt konsumtiver Ausgaben.

Hans-Jürgen Albers u. a., Volkswirtschaft, Haan-Gruiten 1997, S. 430 f.

M 7 Zwei Strategien der Wirtschaftspolitik

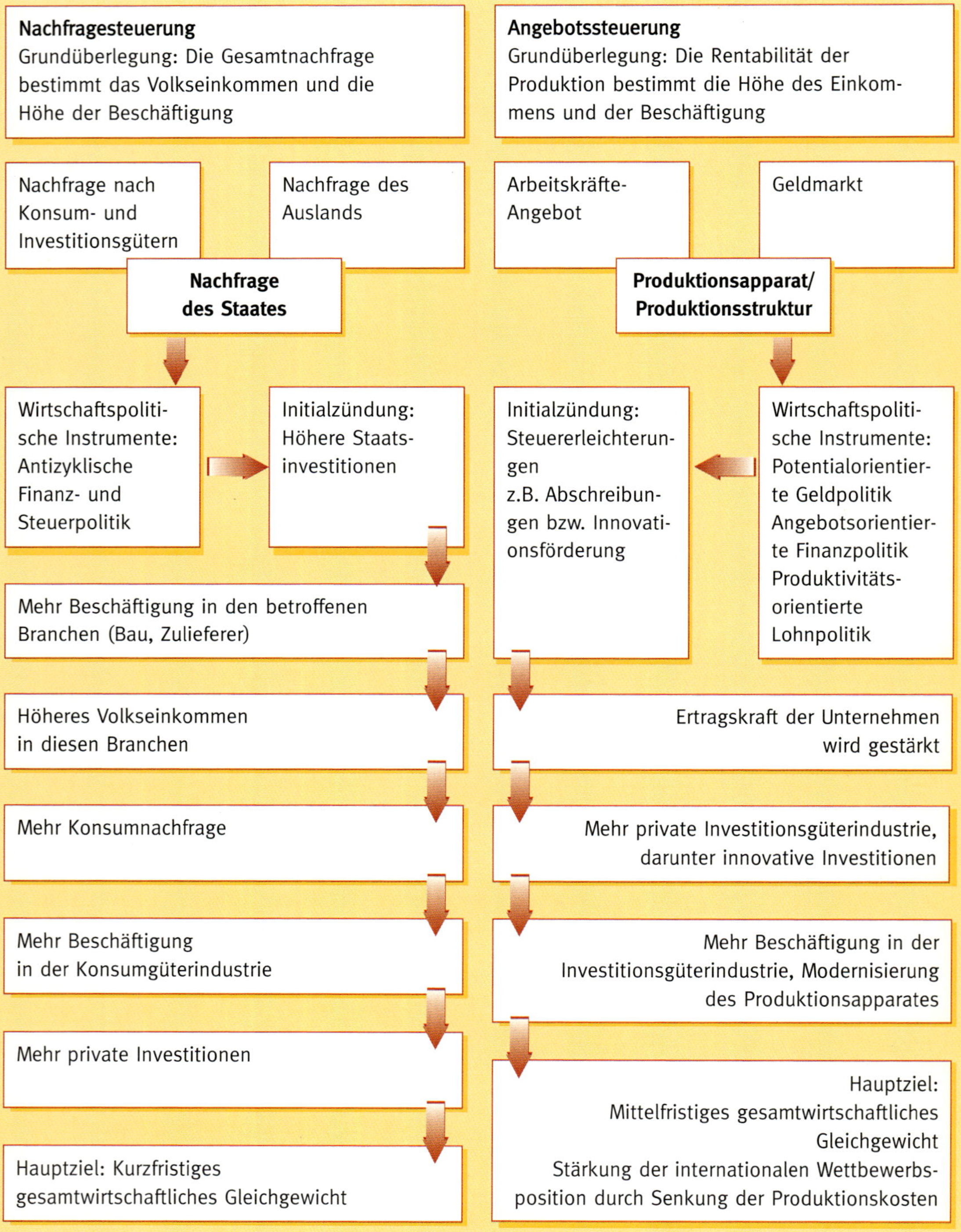

Heinrich Köppen, Konjunkturpolitik. Schülerheft, 7. Aufl., Stuttgart 1998, S. 47

• Inwiefern stimmt das zu heutigen Situation?

Kontrovers diskutiert: Angebots- und Nachfragetheorie in der Kritik

M 8

a) Ist das Konzept von Keynes noch aktuell?

• Verdrängungseffekte

Als ein zentrales Argument gegen die idealtypischen Wirkungen einer Erhöhung der Staatsausgaben werden verschiedene Varianten des „Crowding-out"-Argumentes (Verdrängungseffekt) genannt. So verdrängt der Staat private Investitionen, wenn der öffentliche Sektor ausgeweitet wird. Auch verteuert der Staat durch seine erhöhte Kapitalnachfrage („deficit spending") die Kredite für private Unternehmen und erschwert dadurch deren Investitionstätigkeit.

Autorentext

• Unkalkulierbare Wirkungsverzögerungen

Der Staat beeinflusst die gesamtwirtschaftliche Nachfrage stets mit erheblichen Verzögerungen (=lags). Die Wirkung der staatlichen Maßnahmen setzt erst dann ein, wenn die Wirtschaft sich u. U. bereits in einer ganz anderen Konjunkturphase befindet als die, die diagnostiziert wurde.

• Wachsende Staatsverschuldung

Dem Zuwachs der Staatsausgaben zum Zwecke der Konjunkturankurbelung folgen nicht entsprechende Ausgabenkürzungen im Boom, da diese Kürzungen aus politischen Gründen meist nicht durchsetzbar sind.

So müssen z. B. dringende Programme der Infrastruktur, der Verteidigung, des Sozialwesens finanziert werden. Die Folge ist eine wachsende Staatsverschuldung.

• Strukturverzerrende Wirkungen

Sofern der Staat versucht, die Wirtschaft „global" zu steuern, d. h. durch allgemeine Ausgabenerhöhungen bzw. durch generelle Steuersenkungen (Globalsteuerung), berücksichtigt er nicht die Besonderheiten in der Wirtschaftsstruktur.

Einigen Branchen geht es auch in der allgemeinen Rezession noch relativ gut, andere befinden sich in der tiefen Krise (=gespaltene Konjunktur). Beide Branchengruppen werden aber durch globalsteuernde Maßnahmen stimuliert.

Sofern der Staat versucht, „selektiv" zu steuern, d. h. seine Maßnahmen nur auf die von der Krise befallenen Branchen bzw. Betriebe zu zielen, so ergibt sich das Problem, dass durch entsprechende Maßnahmen aus wachstumspolitischen Gründen notwendige Strukturveränderungen in der Volkswirtschaft (z. B. der Trend zum tertiären Sektor) künstlich herausgezögert werden und überalterte Strukturen konserviert werden.

Hans-Wilhelm Witthof, Konjunkturtheorie und Konjunkturpolitik, Bad Homburg v. d. Höhe 1994, S. 74

• Ausweitung des staatlichen Sektors

Die rapide Verschlechterung der wirtschaftlichen Rahmenbedingungen in den 70er und frühen 80er Jahren ist aber auch in erheblichem Umfang auf die staatliche Finanzpolitik zurückzuführen. So ist die Staatsquote (Anteil der gesamten Staatsausgaben am Bruttosozialprodukt) zwischen 1970 und 1982 von 39,1% auf 49,8 % gestiegen. ...

Mit dem wachsenden Staatsanteil war eine zunehmende Beeinträchtigung der Leistungsanreize verbunden. Von jeder verdienten Mark mussten Arbeitnehmer und Unternehmen immer mehr an den Staat abführen.

Josef Jäger, Bausteine der Makroökonomie, Darmstadt 1990, S. 64

b) Angebotsorientierung in der Kritik

- Eine Verbesserung der Gewinnsituation der Unternehmen erhöht zwar deren Investitionsfähigkeit, nicht jedoch zwangsläufig deren Investitionsbereitschaft. Investitionen werden nur bei genügend guten Ertragserwartungen vorgenommen.
- Entscheidend für den Ertrag von Investitionen ist das Preis-Kosten-Verhältnis. Die angebotsorientierte Wirtschaftspolitik betont bei der Investitionsbereitschaft einseitig die Kosten der Investitionen. Ein angemessener Preis für das Produkt ist aber nur zu erzielen, wenn eine entsprechend große Nachfrage vorhanden ist. Investitionen lohnen sich nur, wenn auch Absatzchancen für die Produkte vorhanden sind.
- Bei mangelnder Kapazitätsauslastung bzw. zu geringer Nachfrage ist die Neigung, Erweiterungsinvestitionen vorzunehmen, gering. Investitionsförderungen führen in dieser Situation dazu, dass die Unternehmen Rationalisierungs- statt Erweiterungsinvestitionen durchführen und dadurch die Arbeitsplätze nicht vermehren, sondern vermindern.
- Löhne sind nicht nur ein Kostenfaktor, sondern auch ein Nachfragefaktor. Steigende Löhne bewirken nicht nur steigende Kosten, sondern auch steigende Nachfrage.
- Bei vorhandener Unterbeschäftigung führt eine Reduzierung der Staatsausgaben nicht zu sinkender, sondern zu steigender Arbeitslosigkeit.
- Angebotspolitik gefährdet die zum Teil hart erkämpften sozial- und wohlfahrtsstaatlichen Strukturen und führt u. a. zu einer Umverteilung der Einkommen zugunsten der Besitzer von Produktivvermögen.
- In einer angebotsorientierten Wirtschaftspolitik kommen Belange der Umwelt und des Umweltschutzes (umweltverträgliche Produkte und Produktionsverfahren) zu kurz.

Hans-Jürgen Albers u.a, Volkswirtschaftslehre, Haan-Gruiten 1997, S. 432

AUFGABEN

1. Erläutern Sie, durch welche Maßnahmen Nachfrage- und Angebotstheoretiker Wachstum und Beschäftigung steigern wollen. Welche Grundannahmen müssen jeweils erfüllt werden (M 1– M 7)?
2. Referatvorschlag: Stellen Sie Leben und Werk von John Maynard Keynes vor (M 2, M 3).
3. Diskutieren Sie Stärken und Schwächen von Angebots- und Nachfragetheorie und prüfen Sie die Möglichkeit, einzelne Elemente der Theorien zu verbinden (M 8).
4. Vergleichen Sie mithilfe des Internets die Grundpositionen der Parteien zur Wirtschaftspolitik und bewerten Sie die Aussagen vor dem Hintergrund von Angebots- und Nachfragetheorie.

Informationen und Zusammenhänge

Wie der Staat die im Stabilitätsgesetz von 1967 genannten Ziele erreichen soll, wird von Wirtschaftswissenschaftlern und Politikern bis heute kontrovers diskutiert. Nachfrage- und Angebotstheorie liefern unterschiedliche idealtypische Konzepte zur Bewältigung der Wachstums- und Beschäftigungskrise.

Nachfragetheorie nach Keynes
M 2 – M 4, M 7

Die Nachfragetheorie geht auf den englischen Nationalökonomen John Maynard Keynes (1883 – 1946) zurück und sieht Arbeitslosigkeit in einer unzureichenden gesamtwirtschaftlichen Nachfrage begründet. Da der Markt allein nicht in der Lage ist, von sich aus das Gleichgewicht zwischen Angebot und Nachfrage herzustellen, sollte der Staat eine aktive Rolle bei der Steuerung der Konjunktur übernehmen und dafür sorgen, dass zusätzliche Nachfrage entsteht. Im Mittelpunkt der Maßnahmen stehen vor allem die staatliche Ausgabenpolitik und die Steuerpolitik, die Geldpolitik der Zentralbank sollte die staatliche Finanzpolitik unterstützen. Die Maßnahmen sind jeweils so zu treffen, dass sie in Zeiten der Hochkonjunktur die Nachfrage dämpfen und in Zeiten der Rezession die Nachfrage beleben (antizyklische Politik).

Kritik an der Nachfragetheorie
M 8

Die Schwächen der keynesschen Beschäftigungspolitik werden in den zu erwartenden zeitlichen Verzögerungen (time lags) zwischen den wirtschaftspolitischen Entscheidungen und ihren Wirkungen, in der Verdrängung privater Investitionen durch staatliche Investitionen (crowding out) und im Ansteigen der Staatsquote und damit der Abgaben- und Steuerbelastung sowie der steigenden Staatsverschuldung zur Finanzierung der öffentlichen Haushalte gesehen.

Die Angebotstheorie
M 5 – M 7

Die Theorie des klassischen Liberalismus dagegen misst dem Staat nur eine passive Rolle bei der Gestaltung des Wirtschaftsprozesses bei. Träger wirtschaftlichen Handelns ist das Individuum, zentrales Koordinierungsinstrument der freie Markt. Die neoklassisch orientierte Politik sieht die Wachstums- und Beschäftigungskrise eher strukturell als konjunkturell bedingt. Der Staat soll demnach lediglich die wirtschaftlichen Rahmenbedingungen verbessern und sich der konjunkturellen Entwicklung gegenüber neutral verhalten.

Die Förderung von Wachstum und Beschäftigung erfolgt durch eine Verbesserung der Angebotsbedingungen. Geeignete Maßnahmen im Rahmen dieser Theorie sind deshalb eine Verstetigung des Geldmengenwachstums (Monetarismus), die Verbesserung der Rentabilität von Unternehmensinvestitionen, z.B. durch Steuersenkungen, moderate Lohnabschlüsse und eine Deregulierung des Arbeitsmarktes.

Kritik an der Angebotstheorie
M 8

Kritikern zufolge liegen die Schwächen der Angebotstheorie insbesondere in der Fixierung auf die Kosten. Da die Gewinne der Unternehmen jedoch auch von den Erlösen abhängen, muss auch die Nachfrageseite berücksichtigt werden. Unternehmen investieren ihre Gewinne nicht wie angenommen automatisch, sodass bei geringer Absatzerwartung durch eine geringe Nachfrage (wegen mangelnder Kaufkraft) Erweiterungsinvestitionen der Unternehmen unterbleiben oder als Rationalisierungsinvestitionen zu einem weiteren Rückgang der Beschäftigung führen.

3.2 Ursachen und Lösungsansätze der Beschäftigungskrise

M 9 Arbeitslosigkeit – Meinungen

Prof. Ralf Dahrendorf: Wir sind in einer Epoche, in der das, was man früher „Beruf" nannte, und das, was manche Normalarbeitsplätze nennen, in abnehmenden Maße nötig sind, um das zu produzieren und sogar unter die Leute zu bringen, was wir wollen und was wir brauchen.

Prof. Ulrich Beck: Die Politik, die Parteien gaukeln uns die Vorstellung vor, man muss an ein paar Hebeln drehen, ein bisschen bittere Medizin, dieses oder jenes schlucken, und das Paradies der Vollbeschäftigungsgesellschaft wird wieder entstehen. Das finde ich fatal. Wir lügen uns alle in die Tasche! Es wird eine Transformation geben, und das Zentrum, übrigens gerade in Deutschland – in anderen Ländern ist das nicht im selben Maße der Fall – wird nicht mehr nur die Erwerbsarbeit sein.

Georg Meissner, Baustellen-Leiter: Man sieht ja, wie viel zigtausende Kollegen arbeitslos sind, und es tut sich aber nichts, ne? Und mittlerweile ist es ja schon so, dass der Slowake, der hier nach Deutschland kommt um zu arbeiten oder der Pole in seinem eigenen Land zu teuer ist und von hinten her, von hinten herein dann der Russe oder der Rumäne dringt.

Karheinz Augendübler, Optiker: Logischerweise macht es also Angst, in 20 Jahren keine Arbeit mehr zu haben. Es macht mir auch Angst für meine Kinder, die dann in 20 Jahren nicht mehr Optiker sein dürfen, weil das eben halt unmodern ist. Wenn ich mir überlege, in meiner Jugend gab es an jeder Ecke einen Schumacher, ... es gab überall einen Juwelier, es gab einen Goldschmied, es gab einen Uhrmacher, das ist also heute alles weg.

Ellen Paulus, Software-Expertin: Ich lebe auch, um zu arbeiten. Also die Arbeit macht mir großen Spaß. Sie strukturiert mein Leben, sie lässt mich am gesellschaftlichen Leben teilhaben, sie erfüllt mich auch und sie befriedigt mich.

aus der Sendung Monitor, Beitrag: Arbeitsgesellschaft: Das Ende der Vollbeschäftigung, Bericht: Sonia Mikich, Kim Otto, Tatjana Kasprzyk, 29.1.2004

M 10 Warum Deutschland Schlusslicht ist

Deutschland ist beim Wirtschaftswachstum und beim Export auf den Weltmärkten zurückgefallen. ...

Das hat interne und externe Ursachen. Dabei ist der Anstieg der Löhne und lohnbezogenen Abgaben an erster Stelle zu nennen, denn er hat die Schaffung neuer Arbeitsplätze durch Investitionen behindert. ...

Die Ausweitung des Sozialstaates hat zum Anstieg der Lohnkosten maßgeblich beigetragen. Durch den Ausbau der Lohnersatzleistungen wurden die Anspruchslöhne erhöht, außerdem wurde die auf dem Faktor Arbeit lastende Abgabenlast gesteigert. Mit mehr als 65 Prozent hat die Grenzabgabenlast der Wertschöpfung, die ein durchschnittlicher Arbeitnehmer aufgrund einer Qualifizierungsmaßnahme oder einer Mehrbeschäftigung erwirtschaftet, in Westdeutschland heute eine einsame internationale Spitzenposition inne. Nichtbeschäftigung ist in Deutschland immer lukrativer und Beschäftigung immer unattraktiver geworden. Kein Wunder, dass immer weniger Menschen beschäftigt sind und dass das Wachstum lahmt.

Auch die Wiedervereinigung erklärt einen Teil der Wachstumsschwäche. In wirtschaftlicher Hinsicht ist sie misslungen, weil Ansprüche auf Einkommensangleichung geweckt wurden, bevor die Angleichung der gesamtwirtschaftlichen Produktivität realisiert werden konnte. Während das Inlandsprodukt je Erwerbsfähigen in Ostdeutschland mit sinkender Tendenz bei nur 58 Prozent der alten Bundesrepublik liegt, haben die Lohnkosten ein Niveau von deutlich über 70 Prozent und die durchschnittlichen Haushaltsnettoeinkommen ein Niveau von etwa 85 Prozent erreicht. Die Renten sind im Durchschnitt sogar 10 Prozent höher als im Westen. Die Folge der antizipatorischen Einkommens- und der damit verbundenen Hochlohnpolitik war, dass die neuen Länder nie eine Chance erhielten, ein wettbewerbsfähiger Wirtschaftsstandort zu werden. Die Kräfte, die eine Angleichung der gesamtwirtschaftlichen Produktivität hätten herbeiführen können, wurden von Anfang an geschwächt. Seit 1997 driften die beiden Landesteile bei ihrer Wirtschaftskraft weiter auseinander. Nach wie vor geht die Beschäftigung im Osten um gut 2 Prozent im Jahr zurück.

Die Wachstumsschwäche des Ostens[1] überträgt sich rechnerisch in das geringe Niveau des gesamtdeutschen Wachstums. Darüber hinaus trägt sie zur westdeutschen Wachstumsschwäche bei, weil sie andauernd öffentliche Transfers in die neuen Länder erzwingt und den Investoren klarmacht, dass sie auch weiter mit hohen Lasten in Deutschland rechnen müssen. Das Leistungsbilanzdefizit der neuen Länder liegt bei etwa 45 Prozent der eigenen Erzeugung. Der größere Teil dieses Defizits wird durch öffentliche Transfers finanziert. Der kleinere Teil ist durch private Kapitalströme gedeckt. Niemals zuvor hat es eine Region gegeben, die in solch großem Umfang von einem Ressourcenzustrom aus anderen Regionen abhängt.

Zu diesen internen Gründen kommen als akute extreme Ursachen die Verschärfung der Wettbewerbslage durch den Fall des Eisernen Vorhangs und die europäische Integration hinzu. So hat besonders der Euro zur Schaffung eines gemeinsamen Kapitalmarktes und zu einer geradezu dramatischen Zinskonvergenz in Europa geführt, die das Wachstum in den eher peripheren Regionen beschleunigt und die wirtschaftliche Konvergenz wie angestrebt vorantreibt. Der Euro hat – kurz gesagt – die deutsche Industrie ihres Wettbewerbsvorteils in Form niedriger Zinsen beraubt und zu einer Stärkung der Wachstumskräfte in anderen Ländern geführt.

Hans Werner Sinn, Frankfurter Allgemeine Zeitung, 16.5.2002, S. 16 (Der Autor ist Präsident des IFO-Instituts und lehrt Nationalökonomie und Finanzwissenschaft an der Universität München)

[1] *vgl. dazu Kap 6.2*

Verkrustung und Dogmatismus als Krisenursache? M 11

Bundesregierung und Notenbank sollten die notwendigen Reformen flankieren – mit höheren Ausgaben und niedrigeren Zinsen – sagt der amerikanische Wachstumsforscher Robert Solow.

Die Zeit: Deutsche Ökonomen behaupten oft, das magere Wirtschaftswachstum resultiere aus den Verkrustungen am Arbeitsmarkt. Stimmen Sie zu?

Robert Solow: Nur zum Teil: Es ist zwar richtig, dass der deutsche Arbeitsmarkt überreguliert ist und es deshalb schwerer ist als in anderen Ländern, neue produktive Firmen zu gründen. Das hemmt das Wachstum. Aber was mich an der deutschen Reformdebatte schon immer gestört hat, ist die hundertprozentige Fixierung auf den Arbeitsmarkt als Grund allen Übels.

Zeit: Konkret werden von hiesigen Experten häufig drei Maßnahmen genannt, um die deutsche Wirtschaft zu retten: eine deutliche Lohnsenkung für alle, mindestens 42 Stunden Arbeit pro Woche und dazu die vollständige Abschaffung des Kündigungsschutzes. Gehen diese Vorschläge in die richtige Richtung?

Solow: Nein. Denn selbst ein völlig liberalisierter Arbeitsmarkt wird die Wirtschaft nicht retten. Genauso wichtig sind Reformen und Deregulierung auf den Produktmärkten – zum Beispiel die Freigabe der Ladenöffnungszeiten, weniger Bürokratie bei der Gründung neuer Firmen oder weniger Auflagen für die Nutzung von Land. Ich lebe nicht in Deutschland, aber was ich über die deutsche Wirtschaft herausgefunden habe, zeigt recht klar, dass in vielen Wirtschaftsbereichen Überregulierung und zu wenig Wettbewerb herrschen.

Zeit: Sie denken an den Strommarkt, auf dem einige wenige Unternehmen die Preise hochhalten, oder den Meisterzwang in vielen Handwerksberufen?

Solow: Das sind Beispiele. Ich würde immer vorschlagen, den Arbeitsmarkt zu deregulieren, aber in noch stärkerem Maße die Märkte für Güter und Dienstleistungen. Wenn sich dort etwas in Richtung mehr Wettbewerb tut, kommt der Anstoß in der Regel aus Brüssel, nicht aus Berlin. Aber noch wichtiger für mehr Wachstum scheint mir etwas anderes zu sein: eine vernünftige Geld- und Fiskalpolitik.

Zeit: Das heißt konkret?

Solow: Die Geld- und Fiskalpolitik muss expansiv sein, damit die Menschen mehr Jobs erwarten dürfen und damit sie die Härten der Arbeitsmarktreform bereitwilliger ertragen. Allein über Lohnsenkungen mehr Wachstum zu erwarten ist ein langwieriger und unnötig schmerzvoller Prozess. ...

Zeit: Die Bundesregierung hat die ersten Arbeitsmarktreformen[1] auf den Weg gebracht. Die Menschen fürchten weitere Einschnitte, sparen mehr und konsumieren weniger. Das Wirtschaftswachstum springt nicht an.

Solow: Genau deshalb ist die Unterstützung der Reformen durch eine expansive Fiskalpolitik so ungeheuer wichtig.

Zeit: Auch wenn der Schuldenstand Deutschlands dann über der Grenze von 60 Prozent des Bruttoinlandproduktes liegt, die der Stabilitätspakt vorgibt?

Solow: Die Arbeitsmarktreformen wirken sich negativ auf die Nachfrageseite der Wirtschaft aus, sie reduzieren die Konsumausgaben und die Investitionsausgaben – jeder Volkswirt weiß das. Also muss der Staat den erwarteten Nachfrageausfall kompensieren.

Zeit: Warum weisen die deutschen Vorzeigeinstitutionen Bundesbank und Sachverständigenrat nie auf diese Zusammenhänge hin?

Solow: Bundesbank und Sachverständigenrat haben schon immer den theoretischen Glauben zu ernst genommen, dass es allein notwendig sei, die Inflation im Griff zu haben – und Produktion und Beschäftigung würden dann von selbst in ein Gleichgewicht kommen. Selbst wenn diese Theorie zutreffen sollte, dann höchstens ganz langfristig. Es gibt keinen guten Grund, so lange zu warten.

Zeit: Kann man Denken und Handeln von Bundesbank und Sachverständigenrat dogmatisch nennen?

Solow: Dogmatisch ist ein schönes Wort dafür.

Das Gespräch führte Robert von Heusinger, Die Zeit, 15.4.2004, S. 20

[1] *vgl. M 16*

M 12

M 13

Mögliche Maßnahmen gegen unterschiedliche Formen der Arbeitslosigkeit

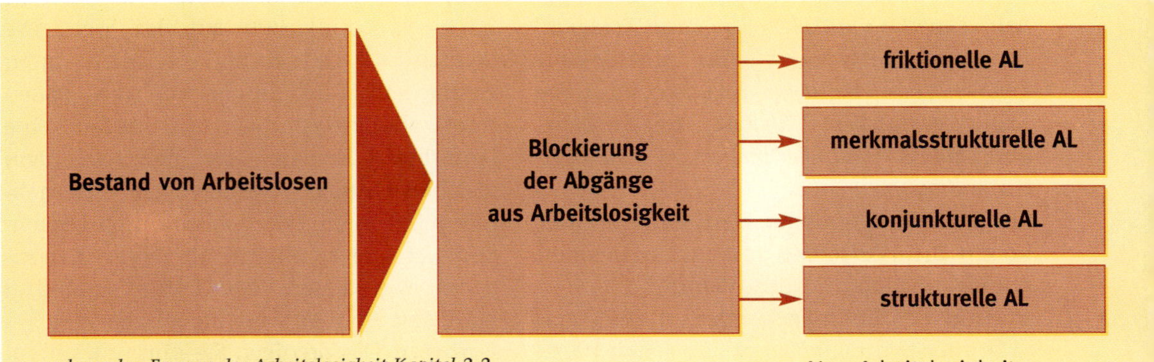

vgl. zu den Formen der Arbeitslosigkeit Kapitel 2.2

1. Gegen friktionelle Arbeitslosigkeit können die Arbeitsämter arbeitsmarktpolitische Maßnahmen einsetzen, um die Vermittlung geeigneter Arbeitsloser auf vorhandene offene Stellen zu fördern. Zu diesen Maßnahmen gehören u.a. – die rasche Information der Arbeitslosen über das Angebot an Stellen; – Unterstützung bei Bewerbung, Vorstellungsgespräch usw. – Mobilitäts- und Umzugsbeihilfen, falls die neue Stelle weiter entfernt liegt.

2. Gegen merkmalsstrukturelle Arbeitslosigkeit können Arbeitsämter Maßnahmen der Qualifizierung, Weiterbildung und Umschulung von Arbeitslosen einsetzen. Meist sind es ja unzureichende Qualifikationen der Arbeitslosen, die eine Vermittlung behindern – also Ursache des Weiterbestehens von Arbeitslosigkeit sind.

3. Gegen konjunkturelle Arbeitslosigkeit hilft nun nicht mehr die Arbeitsmarktpolitik der Bundesanstalt für Arbeit, sondern jetzt ist die Konjunktur- und Beschäftigungspolitik von Regierung und Zentralbank gefordert. Zur Ankurbelung der Konjunktur kann die Regierung z.B. Steuerentlastungen durchführen oder die Staatsausgaben erhöhen. Das schafft mehr Nachfrage und regt Wachstum und Beschäftigung an. Allerdings erhöhen solche Maßnahmen das Haushaltsdefizit – und damit die Staatsverschuldung. Die Zentralbank kann zur Anregung der Investitionen die Zinsen senken.

4. Gegen [strukturelle] Arbeitslosigkeit kann die Regierung Maßnahmen der Standortpolitik und der Verbesserung der Angebotsbedingungen ergreifen. Die „Arbeitsplatzlücke“ ist ja Folge einer unzureichenden Investitionsneigung der Unternehmen; also müsste diese gestärkt werden. Dies geschieht am besten dadurch, dass die (Kosten-) Belastung der Unternehmen verringert wird (Senkung von Steuern und Abgaben; Abbau kostenwirksamer Regulierungen; Flexibilisierung usw.) Das Problematische an diesem Ansatz besteht allerdings darin, dass auf diesem Wege zunächst eine Umverteilung zugunsten der Unternehmen stattfindet (Erhöhung der Gewinne), bevor über höhere Beschäftigung und Einkommen auch die Arbeitnehmer davon profitieren.

Gerhard Willke/Lothar Schaechterle, Arbeitslosigkeit. Ursachen und Abhilfe, Themenblätter im Unterricht Nr. 30, hgg. von der Bundeszentrale für politische Bildung, Bonn 2003, S. 4 ff.

M 14 Kontrovers diskutiert: Strategien gegen die Arbeitslosigkeit

Löhne rauf oder runter? Weniger oder mehr sparen? Exportweltmeister oder Basarökonomie? Die Wirtschaftswissenschaftler Hans-Werner Sinn und Peter Bofinger diskutieren über ihre sehr gegensätzliche Analyse des Standorts Deutschland – und über ihre entsprechend konträren Konzepte.

SPIEGEL: Herr Bofinger, Herr Sinn, weltweit boomt die Wirtschaft, nur in Deutschland kommt sie nicht in Fahrt. Warum?

Bofinger: Deutschland leidet an einer gravierenden Schwäche der inländischen Nachfrage. Das hat vor allem damit zu tun, dass Kaufkraft fehlt: Seit Jahren hinken die Lohnerhöhungen hinter den Produktivitätsfortschritten her, das darf nicht so weitergehen. So gerät die Volkswirtschaft immer tiefer in die Krise. Wenn der Bauer will, dass ihm seine Kuh anständig Milch gibt, muss er dafür sorgen, dass sie auch genug zu fressen hat.

Sinn: Er darf die Kuh aber auch nicht schlachten. Wir haben hinter Norwegen die höchsten Lohnkosten auf der Welt. Die deutschen Arbeitnehmer sind nicht mehr wettbewerbsfähig. Sie merken das, haben Angst vor Entlassungen und kaufen keine langlebigen Konsumgüter mehr. Aus dem gleichen Grunde investieren die Unternehmer nicht mehr. Die Investitionsgüternachfrage ist viel zu niedrig für einen Exportboom wie diesen. Die Löhne weiterhin kräftig zu erhöhen wäre der falsche Weg.

Bofinger: Das predigen Sie nun seit Jahren. Und was hat es gebracht? Wir haben in drei Jahren mehr als eine Million sozialversicherungspflichtige Jobs verloren. Überall wird immer nur gespart, es wird ein regelrechter Kult darum getrieben, alle orientieren sich am Prinzip des „Geiz ist geil“, als wäre es die Lösung aller Probleme. Schauen Sie mal, wie robust sich in Frankreich die Wirtschaft entwickelt: Dort hat der Staat seine Ausgaben in

den letzten Jahren stetig ausgeweitet, die Löhne sind im Schnitt um fast einen Prozentpunkt stärker gestiegen als bei uns, die Binnenkonjunktur ist dadurch deutlich angesprungen.
Was für eine Perspektive bieten Sie ihnen? Länger arbeiten, weniger Lohn, geringere soziale Absicherung. Da muss man doch Angst bekommen.

Sinn: Das biete nicht ich, das ist die Realität in einem Land, das die Zwänge der Globalisierung zu spät erkannt hat.

Bofinger: Aber was folgt daraus? Nehmen Sie die soziale Absicherung: Wenn der Staat immer mehr Eigenverantwortung vom Einzelnen fordert, muss jeder mit größeren Risiken zurechtkommen. Die kann er nur abfedern, indem er spart. Er kauft sich kein Auto – deshalb leidet Opel. Er kauft sich kein Haus – deshalb leidet die Bauwirtschaft. Daher ist es so wichtig, die Nachfrage zu stimulieren. Selbst von Unternehmern hört man immer wieder, dass die Höhe der Lohnkosten gar nicht so entscheidend ist, sondern die Dicke der Auftragsbücher.

SPIEGEL: Sparen ist doch auch eine Tugend?

Bofinger: Richtig, aber viele Arbeitnehmer sparen derzeit vor allem aus Angst. Sie fürchten um ihren Job und sind verunsichert, weil soziale Sicherungsmechanismen abgebaut werden. Hartz IV[1] gibt ihnen das Gefühl, mit einem Bein auf einer schiefen Ebene zu stehen und schnell den Punkt zu erreichen, an dem ihr gesamtes Vermögen in Anspruch genommen wird.

Sinn: Die Angst hat reale Ursachen. Die Deutschen haben geglaubt, der Sozialstaat währe ewig, und die Löhne könnten in den Himmel wachsen. Jetzt wachen sie aus ihrem Traum auf, erkennen die Realität und wollen in ihrer Katerstimmung weder frühstücken noch Bäume ausreißen.
Der Export boomt. Mehr Nachfrage könnte auch Herr Eichel nicht erzeugen, wenn er dürfte, wie er will. Das Problem ist, dass der Rest der Wirtschaft nicht mitmacht. Erklären Sie mal, warum General Motors eher in Deutschland Arbeitsplätze abbaut als in Schweden? Ich sage es Ihnen: Weil dort ein Arbeiter 23 Euro die Stunde kostet; und hier sind es 27 Euro. Die Entscheidung, wo produziert wird, hängt maßgeblich von den Lohnkosten ab.

Bofinger: Sie schauen immer nur auf einen Teil der Volkswirtschaft, nämlich die Exportindustrie, Sie müssen die gesamte Wirtschaft betrachten. Natürlich nimmt der Export einen besonderen Stellenwert in Deutschland ein – aber der Binnenmarkt ist noch weitaus wichtiger. Die deutsche Industrie setzt mehr als 60 Prozent ihrer Produkte am eigenen Standort ab.

Sinn: Ähnliches gilt auch im Inneren. Die Geringqualifizierten sind auch deshalb arbeitslos, weil sie ihren Mitbürgern zu teuer sind. Aber die äußeren Einflüsse sind massiv. Die Niedriglohnkonkurrenz steht heute direkt vor der Haustür in Osteuropa, gleichzeitig drängt China mit Macht auf den Weltmarkt. Die Globalisierung erzeugt einen ungeheuren Lohndruck, ob es uns gefällt oder nicht. Wenn wir das Lohnkarussell nicht bremsen, entsteht immer mehr Arbeitslosigkeit.

SPIEGEL: Die deutschen Unternehmen kommen mit dem Wandel der Weltwirtschaft offenbar ganz gut zurecht: Nie haben sie so gut verdient wie heute.

Sinn: Die Dax-Unternehmen, die Sie meinen, verdienen im Ausland statt im Inland.

Bofinger: Es geht doch um etwas ganz anderes: Was stellen die Unternehmen mit den Gewinnen an? Sie schütten das Geld an die Aktionäre aus, sie zahlen Kredite zurück – nur die Arbeitnehmer haben nichts davon und genauso wenig der Staat, der ja in Form von Lohnsteuer und Sozialabgaben an der Lohnentwicklung partizipiert. Da darf man sich nicht wundern, dass die private wie die öffentliche Nachfrage ausbleibt. Schauen Sie sich mal an, wie sich in anderen Ländern die Nominallöhne entwickelt haben: Mit Ausnahme Japans sind sie überall gestiegen – und überall verzeichnen wir eine bessere

Entwicklung des privaten Verbrauchs, der Investitionen, der Beschäftigung.

Sinn: Höhere Löhne verringern die Nachfrage nach Investitionsgütern, weil sie die Gewinnerwartungen reduzieren. Die deutsche Nettoinvestitionsquote ist heute die niedrigste weit und breit. Das Geld wird nicht mehr hier investiert, sondern man schafft es lieber auf den Kapitalmarkt, und dann fließt es ins Ausland. Der deutsche Kapitalexport liegt auf Rekordniveau.

SPIEGEL: Herr Sinn, Sie haben für die deutsche Wirtschaft den Begriff der „Basarökonomie" geprägt, die Vorleistungen im Ausland einkauft, diese zusammenschraubt und dann als „made in Germany" verkauft. Ist das nicht reichlich übertrieben?

Sinn: Das Bild ist eine Karikatur, die den Endpunkt einer problematischen Reise beschreibt. Meine Behauptung war, dass der Wertanteil der Industrieproduktion, der im Inland erzeugt wird, fällt, weil immer mehr ins Ausland verlagert wird.

Bofinger: Das Bild ist einfach falsch. Basarökonomie bedeutet: Produkte, die aus Deutschland exportiert werden, sind überwiegend – sonst hat das Bild keinen Sinn – Produkte, die durchgehandelt werden.

Sinn: Zunehmend, nicht überwiegend.

Bofinger: Dann ist der Begriff falsch. Das Statistische Bundesamt hat festgestellt, dass 62 Prozent eines deutschen Exportgutes deutsche Wertschöpfung sind. Also ist das Exportgut überwiegend ein in Deutschland produziertes Gut.

Sinn: Es hat auch festgestellt, dass dieser Anteil dramatisch fällt.

Bofinger: Der Begriff suggeriert, unsere Exporterfolge seien aufgebläht. Das sind sie nicht. Sie zeigen, wie wettbewerbsfähig die deutsche Wirtschaft ist. Dass im Zuge der Globalisierung ein deutsches Exportgut nicht mehr so deutsch ist, wie es 1960 oder 1980 deutsch war, ist ein völlig normaler Prozess, der sich insgesamt positiv für unsere Wirtschaft ausgewirkt hat.

SPIEGEL: Herr Sinn, ist denn das, was Sie als Basarökonomie bezeichnen, wirklich etwas Negatives? Bislang ist es doch so, dass zwar der Importanteil an den Exporten steigt, aber dieser Effekt wird durch Mehrexporte überkompensiert.

Sinn: Das ist bedeutungslos. Die Wertschöpfung bei den Exporten steigt wegen der Globalisierung überall. Die Entwicklung zur Basarökonomie hilft den Firmen. Die bleiben wegen der Mischkalkulation bei den Löhnen wettbewerbsfähig. Viele Arbeitsplätze, die sonst verloren gegangen wären, bleiben erhalten. Das Boot schwimmt weiter, weil Ballast abgeworfen wird. Die Frage ist nur, ob das so gut ist für diejenigen, die abgeworfen werden.

Bofinger: Deshalb müssen wir die Nachfrage stärken. Überall auf der Welt, wo die Nachfrage dynamisch ist, werden uns unsere Produkte aus der Hand gerissen. Ich wehre mich dagegen, dass unsere Exporterfolge schlechtgeredet werden. Diese Schwarzmalerei verdirbt die Stimmung, und dann läuft natürlich die ganze Wirtschaft nicht mehr.

SPIEGEL: Die deutsche Automobilindustrie hat wie kaum eine andere Branche in Osteuropa Werke aufgebaut – und dennoch in den vergangenen Jahren in Deutschland Arbeitsplätze aufgebaut. Wie passt das in Ihre Theorie, Herr Sinn?

Sinn: Die Autoindustrie hat schon früher verlagert. Der eigene Wertschöpfungsanteil ist dort besonders klein. Insgesamt haben wir im verarbeitenden Gewerbe seit 1991 knapp drei Millionen Arbeitsplätze verloren.

SPIEGEL: Aber das Beispiel der Autoindustrie ...

Sinn: ... an Beispielen können Sie doch gar nichts sehen.

SPIEGEL: Wie bitte?

Sinn: Es gibt auch andere Beispiele. Der Maschinenbau hat eine halbe Million Leute verloren und die Elektrotechnik auch. Wir reden hier über Strukturwandel. Bestimmte Sektoren expandieren, andere schrumpfen. Ob der Gesamtprozess positiv ist, sieht man am Arbeitsmarkt – und nur dort. Der Arbeitsmarkt ist nicht in der Lage, neue Arbeitsplätze für diejenigen zu schaffen, die freigesetzt werden. Das zeigt, dass etwas schief läuft. Und das ist auf die überhöhten und starren Löhne zurückzuführen. Sie erzeugen zu viel Outsourcing[2] und verhindern zugleich, dass anderswo hinreichend viele neue Stellen entstehen.

Bofinger: Es ist genau andersherum. Wir haben die Volkswirtschaft in den vergangenen Jahren nicht angemessen an den Produktivitätsfortschritten partizipieren lassen. Deswegen ist die Nachfrage, der Konsum, zu wenig gestiegen. Wir haben uns in den vergangenen Jahren immer nur darum gekümmert, was gut für den Exportmarkt ist, und dabei haben wir den Binnenmarkt vernachlässigt. Die meisten Arbeitsplätze sind in den letzten Jahren nicht in der Industrie, sondern in den Binnensektoren, Bau und Handwerk, verloren gegangen.

SPIEGEL: Man kann, wie das Beispiel der USA zeigt, die Konjunktur auch anders ankurbeln, durch niedrige Zinsen und hohe Staatsausgaben. Was halten Sie davon, Herr Sinn?

Sinn: Natürlich geht das. Die Amerikaner haben durch Schuldenmachen einen Nachfrageschub von zwei Prozent des Weltsozialprodukts erzeugt. Aber die Amerikaner haben einen funktionierenden Arbeitsmarkt mit einem Konjunkturproblem, wir haben einen kaputten Arbeitsmarkt mit einem Strukturproblem. Nicht alle Krankheiten können mit derselben Medizin geheilt werden.

SPIEGEL: Und das spricht gegen ein solches Konjunkturprogramm, wie es der etwas aus der Mode gekommene Ökonom John Maynard Keynes empfohlen hat?

Sinn: Die Arbeitslosigkeit steigt seit 1970 bis heute fortwährend an. Um einen linear wachsenden Trend schlängelt sich im Zehnjahreszyklus die Konjunktur. Diese Schlängelei kann man durch Nachfrageprogramme glätten, aber den linearen Trend kann man damit nicht brechen.

Bofinger: Wenn Sie den Westen des Landes nehmen – der Osten ist ein Sonderfall –, dann liegt die Arbeitslosigkeit laut der Statistik der Internationalen Arbeitsorganisation nicht sehr viel höher als in Großbritannien oder den USA. Der Unterschied ist jedenfalls nicht so augenfällig, dass man sagen könnte, das ganze System sei schlecht. Westdeutschland ist insgesamt ein extrem leistungsfähiges Land, das die enormen Lasten der Einheit prima bewältigt hat. Die Transfers von West nach Ost sind höher als das Bruttoinlandsprodukt von Ungarn und Tschechien. Das zeigt, dass unser System sehr viel besser ist, als Herr Sinn es darstellt.

Sinn: Sorry, die Trends laufen in entgegengesetzte Richtungen, und in Westdeutschland war die Arbeitslosenquote im letzten Jahr um ein Viertel höher als in den USA und um die Hälfte höher als in England.

SPIEGEL: Welche Rolle spielt der Sozialstaat für die Wettbewerbsfähigkeit der deutschen Wirtschaft?

Sinn: Der Sozialstaat lief, als es nach oben ging, immer artig hinter den Löhnen her. Jetzt, da die Löhne unter Druck kommen, bleibt er stehen. Seine Lohnersatzeinkommen bilden für die Marktlöhne eine untere Barriere. Diese Barriere erzeugt immer mehr Arbeitslosigkeit bei den Geringqualifizierten.

Bofinger: Natürlich ist die Arbeitslosigkeit der Geringqualifizierten ein massives Problem. Aber bevor wir die Sozialhilfe oder das Arbeitslosengeld II noch weiter absenken, würde ich zuerst die Hauptbarriere für Arbeitslose mit geringer Qualifikation abschaffen: die 400-Euro-Jobs. Sie werden einseitig subventioniert, und das führt dazu, dass die Arbeitgeber Vollzeitarbeitsplätze in Teilzeitarbeitsplätze aufsplitten. Es gibt im Augenblick acht Millionen geringfügige Beschäftigungsverhältnisse, das entspricht zwei Millionen Vollzeitarbeitsplätzen.

Sinn: Für mich liegt das Problem in der Lohnkonkurrenz des Sozialstaates, die auch durch Hartz IV nicht abgebaut wird. Denn die Sozialhilfe bleibt unverändert.

SPIEGEL: Die wollen Sie weiter absenken?

Sinn: Das Ifo-Institut hat schon vor Hartz das System der aktivierenden Sozialhilfe vorgeschlagen. Dieses System sieht vor, dass ein Sozialhilfeempfänger weniger Geld vom Staat bekommt, wenn er nicht arbeitet, und mehr, wenn er arbeitet. Bis 400 Euro wird ein freier Hinzuverdienst erlaubt statt nur bis zu 50 Euro wie bei Hartz IV. Die ersten 200 Euro werden zusätzlich bezuschusst. Damit fallen die Lohnansprüche, und Arbeitsplätze werden geschaffen. Es fehlt ja nicht an Menschen, die arbeiten wollen, es fehlt an Arbeitsplätzen. Und Arbeitsplätze fehlen, weil die Lohnansprüche, die durch das Sozialsystem aufgebaut werden, zu hoch sind. Mit Arbeit und Lohnzuschüssen wird es den weniger leistungsfähigen Mitgliedern der Gesellschaft besser gehen, ohne dass der Staat dafür mehr Geld ausgeben muss.

SPIEGEL: Würden Sie die 400-Euro-Jobs auch abschaffen?

Sinn: Man braucht sie dann nicht mehr.

Bofinger: Ich glaube nicht, dass man die Sozialhilfe oder das Arbeitslosengeld II absenken muss. Die meisten Menschen sind arbeitswillig, auch zu den geltenden Löhnen. Als Hauptbeispiel für die negative Anreizwirkung der Sozialhilfe wird die Familie mit zwei Kindern genannt. Da ist der Abstand zwischen Sozialhilfe und niedrigem Nettoeinkommen oft marginal. Tatsache aber ist, dass es unter den Sozialhilfeempfängern nur relativ wenige Familien mit zwei oder mehr Kindern gibt.

Sinn: Die Lohnkonkurrenz des Sozialstaates reicht auch bei einem Ehepaar ohne Kinder bis zu einem Einkommen von 1600 Euro. Die gesamte Lohnskala wird durch diese Konkurrenz von unten her zusammengedrückt. Darum ist Deutschland Weltmeister bei der Arbeitslosigkeit der Geringqualifizierten.

Bofinger: Wenn ich den Menschen die Sozialhilfe kürze und sie arbeiten müssen, um wieder auf das alte Niveau zu kommen, das ja auch nicht so üppig ist, muss ich ihnen eine Arbeitsgelegenheit bieten. Die Frage ist, ob es diese Jobs wirklich gibt. Das ist ja auch das Problem bei Hartz IV. Außerdem besteht die Gefahr von Mitnahmeeffekten: Ein Malermeister, der bislang Gesellen zum regulären Tarif angestellt hat, könnte geneigt sein, sie durch einen vom Staat subventionierten Sozialhilfeempfänger zu ersetzen. Deshalb mein Vorschlag: Probieren wir doch erst einmal das Einfachere: Schaffen wir die 400-Euro-Jobs ab und schauen, was passiert.

SPIEGEL: Herr Sinn, niedrigere Löhne, weniger Sozialstaat, mehr sparen – haben Sie keine Angst vor Deflation und Depression?

Sinn: Weder empfehle ich Sozialabbau noch Einkommenssenkungen. Doch sollten wir länger arbeiten für das gleiche Geld. Das wirkt wie technischer Fortschritt, der den Faktor Arbeit leistungsfähiger macht. Über die Gewinne, die die Unternehmen zusätzlich machen, entsteht zusätzliche Nachfrage nach Investitionsgütern, die bis auf den letzten Cent genauso groß ist wie die Mehrproduktion. Da der Kapitalbestand besser ausgenutzt wird, gibt es einen starken Wachstumsschub. Und mehr Stellen gibt es auch, weil jeder Arbeiter dem Unternehmer mehr Ertrag bringt, ohne mehr zu kosten. Alle werden profitieren.

SPIEGEL: Höhere Löhne, mehr Staatsausgaben – führt Ihr Konzept nicht zu Inflation und Arbeitsplatzabbau, Herr Bofinger?

Bofinger: Ich plädiere ja nicht für eine verantwortungslose, sondern für eine produktivitätsorientierte Lohnpolitik. Und davon würden über die Sozialabgaben und die Lohnsteuer auch die Staatsfinanzen profitieren. Das schafft Spielräume für eine stetige Finanzpolitik. ...

SPIEGEL: Herr Bofinger, Herr Sinn, wir danken Ihnen für dieses Gespräch.

Das Gespräch moderierten die Redakteure Alexander Jung und Armin Mahler, Der Spiegel 50/2004, S. 94ff

[1] *Hartz IV: vgl. M 16*
[2] *Outsourcing: Verlagerung von betrieblichen Aufgaben ins Ausland*

Kontrovers diskutiert: Zurück zur 40-Stunden-Woche?

M 15

a) Eine Arbeitszeitverlängerung wird längerfristig Arbeitsplätze schaffen

Bei einer Verlängerung ohne Lohnausgleich wird Arbeit billiger. Damit sinken die Kosten der Unternehmen, ohne dass der einzelne Beschäftigte dies in seinem Portemonnaie merken würde. Dies ist die verträglichere Art der Arbeitskostensenkung. Als Folge dürften Unternehmer auf längere Sicht wieder mehr Leute einstellen. Wenn mehr Menschen über Einkommen verfügen, wird wiederum mehr ausgegeben, was längerfristig, also in den nächsten drei bis vier Jahren, die Wirtschaft mitankurbelt.

Doch nicht jedes Unternehmen braucht eine solche Kostensenkung. Ich plädiere deshalb nicht für eine generelle Arbeitszeitverlängerung auf eine 40-Stunden-Woche, sondern bin für eine flexiblere Handhabung. So könnte in den Tarifverträgen zum Beispiel ein Arbeitszeitkorridor zwischen 35 und 40 Stunden festgelegt werden. Arbeitszeitverlängerung wäre insbesondere bei solchen Unternehmen, die sich in wirtschaftlichen Schwierigkeiten befinden oder sich mit Abwanderungsgedanken tragen, eine Möglichkeit, die Betriebe in Deutschland weiterhin zu er- und behalten und vor allem, um Arbeitsplätze zu sichern. Längere Arbeitszeit wäre ein notwendiger Tribut für die Arbeitssicherung.

Eckhardt Wohlers, Konjunkturchef des Hamburgischen Welt-Wirtschafts-Archivs (HWWA), Hamburger Abendblatt, 6.7.2004

b) Eine generelle Arbeitszeitverlängerung auf 40 Stunden pro Woche wäre gesamtwirtschaftlich eine Katastrophe

Wenn die Arbeitszeit ohne Lohnausgleich verlängert wird, sinken zwar die Arbeitskosten pro Stunde. Dies freut jeden Unternehmer, weil er glaubt, dadurch mehr Gewinne zu erzielen. Wird aber das zusätzliche Angebot nicht nachgefragt, geht die Rechnung nicht auf. Es entsteht kein neuer Arbeitsplatz. Im Gegenteil, Jobs werden abgebaut. Was betriebswirtschaftlich rentabel erscheint, geht gesamtwirtschaftlich nicht auf. Hinzu kommt: Das vorrangige Problem der deutschen Wirtschaft liegt derzeit nicht bei den Lohnstückkosten. Hier stehen die Unternehmen international gut da, wie der florierende Export zeigt. Das Hauptproblem ist, dass die Binnennachfrage fehlt. Wegen der Angst vor dem Jobverlust sparen die Beschäftigten, statt Geld auszugeben. Sollte dann noch das Urlaubs- oder Weihnachtsgeld gestrichen werden, bricht weitere Kaufkraft weg. Doch vier Fünftel unserer Volkswirtschaft lebt von der Binnenwirtschaft. Hier wären eine expansive Lohnpolitik und höhere Nettoeinkommen durch Abgabenentlastung am Ende für alle sinnvoller. Löhne sind eben nicht nur Kosten, sondern auch Nachfrage. Längere Arbeitszeiten führen nicht zu mehr Arbeit, sondern dazu, dass weniger Menschen mehr arbeiten.

Rudolf Hickel, Direktor des Instituts Arbeit und Wirtschaft, Bremen, Hamburger Abendblatt, 6.7.2004

Pro-Kontra-Debatte

Schritt 1: Grundlegende Entscheidungen

Bei der Planung einer Pro-Kontra-Debatte sollte als erstes die grundlegende Entscheidung getroffen werden, ob man eine simulative oder nicht-simulative Debatte durchführen will, denn dies bedingt die Auswahl der Problem- oder Entscheidungsfrage. Der Problem- und Entscheidungsfrage kommt eine entscheidende Bedeutung für den Verlauf der Debatte zu. Es sollte sich um eine bedeutungsvolle, konkret formulierte und in den Auswirkungen für Bürger, Bürgerinnen und Jugendliche spürbare Frage handeln. ... Die Frage sollte sinnvoll mit Ja oder Nein zu beantworten und zu begründen sein.

Schritt 2: Festlegung des Szenarios

Der zweite Schritt auf dem Lernweg einer Pro-Kontra-Debatte besteht darin, das Szenario festzulegen:

- Auswahl der Akteure,
- die Gestaltung des (Klassen-)Raumes,
- Verständigung über den Ablauf.

Nimmt man das im Fernsehen angebotene Modell als Grundlage und Ziel, so lassen sich diese drei Aufgaben relativ zügig bewältigen.
Die Auswahl der Akteure ist durch die Methode vorgegeben:

- *Ein/e Moderator/in:* Sie/er führt die Abstimmung durch und achtet darauf, dass Spielregeln und Zeitvorgaben eingehalten werden. Er bzw. sie „trägt Prozessverantwortung, nicht die Inhaltsverantwortung".
- *Zwei Anwälte (Pro und Kontra)*: Sie halten das Eingangs- und Schlussplädoyer und befragen die Sachverständigen. Es ist durchaus erwünscht, Meinungen zu vertreten, die nicht der eigenen entsprechen, um festgefahrene Positionen aufzubrechen und die Thematik neu zu durchdenken. ...
- *Zwei bis vier Sachverständige:* Sie artikulieren keine eigene Position, sondern sie bieten nur Informationen, Erfahrungen und Wissen zu Begründungen für einzelne Positionen. Die Rollen der Sachverständigen müssen in Arbeitsgruppen intensiv vorbereitet, sowie durch Rollenkarten und zusätzliches Material gestützt werden.
- *Das Publikum*: darf in unseren Augen die Beobachtungsrolle nicht vernachlässigen. Denn indem die vorgetragenen Argumente gesammelt werden und deren strategisch-taktische Relevanz für den Debattenverlauf beurteilt wird, kann ein Perspektivenwechsel zur Innenansicht aller Akteure gelingen.

Dies erfolgt aber nur bei konkreten Beobachtungsaufgaben und nicht einer eher passiven Adressaten-Haltung.

Schritt 3: Die Gestaltung des Raumes

Die Gestaltung des Raumes sollte einer mediengerechten Inszenierung nahe kommen. Sie räumt dem Moderator einen zentralen Standort ein. Die beiden Anwälte können (an Stehpulten oder Tischen) nebeneinander platziert werden, die Sachverständigen werden seitlich aufgereiht. Für die Befragungen wechseln die Sachverständigen zu einem Stuhl, der in der Mitte steht. Das Publikum kann einen Halbkreis bilden. Zwischen den Akteuren sollte auf guten Blickkontakt und gutes Verstehen geachtet werden.

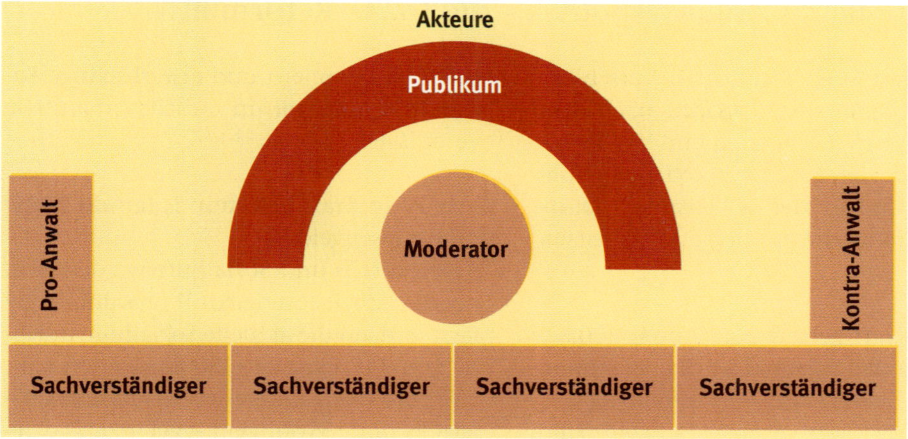

Schritt 4: Ablauf der Pro-Kontra-Debatte

Der Ablauf der Pro-Kontra-Debatte unterliegt einer strengen Zeitregie. Die Gesprächsregeln werden festgelegt. Wichtiger erscheint es aber, dass das unterschiedliche Selbstverständnis der Akteure den Schülerinnen und Schülern deutlich wird.

Der Moderator führt in das Problem ein, stellt die Anwälte und Sachverständigen vor, erläutert Gesprächsregeln sowie Ablauf und achtet auf die Einhaltung der Zeiten (evtl. mit Hilfe eines akustischen Signals, nach dessen Ertönen die Befragung bzw. die Plädoyers innerhalb von 15 Sekunden beendet werden). Trotz der vielfältigen Aufgaben versteht sich der Moderator eher als neutraler Gesprächsleiter denn als Animateur. Zuerst findet eine Abstimmung des Publikums statt. Danach halten die Anwälte ihr jeweiliges Plädoyer. Es schließt sich eine abwechselnde Befragung der Sachverständigen an. Die Sachverständigen argumentieren aufgrund ihrer beruflichen oder politischen Kompetenzen und Erfahrungen, ohne selbst Plädoyers oder Monologe zu halten. Im Anschluss an die Befragung der Sachverständigen halten die Anwälte ihre Schlussplädoyers. Vor der sich anschließenden Reflexionsphase erfolgt eine erneute Abstimmung des Publikums.

Pro-Kontra-Debatte (Ablaufraster)

Phase 1:	5 Min.	Alternativ formulierte Problemfrage
Phase 2:	5 Min.	Probeabstimmung des Publikums
Phase 3:	je 1 Min.	Plädoyer des Pro-Anwalts/der Pro-Anwältin Plädoyer des Kontra-Anwalts/der Kontra-Anwältin
Phase 4:	je 5 Min.	Abwechselnde Befragung der (vier) Sachverständigen
Phase 5:	je 1 Min.	Schlussplädoyer des Pro-Anwalts/der Pro-Anwältin Schlussplädoyer des Kontra-Anwalts/der Kontra-Anwältin
Phase 6:	5 Min.	Abstimmung des Publikums
Phase 7:		Auswertung

Hans Werner Kuhn/ Markus Gloe, Die Pro-Contra-Debatte, in: Frech/Kuhn/ Massing (Hrsg.), Methodentraining für den Politikunterricht, Schwalbach 2004, S. 148–151

M 16 Staatliche Beschäftigungspolitik – die Hartz-Reformen

Die im August 2002 vorgelegten Vorschläge der Hartz-Kommission, benannt nach dem gleichnamigen Vorsitzenden und VW-Personalchef Peter Hartz, zielen durch einen vollständigen Umbau der Arbeitsmarktpolitik auf einen umfassenden Abbau der Arbeitslosigkeit.

Hartz I in Kraft getreten: 1. Januar 2003

- Gründung von Personal Service Agenturen (PSA) zur Neuregelung von Leiharbeit
- Abkopplung von Arbeitslosengeld und -hilfe von der Lohnentwicklung
- Verschärfung der Zumutbarkeitskriterien und Umkehrung der Beweislast bei (Nicht-) Annahme von Arbeitsplatz-Angeboten

Hartz II in Kraft getreten: 1. Januar 2003

- Neuregelung von Minijobs: Grundzone bis 400,00 Euro (abgabefrei für Arbeitnehmer, für Arbeitgeber 25 Prozent Abgaben, zwölf Prozent bei Haushaltsjobs), Gleitzone bis 800,00 Euro (linear steigende Abgaben für Arbeitnehmer, reguläre Abgaben für Arbeitgeber)
- Aufhebung der Regelung zur Scheinselbstständigkeit
- Ich-AGs und Familien-AGs als neue Formen der Existenzgründung

Hartz III in Kraft getreten: 1. Januar 2004

- Umbenennungen:
  Die „Bundesanstalt für Arbeit" wird in „Bundesagentur für Arbeit" umbenannt, die „Arbeitsämter" werden zu „Arbeitsagenturen"
- Umbau der Bundesagentur für Arbeit:
  Die BA soll sich auf ihre Kernaufgabe, die Vermittlung von Arbeitslosen, konzentrieren. Hierzu werden ihre Strukturen sowie die Vorschriften über den Bezug von Arbeitslosengeld und -hilfe vereinfacht. Jobcenter sollen effektiver und schneller vermitteln sowie sich in Zusammenarbeit mit der jeweiligen Kommune um Langzeitarbeitslose kümmern und erwerbsfähige Sozialhilfeempfänger in Arbeitsverhältnisse vermitteln.

Hartz IV in Kraft getreten: 1. Januar 2005

- Arbeitslosengeld II:
  Arbeitslosen- und Sozialhilfe werden zum neuen Arbeitslosengeld II zusammengefasst und auf die aktuelle Sozialhilfe in Höhe von 345 Euro (alte Bundesländer) bzw. 331 Euro (neue Bundesländer) monatlich – jeweils ohne Wohngeld – gekürzt. Das reguläre Arbeitslosengeld wird nur noch ein Jahr lang ausgezahlt, danach erhalten Bezieher von Arbeitslosengeld II zudem für zwei Jahre einen Zuschlag, der zunächst höchstens 160 Euro, nach einem Jahr nur noch die Hälfte betragen soll. Zuständig für die Auszahlung des ALG II und die Vermittlung in den Arbeitsmarkt sollen in der Regel die Kommunen und die örtlichen Agenturen für Arbeit in gemeinsamen Arbeitsgemeinschaften sein. Von den 439 kommunalen Sozialhilfeempfängern erhalten aber 69 die Möglichkeit, die Betreuung der Langzeitarbeitslosen unabhängig von den Arbeitsagenturen zu übernehmen.
- Zumutbarkeit:
  Die Regelungen der Zumutbarkeit bei der Vermittlung von Stellen für Arbeitslose werden verschärft. Der Entwurf sieht vor, dass grundsätzlich jede Arbeit als zumutbar gilt, auch Mini-Jobs. Wer eine ihm angebotene Arbeit dennoch ausschlägt, muss mit Kürzungen seiner Arbeitslosengeld-Bezüge im Umfang von 30 Prozent rechnen, Jugendlichen bis 25 können die Bezüge sogar komplett gestrichen werden. Zur Vermeidung von Lohndumping soll die ortsübliche Vergütung aber nicht unterschritten werden.
- Anrechnung von Vermögen:
  Als Voraussetzungen für den Bezug von Arbeitslosengeld II soll künftig sehr viel stärker das Kriterium der Bedürftigkeit eine Rolle spielen, d.h. vorhandenes Vermögen

wird ab bestimmter Freigrenzen in Anrechnung gebracht (hiervon ausgenommen bleiben Sparverträge zur Riester-Rente). Als Freigrenze geplant sind 200 Euro pro Lebensjahr, d.h. ein 50-jähriger müsste 10.000 Euro seines Vermögens nicht antasten.

- Zusatzverdienst:
Vorgesehen ist der Ausbau der öffentlichen Arbeitsgelegenheiten. Auf bis zu 600.000 solcher Stellen sollen Arbeitslose einfache Tätigkeiten etwa bei Wohlfahrtsverbänden übernehmen. Sie erhalten dafür zusätzlich zum ALG II einen oder zwei Euro pro Stunde: Ihre Arbeitsbereitschaft soll damit geprüft werden und sie sollen wieder an die Arbeitswelt herangeführt werden.

zusammengestellt aus: www.chancenfueralle.de, Globus 9429

AUFGABEN

1. M 10 – M 12 zeigen unterschiedliche Ursachen für die Wachstums- und Beschäftigungskrise in der Bundesrepublik auf. Stellen Sie die Ursachen nach Gesichtspunkten geordnet dar.
2. In M 14 und M 15 streiten Wirtschaftsexperten über Ursachen und Lösungsmöglichkeiten der Beschäftigungskrise. Bereiten Sie eine Pro-Kontra-Diskussion vor zu der Frage: Sind angebots- oder nachfrageorientierte Maßnahmen besser geeignet zur Lösung der Beschäftigungskrise?
3. Kaum eine Entscheidung hat die Gesellschaft in der Bundesrepublik im Jahr 2004 so bewegt wie die Auseinandersetzung um Hartz IV (M 16). Prüfen Sie, welche Erwartungen mit den einzelnen Elementen des Gesetzes verbunden werden.
4. Zur Vertiefung: Sammeln Sie unter www.bundesregierung.de Informationen zu den einzelnen Elementen des Regierungsprogramms Agenda 2010. Bilden Sie Arbeitsgruppen zu den Reformvorschlägen und stellen Sie sie im Kurs vor. Diskutieren Sie, ob von dem Reformpaket Wachstums- und Beschäftigungsimpulse ausgehen können. Beachten Sie dabei jeweils die Interessenlage von Arbeitgebern, Arbeitnehmern und Staat.

LINKS

www.arbeitsagentur.de (Bundesagentur für Arbeit)
www.bibb.de (Bundesinstitut für Berufsbildung Bonn (BIBB))
www.bmbf.de (Bundesministerium für Bildung und Forschung)
www.iab.de (Institut für Arbeitsmarkt und Berufsforschung)
www.iza.org (Forschungsinstitut zur Zukunft der Arbeit)

Informationen und Zusammenhänge

Ursachen der Beschäftigungskrise
M 10 – M 12

Auf gesamtwirtschaftlicher Ebene werden die Ursachen der anhaltenden Beschäftigungskrise in Deutschland kontrovers diskutiert.
Einerseits wird argumentiert, die Beschäftigungskrise sei eine Kostenkrise, weil zu hohe Löhne und Lohnnebenkosten die unternehmerische Investitionstätigkeit einschränkten und die Schaffung neuer Arbeitsplätze verhinderten. Zudem führe die Überregulierung auf den Arbeits- und Produktmärkten vor allem angesichts der Globalisierung zu mangelnder Wettbewerbsfähigkeit und gefährde so das Wirtschaftswachstum, das für mehr Beschäftigung notwendig sei.
Andererseits wird angeführt, die Beschäftigungskrise sei auf eine mangelnde Binnennachfrage zurückzuführen, die die Absatzerwartungen der Unternehmen dämpfe.

Lösungsansätze
M 13, M 14

Ähnlich kontrovers wird die Diskussion um Wege aus der Wachstums- und Beschäftigungskrise geführt. Regierung und Opposition setzen an den gleichen Politikfeldern an, um die Arbeitslosigkeit abzubauen. Im Zentrum stehen dabei jeweils Vorschläge zur Reform der Steuersysteme, zur Reform der sozialen Sicherungssysteme und zur Deregulierung des Arbeitsmarktes. Dabei müssen wirtschaftspolitische Maßnahmen neben dem Kriterium der Praktikabilität und Effizienz auch auf ihre verteilungspolitischen Wirkungen hin überprüft werden und dem im Grundgesetz formulierten Sozialstaatspostulat entsprechen.

Diskussion um längere Arbeitszeiten
M 15

Der Ansatz, über Arbeitszeitpolitik Arbeitslosigkeit zu bekämpfen, wird vorwiegend zwischen Unternehmerverbänden und Gewerkschaften diskutiert. Die Arbeitgeber argumentieren mit den im internationalen Vergleich zu kurzen Arbeitszeiten und drohen mit Verlagerung von Arbeitsplätzen, falls die Arbeitskosten nicht gesenkt werden. Die Gewerkschaften zweifeln daran, dass längere Arbeitszeiten zu sinkenden Lohnstückkosten und fallenden Preisen führen und damit zu mehr Konsum und steigender Beschäftigung. Sie befürchten verstärktes Sparverhalten der privaten Haushalte und eine dadurch bedingte sinkende Nachfrage nach Arbeit.
Tatsächlich werden bereits auf betrieblicher Ebene zahlreiche Arbeitszeitmodelle – von der Schichtarbeit über Teilzeitmodelle bis hin zu Arbeitszeitkonten und Abrufarbeit – entwickelt und praktiziert, um flexibel auf Auftragslage und Bedürfnisse der Wirtschaftsakteure reagieren zu können.

Staatliche Beschäftigungspolitik
M 16

Die staatliche Arbeitsmarktpolitik setzt mit den „Hartz-Gesetzen" auf einen Mix von Maßnahmen, der zu mehr Beschäftigung führen soll. Ziel ist, die Arbeitsvermittlung effizienter zu machen, den Arbeitsmarkt zu flexibilisieren und Arbeitslose stärker zu mobilisieren.

4 Finanz- und Einkommenspolitik

Die Einführung der Sozialen Marktwirtschaft und die damit verbundene Neugewichtung der Staatsaufgaben im Bereich der Sozial-, Stabilitäts- und Strukturpolitik führte zu erhöhten Anforderungen an die staatliche Wirtschaftspolitik und deren wichtigsten Teilbereich, der Finanzpolitik. Ihre Zielsetzung ist es, durch die Gestaltung der Staatseinnahmen und -ausgaben die wirtschaftliche Entwicklung positiv zu beeinflussen. Aber kann sie dies überhaupt noch leisten? Die Rahmenbedingungen am Beginn des neuen Jahrtausends sind nicht rosig. Der Schuldendienst des riesigen Haushaltsdefizits engt den Handlungsspielraum der Bundesregierung deutlich ein und dies in einer Zeit, in der für die Verbesserung der wirtschaftlichen Leistungsfähigkeit der neuen Bundesländer noch immer erheblicher Mittelbedarf besteht. Hinzu kommen die Vorgaben der Europäischen Währungsunion, die strikte Haushaltsdisziplin fordern.

Mit den Mitteln der Finanzpolitik versucht der Staat auch die Einkommensverteilung einer Gesellschaft zu beeinflussen. Das Konzept der Sozialen Marktwirtschaft sieht vor, dass zu große Einkommensunterschiede abgebaut werden. Ob und wann eine gegebene Verteilung allerdings als gerecht angesehen wird, bemisst sich nicht nach objektiv-wissenschaftlichen Kriterien, sondern unterliegt einem Werturteil und ist damit Gegenstand politischer Auseinandersetzungen. Eine zentrale Rolle bei der Einkommensverteilung spielt dabei auch die Lohnpolitik der Tarifparteien.

Einleitend informieren Sie die Materialien M 1 – M 9 über grundlegende Begriffe der Finanzpolitik. Staatliches Handeln wird heute immer stärker durch die wachsenden Defizite der öffentlichen Haushalte eingeschränkt. Ursachen und Folgen der zunehmenden Staatsverschuldung erläutern die Materialien M 10 – M 18.

Mit M 19 bis M 22 werden Grundlagen zum Verständnis der Einkommensverteilung in Deutschland vorgestellt. Davon ausgehend wird in M 23 – M 24 der Frage nachgegangen, an welchen Kriterien sich eine gerechte Einkommensverteilung zu bemessen hat.

Die Lohnpolitik der Tarifpartner steht im Mittelpunkt der Materialien M 25 – M 30. Dabei werden die Entscheidungsträger vorgestellt und die Lohnstrategien der Handlungsakteure aus unterschiedlicher Sicht bewertet.

4.1 Die Finanzpolitik

M 1 Warum braucht der Staat Geld?

In der reinen oder klassischen Marktwirtschaft liberalistischer Prägung (auch als „laissez-faire-Wirtschaft“ oder abwertend als „Nachtwächterstaat“ bezeichnet), übernahm der Staat nur allgemeine Regelungsfunktionen (Gesetzgebung, Rechtsprechung) ohne den Wirtschaftsprozess aber darüber hinaus durch aktive Handlungen zu beeinflussen. Mit der Entwicklung zur Sozialen Marktwirtschaft im engeren Sinne übernahm der Staat zusätzlich absichernde und umverteilende Aufgaben aus sozialer Verantwortung heraus (u.a. Sozialversicherungen, progressives Steuersystem, Subventionen). Mit der Globalsteuerung kommt hinzu, dass der Staat durch allgemein wirkende (globale) Maßnahmen (z.B. mittels der Zinspolitik) Wirtschaftsentwicklung beeinflussen und den Konjunkturverlauf stabilisieren will. Schließlich greift der Staat in der interventionistischen Marktwirtschaft punktuell und gezielt in das Marktgeschehen ein, z.B. durch Subventionierung bestimmter Branchen (Bergbau, Schiffbau) und durch Marktordnungen im landwirtschaftlichen Bereich („gelenkte Marktwirtschaft“).

Diese Ausweitung der Staatsaufgaben spiegelt sich auch in der Gestaltung und Handhabung des Staatshaushaltes wider, der heute drei Funktionen zu erfüllen hat.

- Die erste besteht darin, dass der Staat die Ausgaben, die aus der Bereitstellung der öffentlichen Güter entstehen, durch entsprechende Einnahmen finanzieren muss. Dies betrifft den Staat in seiner traditionellen Funktion als Fiskus, der dem Grundsatz des ausgeglichenen Haushalts verpflichtet ist (Bedarfsdeckungsfunktion).
- Als zweite Aufgabe kommt hinzu, soziale und ökonomische Ungleichheiten abzumildern. Diese Umverteilungsfunktion äußert sich u.a. in der Höherbesteuerung höherer Einkommen und Vermögen, in der Leistung von Subventionen, aber auch in regionaler Hinsicht im sog. Finanzausgleich und im Rahmen der regionalen und sektoralen Strukturpolitik.
- Die dritte Funktion ist die Konjunkturbeeinflussung. Sie leitet sich aus der Tatsache ab, dass die konjunkturellen Bewegungen zu unerwünschten Effekten führen können (z.B. Arbeitslosigkeit, Inflation).

Jörn Altmann, Wirtschaftspolitik, 7. Aufl., Stuttgart 2000, S. 284 f.

M 2

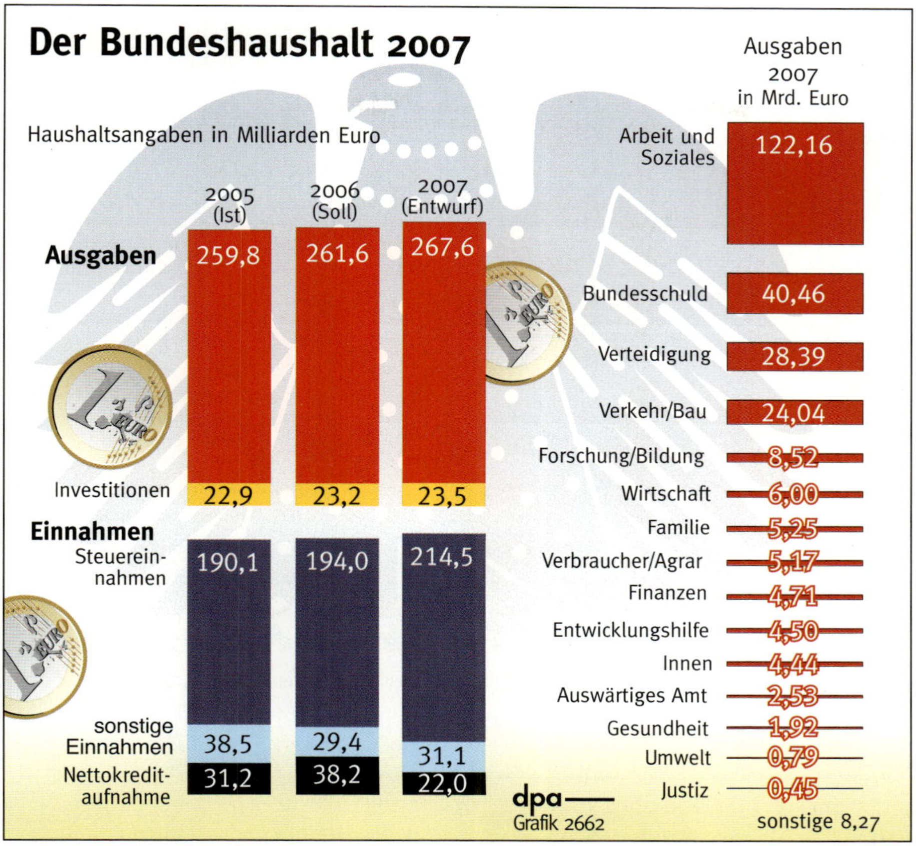

M 3

Die Einnahmen des Staates

Die Einnahmen der öffentlichen Hände werden unterteilt in die ordentlichen und außerordentlichen Einnahmen. Die ordentlichen Einnahmen sind regelmäßig wiederkehrende Beiträge und bestehen aus Abgaben, öffentlichen Erwerbseinkünften und Zuweisungen.

Abgaben sind Einnahmen, die der Staat kraft seiner Finanzhoheit erhebt. Zu den Abgaben gehören:

Steuern: Dies sind „einmalige oder laufende Geldleistungen, die nicht Gegenleistung für eine besondere Leistung darstellen". Nach der Besteuerung unterscheidet man in der Bundesrepublik Deutschland Besitz-, Verkehr- und Verbrauchsteuern.

Gebühren/Beiträge: Gebühren sind Abgaben, die ein öffentlich-rechtliches Gemeinwesen als Gegenleistung für Beglaubigungen und Beurkundungen einnimmt. Beiträge haben Zuschusscharakter und werden vor allem von den Gemeinden als Herstellungskostenbeitrag für Straßen, Kanal und Wasser erhoben. Zu den Beiträgen gehören die Zahlungen der Mitglieder der gesetzlichen Sozialversicherung.

Öffentliche Erwerbseinkünfte: Da die Gebietskörperschaften auch (Mit-)Eigentümer von Wirtschaftsbetrieben (Volkswagenwerk) oder Grund und Boden (Domänen) sein können, fließen ihnen dadurch Einnahmen zu. Von Erwerbseinkünften ist zu sprechen, wenn der Staat sich unternehmerisch betätigt und daraus Einnahmen erzielt.

Günter Schiller, Volkswirtschaftslehre, 7. Aufl., Darmstadt 2001, S. 151

M 4

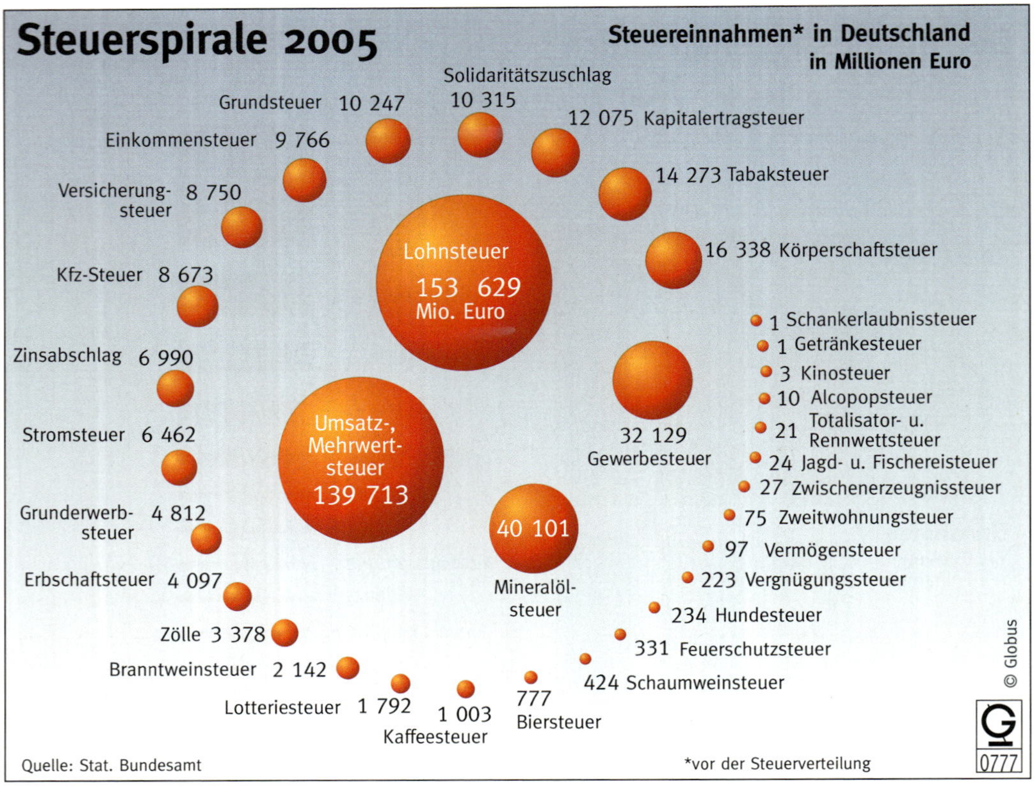

M 5 Die Einteilung der Steuern

Steuern sind die wichtigste Finanzierungsquelle des Staates. In Anlehnung an § 3 der Abgabenordnung lassen sie sich definieren als

- einmalige oder laufende Geldleistungen, die
- von einem öffentlich-rechtlichen Gemeinwesen
- zur Erzielung von Einnahmen
- ohne direkte Gegenleistung
- von allen erhoben werden, auf die ein bestimmter gesetzlicher Tatbestand zutrifft.

Die **Steuerarten** können nach verschiedenen Gesichtspunkten gruppiert und untergliedert werden. So spielt z.B. das Verhältnis zwischen direkten und indirekten Steuern eine wichtige Rolle in der steuerpolitischen Diskussion. Große Bedeutung hat auch die Aufteilung der Steuern nach der **Ertragshoheit**, also danach, wem die Steuereinnahmen letztlich zufließen (Bund, Ländern, Gemeinden). Und schließlich kann auch gefragt werden, worin sich die wirtschaftlichen Tatbestände, die der Besteuerung unterliegen, grundsätzlich unterscheiden (Besitz-, Verkehr-, Verbrauchsteuern).

Zu den *direkten Steuern* zählen alle Steuern auf Einkommen, Vermögen und Kapitalerträge, also alle **Besitzsteuern**. Die direkte Steuer erfasst das Einkommen bei seiner Entstehung; sie orientiert sich an der persönlichen oder sachlichen Leistungsfähigkeit der Steuerpflichtigen. Als Grundlage der Steuerbemessung dient z.B. das jährliche Gesamteinkommen.

Indirekte Steuern sind die **Verkehr-** und **Verbrauchsteuern**. Ihr Bezugspunkt ist die Verwendung des Einkommens. Die steuerzahlenden Unternehmen tragen die auf ihren Produkten liegende Steuerlast letztlich nicht selbst, sondern wälzen sie über den Preis auf die Endverbraucher ab. Wichtigste indirekte Steuer ist die Umsatzsteuer (Mehrwertsteuer).

Besitzsteuern gliedern sich in **Personen-** und **Realsteuern**. Zu den Personensteuern gehören die von natürlichen und juristischen Personen erhobenen Einkommen-, Körperschaft- und Erbschaftsteuern. Realsteuern lasten hingegen auf bestimmten Vermögensgegenständen und werden bei denen erhoben, denen diese Gegenstände zuzurechnen sind (Grundsteuer, Gewerbesteuer).

Verkehrsteuern knüpfen an bestimmte Vorgänge im Rechts- und Wirtschaftsverkehr an. So besteuert die Mehrwertsteuer (Umsatzsteuer) alle entgeltlichen Lieferungen und Leistungen im Rahmen einer gewerblichen und beruflichen Tätigkeit. **Verbrauchsteuern** belasten den Verbrauch oder Gebrauch bestimmter Güter, wie z.B. Mineralöl, Strom, Tabak, Kaffee. Als Verbrauchsteuer gilt auch die Einfuhrumsatzsteuer. Mit ihr werden Importwaren besteuert, um eine Anpassung an die Umsatzsteuerbelastung der inländischen Waren herbeizuführen.

Erich Schmidt Verlag, Zahlenbild 181 111 (02/2005)

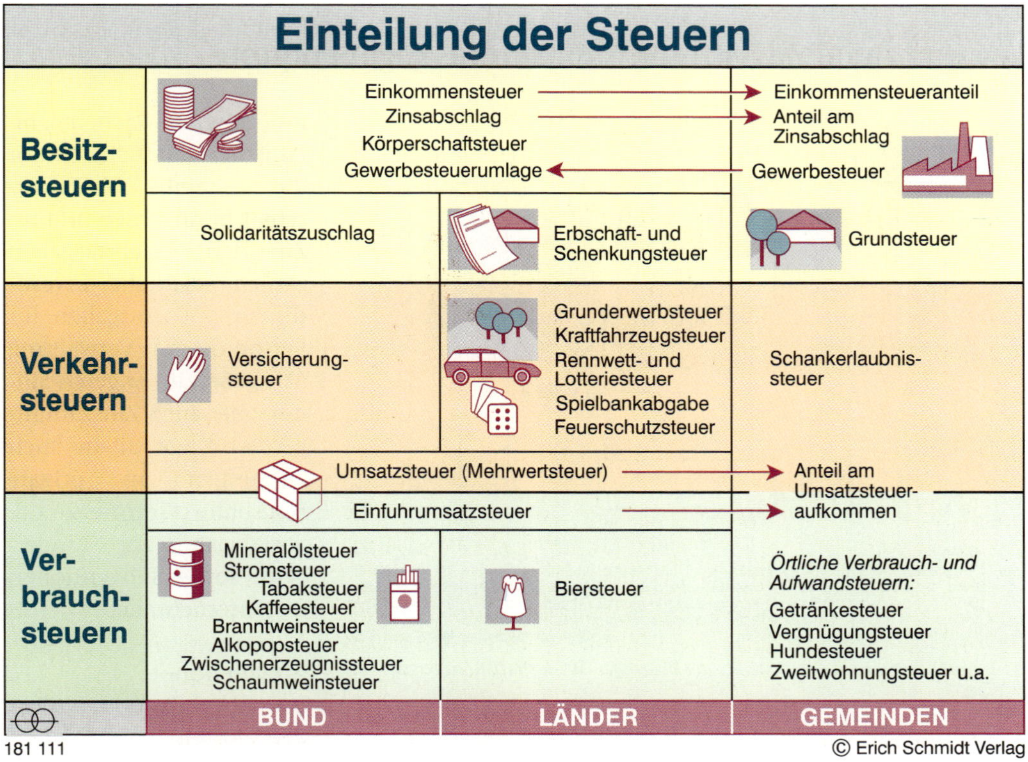

M 6 Das komplizierte System der Steueraufteilung

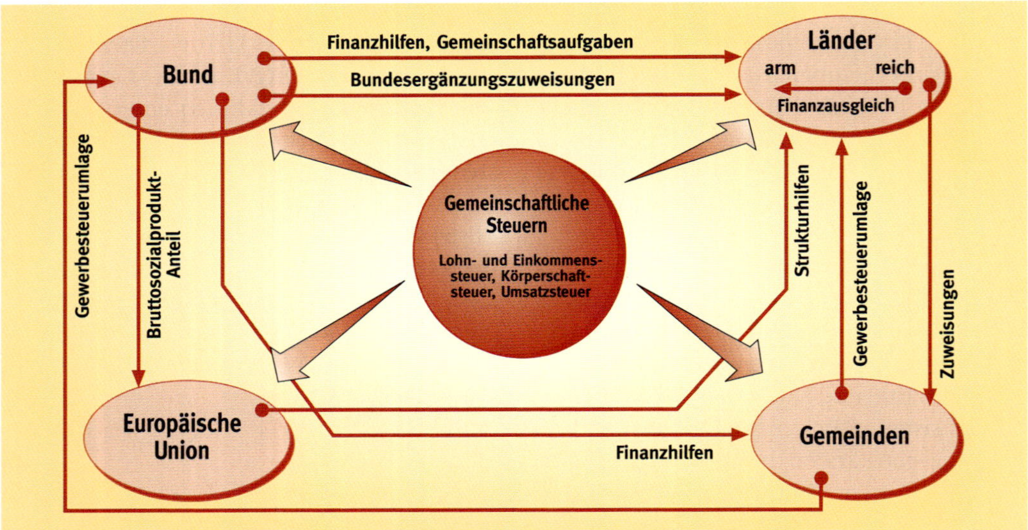

Selbst für Fachleute schwer zu durchschauen: das deutsche System des Finanzausgleichs

Die Zeit, 27.8.1998

M 7 Der staatliche Zugriff: die Staats- und Abgabenquote

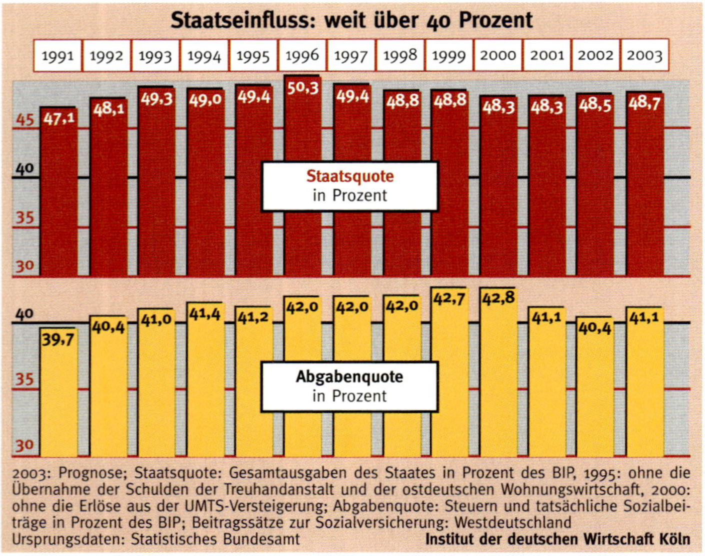

iwd-Informationsdienst des Instituts der deutschen Wirtschaft Köln Nr. 5, 30.1.2003

Staatsquote

Unter Staatsquote versteht man das Verhältnis aller Staatsausgaben zum Sozialprodukt. Sie umfasst die Staatsausgaben in Prozent des jeweiligen BIP (Bruttoinlandsprodukt) und zeigt, in welchem Umfang der staatliche Sektor die gesamte Volkswirtschaft in Anspruch nimmt. Zu den Staatsausgaben zählen staatliche Investitionen und Ausgaben für Personal und Verwaltung (Ausgaben im engeren Sinne), aber auch Zinszahlungen und vor allem auch Zahlungen an private Haushalte (Transfers, z.B. Sozialleistungen, Kindergeld) sowie Subventionen an Unternehmen.

Abgabenquote

Die Abgabenquote drückt den Anteil von Steuern und Sozialabgaben an der Wirtschaftsleistung (Bruttoinlandsprodukt BIP) eines Landes in Prozent aus.

www.chancenfueralle.de (Lexikon)

Die Entwicklung der Staatsquote in Deutschland

M 8

Die Entwicklung zum Wohlfahrtsstaat und die damit verbundene Ausweitung der staatlichen Zuständigkeiten vor allem in der Sozial- und Wirtschaftspolitik ließ die Staatsausgaben seit Mitte des vorigen Jahrhunderts unaufhaltsam anwachsen, und zwar nicht nur dem Betrag nach, sondern auch im Verhältnis zur wirtschaftlichen Gesamtleistung. Diese Tendenz, die der Nationalökonom Adolph Wagner bereits im 19. Jahrhundert mit seinem „Gesetz der wachsenden Staatstätigkeit“ zu fassen versuchte, setzte sich in den Industriestaaten bis in die siebziger Jahre fort. Sie stieß nun aber zunehmend auf Kritik: Viele Ökonomen sahen durch den Anstieg der Staatsausgaben die private Investitionstätigkeit erschwert und das Wachstum beeinträchtigt; und unter gesellschaftspolitischem Blickwinkel wurden Vorbehalte dagegen laut, dass der Staat in zu viele Bereiche hineinregierte. Im Einklang damit schwenkten die Industrieländer ab Ende der siebziger Jahre auf einen neuen finanz- und wirtschaftspolitischen Kurs ein, der die Begrenzung der Staatsausgaben und die Stärkung der Marktkräfte zum Ziel hatte.

In der Bundesrepublik war die Staatsquote – das Verhältnis der gesamten öffentlichen Ausgaben zum Bruttoinlandsprodukt – zwischen 1960 und 1970 von knapp 33% auf 39% geklettert. Dieser Trend hielt in der ersten Hälfte der siebziger Jahre unvermindert an. Als im Rezessionsjahr 1975 staatliche Konjunkturspritzen und wachsende Sozialleistungen mit einem schwachen Wirtschaftsergebnis zusammenfielen, stieg die Staatsquote auf 49,6%. Im nächsten Konjunkturtief überschritt sie 1982 sogar die 50-%-Marke. Mit strenger Ausgabendisziplin versuchten die öffentlichen Haushalte dem ab 1981/82 gegenzusteuern. So wurde die Staatsquote durch Begrenzung des Personalaufwands und der Sozialleistungen, zum Teil auch durch Kürzungen bei den Investitionen, bis 1989 wieder auf unter 46% zurückgeschraubt.

Nach der deutschen Vereinigung waren Gebietskörperschaften und Sozialversicherung durch die Aufgaben der wirtschaftlichen Erneuerung und sozialen Absicherung Ostdeutschlands aber zusätzlich in die Pflicht genommen. 1996 erreichten die Staatsausgaben auf gesamtdeutscher Ebene mit 50,3% des Bruttoinlandsprodukts deshalb nochmals einen Höchststand. Seitdem wurden jedoch erhebliche Anstrengungen unternommen diese Marke zu senken.

nach: Schmidt Zahlenbilder

Die Staatstätigkeit in der Diskussion

M 9

Die Zunahme der Staatsaktivitäten wird durchaus gegensätzlich beurteilt. Von den Befürwortern zunehmender Staatstätigkeit wird insbesondere angeführt, dass der Staat besser als Private in der Lage ist, bestimmte Aufgaben zu erfüllen. Von den Gegnern wird der Staat eher als Hemmnis betrachtet, der die persönlichen Entfaltungsmöglichkeiten einengt, wobei insbesondere auf die zunehmende Gesetzes- und Verordnungsflut und auf die wuchernde, aber ineffiziente Bürokratie verwiesen wird. Hierin spiegeln sich auch die grundsätzlichen Ansichten der Anhänger einer angebots- und nachfrageorientierten Wirtschaftspolitik wider. Da sich der Staatshaushalt teils über Steuern, teils über Kreditaufnahme finanziert, bedeutet eine Ausweitung des Budgets entweder die Notwendigkeit zusätzlicher Steuereinnahmen und/oder wachsende Verschuldung ...

Eine Rückführung der Staatsquote erscheint deshalb sinnvoll, weil mit der staatlichen Aktivität auch das Ausmaß der staatlichen Planung zunimmt, welche wiederum eine starke informatorische und instrumentale Verzahnung mit dem privaten Wirtschaftsgeschehen bedingt. Je größer aber das Ausmaß der planerischen und sonstigen staatlichen Aktivitäten ist, desto inflexibler und eingeschränkter wird aber die staatliche und private Handlungsfähigkeit. Selbstverständlich ist dies ein Werturteil.

Jörn Altmann, Wirtschaftspolitik, 7. Auflage, Stuttgart 2000, S. 298 f.

M 10 Staatsverschuldung – auf Kosten der nächsten Generation?

M 11 Staatsverschuldung – zwei Varianten

Die Verschuldung eines Staates wird aus zwei Perspektiven gesehen – beide sind der Öffentlichkeit vor allem im Zusammenhang mit den sogenannten Maastricht-Kriterien bekannt (Beitritt zur Europäischen Währungsunion). Zum einen geht es um die Neuverschuldung: Das ist der Betrag, den ein Staat in einem Haushaltsjahr neu aufnehmen muss, um sein Budget auszugleichen („Haushaltsdefizit"). Laut Maastricht-Kriterien zum Beispiel sollte die jährliche Neuverschuldung in den Beitrittsländern nicht höher ausfallen als 3 Prozent des Bruttoinlandsprodukts.

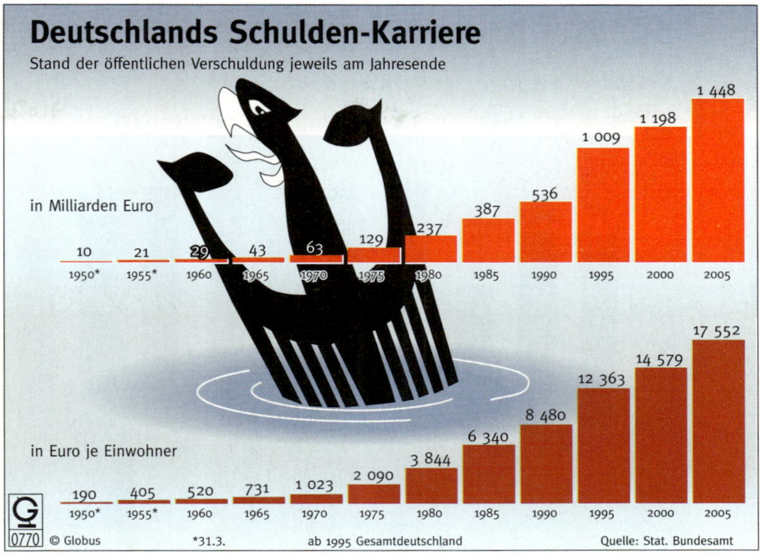

Die zweite Variante der Staatsverschuldung ist der Schuldenstand, auch Gesamtverschuldung genannt. Das ist der Betrag, mit dem Bund, Länder und Gemeinden insgesamt in der Kreide stehen – in Deutschland waren das Mitte des Jahres 2000 fast 1,2 Billionen Euro. Doch auch solch riesig anmutende Beträge sind relativ zu sehen. Deshalb werden sie ebenfalls auf das Bruttoinlandsprodukt bezogen. Laut Maastricht-Kriterien sollte die Gesamtverschuldung der einzelnen Länder den Wert von höchstens 60 Prozent des Bruttoinlandsprodukts nicht überschreiten.

Die Frage nach den Grenzen und den Wirkungen der Staatsverschuldung wird heute zum Teil sehr kontrovers diskutiert. Unter ökonomischen Gesichtspunkten sind vor allem die Grenzen einer wachsenden Verschuldung schwierig zu markieren. Wenn gleichzeitig auch das Bruttoinlandsprodukt entsprechend zulegt, bleibt die „Schuldenquote" unverändert.

Die Haushaltsrechtler in Deutschland haben in dieser Frage einen bindenden Beschluss des Bundesverfassungsgerichtes. Die Richter beriefen sich dabei auf den Artikel 115 Grundgesetz, wonach „die Einnahmen aus Krediten die Summe der im Haushaltsplan veranschlagten Ausgaben für Investitionen nicht überschreiten dürfen, Ausnahmen sind nur zulässig zur Abwehr einer Störung des gesamtwirtschaftlichen Gleichgewichts."

Damit sind zugleich zwei wichtige „Ziele" oder gewünschte Effekte der Staatsverschuldung genannt: Die Verschuldung ist dann akzeptabel, wenn damit öffentliche Investitionen finanziert werden, die Kredite also später auch Erträge abwerfen. Zum anderen kann die Kreditaufnahme auch dann sinnvoll sein, wenn damit die lahmende Konjunktur angekurbelt wird – was im Idealfall dazu führt, dass der Staat über steigende Steuereinnahmen sein Defizit wieder abbauen kann. Weil in den vergangenen Jahrzehnten die positiven Effekte der Staatsverschuldung in vielen Ländern aber nicht oder nur sehr begrenzt eingetreten sind, wächst die Skepsis gegenüber der Staatsverschuldung. Immer deutlicher treten ihre negativen Auswirkungen in den Vordergrund: Steigende Zins- und Tilgungsverpflichtungen engen den finanz- und haushaltspolitischen Spielraum ein. ... Zudem birgt eine steigende staatliche Kreditaufnahme die Gefahr, private Kredite und Investitionen vom Markt zu verdrängen – mit entsprechend negativen Folgen für das Wirtschaftswachstum. In den meisten Industrieländern ist deshalb die Konsolidierung der Staatsfinanzen das vorrangige Ziel der Finanzpolitik.

www.wirtschaftundschule.de/Lexikon (Begriff Staatsverschuldung)

M 12

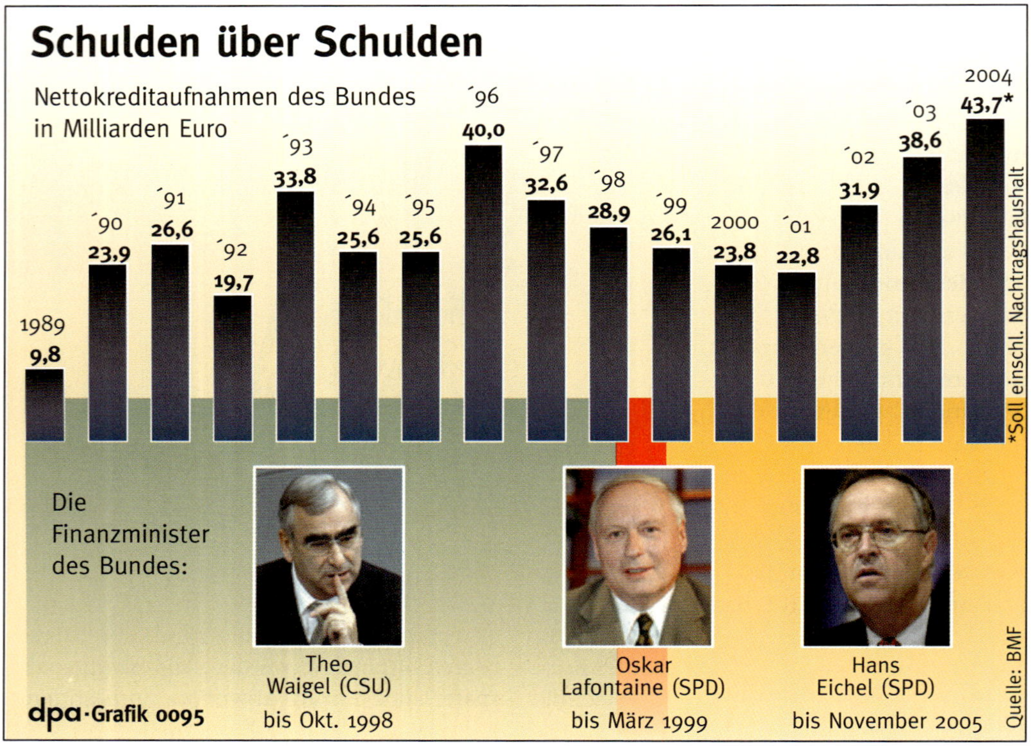

Um Posten im Haushalt zu finanzieren, die nicht durch Einnahmen gedeckt sind oder Haushaltsdefizite zu finanzieren, nehmen Bund, Länder und Gemeinden Kredite, also Schulden auf.

Dazu kann der Staat Schuldpapiere in Form von Bundes- und Länderanleihen, Obligationen, Schuldscheindarlehen oder Bundesschatzbriefen ausgeben, die über den Kapitalmarkt von institutionellen (z.B. Banken) oder privaten Anlegern gekauft werden können. „Staatspapiere" sind interessante Geldanlagen, da sie bei einem geringen Risiko eine sichere Verzinsung frei von Kurs- und Währungsschwankungen garantieren. Während sich der Bund hauptsächlich über Anleihen und Obligationen finanziert, nehmen die Länder und Gemeinden vorwiegend direkte Kredite bei Banken und Versicherungen auf.

Autorentext

M 13 Ursachen der steigenden Staatsverschuldung in Deutschland

Zunächst einmal ist festzuhalten, dass es völlig normal und sinnvoll ist, wenn sich ein Staat verschuldet. Die Staatseinnahmen, also im wesentlichen Steuereinnahmen, werden von speziellen Fachgremien beobachtet und für die Zukunft geschätzt. Da die zeitliche Verteilung der Staatseinnahmen sich nicht a priori mit der zeitlichen Verteilung der Ausgaben decken wird, sind sehr kurzfristige sog. Kassenverstärkungskredite zur Sicherung der Zahlungsfähigkeit des Staates unumgänglich, zum großen Teil vorhersehbar und unproblematisch. Außerdem sind Steuerschätzungen mit Unsicherheiten behaftet und können sich als falsch erweisen, so dass auch in diesem Falle eine ausgleichende (unvorhersehbare) Kreditaufnahme erforderlich wird. Eine andere Ursache staatlicher Kreditaufnahme besteht im sog. „deficit spending" im Rahmen der antizyklischen Finanzpolitik, d. h. durch bewusste Verschuldung des Staates, um eine zu schwache private Nachfrage durch staatliche Maßnahmen zu ergänzen. Diese konjunkturell bedingte Verschuldung wäre mittelfristig im nächsten konjunkturellen Aufschwung aus den dann einsetzenden Steuermehreinnahmen wieder abzubauen und somit vom Prinzip her gleichfalls unproblematisch (sofern dieses Prinzip beachtet wird).

Eine kritische Ursache der (wachsenden) Staatsverschuldung ist die strukturelle Verschuldung. Sie beruht auf einer anhaltenden Finanzierungslücke im Haushalt, die dadurch entsteht, dass längerfristig die Struktur der Staatsausgaben zu Mittelabflüssen führt, die nicht durch entsprechende Staatseinnahmen gedeckt werden können. ...

Aufgrund der massiven Haushaltswirkungen durch die Wiedervereinigung kann das strukturelle Defizit des Bundeshaushalts gegenwärtig nicht solide quantifiziert werden. Solange ein strukturelles Defizit aber nicht verringert werden kann (dies gilt unabhängig von den einigungsbedingten Haushaltsproblemen seit 1990), muss es durch ständige Neuverschuldung, die den Schuldenstand erhöht, finanziert werden.

Die Entwicklung der öffentlichen Verschuldung in der Bundesrepublik weist vier Phasen auf: In der ersten, der Wiederaufbauphase, ist eine – aus heutiger Sicht – recht zurückhaltende Schuldenpolitik zu beobachten. Mit Inkrafttreten des Stabilitätsgesetzes im Jahre 1967 und der Umsetzung keynesianischen „deficit spendings" nahm die Verschuldung deutlich zu. Die politische „Wende" 1982 bedeutete wirtschaftspolitisch den Übergang zu einer angebotsorientierten Politik und dem erkennbaren Bestreben, die Staatsaktivitäten zu reduzieren: Dies lässt sich an der Verringerung der Staatsquote nach 1982 nachvollziehen und zeigt sich auch in dem Versuch, die Staatsverschuldung (relativ) zu verringern. Dies wurde zunächst durch eine günstige konjunkturelle Entwicklung und hohe Gewinnabführungen der Deutschen Bundesbank erleichtert. Diese „Konsolidierungsphase" endet etwa 1986. Ab 1990 erfolgte dann ein abrupter Anstieg der Staatsverschuldung, bedingt durch die Notwendigkeit, die enormen Ausgaben, die sich aus dem Beitritt der neuen Bundesländer ergaben, zu großen Teilen durch Kreditaufnahmen zu finanzieren.

Derartige Sondereffekte sind natürlich in anderem Licht zu sehen als eine Entwicklung ohne solche externen Impulse, doch bleibt das grundsätzliche Problem eines strukturellen Defizits.

Jörn Altmann, Wirtschaftspolitik, 7. Aufl., Stuttgart 2000, S. 335 f.

M 14

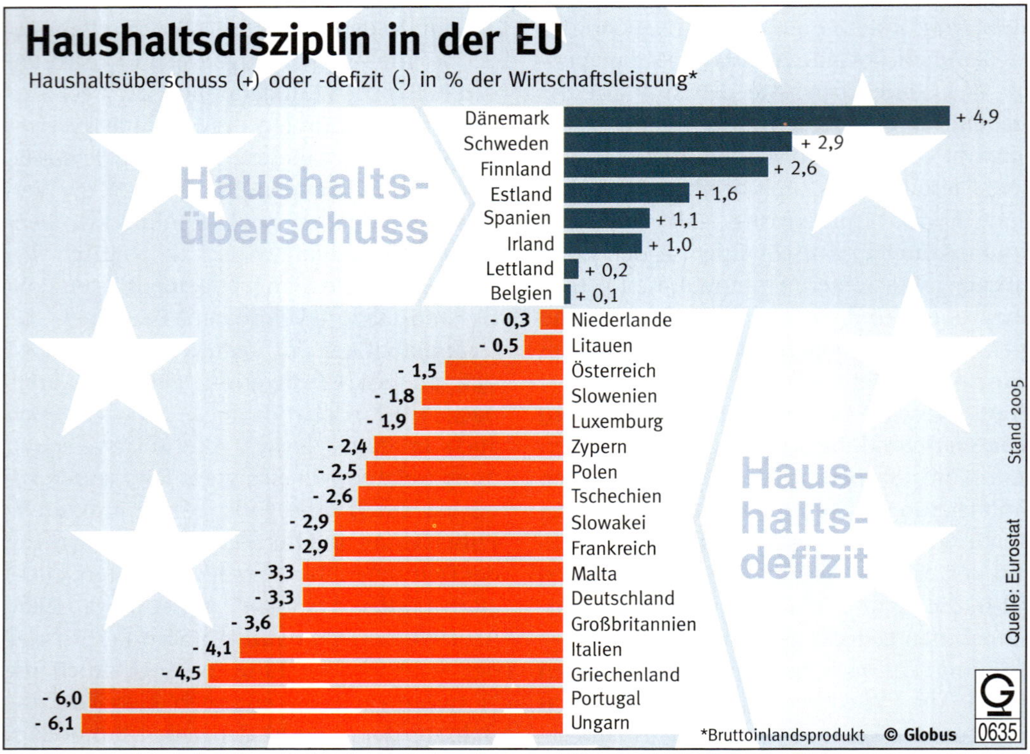

M 15 Die Vorgaben des EU-Stabilitätspaktes

Der Stabilitätspakt soll sicherstellen, dass der Euro auf Dauer eine harte Währung bleibt. Im Vertrag von Maastricht waren zwar die Regeln für die Aufnahme in den Euro-Club festgelegt. Doch die Vorschriften für die Einhaltung nach dem Start der Währungsunion blieben vage. Unter dem Druck des damaligen deutschen Finanzministers Theo Waigel wurde im Dezember 1996 der Stabilitätspakt beschlossen. Er legt fest:

1. Die Neuverschuldung eines Mitgliedstaates der Europäischen Währungsunion darf 3 Prozent des Bruttoinlandsprodukts nicht überschreiten.
2. Nähert sich das Haushaltsdefizit eines Mitgliedstaates der Drei-Prozent-Grenze oder überschreitet diese, so erhält der betreffende Staat zunächst Empfehlungen der EU-Kommission zum Abbau des Haushaltsdefizits („Blauer Brief").
3. Sanktionen: Werden diese Empfehlungen ignoriert wird eine Geldbuße verlangt, die zwischen 0,2 und 0,5 Prozent des Bruttoinlandsprodukts beträgt.
4. Ausnahmen: Bei Rückgang der Wirtschaftsleistung innerhalb eines Jahres in dem betreffenden Staat zwischen 0,75 und 2 Prozent kann eine Aussetzung der Sanktionen erfolgen, bei einem Rückgang über 2 Prozent werden keine Sanktionen verhängt. Zu den Ausnahmefällen gehören auch Naturkatastrophen.
5. Die Geldbuße wird zunächst als unverzinsliche Einlage gefordert; Einlagen werden zurückerstattet, wenn kein übermäßiges Defizit mehr vorliegt; andernfalls

werden sie unter den Mitgliedstaaten aufgeteilt, die keine übermäßigen Haushaltsdefizite aufwiesen.

6. Die endgültige Entscheidung über die Herausgabe einer Empfehlung oder über die Verhängung einer Sanktion liegt beim EU-Ministerrat. (Bei Empfehlungen kann der betreffende Staat mitentscheiden; Sanktionen werden ohne seine Beteiligung verhängt.)
7. Sobald das übermäßige Defizit bereinigt ist, werden die Strafmaßnahmen aufgehoben.
8. Ziel des Stabilitätspakts: ausgeglichene Haushalte oder Haushaltsüberschüsse in allen Euro-Ländern; Stabilität der Euro-Währung.

Metzler Aktuell, Januar 2003

M 16

An Brüssels kurzer Leine?

Karikatur: Hanel/CCC, www.c5.net

M 17

Kontrovers diskutiert: der Stabilitätspakt

a) Der Stabilitätspakt ist bitter nötig. Er sollte noch verschärft werden

Zuerst rüttelten nur die Regierungen in Italien und Frankreich am Stabilitäts- und Wachstumspakt. Sie wollten großzügige Steuersenkungen, die sie im Wahlkampf versprochen hatten, auf Pump finanzieren. Dabei stört der Stabilitätspakt, denn er setzt der Aufnahme neuer Schulden enge Grenzen. Inzwischen gesellen sich zu seinen politischen Gegnern einzelne Ökonomen, die vor dem Absturz der Konjunktur warnen. Europa könne in eine tiefe Rezession abgleiten, wenn die Finanzminister weiter sparten. Der Stabilitätspakt binde ihnen jedoch die Hände.

Tut er das? Nein ... Über welchen Spielraum ein Land in der Krise verfügt, hängt nicht allein von der im Stabilitätspakt festgesetzten Grenze ab. Wer in guten Zeiten einen Haushaltsüberschuss erzielt, hat einen entsprechend größeren Puffer. Umgekehrt beschneiden Länder, die schon bei sonniger Konjunktur mit einem Minus operieren, ihre eigenen Handlungsmöglichkeiten – selbst eine Verdoppelung des Defizitrahmens würde also nichts helfen, wenn er im Boom schon weitgehend ausgeschöpft wird. Und da liegt das Problem.

So lebt zum Beispiel Deutschland, das wirtschaftlich bedeutendste Euro-Land, seit mehr als drei Jahrzehnten auf Pump. ... Es ist das vertraute keynesianische Leiden: In guten Zeiten spart niemand für die schlechten Tage.

Wenn nun aber eine neue, tiefere Rezession ... bevorsteht, müssen wir da nicht pragmatisch sein, alle langfristigen Überlegungen vergessen und den Stabilitätspakt über Bord werfen? Nein, müssen wir nicht. Und das hat mehrere Gründe.

– Von staatlicher Konjunkturpolitik darf man keine Wunder erwarten. Steuerreformen wie in Italien und Frankreich wirken häufig nur mit erheblicher Zeitverzögerung – und verschärfen dann gar die Konjunkturausschläge. Entscheidet man sich dagegen für staatliche Investitionsprogramme, muss man erst einmal eine sinnvolle Verwendung finden. Und schließlich gilt der alte Satz, dass die Schulden von heute nichts anderes als die Steuern von morgen sind – das dämpft die Euphorie von Unternehmern und Steuerzahlern. Im Extremfall so weit, dass die staatliche Gießkanne völlig wirkungslos bleibt. Eine neue Studie des Centre for European Policy Studies in Brüssel belegt diese zunehmende Ohnmacht der Fiskalpolitik.

– Eine expansive Fiskalpolitik ist nicht das einzige auf die Konjunktur wirkende Präparat. Da gibt es zum Beispiel die Geldpolitik. Die Europäische Zentralbank hat noch viel Spielraum für radikale Zinssenkungen – wenn sie sie denn für nötig hält. ...

– Die ach so starren Regeln des Stabilitätspaktes sind gar nicht so eng. Der Pakt hat bereits dazu geführt, dass acht der zwölf Euro-Partner einen Überschuss oder ein nahezu ausgeglichenes Budget ausweisen. Diese Länder haben einen entsprechend großen Spielraum für die Stabilisierung der Konjunktur. ... Darüber hinaus erlaubt der Pakt, in außergewöhnlichen Notfällen auch die Dreiprozentgrenze zu überschreiten, etwa bei einem extremen Rückgang des Wachstums ...

Der Stabilitätspakt ist eine Peitsche, aber kein Korsett. Allein die Angst vor der Züchtigung hat in den vergangenen fünf Jahren schon wahre Wunder bewirkt: Die unselige Schuldenwirtschaft in Europa ist [in einigen Ländern] deutlich zurückgegangen. Wir sollten das Instrument deshalb nicht leichtfertig aus der Hand geben. Einige Ökonomen ... haben vorgeschlagen, den Pakt sogar zu erweitern. Länder sollten auch dann bestraft werden, wenn sie in Boomzeiten ihre Defizite nicht abbauen. Von allen Reformideen ist dies zweifellos die beste.

Kolja Rudzio, Die Zeit, 34/2002

b) Ein Pakt mit dem Teufel. In der Krise muss der Staat mehr Geld ausgeben dürfen

Die schwache Konjunktur in Europa legt die Crux des Stabilitäts- und Wachstumspaktes schonungslos offen: Es ist ein Schönwetterpakt. Sinken die Steuereinnahmen und steigen die Sozialausgaben, weil immer mehr Menschen auf der Straße stehen, sind weniger als drei Prozent Neuverschuldung einfach nicht zu schaffen. Der Pakt leidet daran, dass konjunkturelle Schwankungen nicht berücksichtigt werden. Er ist zu starr.

Schon tricksen immer mehr Staaten, um das Neuverschuldungskriterium einhalten zu können, schon regt sich bei immer mehr Regierungschefs kräftig Widerstand gegenüber

der EU-Kommission, die über die Haushaltsregeln wacht. Und dieser Widerstand regt sich zu Recht. Denn im Konjunkturabschwung die Staatsausgaben zu drosseln ist ökonomisch grob fahrlässig. Die Folge ist eine gefährliche Abwärtsspirale: Rezession, Deflation und lange andauernde Stagnation. Und das nur, damit das willkürlich gesetzte und durch nichts zu rechtfertigende Dreiprozentkriterium nicht verletzt wird? ...
Die Überzeugung, neue Schulden seien Teufelszeug, ist fast zur Ersatzreligion mutiert. Auf dem langen Weg zum Euro sind die einst von der Bundesbank ausgeheckten Kriterien zur Konsolidierung der Staatshaushalte zu Selbstläufern geworden – ohne durch eine volkswirtschaftliche Theorie gedeckt zu sein. Dabei ist der Versuch, den Schuldenberg der Staaten allein durch Sparen abzutragen, zum Scheitern verurteilt, wie die jüngere Wirtschaftsgeschichte zeigt. Alle Länder, denen es gelungen ist, ihre Schulden ansehnlich zu verringern, haben zunächst für kräftiges Wachstum gesorgt – meist mit massiven Fiskalprogrammen. So wie die Vereinigten Staaten in den achtziger Jahren, Großbritannien Anfang der Neunziger oder kurz darauf Finnland. Der Pakt jedoch, der immer nur ein Stabilitäts-, nie aber ein Wachstumspakt sein kann, verlangt dagegen, dass gespart wird. Kein Wunder, dass die Wirtschaft in Euroland in den vergangenen Jahren so wachstumsschwach war. Immerhin musste der Nachfrageausfall des Staates durch die Privatwirtschaft kompensiert werden. Und das gelingt im besten Fall nur mittelfristig, während die Ausgaben des Staates sofort entfallen. ...
Krisenzeiten verlangen nach Krisenrezepten. Und die findet man nicht bei Laissez-faire-Ökonomen. Da muss man schon bei John Maynard Keynes nachschlagen. ... Nachfragepolitik? Keynes? Für kontinentaleuropäische Ohren klingt das altbacken. ...
Euroland braucht ein Konjunkturprogramm, doch darüber wird auf dem alten Kontinent nicht einmal in Ansätzen diskutiert. Schlimmer noch: Sollte Deutschland die Dreiprozentgrenze überschreiten, muss die Regierung nach den geltenden Regeln des Stabilitätspaktes die Mehrwertsteuer erhöhen – wenn sie saftige Strafen vermeiden will. Das ist absurd. So absurd wie der gesamte Pakt.
Es gibt genug Vorschläge, wie ein neuer, flexibler Stabilitätspakt aussehen könnte. Im Prinzip läuft alles auf das Sprichwort unserer Großeltern hinaus: „Spare in der Zeit, dann hast du in der Not.“ Bloß nicht die Not durch Sparen noch verschlimmern. Solche Vorschläge sind sinnvoll, aber besser wäre es, den Pakt ganz abzuschaffen.

Robert von Heusinger, Die Zeit, 34/2002

Die Reform des Stabilitätspaktes

M 18

In fast zwölfstündigen Abschlussverhandlungen hatten die Minister ihren mehr als drei Jahre währenden Streit über eine Änderung des Maastricht-Vertrages beigelegt. Sie vereinbarten in Brüssel, an den Grundregeln des Paktes nicht zu rütteln, diese aber nicht mehr so rigoros anzuwenden. Deutschland, das die letzten drei Jahre stets die Schuldengrenze überschritten hatte, setzte sich mit seinen Forderungen vor allem gegen den Widerstand kleiner EU-Länder durch. Die Vereinbarung löste eine heftige Kontroverse aus. Schröder und Eichel verteidigten ihr Verhalten und wiesen den Vorwurf der Opposition zurück, die Reform sei ein Freibrief für uferlose Schuldenaufnahme. Die Europäische Zentralbank äußerte sich „ernsthaft besorgt“ über die Änderungen. Heftiger Protest kam auch von den Spitzenverbänden der Wirtschaft. Union und FDP erklärten den Pakt für tot.

Die wichtigsten Punkte

GRENZEN
Die Grenzwerte von drei Prozent vom Bruttoinlandsprodukt beim Defizit und von 60 Prozent bei der gesamtstaatlichen Verschuldung werden nicht angetastet.

GUTE ZEITEN
Phasen mit guten Wachstum sollen verstärkt zur Sanierung der nationalen Budgets genutzt werden.

AUSNAHMEN
Bei Einleitung eines Defizit-Strafverfahrens und in den weiteren Etappen dieser Prozedur kann die EU-Kommission Ausnahme-Tatbestände berücksichtigen. Dazu gehören Reformen der Rentensysteme oder Kosten für Europas Vereinigung. Unter diesen Punkt fällt auch die deutsche Einheit. Voraussetzung dafür ist, dass die Überschreitung der Defizitgrenze vorübergehend ist und nahe am Grenzwert von drei Prozent bleibt.

FRISTEN
Die Fristen zur Defizitverminderung bei Sündern können gestreckt werden. Es ist nun möglich, erst drei Jahre nach Auftauchen eines überhöhten Defizits wieder die Grenze von drei Prozent einzuhalten. Falls die wirtschaftliche Entwicklung lahmt, können zusätzlich Schritte der Strafprozedur wiederholt werden.

nach: dpa-Meldung vom 22.3.2005

AUFGABEN

1. Stellen Sie je zwei Maßnahmen auf der Einnahmen- und auf der Ausgabenseite des Staatshaushaltes zur Rückführung der Staatsverschuldung vor und gehen Sie auf die Problematik der Realisierbarkeit ein (M 2 – M 4).
2. Unterscheiden Sie die direkten von den indirekten Steuern und zeigen Sie, wie sich die Steuereinnahmen des Staates im Verlauf eines Konjunkturzyklus verändern (M 5).
3. Begründen Sie die Forderung nach einer Senkung der Staatsquote und erläutern Sie, welcher wirtschaftspolitischen Grundkonzeption diese Position eher zuzurechnen ist (M 7 – M 9).
4. Unterscheiden Sie die beiden Arten der Staatsverschuldung und erläutern Sie Ursachen und Auswirkungen. Gehen Sie dabei auch auf positive Effekte der Staatsverschuldung ein (M 10 – M 13, M 17).
5. Diskutieren Sie in einer Pro- und Kontra-Diskussion die Reform des europäischen Stabilitätspaktes (M 14 – M 18).

Informationen und Zusammenhänge

Die Aufgaben der Finanzpolitik
M 1 – M 9

Wesentlicher Bestandteil staatlicher Wirtschaftspolitik ist die Finanzpolitik. Ihre Aufgabe ist es, mithilfe des Steuersystems die Finanzierung der staatlichen Ausgaben zu sichern, Einnahmen nach sozialen Gesichtspunkten umzuverteilen, vor allem aber die wirtschaftliche Entwicklung positiv zu beeinflussen. Hohe Arbeitslosenzahlen, die Defizite der sozialen Sicherungssysteme wie auch steigendes Anspruchsdenken gegenüber dem Staat führen zu wachsenden Ausgaben der öffentlichen Haushalte. Nicht nur deren Finanzierung mit steigender Steuer- und Abgabenbelastung steht im Kreuzfeuer der Kritik, auch die Verdrängung privater Wirtschaftstätigkeit durch zunehmende staatliche Aktivitäten, ausgedrückt durch die Staatsquote, wird negativ beurteilt.

Problematik der Staatsverschuldung
M 11, M 13

Bei der Staatsverschuldung muss zwischen der jährlichen Neuverschuldung zum Ausgleich eines Haushaltsdefizits und der Gesamtverschuldung des Staates unterschieden werden. Die hohe Gesamtverschuldung und dadurch bedingte Zinsverpflichtungen beschränken die Handlungsfähigkeit des Staates deutlich. Zwar sind Kreditaufnahmen zur Abfederung konjunktureller Schwankungen akzeptabel, ebenso wenn sie der Finanzierung öffentlicher Investitionen dienen, Skepsis ist allerdings angebracht, wenn die Staatsverschuldung strukturell begründet ist, also dauerhaft steigt. Dann werden zunehmend höhere Anteile des Steueraufkommens allein benötigt, um steigende Zins- und Tilgungszahlungen zu bedienen.

Vorgaben des Stabilitätspaktes
M 15

Die Verwirklichung der finanzpolitischen Konvergenzkriterien, die den Beitrittsländern zur Europäischen Währungsunion eine Neuverschuldungsgrenze von 3% und eine Gesamtverschuldung von 60% des BIP setzt, hat schon in den vergangenen Jahren die wirtschaftspolitischen Entscheidungen der Bundesregierung eingeschränkt. Aber auch nach der Einführung des Euro haben sich die Mitglieder der Währungsunion mit dem Stabilitäts- und Wachstumspakt an diese Verschuldungskriterien gebunden. Dieser sieht Sanktionen bis hin zu Geldbußen für jene Staaten vor, die die Defizitkriterien wiederholt verfehlen.

Reform des Stabilitätspaktes
M 17, M 18

Im März 2005 haben die europäischen Finanzminister nach langem Streit eine Reform des Stabilitätspaktes beschlossen. Sie vereinbarten in Brüssel, an den Grundregeln des Paktes nicht zu rütteln, diese aber nicht mehr so rigoros anzuwenden. Bei Überschreitung der Defizitgrenzen können nun Sonderlasten, wie z.B. eine Reform der Rentensysteme oder die Kosten der Wiedervereinigung in Deutschland, geltend gemacht werden. Die Kontroverse um die korrekte Auslegung des Stabilitätspaktes wird aber voraussichtlich anhalten.

4.2 Die Einkommenspolitik

M 19

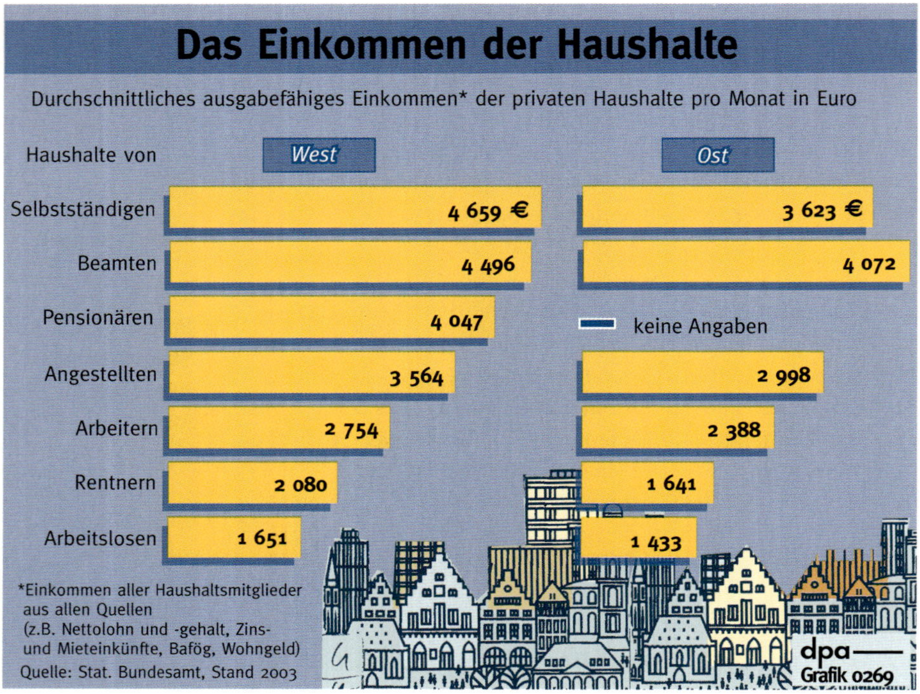

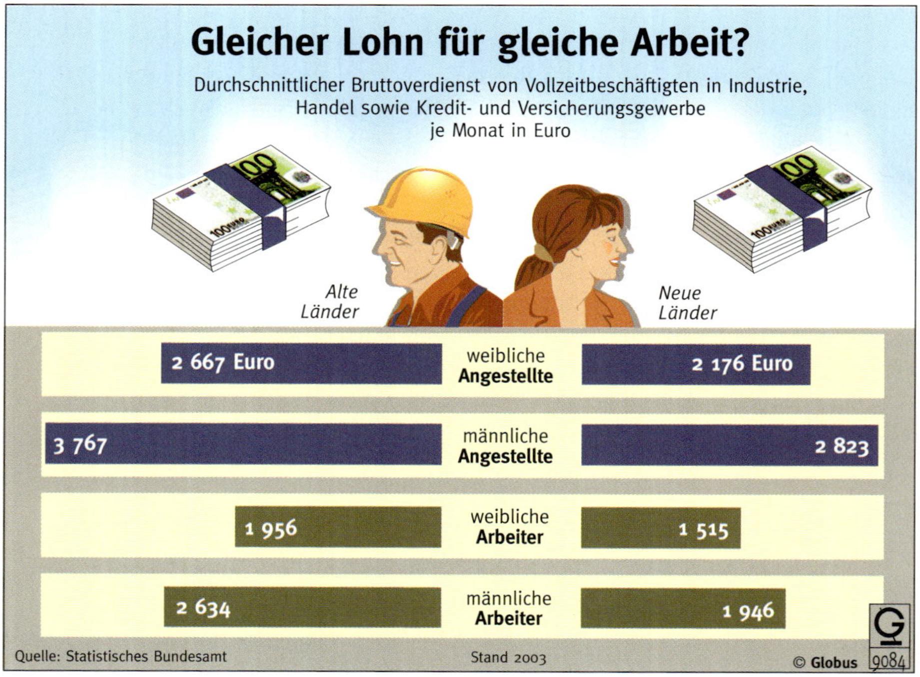

Umgang mit statistischem Material

Eine Statistik ist die systematische Sammlung und Ordnung von Informationen in Form von Zahlen. Diese Zahlen werden entweder in Tabellen oder optisch aufbereitet als Diagramme und Schaubilder ausgewertet und dargestellt.

Es gibt verschiedene Arten von Diagrammen, die für unterschiedliche Zwecke geeignet sind:

Kreisdiagramm Balkendiagramm Säulendiagramm Kurvendiagramm Punktediagramm

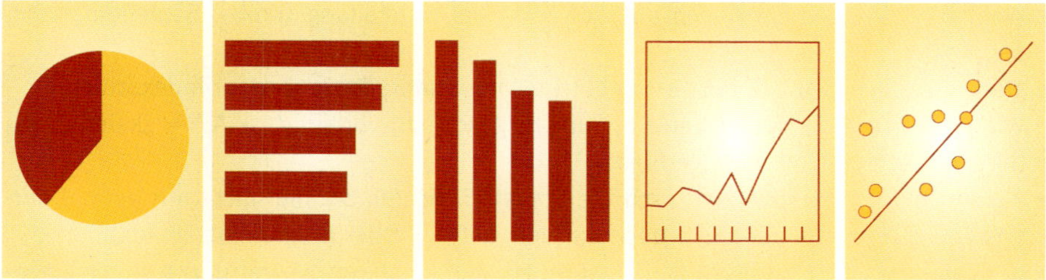

Schema der fünf gebräuchlichsten Diagrammformen

Das Kreis- oder auch Tortendiagramm eignet sich besonders gut, um Anteile an Gesamtmengen darzustellen. Es ist dabei jedoch nicht möglich, die Anteilsgrößen genau abzulesen. Zu diesem Zweck müssen die Werte in oder neben die Kreissegmente eingetragen werden.

Das Balkendiagramm stellt Zahlenwerte in ihrer Reihenfolge dar.

Das Säulendiagramm ist dem Balkendiagramm ähnlich, verdeutlicht aber besser Zeitreihen-Vergleiche, d.h. es zeigt, wie sich bestimmte Positionen über Zeiträume hin verändern und entwickeln. Im Unterschied zum Kurvendiagramm werden die einzelnen Werte nicht miteinander verbunden.

Das Kurvendiagramm kann Entwicklungslinien bzw. Trendkurven im zeitlichen Verlauf verdeutlichen. Sie kennen es vor allem aus dem Mathematikunterricht.

Das Punktediagramm bietet sich an, um Korrelationsvergleiche darzustellen. Ein Korrelationsvergleich gibt an, ob die Relation (Beziehung) zwischen zwei Variablen dem „normalen", d.h. erwarteten Muster folgt oder nicht. Hierzu wird ein erwarteter Verlauf in das Diagramm eingezeichnet, die tatsächlichen Messwerte als Punkte eingetragen und ihre Abweichung vom erwartetem Verlauf bewertet.

Die verwendeten Zahlen kann man als absolute (genaue, gerundete) Zahlen oder als Prozentzahlen angeben. Einige Statistiken verwenden auch Indexwerte, d.h. Verhältniszahlen, die sich auf einen gleich 100 gesetzten Wert eines Ausgangsjahres beziehen und deren Veränderung im Verhältnis zu diesem Bezugspunkt betrachtet wird.

Bei der Analyse von Diagrammen sollten Sie folgende Arbeitsschritte berücksichtigen:

Schritte zur Analyse von Diagrammen:

1. Einordnen und Beschreiben

- Wer hat in wessen Auftrag die Statistik erstellt?
- Wie wurden die Werte ermittelt?
- Ist die Erhebung repräsentativ?
- Welches Thema wird behandelt (Diagrammüber- oder unterschrift)?
- Was wird in Beziehung zueinander gesetzt? Müssen Begriffe geklärt werden?
- Welche Kriterien des Vergleichs werden verwendet?
- Welche Hinweise erhalten Sie aus der Form der Darstellung (Kreis-, Säulendiagramm etc.)?
- Welche Zahlenarten werden verwendet (absolut/relativ, Prozent- oder Indexzahlen)?
- Wie genau sind die Zahlenwerte (gerundet, geschätzt, vorläufig, „k.A." = „keine Angabe", d.h. Zahlen sind nicht verfügbar)?
- Auf welchen Zeitraum bezieht sich die Statistik? (Achten Sie hier nicht nur auf die dargestellten Zeiträume, sondern auch auf den Zeitpunkt der Diagrammerstellung!)
- Wie sind die Achsen eingeteilt (Zeitsprünge, Maßeinheiten, Verzerrungen durch ungeeignete Gruppenbildung u.a.)?

2. Erklären

- Benennen Sie Minimal- und Maximalwerte.
- Beschreiben Sie Häufigkeitsverteilungen und zeitliche Entwicklungen (gleichmäßig, sprunghaft).
- Werden Verlaufsphasen deutlich (Zu- und Abnahme, Stagnation)?
- Prüfen Sie, ob sich die dargestellten Zahlen vergleichen lassen.
- Zeigen Sie Zusammenhänge auf.
- Leiten Sie Entwicklungstendenzen und Arbeitshypothesen ab.

3. Bewerten

- Ist die gewählte grafische Darstellung geeignet?
- Wurden bei relativen Zahlenangaben die Bezugswerte genannt?
- Ist eine Vergleichbarkeit mit anderen Materialien möglich?
- Entspricht das statistische Material dem unterstellten Aussagewert?

Der Prozess der Einkommensentstehung und Einkommensverteilung

M 20

Primäre und sekundäre Einkommensverteilung

Als **primäre Einkommensverteilung** bezeichnet man jene Verteilung des Volkseinkommens, die sich unmittelbar aus dem Produktionsprozess ergibt, ohne dass der Staat in die Verteilung eingreift.

Demgegenüber zeigt die **sekundäre Einkommensverteilung** die Verteilung des verfügbaren Einkommens auf die einzelnen Einkommensbezieher bzw. die privaten Haushalte, wie sie sich nach der Umverteilung durch den Staat (durch direkte Steuern, Renten, Arbeitslosenunterstützung, Mietbeihilfen, Kindergeld und ähnliche Übertragungen) ergibt. Beispiel: Angenommen, ein Arbeitnehmer erzielt ein Bruttoeinkommen von 3200 € im Monat ..., so ist dies sein Einkommen, das er im Rahmen der Primärverteilung erzielt. Zieht man hiervon die Lohnsteuern sowie die gesamten Sozialversicherungsbeiträge ab und addiert das Kindergeld, die Wohnbeihilfe u. ä., so erhält man das Einkommen des Haushalts nach der Umverteilung durch den Staat. Die Unterscheidung zwischen primärer und sekundärer Einkommensverteilung entspricht im einzelwirtschaftlichen Bereich also weitgehend dem Unterschied zwischen dem Bruttoeinkommen und dem **verfügbaren Einkommen.**

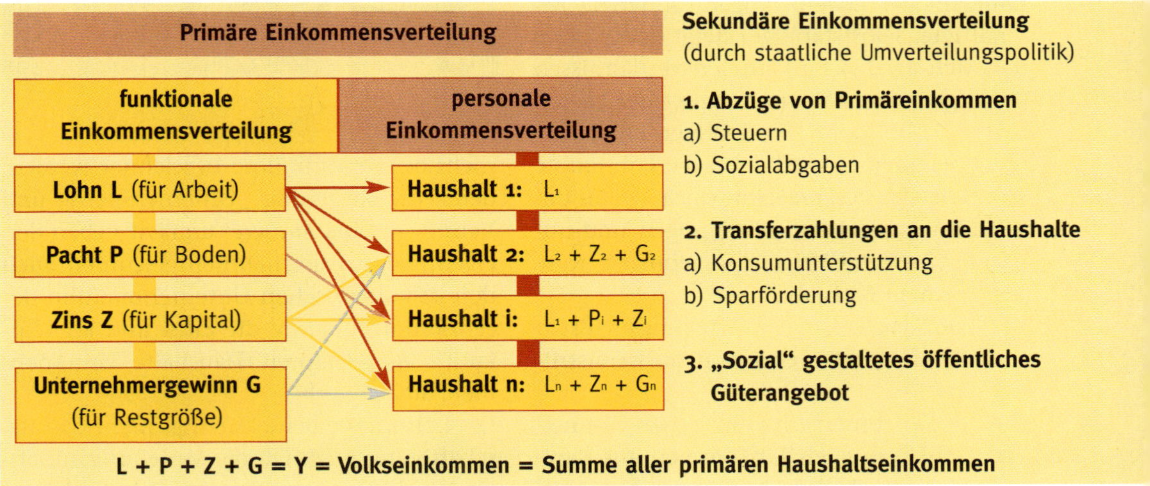

Funktionale und personelle Einkommensverteilung

An der Erstellung des Sozialproduktes sind die Produktionsfaktoren Kapital (einschließlich Boden) und Arbeit beteiligt. Die Verteilung des Volkseinkommens auf diese Produktionsfaktoren bezeichnet man als **funktionale Einkommensverteilung**.

Die Produktionsfaktoren befinden sich im Eigentum der handelnden Wirtschaftseinheiten. Man kann deshalb auch die Verteilung des Volkseinkommens auf diese Wirtschaftssubjekte oder Gruppen von Wirtschaftssubjekten, unabhängig davon, durch den Einsatz welcher Produktionsfaktoren diese Einkommen entstanden sind, betrachten. Man beschäftigt sich dann mit der **personellen Einkommensverteilung**.

Ulrich Baßeler, Jürgen Heinrich,Burkhard Utecht, Grundlagen und Probleme der Volkswirtschaft, 17. Aufl., Stuttgart 2002, S. 727 f. (Grafik aus Wirtschaft heute, Bonn 2003, S. 119)

M 21 Die Lohnquote – ein Maßstab für Verteilungsgerechtigkeit?

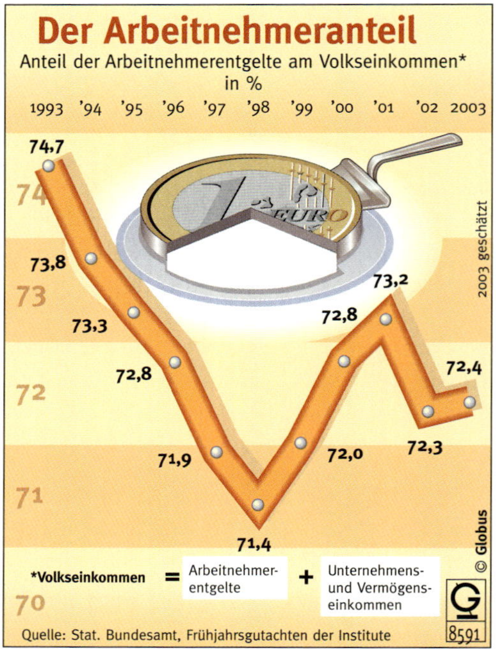

Die Lohnquote gibt den Anteil der Arbeitnehmerentgelte (früher: „Bruttoeinkommen aus unselbstständiger Arbeit") am gesamten Volkseinkommen an. Die Lohnquote wird häufig als Maßstab für die Einkommensverteilung angesehen. Dabei gilt zu berücksichtigen, dass die Lohnquote im Konjunkturverlauf schwankt, weil Löhne, Gehälter, Gewinne und Beschäftigung mit zeitlicher Verzögerung und in unterschiedlicher Intensität den Konjunkturzyklen folgen: Im Abschwung steigt die Lohnquote, im Aufschwung geht sie zurück.

Die Lohnquote als verteilungspolitische Kennziffer hat zudem einen Konstruktionsfehler: Sie steigt (fällt) auch dann, wenn der Anteil der abhängig Beschäftigten an der Gesamtzahl der Erwerbstätigen (abhängig Beschäftigte, Selbstständige) steigt (fällt), ohne dass sich an den Einkommensverhältnissen etwas geändert hat. Im Konzept der „bereinigten Lohnquote" wird dieser Effekt herausgerechnet: Es wird dabei die Lohnquote ermittelt, die sich ergeben würde, wenn das Verhältnis zwischen Selbständigen und unselbständig Beschäftigten so geblieben wäre wie in einem Basisjahr.

Die Lohnquote ist als Verteilungsmaßstab auch aus folgenden Gründen stark umstritten:

Die Arbeitnehmer erhalten neben Löhnen und Gehältern auch Einkommen aus Kapitalanlagen, z. B. Zinsen, Dividenden, Mieten, Pachten. Die zunehmende Bedeutung dieser Querverteilung hat die Konturen zwischen Arbeitnehmereinkommen und Kapitaleinkommen zusehends verwischt. Das Gegenstück zur Lohnquote sollte deshalb nicht als Gewinnquote bezeichnet werden, denn die Restgröße „Unternehmens- und Vermögenseinkommen" umfasst neben den eigentlichen Unternehmensgewinnen auch den kalkulatorischen Unternehmerlohn der Selbständigen sowie die Zins- und Mieteinkünfte aller Sektoren (Haushalte, Unternehmen, Staat).

Die Lohnquote berücksichtigt nicht den Beschäftigungsgrad. Ob die Verteilungssituation mit dem gesamtwirtschaftlichen Ziel der Vollbeschäftigung in Einklang steht, lässt sich an der Lohnquote deshalb nicht ablesen.

www.chancenfueralle.de (Lexikon, Begriff „Lohnquote")

Die grafische Darstellung der Einkommensverteilung durch die Lorenzkurve

M 22

Dass die Umverteilung in Deutschland relativ effizient ist, kann man aus den Daten über die Einkommensverteilung ablesen. Die Tabelle (unten) zeigt, wie hoch der Anteil von jeweils 20 % der Einkommensbezieher (man spricht von Quintilen) am Netto-Gesamteinkommen in West-Deutschland ist, wobei diese nach der Höhe des Einkommens sortiert werden. Konkret haben also im Jahr 2000 die 20 % der Einkommensbezieher mit den geringsten Einkommen 7,8 % des Einkommens bezogen. In der Gruppe der 20 % mit den höchsten Einkommen wurden dagegen 38 % des Gesamteinkommens erzielt. Im Ganzen hat sich an dieser Verteilung von 1985 bis 2000 wenig geändert.
Grafisch kann man diese Daten mit der so genannten Lorenzkurve (unten) abbilden. Sie kumuliert dazu die Einkommensanteile auf. So zeigt sie z.B., dass im Jahr 2000 auf die 40% der Einkommensbezieher mit den geringsten Einkommen 20,8 % des Gesamteinkommens entfielen. In diesem Schaubild wird auch eine Diagonale eingezeichnet, die für den hypothetischen Fall einer völligen Gleichverteilung der Einkommen gelten würde.
Man kann nun die Fläche der Gleichverteilungskurve und der tatsächlichen Lorenzkurve ins Verhältnis zur gesamten Fläche unter der Gleichverteilungskurve setzen. Die so ermittelte Relation bezeichnet man als „Gini-Koeffizient". Dieser ist ein wichtiges Maß für die Einkommensungleichheit bzw. allgemein für die Ungleichheit von Verteilungen.

Peter Bofinger, Grundzüge der Volkswirtschaftslehre, München 2003, S. 186 f.

	1985	2000
1. Quintil	7,5	7,8
2. Quintil	13	13
3. Quintil	17,5	17,7
4. Quintil	23,7	23,5
5. Quintil	38,4	38

Einkommensverteilung in Westdeutschland, Quelle: Institut der Deutschen Wirtschaft

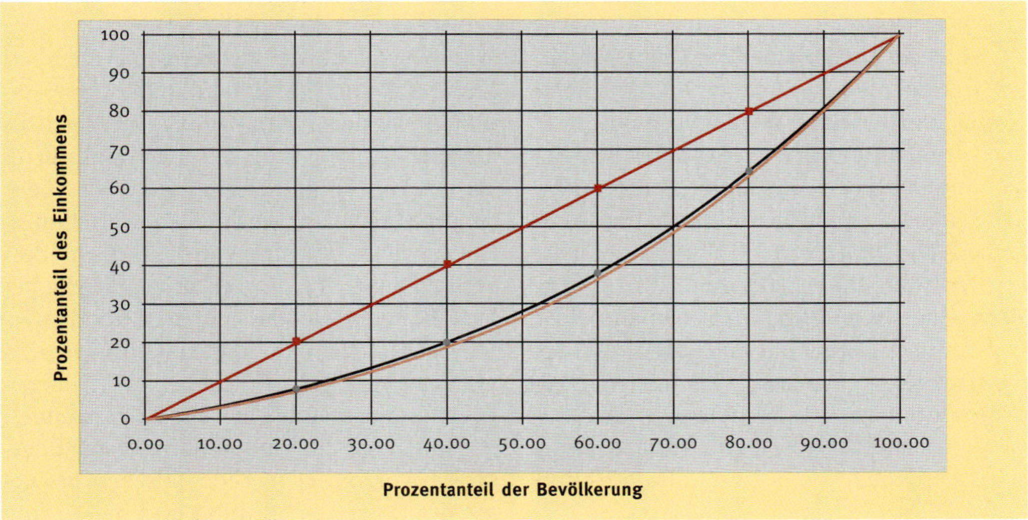

Lorenzkurve für Deutschland, Quelle: Institut der deutschen Wirtschaft

M 23 Das Gleichnis von den Arbeitern im Weinberg

Denn mit dem Himmelreich ist es wie mit einem Gutsbesitzer, der früh am Morgen sein Haus verließ, um Arbeiter für seinen Weinberg anzuwerben. Er einigte sich mit den Arbeitern auf einen Denar für den Tag und schickte sie in seinen Weinberg. Um die dritte Stunde ging er wieder auf den Markt und sah andere dastehen, die keine Arbeit hatten. Er sagte zu ihnen: Geht auch ihr in meinen Weinberg! Ich werde euch geben, was recht ist. Und sie gingen. Um die sechste und um die neunte Stunde ging der Gutsherr wieder auf den Markt und machte es ebenso. Als er um die elfte Stunde noch einmal hinging, traf er wieder einige, die dort herumstanden. Er sagte zu ihnen: Was steht ihr hier den ganzen Tag untätig herum? Sie antworteten: Niemand hat uns angeworben. Da sagte er zu ihnen: Geht auch ihr in meinen Weinberg! Als es nun Abend geworden war, sagte der Besitzer des Weinbergs zu seinem Verwalter: Ruf die Arbeiter, und zahl ihnen den Lohn aus, angefangen bei den letzten, bis hin zu den ersten. Da kamen die Männer, die er um die elfte Stunde angeworben hatte, und jeder erhielt einen Denar. Als dann die ersten an der Reihe waren, glaubten sie, mehr zu bekommen. Aber auch sie erhielten nur einen Denar. Da begannen sie, über den Gutsherrn zu murren, und sagten: Diese letzten haben nur eine Stunde gearbeitet, und du hast sie uns gleichgestellt; wir aber haben den ganzen Tag über die Last der Arbeit und die Hitze ertragen. Da erwiderte er einem von ihnen: Mein Freund, dir geschieht kein Unrecht. Hast du nicht einen Denar mit mir vereinbart? Nimm dein Geld und geh! Ich will dem letzten ebensoviel geben wie dir. Darf ich mit dem, was mir gehört, nicht tun, was ich will? Oder bist du neidisch, weil ich zu anderen gütig bin?

Die Bibel, Matthäus 20, 1 – 15

M 24 Verteilungsnormen

Die Forderung nach einer möglichst gerechten Verteilung der Einkommen hat einen populären Charakter, sie taucht in allgemeiner Formulierung in vielen politischen Reden und Beiträgen auf. Häufig bleibt unklar, was der jeweilige Autor konkret meint, wenn er diese Forderung vertritt. Offenbar besteht eine grundlegende Schwierigkeit zunächst darin, die verteilungspolitischen Ziele zu konkretisieren und zu definieren. In der Literatur findet man drei verschiedene Verteilungsnormen zur Bestimmung des Gerechtigkeitsbegriffs, die Ausrichtung der Einkommen nach dem Leistungs-, Bedarfs- und dem Egalitätsprinzip.
Was bedeutet das allgemeine Ziel einer gerechten Einkommensverteilung? Vielfach wird auf diese Frage mit Anforderungen der folgenden Art geantwortet: „Gleiche Einkommen für gleiche Leistungen! Wer mehr leistet, soll auch ein höheres Einkommen erhalten!" In diesen Antworten schlägt sich als allgemeine Forderung das Leistungsprinzip nieder. Die konkrete Umsetzung des Leistungsprinzips als unmittelbare Verteilungsnorm würde allerdings voraussetzen, dass verschiedene Leistungen unterschiedlicher Personen vergleichbar gemessen und bewertet werden könnten. Das **Leistungsprinzip** als unmittelbar operationale Verteilungsnorm würde folglich ein umfassendes, allgemein akzeptiertes Leistungsbewertungssystem voraussetzen. Die faktischen Probleme der Leistungsdefinition und -bewertung führen zu Schwierigkeiten in der konkreten Ausführung des Leistungsprinzips. Eine spezifische Form des Leistungsprinzips verwendet den Begriff der marktwirtschaftlichen

Leistung. Die marktwirtschaftliche Leistung entspricht dem Einkommen, das unter marktwirtschaftlichen Bedingungen aus der Produktion von Gütern und dem Angebot an Leistungen erzielt werden kann. Dieser spezifische Leistungsbegriff hat allerdings nicht selten einen unkritischen Rechtfertigungscharakter der bestehenden Verteilung der Einkommen. Die beobachtbaren Einkommensunterschiede seien der normale Ausdruck unterschiedlicher Leistungen am Markt. Die Marktwirtschaft biete jedem Arbeits- und Leistungswilligen Chancen, Einkommen zu erzielen. Ein höheres Einkommen erziele derjenige, der die gegebenen Chancen besser als andere nütze.

Sollte ein strenges Leistungsprinzip gelten, würde es andererseits vielen Menschen sehr schlecht ergehen, die kein Erwerbseinkommen erzielen können, z. B. kranken oder älteren Menschen. Die Bedürfnisse der Menschen ohne Erwerbseinkommen bilden ohne Zweifel ein wesentliches Argument einer weiteren Verteilungsnorm, des Prinzips der Bedarfsgerechtigkeit der Einkommensverteilung. Nach dem **Bedarfsprinzip** wird die Verteilung der verfügbaren Einkommen als gerecht angesehen, wenn den Bedürfnissen einer angemessenen Versorgung der Menschen Rechnung getragen wird. Eine extreme Variante des Bedarfsprinzips spiegelt sich in der bekannten Forderung „Jedem nach seinen Bedürfnissen!" Diese Forderung des extremen Bedarfsprinzips würde bedeuten, dass jeder ausreichend Einkommen erhalten sollte, um frei über sämtliche Güter und Gütermengen seines Bedarfs verfügen zu können. Die verfügbaren Gütermengen einer Volkswirtschaft wären bald erschöpft, sodass ein extremes Bedarfsprinzip keine realistische Verteilungsnorm sein kann. Ferner würde das Bedarfsprinzip als dominantes Kriterium der Einkommensverteilung dazu führen, dass die Leistungsanreize zur Erzielung von Erwerbseinkommen auf Dauer gemindert würden. Zwischen dem Leistungs- und dem Bedarfsprinzip bestehen daher Konfliktbeziehungen. Andererseits muss das Bedarfsprinzip zumindest partielle Bedeutung haben. Denn bedürftigen Gruppen sollte ein soziales Existenzminimum gewährleistet sein.

Als eine dritte verteilungspolitische Norm wird das **Egalitätsprinzip** vertreten. Nur wenige Befürworter fordern eine absolute Gleichheit der Einkommen.

Die Folgerung einer absolut gleichen Verteilung gilt kaum als gerecht; Faule und Fleißige, Qualifizierte und Unqualifizierte würden für sehr unterschiedliche Leistungen gleich entlohnt.

Häufiger wird das Egalitätsprinzip in einer weniger extremen Variante als Forderung nach einer größeren Gleichmäßigkeit der Einkommen vertreten: „Erst durch die Verbindung mit dem Postulat der Gleichheit erhält die soziale Gerechtigkeit einen konkret(er)en Inhalt: Soziale Gerechtigkeit bedeutet dann eine größere Gleichheit in der ... Einkommens- und Vermögensverteilung". Das Ausmaß der Gleichmäßigkeit wird nicht konkretisiert, lediglich die Richtung der Umverteilung.

Eine weitere Variante des Egalitätsprinzips hebt den Aspekt der Chancengleichheit hervor. Als Norm gilt dabei, dass jedem gleiche Chancen auf soziale Aufstiegsmöglichkeiten in einer Gesellschaft mit sozialer Mobilität (in der Besetzung der Einkommensgruppen) gegeben werden. Abgelehnt wird demnach eine Gesellschaft mit sozialer Immobilität, in der die Einkommens- und Vermögensstrukturen im Zeitverlauf relativ gleichbleiben, sodass die Verteilungspositionen der Kinder jeweils denen der Eltern entsprechen würden. Eine völlige Gleichheit der (materiellen) Lebenschancen zu fordern, wäre angesichts der (angeborenen) Unterschiede individueller Fähigkeiten jedoch kaum realistisch, sodass auch in einer offenen, dynamischen Gesellschaft die Einkommensverteilung ungleich sein müsste.

Heinz-Dieter Hardes/Jürgen Mertes, Grundzüge der Volkswirtschaftslehre, München/Wien 1994, S. 408–410

M 25 Die Träger der Lohnpolitik: Gewerkschaften ...

Die Gewerkschaften sind aus den Arbeitervereinen hervorgegangen, die sich Mitte des vorigen Jahrhunderts zur Wahrnehmung der Arbeiterinteressen gebildet hatten. Wie bereits in der Weimarer Republik haben die Gewerkschaften auch in der Bundesrepublik Deutschland erheblichen Anteil an der Gestaltung der Arbeits- und Sozialpolitik.

Als Dachorganisation von ursprünglich 17 autonomen Gewerkschaften wurde 1949 der Deutsche Gewerkschaftsbund (DGB) gegründet. Die heute 8 Einzelgewerkschaften innerhalb des DGB sind durchweg nach dem Industrieverbandsprinzip (ein Betrieb – eine Gewerkschaft) organisiert.

Neben dem DGB gibt es als berufsständischen Zusammenschluss den Deutschen Beamtenbund (DBB). Auch der Christliche Gewerkschaftsbund (CGB) ist teilweise nach dem Berufsprinzip gegliedert.

Deutschland unterliegt (wie viele andere Staaten auch) einem gewaltigen wirtschaftlichen Strukturwandel vom produzierenden Gewerbe zum Dienstleistungssektor. Die u. a. wegen dieser Veränderungen und der hohen Arbeitslosigkeit hervorgerufene sinkende Mitgliederzahl ließ den Ruf nach einer Bündelung der Kräfte laut werden. Zudem sollte durch Fusionen die Konkurrenz zwischen den Gewerkschaften gemindert werden. Im März 2001 schlossen sich z.B. die Gewerkschaft Handel, Banken und Versicherungen (HBV), die IG Medien, die Gewerkschaft Öffentliche Dienste, Transport und Verkehr (ÖTV), die Deutsche Postgewerkschaft und die Deutsche Angestelltengewerkschaft (DAG) zur großen „Dienstleistungsgewerkschaft" ver.di zusammen.

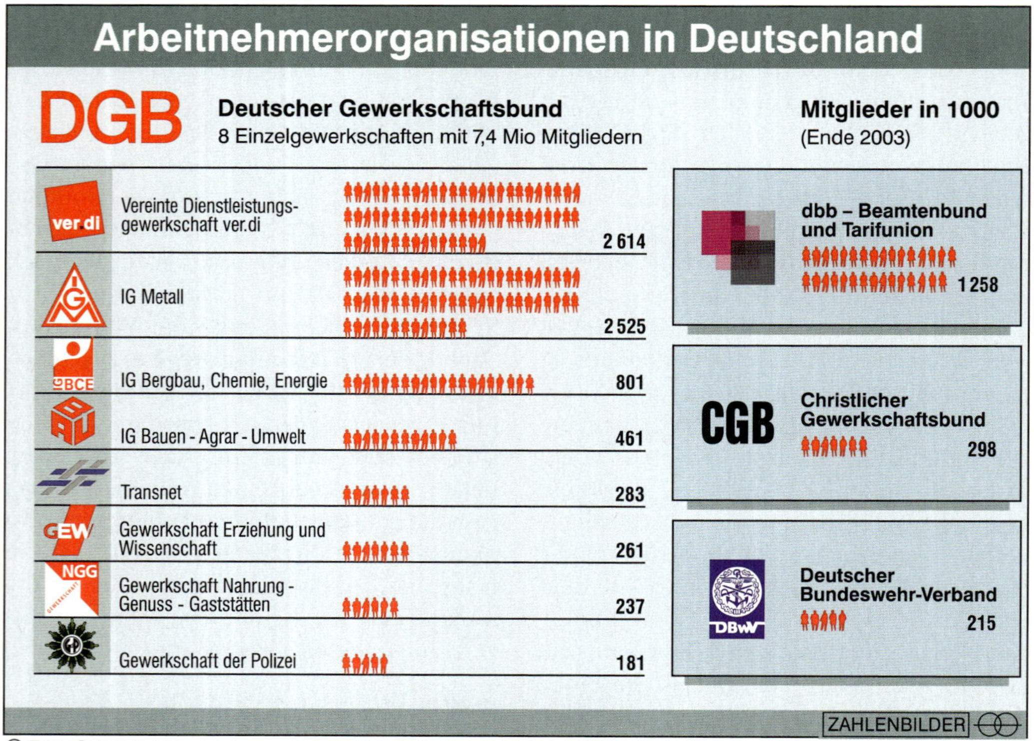

© Erich Schmidt Verlag 240 110

... und Arbeitgeber

M 26

Die Arbeitgeber sind heute in einer Vielzahl von Verbänden und Vereinigungen organisiert. Solche Vereinigungen sind z. B. die Bundesvereinigung der Deutschen Arbeitgeberverbände, der Bundesverband der deutschen Industrie, Zentralverbände der übrigen Wirtschaftszweige, Industrie- und Handelskammern, Handwerkskammern und Berufsgenossenschaften.
Als Tarifpartei gegenüber den Gewerkschaften treten einzelne Arbeitgeber oder die Fachverbände der Bundesvereinigung der Deutschen Arbeitgeberverbände auf.

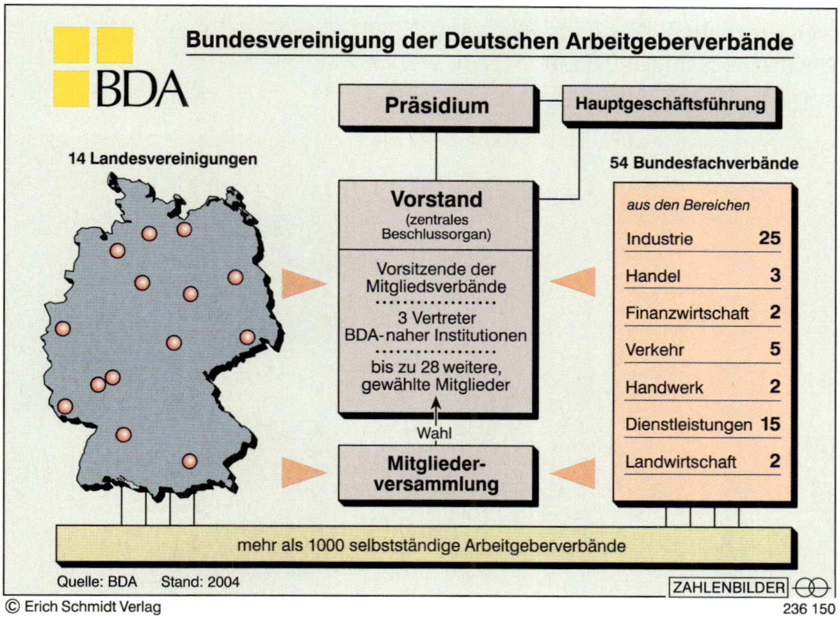

Tarifvertrag und Tarifautonomie in Deutschland

M 27

In den freiheitlichen Staaten und damit auch in der Bundesrepublik werden die Lohn- und Arbeitsbedingungen nicht durch den Staat oder ein Parlament festgelegt. Vielmehr sind sie Gegenstand von Tarifverhandlungen zwischen den Tarifvertragsparteien, den Arbeitgeberverbänden und den Gewerkschaften. Gem. Art. 9 Grundgesetz handeln die Tarifvertragsparteien also autonom (eigenverantwortlich). Dies wird als Tarifautonomie bezeichnet. Arbeitgeberverbände und Gewerkschaften haben sich natürlich im Rahmen der geltenden Gesetze zu bewegen. Die maßgebliche rechtliche Grundlage für Tarifverträge ist das Tarifvertragsgesetz. Jährlich oder in größeren zeitlichen Abständen werden mit Wirkung für die Mitglieder der Tarifvertragsparteien (also einmal für die gewerkschaftlich organisierten Arbeitnehmer, zum anderen für eine mehr oder minder große Anzahl von Unternehmen) auf Bundes- oder Landesebene Tarifverträge abgeschlossen. Firmentarifverträge sind noch selten. Sie werden nur bei einigen wenigen Großfirmen wie z. B. VW abgeschlossen. Tarifverträge regeln die Rechte und Pflichten der Tarifvertragsparteien sowie die der Mitglieder. Während der Laufzeit eines solchen

Vertrags dürfen beide Vertragsparteien keine Arbeitskampfmaßnahmen einleiten (Friedenspflicht).

Zu unterscheiden sind zwei wesentliche Formen von Tarifverträgen:

- Lohn- und Gehaltstarifverträge regeln die Entlohnung der Arbeitnehmer und haben eine Laufzeit von meist nur einem Jahr. Löhne nach Tarifvertrag (Tariflöhne) sind Mindestlöhne.
- Manteltarifverträge enthalten Vereinbarungen zu den Arbeitsbedingungen (so z. B. zur Arbeitszeit und Dauer des Urlaubs, zu Verfahrensweisen bei Einstellungen und Entlassungen) und haben meist eine längere Laufzeit.

Tarifverträge gelten nur für die Mitglieder der Tarifvertragsparteien. Abkommen dieser Art können aber für allgemeinverbindlich erklärt werden (Allgemeinverbindlichkeitserklärung). Der Antrag muss beim Bundesarbeitsministerium gestellt werden.

Frank W. Mühlbradt, Wirschaftslexikon, 8. Aufl., Berlin 2004, S. 318 f.

M 28

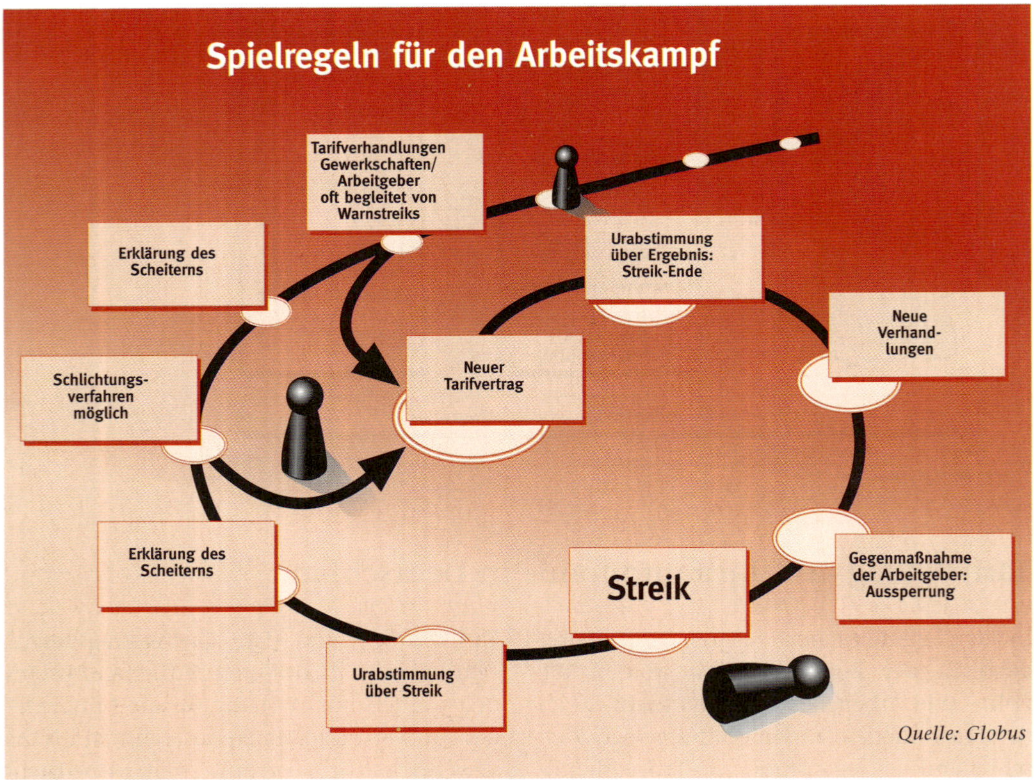

Quelle: Globus

M 29 Das Konzept der produktivitätsorientierten Lohnpolitik

Eine angemessene Beteiligung der Arbeitnehmer am Wirtschaftswachstum ist legitimes Ziel der Gewerkschaften. Von zentraler Bedeutung hierfür ist die Arbeitsproduktivität. Sie wird errechnet, indem die Menge der in einem bestimmten Zeitraum produzierten Güter ins Verhältnis gesetzt wird zur Menge der dazu benötigten Arbeitsleistungen. Hierbei können entweder die geleisteten Arbeitsstunden oder die Zahl der Erwerbstätigen zu-

grunde gelegt werden. Im ersten Falle wird die Stundenproduktivität, im letzteren Falle die Pro-Kopf-Produktion errechnet.
Mit anderen Worten: Die Arbeitsproduktivität misst, welche Menge an Gütern und Dienstleistungen in einer Volkswirtschaft pro Arbeitsstunde beziehungsweise pro Arbeitskraft hergestellt wird.
Die Entwicklung der Arbeitsproduktivität zeigt an, inwieweit sich zum Beispiel der Pro-Kopf-Ausstoß gegenüber der Vorperiode verändert hat. Sie ist damit zugleich eine Orientierungsgröße für stabilitätsgerechte Tarifabschlüsse. Denn wenn die Löhne im gleichen Ausmaß steigen wie die Arbeitsproduktivität (man spricht in diesem Falle von „produktivitätsorientierter Lohnpolitik"), bleiben die Lohnstückkosten konstant, und es kommt nicht zu kostenbedingten Preissteigerungen.
Das Konzept der „produktivitätsorientierten Lohnpolitik" lässt allerdings unberücksichtigt, dass die Steigerung der Arbeitsproduktivität meist durch den Einsatz neuer Maschinen geschieht und damit Folge eines höheren Kapitaleinsatzes und rationellerer Fertigungstechniken ist, was wiederum mit höheren Kapitalnutzungskosten für die Unternehmen verbunden ist.
Deshalb kann nicht der gesamte Produktivitätsfortschritt immer als Verteilungsspielraum genutzt werden. Vor diesem Hintergrund hat der Sachverständigenrat zur Begutachtung der gesamtwirtschaftlichen Entwicklung bereits Mitte der 70er Jahre sein Konzept der „kostenniveau-neutralen Lohnpolitik" entwickelt. Ziel dieser Konzeption ist es, nicht nur die Lohnstückkosten, sondern die gesamten Stückkosten zu stabilisieren. Um die preistreibende Wirkung von Kostenerhöhungen, die sehr unterschiedliche Ursachen haben können, abfangen zu können, dürften sich Lohnerhöhungen nicht allein an der Entwicklung der Arbeitsproduktivität orientieren. Vielmehr ergibt sich nach diesem Konzept der Verteilungsspielraum aus dem durch Zu- oder Abschläge korrigierten Produktivitätsanstieg.
Das bedeutet: Lohn- und Gehaltserhöhungen können höher (müssen niedriger) als der Produktivitätsfortschritt ausfallen, wenn andere Kostenfaktoren sinken oder steigen.

Wirtschaft und Unterricht, Nr. 5, 24.6.1999, S. 3

Lohnpolitik: Kaufkraftargument gegen Kostenargument

M 30

Im Zusammenhang mit den Lohnkosten kommt der Diskussion über den Kaufkraftaspekt besondere Bedeutung zu. Arbeitgeber und Gewerkschaften betrachten zwei Seiten derselben Medaille, wobei sich ihre Positionen diametral gegenüberstehen. Gewerkschaften argumentieren keynesianisch: Lohnerhöhungen bedeuten zusätzliches Einkommen, das über die Konsumausgaben zur Nachfrage wird, damit Aufträge für die Wirtschaft bedeuten, zu besserer Kapazitätsauslastung führen und somit Investitionen, Wachstum und Beschäftigung anregen. Dies bezeichnet man als Einkommenseffekt von Lohnerhöhungen. Arbeitgeber betrachten hingegen den Kosteneffekt: Löhne und Gehälter werden in erster Linie als Kostenfaktoren interpretiert, wobei der Nachfrageeffekt als sehr viel schwächer empfunden wird, als es bei den Gewerkschaften der Fall ist. ...

Die bisherige Betrachtung muss jedoch – und dies sehen auch Arbeitgeberanalysen so – durch folgendes ergänzt werden. Sowohl Steuern als auch Sozialabgaben fließen über die öffentlichen Haushalte und Sozialversicherungen weitgehend wieder in den Wirtschaftskreislauf zurück und werden damit letztlich doch nachfragewirksam. Allerdings verweisen die Arbeitgeber darauf, dass die Brutto-Kostenbelastung zu Reaktionen der Unternehmen führen wird, die für die

Kaufkraftargument: Kraftlose Konsumspritze

So wirkt sich eine Bruttolohnerhöhung von 100 Euro für einen Durchschnittsverdiener (Bruttomonatsverdienst 2.200 Euro) aus, in Euro

	Verheirateter Alleinverdiener mit 2 Kindern	Single
Bruttolohnerhöhung	**100,0**	**100,0**
– Lohnsteuer, Kirchensteuer, Solidaritätszuschlag	22,80	35,30
– Sozialversicherungs-beiträge des Arbeitnehmers	21,20	21,20
= Nettolohnerhöhung	**56,00**	**43,50**
– Ersparnis	5,70	4,40
– Konsum von Importwaren	16,00	12,40
= Nachfrageplus nach inländischen Konsumgütern	**34,30**	**26,70**

Stand 2003; Ursprungsdaten: Statistisches Bundesamt
Institut der deutschen Wirtschaft Köln

Lohn(erhöhungs)bezieher nachteilig sind. Entweder werde die Lohnerhöhung in die Preise überwälzt (Lohn-Preis-Spirale; Lohnforderungen der Gewerkschaften sehen umgekehrt eher eine Preis-Lohn-Spirale), oder die Unternehmen rationalisieren und vermindern die Kostenbelastung durch Personalabbau. Außerdem könnten Arbeitsplätze in das lohnkostengünstigere Ausland verlagert werden ... Alle drei Varianten würden den Einkommenseffekt von Lohnerhöhungen im Zeitablauf beeinträchtigen oder sogar ins Gegenteil verkehren.

Jörn Altmann, Wirtschaftspolitik, 7. Aufl., Stuttgart 2000, S. 129 f.

AUFGABEN

1. Beschreiben Sie in einem zusammenhängenden Text Aspekte der Einkommensverteilung in Deutschland (M 19). Beachten Sie dabei das Methodentraining Statistik auswerten.
2. Erklären Sie den Unterschied zwischen primärer und sekundärer Einkommensverteilung (M 20).
3. Begründen Sie, warum die Entwicklung der Lohnquote nur bedingt ein Maß für Verteilungsgerechtigkeit ist (M 21).
4. Erörtern Sie, welche Prinzipien bei der tatsächlichen Realisierung der Einkommensverteilung in Deutschland maßgebend sind. Diskutieren Sie, ob die einzelnen Prinzipien anders gewichtet werden sollten (M 23, M 24).
5. Beurteilen Sie die Wirkung von Lohnerhöhungen, die über den Produktivitätsfortschritt hinausgehen (M 29, M 30).

LINKS

www.bda-online.de (Bundesvereinigung der Deutschen Arbeitgeberverbände)

www.bundesfinanzministerium.de (Bundesministerium der Finanzen)

www.bundesrechnungshof.de (Der Bundesrechnungshof ist unabhängig und überprüft die Wirtschaftlichkeit und Ordnungsmäßigkeit der Haushaltsführung der Regierung)

www.dgb.de (Deutscher Gewerkschaftsbund mit Links zu den Einzelgewerkschaften)

www.steuerzahler.de (Bund der Steuerzahler; mit Schuldenuhr und (kritischen) Informationen zur Steuer- und Finanzpolitik)

Informationen und Zusammenhänge

Grundbegriffe
M 20

Zur Erfassung der Einkommensverteilung einer Volkswirtschaft ist es vorweg notwendig, sich über grundlegende Begriffe Klarheit zu verschaffen:

- Die funktionale Einkommensverteilung gibt an, wie sich die im Produktionsprozess erwirtschafteten Einkommen auf die Eigentümer der Produktionsfaktoren verteilen.
- Untersucht man, welche Personengruppen Einkommen beziehen, spricht man von der personalen Einkommensverteilung.
- Die Primärverteilung zeigt, in welchem Ausmaß die Eigentümer der Produktionsfaktoren daraus Einkommen in Form von Lohn, Pacht oder Zins erhalten.
- Von entscheidender Bedeutung ist die sekundäre Einkommensverteilung, die berücksichtigt, dass der Staat durch Maßnahmen der Umverteilung die primäre Verteilung korrigiert.

Die Lohnquote
M 21

In verteilungspolitischen Fragen kommt der Lohnquote eine besondere Bedeutung zu. Sie misst den Anteil der Einkommen aus unselbständiger Tätigkeit am Volkseinkommen, im Gegensatz zur Gewinnquote, die die Einkommen aus Unternehmertätigkeit und Vermögen erfasst. In der öffentlichen Diskussion spielt die Lohnquote eine wichtige Rolle, wird sie doch auch als Maß für eine gerechte Einkommensverteilung angesehen. Doch hier sind Zweifel angebracht, denn die Unterscheidung zwischen Gewinnen und Löhnen weist Ungenauigkeiten auf, weil nicht berücksichtigt wird, dass auch Lohnempfänger erhebliche Vermögenseinkünfte beziehen und der Gewinnquote auch die Arbeitseinkommen der Selbständigen zugerechnet werden.

Lorenzkurve
M 22

Grafisch kann die Einkommensverteilung durch die Lorenzkurve dargestellt werden. Sie zeigt, wie das Einkommen auf die Bevölkerungsanteile verteilt ist. So lässt sich beispielsweise ablesen, wie viel Prozent des Gesamteinkommens auf einen bestimmten Anteil der Einkommensbezieher mit dem geringsten oder höchsten Einkommen entfallen. Der Krümmungsgrad der Kurve gibt Auskunft über das Maß an Verteilungsgleichheit.

Ziele der Verteilungspolitik
M 24

Bei der Festlegung verteilungspolitischer Ziele sind drei Ansatzpunkte zu unterscheiden. Nach dem Leistungsprinzip soll das Volkseinkommen gemäß dem Beitrag verteilt werden, den der Einzelne zur Entstehung des Volkseinkommens geleistet hat. Dabei wird aber ein Problem sichtbar: Was geschieht mit Menschen (Kranke, Arbeitslose), die keinen Beitrag zum Volkseinkommen leisten? Nach dem Bedarfsprinzip soll jeder soviel Einkommen erhalten, wie er zur Deckung seiner Bedürfnisse benötigt. Diese Norm sorgt für eine gleimäßigere Einkommensverteilung und führt zum Egalitätsprinzip, das eine Gleichverteilung der Einkommen fordert. Doch ist es gerecht, wenn Faule und Fleißige, Qualifizierte und Unqualifizierte gleich entlohnt werden? In der gesellschaftspolitischen Diskussion wird regelmäßig die Forderung nach einer größeren Gleichmäßigkeit der Einkommen erhoben und der Grundsatz der Chancengleichheit postuliert.

Lohnpolitik als Verteilungsinstrument
M 25 – M 28

Wichtigstes Instrument der Einkommensverteilung ist die Lohnpolitik. Handlungsakteure sind die Gewerkschaften und die Arbeitgeber. Sie verhandeln im Rahmen ihrer Tarifautonomie, unabhängig von direkter staatlicher Einflussnahme, über die Lohnhöhe. Nach immer wieder gleichem Ritual werden zu Beginn einer Tarifrunde von den Gewerkschaften Lohnforderungen gestellt, die die Arbeitgeber als zu hoch zurückweisen. Nach mehreren Verhandlungsgesprächen wird dann meist eine Einigung erzielt. Arbeitskampfmaßnahmen, wie etwa Streiks, sind in Deutschland eher die Ausnahme.

Zwei Konzeptionen der Lohnpolitik
M 29, M 30

Verteilt werden kann nur, was durch größere Produktivität erwirtschaftet wurde. Dies ist die Sicht der Arbeitgeber und die produktivitätsorientierte Lohnpolitik daher ihre Richtschnur für Einkommenszuwächse. Die gewerkschaftliche Argumentationskette sieht anders aus: Lohnsteigerungen sollten neben dem Produktivitätszuwachs und Inflationsausgleich auch eine Umverteilungskomponente erhalten. Dies sei volkswirtschaftlich bedeutsam, da Einkommen auch Nachfrage darstellten. Doch die daraus abgeleitete Kaufkrafttheorie des Lohnes übersieht nach Meinung ihrer Kritiker Wesentliches: Sie betrachtet lediglich den Einkommenseffekt von Lohnerhöhungen, nicht hingegen den Kosteneffekt, der die Arbeitgeberbeiträge zur Sozialversicherung mit einschließt.
Volkswirtschaftlich schädlich werden überhöhte Lohnsteigerungen dann, wenn die Unternehmen mit Preiserhöhungen, Rationalisierungsmaßnahmen oder der Abwanderung ins Ausland reagieren.

Da im Zeitalter der Globalisierung die Unternehmen mobiler sind als die Arbeitnehmer hat die Drohung mit Produktionsverlagerungen ins Ausland die Position der Gewerkschaften deutlich verschlechtert. Gewerkschaftliche Tarifpolitik hat daher zunehmend defensiven Charakter. Offensive Lohnstrategien treten zugunsten von Arbeitsplatzsicherung in den Hintergrund.

5 Die Geldpolitik der Europäischen Zentralbank

Seit dem 1.1.2002 gibt es in 12 Staaten der EU die gemeinsame Währung, den Euro. Die Bürger der EU erfuhren die Euroeinführung vielleicht als die einschneidenste Maßnahme in der Geschichte der Europäischen Union, weil die Währungsumstellung für alle einen sichtbaren Eingriff ins tägliche Leben darstellte.

Die Europäische Zentralbank in Frankfurt

Mit der Einführung der gemeinsamen Währung verbunden war die Übertragung der geldpolitischen Verantwortung von den nationalen Notenbanken auf die Europäische Zentralbank (EZB), deren Aufgaben, Aufbau und Struktur in M 2 dargestellt werden.

Für die Akzeptanz des Euros – sowohl im Euro-Raum als auch außerhalb – ist die Stabilität der neuen Währung von größter Bedeutung. M 3 – M 10 geben einen Überblick über die Ursachen von Inflation und erläutern das geldpolitische Instrumentarium, mit dem die EZB entsprechend ihrer Strategie für einen stabilen Euro sorgen kann. Dabei werden auch Grenzen der Geldpolitik deutlich.

Der Außenwert des Euros speziell gegenüber dem US-Dollar unterliegt erheblichen Kursschwankungen mit Folgen für die Außen- und Binnenwirtschaft. Warum schwanken Wechselkurse? Welche Wechselkurssysteme gibt es und welche Vor- und Nachteile haben sie? M 11 – M 16 geben Antwort auf diese Fragen. M 17 und M 18 stellen abschließend den Wechselkursmechanismus II in der Europäischen Union vor und erläutern seine Bedeutung für die neuen Beitrittsländer der EU.

5.1 Die Sicherung der Geldwertstabilität durch die Europäische Zentralbank

M 1 Aus dem Wirtschaftsteil der Zeitung

EZB wehrt sich gegen Forderung nach Zinssenkung
US-Geldpolitik kein Maßstab für Europa
Die Welt, 27.4.2004

Starker Euro lässt Europäische Zentralbank mit einer Zinserhöhung zögern
Die Welt, 26.2.2004

Angriff auf das geldpolitische Dogma der EZB
Europas Zentralbanker sollen das Wachstum stärken. Aber die Zinsen sind nicht das Problem der EU
Die Welt, 1.8.2004

Europäische Zentralbank hält politischem Druck stand
Die Welt, 5.3.2004

BREMST EZB EURO-HÖHENFLUG?
DIE WELT, 4.1.2004

M 2 Die Europäische Zentralbank

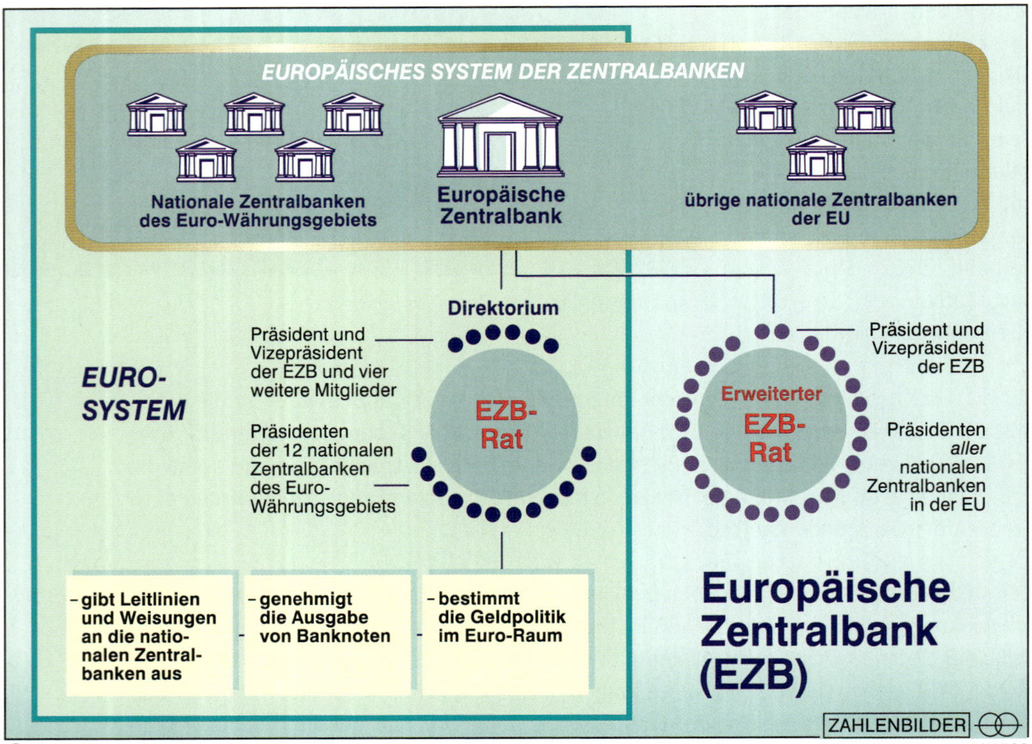

 715 560

Die Unabhängigkeit der EZB:

- **Politisch:** Sie ist an keine Weisungen von EU-Organen oder Staaten gebunden.
- **Institutionell:** Alle im EZB-Rat vertretenen nationalen Notenbanken müssen mit Beginn der Währungsunion selbst unabhängig sein.
- **Personell:** Die Mitglieder des Direktoriums werden für eine lange Amtsdauer (8 Jahre) berufen, Wiederwahl ausgeschlossen. Die nationalen Notenbankpräsidenten für 5 Jahre, Wiederwahl möglich.
- **Operativ:** Die EZB ist bei Auswahl und Einsatz der geldpolitischen Instrumente frei.

Hauptziel der EZB:

„Das vorrangige Ziel des ESZB ist es, die Preisstabilität zu gewährleisten. Soweit dies ohne Beeinträchtigung des Zieles der Preisstabilität möglich ist, unterstützt das ESZB die allgemeine Wirtschaftspolitik in der Gemeinschaft."

Art. 105, 1 Vertrag über die Europäische Union in der Fassung vom 1.1.1995

Inflation – und ihre Ursachen

M 3

Wer im Jahre 1923 ein Pfund Fleisch kaufen wollte, der musste sein Geld im Überseekoffer zum Metzger schleppen. Das Fleisch kostete nämlich Millionen und Abermillionen an Mark. Damals herrschte in Deutschland eine schier unglaubliche Geldentwertung. Der Verfall des Geldwerts war quasi von Stunde zu Stunde messbar.

Kostete das Pfund Fleisch um 10 Uhr noch 1 Million Mark, konnte es passieren, dass um 12 Uhr bereits 5 Millionen zu berappen waren. Der Fachbegriff für diese Geldentwertung heißt Inflation. Was hat man nun genau darunter zu verstehen?

Von Inflation spricht man dann, wenn die Preise von Gütern und Leistungen insgesamt stark und anhaltend steigen. Aber aufgepasst: Erhöhen sich nur die Preise ganz bestimmter Güter, so ist dies nicht unbedingt mit Inflation gleichzusetzen. Denn es kann ja so sein, dass die Preise anderer Güter fallen. Ob Inflation gegeben ist oder nicht, wird üblicherweise am Lebenshaltungskostenindex (vgl. Kap. 2.2) abgelesen.

Steigt der Index über einen längeren Zeitraum spürbar, dann liegt Inflation vor.

Es ist ein wichtiges Ziel der Wirtschaftspolitik, Inflation zu vermeiden – und zwar aus vielen Gründen. So werden z. B. all jene von der Inflation hart getroffen, die – wie die Arbeitslosen – ihr Einkommen den steigenden Preisen nicht anpassen können. Es wird von der Inflation aufgezehrt. Auch der Sparer, der sein Geld zu einem Zins von 2 % auf der Bank liegen hat, wird um die Früchte seines Sparsinns gebracht, wenn die Preise um 10 % steigen. Denn in Kaufkraft gemessen, schrumpft sein Vermögen trotz der Verzinsung. Ein Sparer wird dies nicht lange mitmachen. Entweder wird er auf die Ersparnisbildung ganz verzichten. Oder er legt sein Geld in Sachwerten wie z. B. Grundstücken an. Wenn aber die Sparer ihr Geld nicht mehr auf die hohe (Bank-)Kante legen, können die Banken keine Kredite mehr an die Unternehmen ausgeben. Die Unternehmen können keine neuen Maschinen mehr kaufen. Sie stellen keine Arbeitskräfte mehr ein. Eine unheilvolle Entwicklung bahnt sich an. Damit die Politiker das Ziel „stabile Preise" erreichen können, müssen sie natürlich wissen, wie es zu einer Inflation kommt.

Es gibt mehrere Erklärungen dafür, warum und wieso sich die Preise allgemein in einem

Auf dem Höhepunkt der Inflation von 1923 mussten die Betriebe die für die Lohnauszahlungen benötigten Papiergeldmengen in Koffern und Körben von den Banken abholen.

Land erhöhen. Einige sollen hier besprochen werden.

• Die Nachfragesog-Inflation

Liegen der Brause AG pro Monat Bestellungen für 20 Mio. Schokoküsse vor, aber nur 10 Mio. Stück können produziert werden, dann kann Brause dieses Ungleichgewicht durch eine Preiserhöhung wieder ins Gleichgewicht bringen. Wenn es nun so ist, dass nicht nur bei der Brause AG, sondern überall mehr an Gütern und Leistungen nachgefragt als angeboten wird und Vollbeschäftigung herrscht, dann ist es für die Anbieter ein leichtes, die Preise zu erhöhen. Inflation entsteht.

Wenn die Nachfrage das Angebot übersteigt, so kann dies mit einer großen und zu rasch wachsenden Geldmenge zusammenhängen. Die Steigerung der Nachfrage kann aber auch unabhängig von der Geldmengenentwicklung sein.

• Die Angebotsdruck-Inflation

Angenommen, die Beschäftigten der Brause AG stellen Monat für Monat 10 Mio. Schokoküsse her. Nun haben die Gewerkschaften für die Arbeitnehmer eine Lohnerhöhung von 5 % durchgesetzt. Will sich Bruno Brause finanziell so wie vor der Lohnerhöhung stellen, dann muss er die Preise für die Schokoküsse erhöhen. Die Lebensmittelhändler, die die Schokoküsse kaufen, erhöhen dann auch ihre Preise. Die Konsequenz kann ggf. sein: Die Preise steigen im ganzen Lande. Dies ruft dann vielleicht wieder die Gewerkschaften auf den Plan: Sie fordern für ihre Mitglieder erneut Lohnerhöhungen. Es ergibt sich die berühmt-berüchtigte Lohn-Preis-Spirale.

Es kann aber auch der Fall gegeben sein, dass nicht die Gewerkschaften „die bösen Buben" sind. Genauso denkbar ist, dass die Unternehmer auf höhere Gewinne aus sind und deshalb die Preise erhöhen. Die Kosten der Lebenshaltung für die Arbeitnehmer steigen. Die Gewerkschaften wollen nun höhere Löhne durchsetzen usw. Hier spricht man nun von einer Preis-Lohn-Spirale.

• Die importierte Inflation

Die inflationsverursachenden und -treibenden Kräfte wirken freilich nicht immer im Inland. Im Jahr 1973 war es z. B. so: Für das Rohöl, das wir aus dem Ausland einführten, mussten immer höhere Preise bezahlt werden. Fast konnte man folgenden Eindruck gewinnen: Jedesmal, wenn den Ölscheichs ein fliegender Teppich abgestürzt war, haben sie, um die Anschaffung eines neuen bezahlen zu können, die Preise für das Rohöl erhöht. Und wenn in einem solchen Fall dann die Preise der in heimischen Landen hergestellten Produkte steigen, weil sich mit der Verteuerung von Rohöl die Produktionskosten erhöhen, dann wird also Inflation aus dem Ausland importiert. Inflation kann auch in die heimischen Lande importiert werden, wenn aufgrund höherer Einkommen oder Preise im Ausland die Nachfrage nach deutschen Gütern und Leistungen durch Ausländer zunimmt und die heimischen Unternehmen dann die Möglichkeit haben aufgrund der günstigen Nachfragesituation die Preise zu erhöhen.

Schach der Inflation!
Abhängig davon, auf welche Ursachen die Inflation zurückgeführt wird, muss eine entsprechende Behandlung der Krankheit „Inflation" durchgeführt werden. Ist beispielsweise die Europäische Zentralbank der Ansicht, dass die Geldmenge sich zu stark erhöht, dann muss sie mit den ihr zur Verfügung stehenden geldpolitischen Instrumenten das Geld knapper machen. Wenn Unternehmer und Gewerkschaften meinen, dass sich Löhne und Preise gegenseitig hochschaukeln, dann müssen sie einen Pakt der Vernunft schließen und die Tarifverträge entsprechend gestalten. Der Staat muss bei zu starker Nachfrage seine Ausgaben zügeln. Noch besser als die Zurückführung ist allerdings die Vermeidung der Inflation. Hierzu gibt es viele Wege. Zwei sollen genannt werden. Allgemeine Preissteigerungen können z. B. weitgehend verhindert werden, wenn sich ein Überhang der Nachfrage über das Angebot, der durch eine zu große Geldmenge verursacht ist, erst gar nicht bilden kann. Herrscht auf den Märkten lebhafter Wettbewerb, dann können sich Ansprüche auf ein höheres Einkommen auch nicht in steigenden Löhnen und Güterpreisen durchsetzen.

Frank W. Mühlbradt, Wirtschaftslexikon, 8. Aufl., Berlin 2004, S. 176 ff.

Ansatzpunkte der Geldpolitik

M 4

Geldpolitik nennt man alle Maßnahmen, mit denen eine Zentralbank versucht, die ihr gestellten Aufgaben zu erfüllen. Vorrangiges Ziel der Europäischen Zentralbank (EZB) ist es, Preisstabilität zu erreichen und zu sichern. Da mittelfristig zwischen der Entwicklung der Geldmenge und der Entwicklung des Preisniveaus ein enger Zusammenhang besteht, soll dieses Ziel maßgeblich auf dem Wege der Geldmengensteuerung erreicht werden. Hierzu muss die Versorgung der Wirtschaft mit Geld knapp gehalten werden. Auf der anderen Seite ist Geld so reichlich zur Verfügung zu stellen, dass nicht aus Mangel an Geld Produktion und Beschäftigung leiden. Über Angebot und Nachfrage von kurzfristigem Geld lassen sich die kurzfristigen Zinsen (Geldmarktzinsen) beeinflussen. Die EZB orientiert sich bei ihrer Geldpolitik an dem sog. Zwei-Säulen-Ansatz. Die erste Säule ist die wirtschaftliche Analyse – basierend auf den wirtschafts- und Finanzindikatoren werden mögliche Risiken für die Geldwertstabilität identifiziert. Als zweite Säule fungiert die monetäre Analyse – insbesondere betrachtet wird das Geldmengenwachstum. Ausgehend von diesen Informationen werden von der EZB Entscheidungen zur fortlaufenden Bereitstellung von Geld für das Bankensystem getroffen, womit also die Bankenliquidität beeinflusst werden kann.

Frank W. Mühlbradt, Wirtschaftslexikon, 8. Aufl., Berlin 2004, S. 140 f.

M 5 Die geldpolitische Strategie der EZB: Inflationsziel und Geldmengenziel

Am 1. Dezember 1998 hat der EZB-Rat das erste Geldmengenziel beschlossen, das eine wichtige Rolle im Rahmen der geldpolitischen Strategie des ESZB spielt. Danach soll die Geldmenge in der Definition M 3 um jährlich 4,5 % wachsen. Den Spielraum für das Geldmengenwachstum hat der EZB-Rat folgendermaßen berechnet.

Inflationsrate in der Eurozone (gemessen anhand des harmonisierten Verbraucherpreis-Index):	0 – 2 %
+ trendmäßiges Wachstum des Bruttoinlandsproduktes in der Eurozone	2 – 2,5 %
+ Abnahme der Umlaufgeschwindigkeit der Eurogeldmenge	0,5 – 1 %
= Spielraum für das EURO-Geldmengenwachstum	**2,5 – 5,5 %**

Das Lexikon der Wirtschaft, Grundlegendes Wissen von A – Z , 2. Aufl., Mannheim 2004, S. 138

M 6 Der Zusammenhang von Geldmenge und Preisniveau

Die Grundkonzeption der Geldmengensteuerung ergibt sich aus der Quantitätsgleichung, auch die Fishersche Verkehrsgleichung[1] genannt. Sie drückt das Verhältnis von Geldmenge und Gütermenge so aus:

$$G \times U = P \times H$$

G: Die Geldmenge
U: Die Umlaufgeschwindigkeit[2] des Geldes
P: Das Preisniveau
H: Das Handelsvolumen: Hierunter sind sämtliche in einer Periode getätigten Güter-, Dienstleistungs- und sonstigen Umsätze zu verstehen.

Im Prinzip drückt die Gleichung eine Selbstverständlichkeit aus: Wenn in einer Geldwirtschaft Waren gegen Geld und Geld gegen Waren getauscht werden, dann müssen in jeder Zeitperiode der Geldstrom und der wertmäßige Güterstrom einander entsprechen. Wirtschaftlich höchst interessant wird die ganze Geschichte mit der Verkehrsgleichung jedoch, wenn jetzt angenommen wird: U und H verändern sich nicht. Wenn dann die Geldmenge zunimmt, werden in einer solchen Situation die Preise steigen – ein Mehr an Inflation ist zu beklagen.
Wird die Quantitätsgleichung also zur Erklärung wirtschaftlicher Vorgänge herangezogen und eine ganz bestimmte Abhängigkeit zwischen Geldmenge und Preisen hergestellt, dann findet der Übergang zur Quantitätstheorie statt. Kurz gefasst beinhaltet sie die Behauptung, dass das Preisniveau in einer Volkswirtschaft von der Geldmenge bestimmt wird. Die Quantitätstheorie ist die theoretische Basis des geldpolitischen Konzepts des Monetarismus. Um einen störungsfreien Ablauf des wirtschaftlichen Geschehens zu ermöglichen und um insbesondere einen allgemeinen Preisauftrieb zu vermeiden, soll – diesem Konzept zufolge – die Geldmenge möglichst schwankungsfrei gehalten und im Ausmaß der realen (um Preissteigerungen korrigierten) Produktionsmöglichkeiten ausgeweitet werden.

Frank W. Mühlbradt, Wirtschaftslexikon, 8. Aufl., Berlin 2004, S. 275 f.

[1] *Irving Fisher (1867–1947), amerikanischer Nationalökonom, der das Verhältnis von Geld- und Gütermenge untersuchte.*

[2] *Mit der Umlaufgeschwindigkeit ist die Häufigkeit gemeint, mit der das Geld in einer Wirtschaftsperiode umgeschlagen wird. Wechselt ein 100-Euro-Schein einmal im Jahr den Besitzer, hat er eine Kaufkraft von 100 Euro, wechselt er fünfmal, ist seine Kaufkraft 500 Euro. Eine Veränderung der Umlaufgeschwindigkeit wirkt wie eine Geldmengenänderung.*

Die Abgrenzung der Geldmenge

M 7

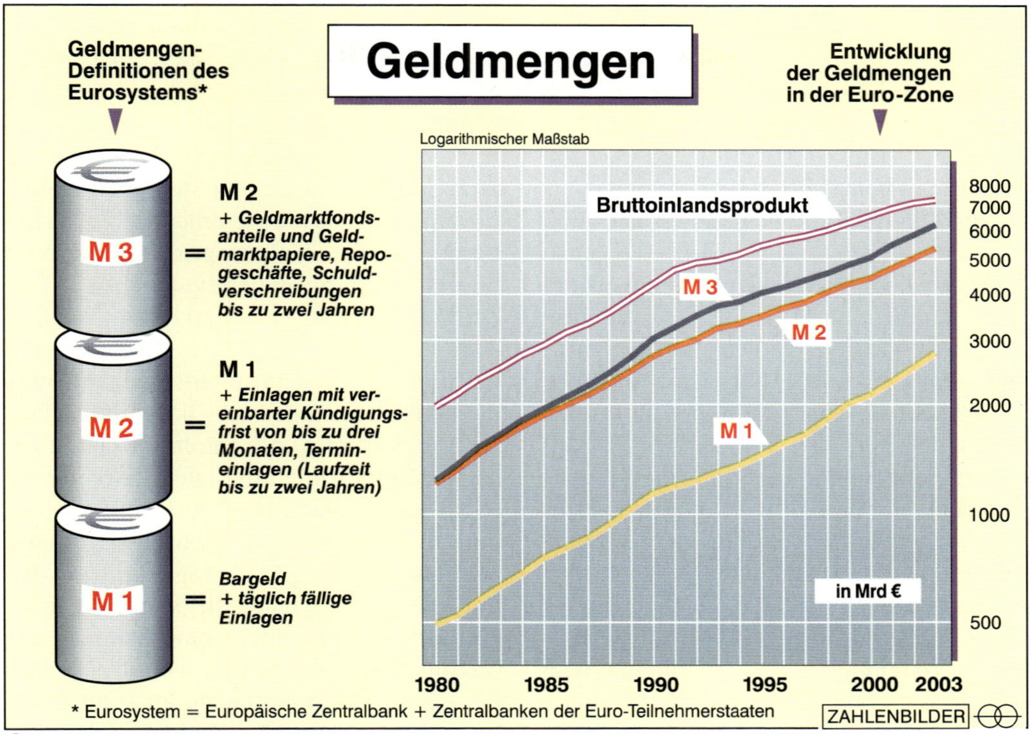

 715 572

Geldpolitische Instrumente der EZB

M 8

Ansatzpunkt für die Geldpolitik ist der Bedarf der Banken an Zentralbankgeld in Verbindung mit ihrer eigenen Geldschöpfung. Über die Bedingungen, zu denen die Notenbank Zentralbankgeld an die Banken abgibt, steuert sie die Geld- und Kreditschöpfung der Banken und beeinflusst damit letztlich auch die Preisentwicklung. Der Weg dahin ist freilich lang und unübersichtlich. Deshalb muss die Geldpolitik vorausschauend tätig werden und sich an Größen wie z. B. der Geldmenge orientieren, die Inflationsgefahren frühzeitig anzeigen.

Üblicherweise kommt ein Kreditinstitut zu Zentralbankgeld durch den Verkauf oder die Verpfändung von Werten aus seinem eigenen Besitz an die Notenbank. Der Fachmann sagt zu diesem Vorgang: Das Kreditinstitut refinanziert sich. Heutzutage steht dabei die so genannte Offenmarktpolitik in Form von Wertpapierpensionsgeschäften bzw. befristeten Geschäften im Vordergrund.

Bei einem befristeten Offenmarktgeschäft übernimmt das Eurosystem Wertpapiere für eine bestimmte Frist gegen Zentralbankgeld von den Banken. Danach muss sie die abgebende Bank wieder zurücknehmen. Das Eurosystem bietet solche Geschäfte in zwei Formen an: Zum einen schließt es wöchentlich ein Geschäft mit einwöchiger Laufzeit ab. Als Pfand nimmt es besonders sichere Wertpapiere herein. Zum anderen offeriert das Eurosystem einmal im Monat ein Geschäft mit einer Befristung von drei Monaten (den so genannten Basistender). Die Zinsen bei den kurzfristigen Offenmarktgeschäften werden entweder vom Eurosystem festgesetzt – dann spricht man vom Mengentender – oder sie ergeben sich aus den Zinsgeboten der Banken, d.h. aus einer „Versteigerung" von Zentralbankgeld – dann spricht man vom Zinstender.

Mit der Offenmarktpolitik steuert das Eurosystem die Zinsen am Geldmarkt. Das ist der Markt, an dem die Banken Zentralbankguthaben untereinander handeln. Übernimmt das Eurosystem Wertpapiere, so steigen die Zentralbankguthaben der Kreditinstitute. Der Geldmarkt wird dann bei sinkenden Zinsen flüssiger, also liquider. Die Banken können jetzt mehr (und billigere) Kredite vergeben. Gibt das Eurosystem aber Wertpapiere ab, so zieht es Geld aus dem Verkehr. Das Geld wird nun knapper und damit folglich auch teurer. Folglich steigen sowohl die Zinsen für Bankkredite und Bankeinlagen.

Um Schwankungen des Geldmarktsatzes nach oben und unten einzugrenzen, hält das Eurosystem zwei weitere Instrumente der Geldmarktsteuerung bereit. Da ist zum einen die so genannte Spitzenrefinanzierungsfazilität. Sie ermöglicht den Banken, über Nacht – das heißt für einen Tag – von sich aus und im Prinzip unbegrenzt Geld zu einem über dem Satz der Hauptrefinanzierungsfazilität liegenden Zins aufzunehmen. Umgekehrt können die Kreditinstitute überschüssige Liquidität zu einem darunter liegenden Zins beim Eurosystem anlegen. Dieses Instrument nennt man Einlagefazilität.

Die Zinsen für die Spitzenrefinanzierung und die Einlagen bilden somit einen Zinskorridor für den Tageszins. Ausschläge nach oben sind durch den höheren Zins für die Spitzenrefinanzierung begrenzt, mit der sich die Banken im Rahmen ihrer Sicherheiten fast jeden Kreditbedarf abdecken können. Unter dem Zinssatz für die Einlagefazilität kann der Geldmarktsatz nicht fallen, weil das Eurosystem zu diesem Satz für alle überschüssige Liquidität aufnimmt. Keine Bank wird dann am Geldmarkt mehr zahlen bzw. weniger nehmen als sie im Direktverkehr mit der Notenbank zahlen muss bzw. bekommt. Üblicherweise – d. h. bei einer ausreichenden Liquiditätslage und fehlenden Zinssenkungs- oder Zinssteigerungserwartungen – folgen die Geldmarktsätze, insbesondere der Satz für Tagesgeld, eng dem Satz für das Hauptrefinanzierungsgeschäft.

Zinsausschläge am Geldmarkt werden außerdem durch eine moderate Mindestreserve beschränkt. Das Eurosystem verlangt, dass die Banken in Höhe eines bestimmten Prozentsatzes ihrer Kundeneinlagen Guthaben bei der Notenbank unterhalten. Wie wir gesehen haben, stärkt diese Regelung die Bindung der Bankengeldschöpfung an die der Zentralbank.

Vor allem aber wirken die Mindestreserveguthaben bei Liquiditätsschwankungen am Geldmarkt wie ein Puffer, weil die Banken die Mindestreserveguthaben auch für ihren laufenden Zahlungsverkehr nutzen können und die Mindestreserve nur im Monatsdurchschnitt, nicht aber täglich erfüllen müssen. Sie können deshalb Liquiditätsausschläge über ihre Mindestreserveguthaben ausgleichen. Bei einem Geldzufluss stocken sie diese auf und halten quasi „vorsorglich" höhere Reserveguthaben. Bei einem Geldabfluss lassen sie ihre Guthaben schmelzen. Da die Mindestreserven beim Eurosystem marktmäßig verzinst werden, halten sich die mit ihnen verbundenen finanziellen Belastungen der Banken in engen Grenzen. Die Wettbewerbsnachteile gegenüber anderen Finanzinstituten innerhalb und außerhalb des Euro-Währungsraums, die keine Mindestreserven unterhalten müssen, sind also gering.

Geld und Geldpolitik 2003/2004, Schülerheft für die Sekundarstufe II, hgg. von der Deutschen Bundesbank, S. 22 ff.

Kombinierter Einsatz geldpolitischer Instrumente zur Erhaltung der Preisstabilität

M 9

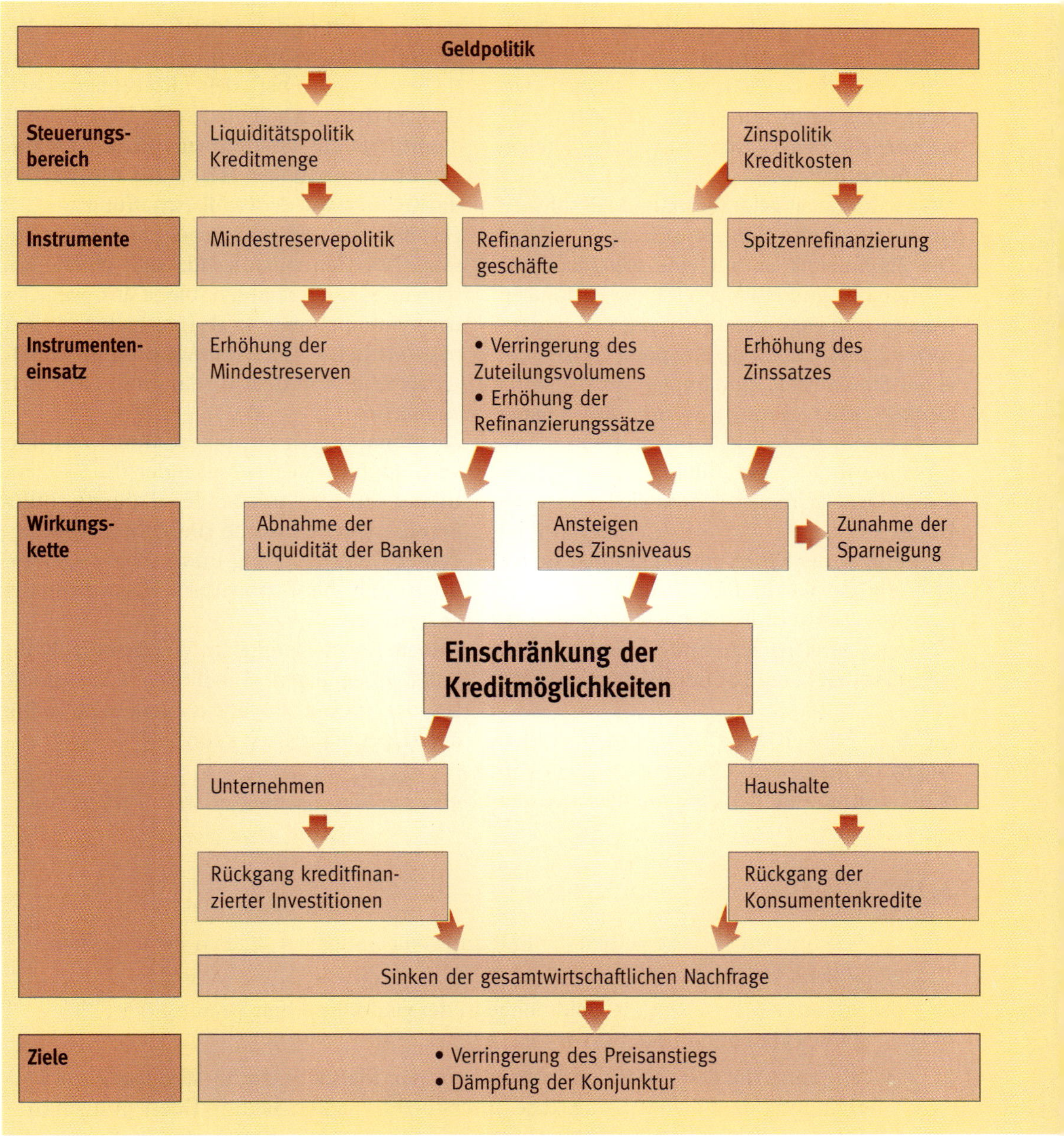

in Anlehnung an: iwd Nr. 36, 1979

M 10 Grenzen der Geldpolitik

Die Europäische Zentralbank kann ihr Ziel, ein inflationsfreies Wachstum der Volkswirtschaft zu ermöglichen, mit den Instrumenten ihrer Geldpolitik allein nicht erreichen. Die Geldpolitik kann nur erfolgreich sein, wenn sie von allen am Wirtschaftsprozess Beteiligten unterstützt wird.

Der Wirksamkeit geldpolitischer Maßnahmen sind insofern also Grenzen gesetzt:

Die Zentralbank ist auf eine gleichlaufende Wirtschafts- und Finanzpolitik der nationalen Regierungen angewiesen. Betreibt z.B. die Zentralbank eine Politik des knappen Geldes, um einen Preisauftrieb zu dämpfen, ist die Wirksamkeit eher gering, wenn die Staaten entgegengesetzt handeln, indem sie ihre Ausgaben ausweiten und durch Schulden finanzieren. Der Nachfragesog zieht die Preise in die Höhe.

Die Tarifpartner haben großen Einfluss auf die Wirkung der Geldpolitik. Steigen die Löhne stärker als die Leistung der Beschäftigten (Arbeitsproduktivität) zunimmt, besteht die Gefahr, dass durch den Lohndruck die Preise steigen ...

Die Investitionen der Unternehmen werden langfristig geplant und hängen vor allem von den Gewinnaussichten und weniger von der Geldpolitik ab. Daher werden selbst hohe Zinsen im Boom und niedrige Zinsen in der Rezession die Investitionen nur begrenzt beeinflussen. Auch bei den Konsumentscheidungen der Haushalte fallen die Dringlichkeit des Bedarfs, das Einkommen und die zukünftigen Preiserwartungen stärker ins Gewicht als die Kreditkosten der Geldbeschaffung ...

Die Belebung der Güternachfrage durch zusätzliches Zentralbankgeld, um einen Abschwung zu überwinden, bleibt aus, wenn es den Unternehmen und Haushalten wegen pessimistischer Zukunftserwartung an Bereitschaft fehlt, von dem Geldangebot Gebrauch zu machen.

Bei einem hohen Zinsniveau durch restriktive Geldpolitik legen Ausländer ihr Geld im Inland an. Ein Ankauf der dadurch zufließenden Devisen durch die Zentralbank bedeutet Geldschöpfung und Inflationsgefahr. Auch ein hoher Exportüberschuss erhöht die Geldmenge. ...

Höhere Rohstoffpreise am Weltmarkt z. B. für Erdöl, lösen einen erheblichen Kostendruck aus, der eine auf Stabilität ausgerichtete Politik der EZB durchkreuzen kann.

Horst Seidel und Rudolf Temmen, Grundlagen der Volkswirtschaftslehre, Bad Homburg 1997, S. 312 f.

AUFGABEN

1. Beschreiben Sie den Aufbau der EZB und stellen Sie die Aufgaben der einzelnen Organe dar (M 2).
2. Erläutern Sie, warum die Geldmenge in der geldpolitischen Strategie der EZB Berücksichtigung findet (M 4 – M 7).
3. Wie kann die EZB mit ihrem Instrumentarium Maßnahmen der Regierung zur Bewältigung der Beschäftigungskrise unterstützen? Stellen Sie Ihre Überlegungen in Form einer Wirkungskette dar. Gehen Sie auf Grenzen der geplanten Maßnahmen ein (M 8 – M 10).
4. Beschreiben Sie den Zielkonflikt, in dem sich die EZB befindet, wenn sie einerseits ihrem gesetzlichen Auftrag der Geldwertsicherung nachkommen und andererseits einen Beitrag zur Lösung der Beschäftigungskrise leisten will.

Informationen und Zusammenhänge

Die EZB
M 2

Mit der Einführung des Euro wurde die geld- und währungspolitische Kompetenz von den nationalen Notenbanken auf die Europäische Zentralbank übertragen, die zusammen mit allen nationalen Zentralbanken der EU-Staaten das Europäische System der Zentralbanken (ESZB) bildet. Die Hauptaufgabe der EZB besteht darin, im Euroraum für stabile Preise zu sorgen. Nach dem Vorbild der deutschen Bundesbank ist die EZB von politischen Weisungen unabhängig. Sie kann über den Einsatz ihrer Instrumente selbst entscheiden und darf von den Regierungen nicht zu Maßnahmen verpflichtet werden, die ihrem Auftrag zuwiderlaufen.

Geldwertstabilität als oberstes Ziel
M 3

Der Geldwertstabilität kommt in der wirtschaftspolitischen Zielhierarchie eine entscheidende Bedeutung zu: Lang anhaltende Preisauftriebe führen zu Einkommens- und Vermögensverlusten. Die Preise erhöhen sich fortlaufend, während Einkommens- oder Rentenzahlungen wenn überhaupt, erst in zeitlichem Abstand angepasst werden. Die Kaufkraft des Geldes nimmt ab. Hinzu kommt, dass Geldanlagen immer mehr an Wert verlieren. Das Vertrauen in die Währung schwindet.

Geldpolitische Strategie der EZB
M 5 – M 7

Inflation hängt letztlich immer auch mit einer Zunahme des Geldvolumens zusammen. Die geldpolitische Strategie der EZB orientiert sich deshalb neben der Analyse der wirtschaftlichen Lage (1. Säule) auch an der Entwicklung der Geldmenge (2. Säule). Sie wird in ihrer weitesten Abgrenzung als M 3 bezeichnet und umfasst neben dem Bargeldumlauf auch Einlagen mit unterschiedlichen Laufzeiten bei den Geschäftsbanken.

Instrumente der EZB
M 8, M 9

Zur Wahrung ihrer Aufgaben stehen der EZB verschiedene geldpolitische Instrumentarien zur Verfügung. Sie werden vorrangig darauf ausgerichtet, die Zinskonditionen und die Knappheitsverhältnisse am Geldmarkt so zu steuern, dass die Volkswirtschaften einerseits ausreichend mit Geld ausgestattet sind, andererseits die Preisniveaustabilität nicht gefährdet wird. Die Wirkungsweise geldpolitischer Maßnahmen zur Inflationsbekämpfung stellt sich vereinfacht so dar: Erhöht die EZB die Leitzinsen, so trifft dies zunächst nur die Geschäftsbanken, die aber ihre höheren Geldbeschaffungskosten an die privaten Kreditnehmer – Haushalte und Unternehmen – weitergeben. Deren kreditfinanzierte Nachfrage soll dadurch sinken, der Preisanstieg verlangsamt sich.

Grenzen der Geldpolitik
M 10

Der Wirksamkeit geldpolitischer Maßnahmen sind aber Grenzen gesetzt. Internationale Finanzströme können ebenso die Inflation fördern wie zu hohe Lohnabschlüsse der Tarifparteien. Daneben können selbst niedrige Zinsen die Investitions- und Konsumbereitschaft nicht fördern, wenn eine pessimistische Grundstimmung herrscht oder die Finanzpolitik eine gegenläufige Strategie betreibt.

5.2 Die Wechselkurspolitik in der Europäischen Union

M 11 Der Euro – Weichling oder Konjunkturkiller?

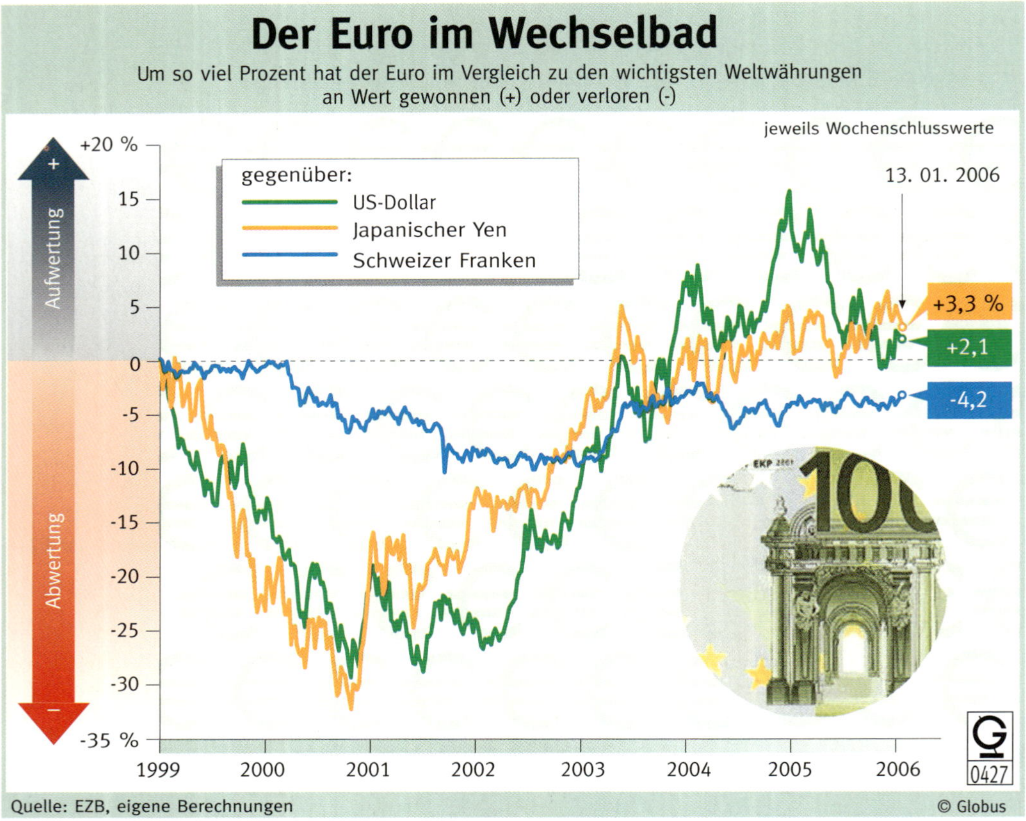

Nach seiner Einführung schmähten ihn nicht wenige als instabil angesichts des mehr als 30-prozentigen Kursverfalls. ... Und nun wird der Kursaufschwung der vergangenen Monate von einigen Experten negativ bewertet – die Exporte seien in Gefahr. ...

Die Exporte sind in Gefahr, weil sie durch eine Euroaufwertung teurer werden. Dies könnte gerade „Exportweltmeister" Deutschland empfindlich treffen. Die billiger gewordenen Importe erhöhen sich im Gegenzug und verringern so das Bruttoinlandsprodukt (BIP).

Nicht zuletzt stand die lang andauernde Euroschwäche der letzten Jahre nach Meinung von Volkswirten für ein „zusätzliches Konjunkturprogramm". Was nichts anderes bedeutet, als dass sie eigentlich nicht so schlecht war, wie in der Öffentlichkeit teilweise dargestellt. ...

Längerfristig könnte eine kontinuierliche Euroaufwertung die Konjunktur im Währungsraum auch stützen. Allein schon die Erwartung eines erstarkenden Euro kann Investitionen ins Euroland locken und so für zusätzlichen Aufschwung sorgen.

www.mdr.de/wirtschaft/unternehmen/170436. html (1.11.02)

Der Wechselkurs – Austauschverhältnis zweier Währungen

M 12

In unserer multinationalen Welt haben die meisten Länder eine eigene nationale Währung. Die EWU mit einer gemeinsamen Währung für zwölf Länder stellt eher eine Ausnahme dar. Bei allen Zahlungen über die Landesgrenzen hinweg müssen deshalb in der Regel einheimische Zahlungsmittel in ausländische umgetauscht werden.
Ein deutscher Exporteur will von seinem Geschäftspartner vorzugsweise Euro erhalten. Ein Importeur außerhalb der EWU muss sich also Euro für seine Landeswährung kaufen. Erhält der deutsche Exporteur eine fremde Währung, dann wird er seinerseits diese in Euro umwechseln. Ein Importeur hingegen erhält beim Verkauf der eingeführten Ware Euro. Er muss also für seinen Handelspartner außerhalb der EWU dessen Heimatwährung gegen Euro beschaffen.
Solche Tauschgeschäfte erfolgen zum jeweils gültigen Wechselkurs. Unter Wechselkurs versteht man das Austauschverhältnis zweier Währungen (z. B. 1 Euro = 1,04 US-Dollar – so genannte Mengennotierung oder 1 US-Dollar = 0,96 Euro – sogenannte Preisnotierung). Die Bezeichnung „Wechselkurs“ kommt übrigens daher, dass früher der internationale Zahlungsverkehr hauptsächlich auf der Basis von Handelswechseln abgewickelt wurde. Heute macht man das mit Banküberweisungen. Der Fachausdruck für eine Zahlungsanweisung an das Ausland in fremder Währung ist „Devise“. Deshalb sprechen wir häufig auch vom Devisenkurs.

Geld und Geldpolitik 2004/2005, Schülerheft für die Sekundarstufe II, hgg. von der Deutschen Bundesbank, S. 82

Warum schwanken Wechselkurse?

M 13

Wechselkurse verändern sich an freien Devisenmärkten durch Veränderung von Angebot und Nachfrage nach Währungen. Wer Höhe und Veränderungen von Wechselkursen erklären will, muss daher wissen, wovon Angebot und Nachfrage nach Währungen abhängen. ... [Es] lassen sich drei dominierende Einflüsse ausmachen:
Einer der ältesten Ansätze zur Erklärung von Wechselkursen setzt bei den Preisen der international gehandelten Güter an. Wenn ein im Außenhandel verwendetes Gut, beispielsweise ein von Unternehmen nachgefragtes Chemieprodukt, zum aktuellen Wechselkurs in Deutschland billiger ist als in der Schweiz, dann werden schweizerische Verwender dieses Gut aus Deutschland einführen und zu diesem Zweck am Devisenmarkt Euro nachfragen. Als Folge dieser Nachfrage wird der Wechselkurs des Euro gegenüber dem Franken steigen. Damit wird das in Deutschland hergestellte Gut für die Verwender in der Schweiz teurer. Sie werden das Chemieprodukt so lange in Deutschland nachfragen, bis der Wechselkurs des Euro jene Höhe erreicht, die den Preis des deutschen Gutes an den des schweizerischen Produkts angleicht. Da bei diesem Wechselkurs die Kaufkraft beider Währungen – wenigstens in Bezug auf international gehandelte Güter – gleich ist, nennt man diesen Erklärungsansatz die Kaufkraftparitätentheorie. Die Praxis zeigt allerdings, dass sich die meisten Wechselkurse nur sehr selten kurz- oder mittelfristig entsprechend der Kaufkraftparitätentheorie verändern. Dies erklärt sich unter anderem aus der Tatsache, dass heute nur noch rund fünf Prozent aller Umsätze an den Währungsmärkten auf Gütergeschäfte zurückzuführen sind. ...
In den vergangenen Jahren haben die internationalen Kapitalbewegungen, begünstigt durch die Öffnung nationaler Kapitalmärkte für ausländische Anleger, ein früher unge-

kanntes Ausmaß angenommen. Folglich gibt es Ansätze, Veränderungen von Wechselkursen als Ergebnis grenzüberschreitender Kapitalbewegungen zu erklären. Dabei geht man davon aus, dass international ausgerichtete Anleger, beispielsweise Versicherungen und Investmentfonds, dort Geld anlegen, wo sie sich den höchsten Ertrag versprechen. Erwarten die britischen Anleger beispielsweise für deutsche Anleihen höhere Renditen als für vergleichbare britische Papiere, werden sie ihr Geld in Deutschland anlegen. Dadurch steigt der Wechselkurs des Euro gegenüber dem Pfund, gleichzeitig sinkt wegen des höheren Kapitalangebotes das deutsche Zinsniveau. Die Aufwertung des Euro wird sich so lange fortsetzen, bis sich die erwarteten Renditen deutscher und britischer Papiere aus der Sicht der Anleger angeglichen haben. ...

Kurzfristige Veränderungen der Wechselkurse ergeben sich oft als Ergebnis von Spekulationen der Marktteilnehmer auf Kursänderungen. Jeden Vormittag wird in großen Banken die Strategie für den Handelstag festgelegt, also beispielsweise, ob in Erwartung eines steigenden Dollarkurses große Beträge an Dollar gekauft werden sollen. Ihre Einschätzung der jeweiligen kurzfristigen Kurstendenz leiten die Händler unter anderem aus den vorliegenden Informationen und ihrem Gefühl für den Markt ab. Sie studieren die jeweilige politische und ökonomische Situation und sprechen mit anderen Marktteilnehmern, um ein Gefühl für die Stimmung am Markt zu erhalten. ...

Gewöhnlich beeinflussen diese Spekulationen den Wechselkurs nur kurzfristig, während mittel- und langfristig die Kurstendenz eher von ökonomischen Grunddaten wie dem Preisniveau oder dem Zinssatz abhängt.

nach: Jürgen Jeske, Hans D. Barbier, So nutzt man den Wirtschaftsteil einer Tageszeitung, Frankfurt 1993, S. 224 ff.

M 14 Wirkungen von Wechselkursänderungen im Überblick

	Euro-Abwertung (aus deutscher Sicht)	Dollar-Aufwertung (aus amerikanischer Sicht)
Mengenwechselkurs	1 € = 1,10 \$ 1 € = 1,05 \$ sinkt	1 \$ = 0,91 € 1 \$ = 0,95 € steigt
Preiswechselkurs (Kehrwert des Mengenwechselkurs)	1 \$ = 0,91 € 1 \$ = 0,95 € steigt	1 € = 1,10 \$ 1 € = 1, 05 \$ sinkt
Importpreis	steigt, Importnachfrage sinkt	sinkt, Importnachfrage steigt
Exportpreis	sinkt, Exportnachfrage steigt	steigt, Exportnachfrage sinkt
Leistungsbilanz (Normalreaktion)	verbessert sich	verschlechtert sich
Beschäftigung	kann sich verbessern	kann sich verschlechtern
Inflationstendenz	steigt (importierte Inflation)	nimmt ab

Jörn Altmann, Wirtschaftspolitik, 7. Auflage, Stuttgart 2000, S. 443

Welche Wechselkurssysteme gibt es?

M 15

Welche *Wechselkurssysteme* sind denkbar? Bei *flexiblen Wechselkursen* löst die Überschussnachfrage nach Euro eine Aufwertung aus, bis sich, wie in Abbildung 1 dargestellt, ein neues Marktgleichgewicht bei w_1 und g_1 herausbildet.

Abbildung 1 kann auch herangezogen werden, um *fixe Wechselkurse* zu erklären: Zum festen Wechselkurs w_0 entsteht eine Überschussnachfrage nach Euro, was die Zentralbank zu einer Intervention zwingt, bei der die fehlende Euromenge auf dem Devisenmarkt angeboten oder das überschüssige Angebot an B-Kronen aufgekauft wird.

Eine *Wechselkurszielzone* zwingt die Zentralbanken zum Handeln, sobald der Wechselkurs die sogenannten *oberen und unteren Interventionspunkte* w_1 bzw. w_0 über- bzw. unterschreitet.

In Abbildung 2 ist der Fall dargestellt, dass der Euro zu stark wird und der Wechselkurs die Bandbreite von w_0 bis w_1 zu überschreiten droht. Die Zentralbanken intervenieren nun durch den Kauf von B-Kronen für Euro, was zu einer Erhöhung des Euro-Angebots in Höhe von $g_2 - g_1$ führt, so dass sich ein neuer Wechselkurs bei w_1 einpendelt.

Abbildung 3 zeigt den Fall einer Euroschwäche: Der Wechselkurs droht die untere Schwelle zu unterschreiten. Die EZB kauft Euro auf und verkauft B-Kronen, um den Wechselkurs im Band zu halten. Wird der Investitionsbedarf massiv, können aber für die Zentralbanken Probleme auftreten: Früher oder später wird der Zu- bzw. Abfluss von Währungsreserven durch die Kreditpolitik der Zentralbanken kompensiert werden müssen, was in Folge zur Erhöhung oder Senkung der Zentralbankzinssätze und negativen stabilitätspolitischen Konsequenzen führt.

Unterricht Wirtschaft, Heft 18 (2/2004), S. 24 ff.

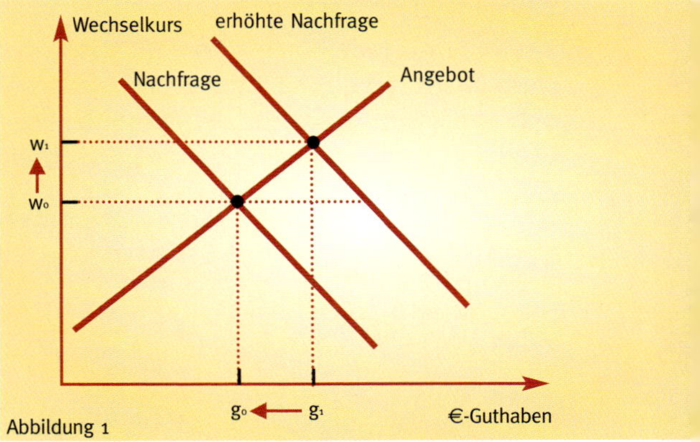

Abbildung 1

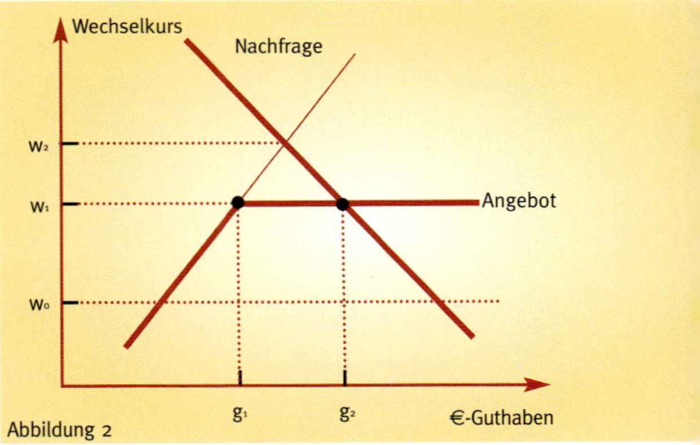

Abbildung 2

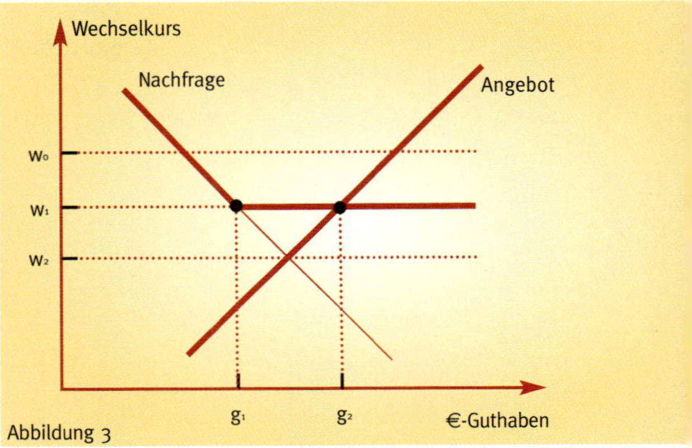

Abbildung 3

M 16 Kontrovers diskutiert: Licht und Schatten fester und freier Wechselkurse

Flexible und feste Kurse haben im Urteil der Ökonomen sowohl nachteilige als auch vorteilhafte Wirkungen. Zu den Vorteilen der freien Kursbildung gehört, dass Wechselkursveränderungen einen Ausgleich schaffen können, wenn sich die wirtschaftliche Situation in einzelnen Ländern unterschiedlich entwickelt.

System freier Wechselkurse („Floating")

Pro	Kontra
• Automatische Wechselkursveränderungen wirken tendenziell in Richtung eines Leistungsbilanzausgleichs. • ermöglicht eine eigenständige Wirtschaftspolitik ohne „Diktatur der Zahlungsbilanz". • begrenzt die Gefahr des Inflationsimports. • wirkt als „Ventil" oder „Puffer" gegenüber divergierenden Preis- und Lohnentwicklungen im In- und Ausland. • Kursänderungen vollziehen sich eher allmählich als abrupt.	• Die Wirkung auf den Leistungsbilanzausgleich bleibt unsicher. • erschwert und verunsichert Kalkulation und Planung für Exporteure und Importeure. • verursacht Kurssicherungskosten. • kann sich desintegrierend auf die internationale Arbeitsteilung auswirken. • Kapitalströme und Spekulationen können die Handelsströme unvorhersehbar beeinflussen.

System fester Wechselkurse

Pro	Kontra
• schafft eine (relativ) sichere Kalkulationsbasis für Auslandstransaktionen. • verringert die Transaktionskosten durch Wegfall der Kurssicherung. • fördert die politische Integration und die internationale Arbeitsteilung der Teilnehmerländer. • zwingt die Partner des Festkurssystems zu einer Koordination ihrer Wirtschaftspolitik. • verhindert Abwertungen zum Zweck der Exportförderung (vgl. Abwertungswettlauf in der Weltwirtschaftskrise).	• verhindert an binnenwirtschaftlichen Zielen ausgerichtete autonome Geld- und Konjunkturpolitik. • führt bei divergierender Wirtschaftsentwicklung der Teilnehmerländer zu Zahlungsbilanzungleichgewichten. • begünstigt bei zu niedrigem Festkurs Inflationsimport und/oder Export von Arbeitslosigkeit. • fördert bei erkennbaren Ungleichgewichten die Währungsspekulation und • erzwingt bei andauernden Divergenzen abrupte und gravierende Kursveränderungen (Realignments). • führt bei den am Festkurssystem beteiligten Ländern zur Abhängigkeit v. der Politik des Leitwährungslandes (USA im System v. Bretton Woods/BRD im EWS).

Peter Czada/Günter Renner, Euro und Cent. Europäische Integration und Währungsunion, Bonn 1997, S. 55

Der Wechselkursmechanismus II – Vorbereitung auf den Euro

M 17

Der Wechselkursmechanismus II ist am 1.1.1999 mit der Einführung des Euro in Kraft getreten. Er soll die Schwankungsbreite der Wechselkurse der EU-Mitgliedsstaaten gegenüber dem Euro begrenzen, die den Beitritt zur Europäischen Währungsunion anstreben. Für die teilnehmenden Währungen werden Leitkurse in Euro festgelegt. Gegenüber diesen Leitkursen dürfen die Wechselkurse innerhalb einer Standardbandbreite von +/- 15 % schwanken. Wird einer der beiden Ränder erreicht, sind die Europäische Zentralbank und die nationalen Zentralbanken verpflichtet zu intervenieren.
Durch die Bindung an die Leitwährung Euro wird die in der Euro-Zone verfolgte Stabilitätspolitik auch für die WKM-II-Teilnehmer zum Orientierungsrahmen – besonders wichtig für diejenigen Staaten, die den im Maastricht-Vertrag festgelegten Grad an wirtschaftlicher Konvergenz (vgl. Begriffskasten) erst noch erreichen müssen, ehe sie in den Euro-Währungsraum aufgenommen werden können.

Darüber hinaus bietet der Wechselkursmechanismus allen beteiligten Staaten einen Schutz gegen spekulative Wechselkursverzerrungen, die das Funktionieren des europäischen Binnenmarkts stören könnten.
Zum 1.1.1999 traten Dänemark und Griechenland dem neuen Wechselkursmechanismus bei. Dabei wurde für die dänische Krone eine engere Bandbreite (von +- 2,25 %) vereinbart, um so die bereits erreichten Konvergenzfortschritte festzuhalten und zu verteidigen. Anfang 2001 wechselte Griechenland zur Euro-Zone über, so dass Dänemark, dessen Bevölkerung sich im September 2000 mehrheitlich gegen die Einführung des Euro aussprach, allein im WKM II verblieb. Dies änderte sich erst nach der EU-Erweiterungsrunde vom Mai 2004. Am 27. Juni 2004 traten drei der zehn neuen EU-Länder dem WKM II bei. Estland, Litauen und Slowenien haben das Ziel, möglichst bald den Euro einzuführen. Dazu müssen sie allerdings mindestens zwei Jahre dem WKM II angehören und die Konvergenzkriterien erfüllen.

Konvergenzkriterien

Die Mitgliedsstaaten der EU (damals EG) einigten sich 1992 mit dem **Vertrag von Maastricht** auf vier Mindestkriterien, die von den Ländern zu erfüllen sind, in denen der Euro als Währung eingeführt werden soll:

1. Preisstabilität: Der Preisanstieg darf nicht mehr als 1,5 Prozentpunkte über den durchschnittlichen Steigerungsraten der drei „preisstabilsten" EU-Länder liegen.

2. Stabilität des Zinsniveaus: Langfristige Zinsen dürfen nur ein Jahr lang die entsprechenden Sätze in den drei „preisstabilsten" EU-Ländern um maximal zwei Prozentpunkte übersteigen.

3. Staatsschulden und Budgetdefizit: Die Nettoneuverschuldung darf maximal drei Prozent des Bruttoinlandsprodukts betragen. Für die Staatsverschuldung gilt ein Maximalwert von 60 Prozent des Bruttoinlandsproduktes (Haushaltslage ohne übermäßiges Defizit im Sinne des Artikels 104, Abs. 6 des EG-Vertrags).

4. Währungsstabilität: Zwei Jahre vor der Beitrittsprüfung dürfen die nationalen Währungen nur innerhalb einer vom Europäischen Währungssystem festgeschriebenen „Bandbreite" ab- oder aufgewertet werden. Vereinbart war 1992 zunächst eine Bandbreite von plus/minus 2,25 Prozent. Seit der Währungskrise von 1993 galt aber der Wert von 15 Prozent.

nach: Schul/Bank, Newsletter 5/2001

WKM II:
Obwohl für den litauischen Lita und die estnische Krone eine Schwankungsbreite von ± 15 % festgelegt wurde, finden keinerlei Schwankungen gegenüber dem Euro statt. Estland (seit 1993) und Litauen (seit 2. Feb-

Land	Währung	Leitkurs (1 EUR =)	Schwankungsbreite	Bemerkung
Dänemark	Dänische Krone	7,46038	2,25 %	
Estland	Estnische Krone	15,64664	15 %	Keine Schwankung wegen Currency board
Litauen	Litas	3,45380	15 %	Keine Schwankung wegen Currency board
Slowenien	Tolar	239,640	15 %	*Stand: Ende 2004*

ruar 2002) hatten ihre Währungen schon vor dem Beitritt zum WKM II mit einem Currency Board[1] fest an die D-Mark bzw. den Euro gekoppelt. Auch mit dem Beitritt zum WKM II ändert sich an dieser Situation nichts.

Als weitere Länder planen Lettland und Malta den Beitritt zum WKM II. Die meisten Beitrittskandidaten streben einen raschen Übergang zum Euro an. Allerdings ist ein solcher schneller Einstieg mit zahlreichen Risiken behaftet. Der Hauptkonflikt bei den Beitrittsländern liegt hierbei zwischen der nominalen Konvergenz, d.h. der Erfüllung der Konvergenzkriterien und der realen Konvergenz, also dem realen wirtschaftlichen Aufholprozess, der sich u. a. am Pro-Kopf-Einkommen messen lässt.

[1] Currency Board: Mit Einrichtung eines Currency Board bindet ein Land seine Währung fest an eine Ankerwährung. Danach kann die eigene Währung nur herausgegeben werden, wenn dies durch den Wert der Devisenreserven gedeckt ist. Die Selbständigkeit in der Geldpolitik wird aufgegeben, da die verfügbare Geldmenge nur in dem Maße ansteigen kann, wie Reserven in der Ankerwährung vorhanden sind.

Autorentext unter Verwendung von Material aus www.wikipedia.de, Stichwort WKM II und www.bmf.de, Bundesfinanzministerium)

M 18

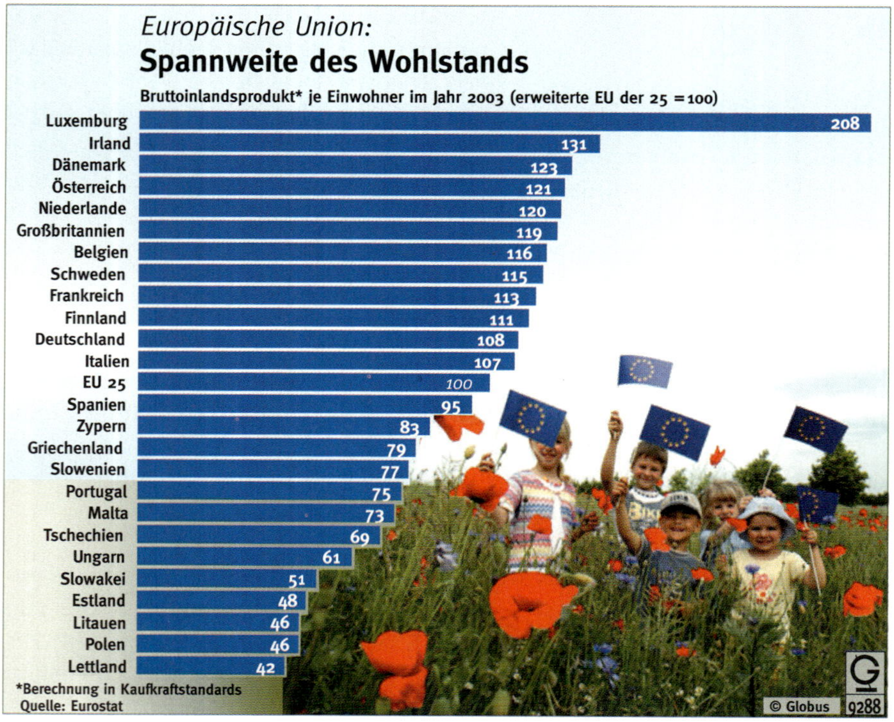

AUFGABEN

1. Erläutern Sie die Auswirkungen eines steigenden/fallenden Eurokurses auf die Unternehmen und Haushalte in Deutschland (M 14).
2. Beschreiben sie die Wechselkurssysteme in M 15 mit Hilfe geeigneter Marktmodelle.
3. Erklären Sie, wie Zinssenkungen der EZB und Interventionen auf dem Devisenmarkt zu einem steigenden Dollarkurs führen können. Berücksichtigen Sie die möglichen Auswirkungen dieser Maßnahmen auf die Preisstabilität (M 11 – M 16).
4. Diskutieren Sie den Vorschlag, Dollar und Euro in ein System fester Wechselkurse einzubinden (M 16).
5. Beurteilen Sie die Aufnahme von Währungen der Beitrittsländer in den WKM II aus der Sicht Deutschlands (M 17 – M 18).
6. Referatvorschlag: Vergleichen Sie Selbstverständnis und Geldpolitik der EZB und der „Fed" (amerikanische Notenbank).

LINKS

www.bundesbank.de (Deutsche Bundesbank)

www.ecb.int (Europäische Zentralbank)

www.federalreserve.gov (Seite der amerikanischen Notenbank, Federal Reserve Bank)

www.geldmuseum.de (virtuelles Geldmuseum der Deutschen Bundesbank; sehr interessante Informationen rund um das Thema Geld, Sonderausstellungen)

www.moneymuseum.com (Seite des Moneymuseums in Zürich, ebenfalls sehr gelungene Zusammenstellung von Informationen zum Thema Geld)

Informationen und Zusammenhänge

Der Außenwert des Euro
M 11

Der Außenwert des Euros – speziell im Verhältnis zum Dollar – unterliegt seit seiner Einführung starken Schwankungen. Zunächst verlor der Euro bis zur Bargeldeinführung 2002 ca. 20 % seines Wertes gegenüber dem US-Dollar, stabilisierte sich aber ab 2003 wieder. Die Auswirkungen eines schwachen bzw. starken Euro nach außen sind ambivalent: So fördert ein schwacher Euro die Exporte aus Euroland während sich die Importe verteuern. Bei einem starken Euro stellt sich die Situation genau umgekehrt dar.

Erklärungsansätze für Wechselkursschwankungen
M 13

Traditioneller Erklärungsansatz für Wechselkursschwankungen ist die Kaufkraftparitätentheorie: Realisiert ein Land z.B. aufgrund günstiger Produktionskosten Exportüberschüsse, führt dies zu einer steigenden Nachfrage nach der Währung dieses Landes, um die dort gekauften Güter bezahlen zu können. Als Folge dieser Nachfrage wird der Wechselkurs dieser Währung steigen und die Produkte verteuern – solange bis kein Preisvorteil mehr durch den hohen Wechselkurs besteht. Zur Erklärung heutiger Kursschwankungen ist die Kaufkraftparitätentheorie immer weniger geeignet, da die durch die Handelsströme ausgelösten Devisenbewegungen nur einen sehr kleinen Teil an den gesamten Währungsbewegungen ausmachen. Wechselkursschwankungen sind heute auf die immensen Kapitalbewegungen der globalen Investmentfondsgesellschaften und Versicherungen zurückzuführen.

Wechselkurssysteme des Euro
M 16

WKM II
M 17

Die gemeinsame europäische Währung wird in zwei Wechselkurssysteme eingebunden. Frei schwankende Wechselkurse kennzeichnen die Außenbeziehungen des Euro zu Drittländern wie den USA, Japan oder China. Hier bestimmen Angebot und Nachfrage auf den Devisenbörsen den Außenwert der Währung. Innerhalb der EU wurde zwischen „Ins“ (Euroteilnehmer) und „Outs“ ein System weitgehend fester Wechselkurse, der Wechselkursmechanismus II (WKM II), eingerichtet. Die Regeln des WKM II verpflichten die Zentralbanken zu Stützungskäufen bzw. -verkäufen an den Devisenbörsen zugunsten der unter Druck geratenen Währung eines Landes der EU, das nicht an der Währungsunion teilnimmt („Outs“). Für die neuen Mitgliedsstaaten ist die mindestens zweijährige Teilnahme am WKM II neben der Erfüllung der Konvergenzkriterien eine zentrale Bedingung für den Beitritt zum Euro-Währungsgebiet. Darüber hinaus wird von den Euro-Ländern auch ein bestimmtes Maß an realer Konvergenz, also ein Angleich des Pro-Kopf-Einkommens an den EU-Durchschnitt, gefordert.

6 Wachtums- und Strukturpolitik

Ein stabiles Wirtschaftswachstum ist eines der wichtigsten wirtschaftspolitischen Ziele. Mit großer Spannung erwarten deshalb Politiker, Gesellschaft und Wirtschaftsakteure die regelmäßig von Wirtschaftsinstituten und -organisationen veröffentlichten Wachstumsprognosen. Aber wie entsteht eigentlich Wirtschaftswachstum und welche Voraussetzungen müssen dazu gegeben sein? M 1 – M 5 geben eine Frage auf diese Antwort. Aus der Beantwortung der Frage nach den Quellen des Wachstums lassen sich Handlungsanweisungen für die Politik ableiten (M 6, M 7). Gleichzeitig stellt sich die Frage nach den natürlichen und ordnungspolitisch bedingten Grenzen des Wachstums und der Wachstumspolitik (M 8, M 9).
Wirtschaftswachstum bewirkt immer auch Änderungen der Art und Weise, wie wir wirtschaften und welche Güter wir produzieren. Die durch den technologischen Fortschritt oder gesellschaftliche Wandlungsprozesse ausgelösten Veränderungen der Wirtschaft umschreiben wir mit dem Begriff Strukturwandel.
Strukturwandel ist nichts Neues. Umwälzende Veränderungen, wie der Übergang von der Agrar- zur Industriegesellschaft, haben mit der industriellen Revolution im 19. Jahrhundert eingesetzt und setzen sich heute im Übergang von der Industrie- zur Informations- und Dienstleistungsgesellschaft beschleunigt fort.
In M 10 – M 21 wird der vielschichtige und komplexe Veränderungsprozess genauer beschrieben und systematisiert: Der wirtschaftliche Wandel findet statt zwischen den Wirtschaftssektoren (intersektoraler Strukturwandel), innerhalb der Sektoren (intrasektoraler Strukturwandel) und innerhalb von Regionen (regionaler Strukturwandel).
Ferner stellt sich die wichtige Frage, welches die Triebkräfte oder Ursachen des Strukturwandels sind und wie die Auswirkungen des Strukturwandels zu beurteilen sind.
M 22 – M 28 gehen schließlich der Frage nach, welche Möglichkeiten die Politik hat, um auf die wirtschaftlichen und gesellschaftlichen Veränderungen durch Strukturpolitik Einfluss zu nehmen und ob dies überhaupt wünschenswert ist.
Auch in der konkreten Arbeitswelt wird der wirtschaftliche Wandel sichtbar. Die Berufswahl ist eine auf die Zukunft gerichtete Entscheidung, die erleichtert wird, wenn man etwas über die gegenwärtigen und zukünftigen Wandlungsprozesse der Arbeitswelt weiß. Im Exkurs zur Arbeitswelt im Wandel am Ende des Kapitels (M 29 – M 33) werden daher die Auswirkungen des Übergangs zur Wissensgesellschaft auf die Arbeitswelt dargestellt und erläutert.

6.1 Wachstumspolitik

M 1 Aspekte des Wachstums

Die **Wachstumsvision** eines Eisenbahningenieurs und Schriftstellers von 1907:

„Jede große Entdeckung, jedes Auffinden neuer Naturkräfte ist auch das Aufschließen neuer Pfade der Humanität. Wie ein Strahlennetz gehen sie aus vom Wirken großer Männer, ... die zur Entlastung von Sklavenarbeit, zur Milderung der Gefahr ..., zur Verbreitung des erlösenden Gedankens führen. Die schaumigen Furchen, die unsere Dampfer im Meere ziehen, unsere Eisenstraßen, unsere Telegraphenkabel sind nur Verkörperungen der Wege, die echte Liebe zur Menschheit geht ... Denker und Entdecker erscheinen uns als die wahren Apostel des erquickenden Glaubens an den Fortschritt der Welt nach oben."

Max Maria von Weber: Aus der Welt der Arbeit, Berlin 1907, S. 130

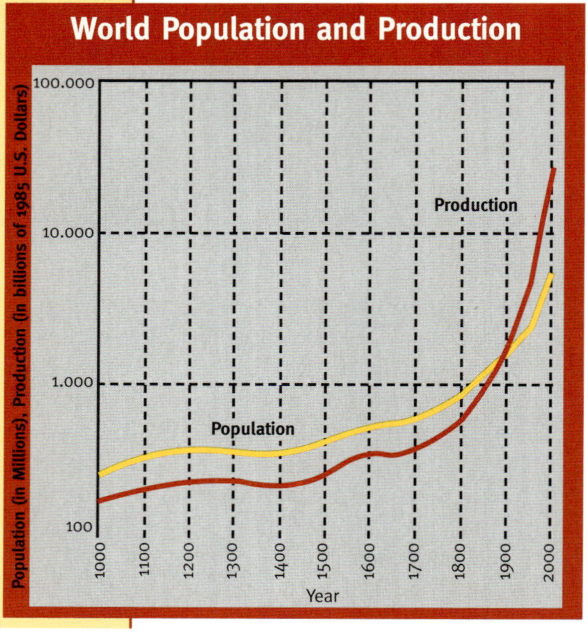

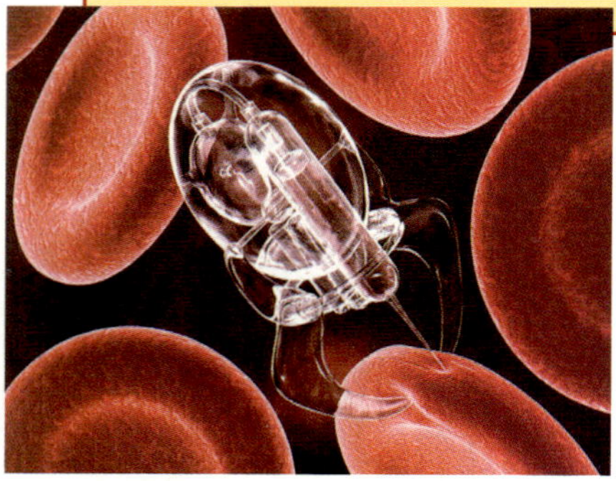

Wachstumsmarkt

Nanotechnologie gilt als Zukunftstechnologie schlechthin. Statt „immer höher, immer weiter" lautet ihr Motto „immer kleiner, immer schneller". Ein Nanometer ist der millionste Teil eines Millimeters. Die künftigen Fortschritte der Nanotechnologie entscheiden mit über die weitere Entwicklung zukunftsträchtiger Branchen. Im Bild injiziert ein Nanoroboter ein Medikament direkt in ein rotes Blutkörperchen, damit es schneller und gezielter wirken kann.

Wachstumsgeschichte

Google wurde 1998 von Larry Page und Sergey Brin gegründet. Beide hatten sich 1995 als Studenten der Computerwissenschaften an der Stanford-Universität kennen gelernt. Mit derzeit (Anfang 2005) fast 48 Milliarden Dollar ist der Internet-Suchmaschinenanbieter inzwischen doppelt so hoch bewertet wie der weltweit größte Autokonzern General Motors.

Die industriellen Revolutionen

M 2

Wirtschaftshistoriker teilen uns mit, dass der Unterschied im Pro-Kopf-Einkommen zwischen dem reichsten und dem ärmsten Land der Welt im Jahr 1700 gering oder nicht existent gewesen sei. 98 bis 99 Prozent der Arbeitskräfte aller Länder waren in der Landwirtschaft tätig. Alle benutzten die gleichen Technologien: Pferde, Ochsen, menschliche Muskelkraft, Tierdünger, von der Ernte des Vorjahres eingebrachte Samen. Einige Gegenden der Welt hatten bessere Böden und ein besseres Klima für die Landwirtschaft, doch sie waren viel dichter bevölkert als die schlechteren Gebiete. Die Hälfte des Welt-BIP entfiel auf Indien und China, da sich die Hälfte der Weltbevölkerung in Indien und China befand.

Dann setzte die erste industrielle Revolution ein. Mit der Erfindung und Vervollkommnung der Dampfmaschine im Lauf des 18. Jahrhunderts findet eine 8000 Jahre lange Agrarepoche ihr Ende.

Danach wagten einige Länder den Sprung in diese zweite industrielle Revolution hinein, andere hingegen nicht. Die Letzteren haben weiterhin Pro-Kopf-Einkommen, die sich kaum von denen der Feudalzeit unterscheiden. Während im Jahr 1700 Gleichheit herrschte, hatte im Jahr 2000 die Kluft im Pro-Kopf-BIP zwischen dem reichsten und dem ärmsten Land der Welt ein Verhältnis von ungefähr 140:1. Eine gewaltige Ungleichheit hat die einstige Gleichheit verdrängt. Aber andererseits leben Milliarden Menschen besser als die Könige vor ein paar Jahrhunderten.

Die Entwicklung des Wirtschaftswachstums rund um die Welt

Land	Periode	Reales BIP[1] pro Kopf zu Beginn der Periode ($ pro Person)	Reales BIP[1] pro Kopf am Ende der Periode ($ pro Person)	Durchschnittliche Wachstumsrate (% pro Jahr)
Japan	1890–2000	1.256	26.460	2,81
Brasilien	1900–2000	650	7.320	2,45
Mexiko	1900–2000	968	8.810	2,23
Kanada	1870–2000	1.984	27.330	2,04
Deutschland	1870–2000	1.825	25.010	2,03
China	1900–2000	598	3.940	1,90
Argentinien	1900–2000	1.915	12.090	1,86
Vereinigte Staaten	1870–2000	3.347	34.260	1,81
Indien	1900–2000	564	2.390	1,45
Indonesien	1900–2000	743	2.840	1,35
Vereinigtes Königreich	1870–2000	4.107	23.550	1,35
Pakistan	1900–2000	616	1.960	1,16
Bangladesh	1900–2000	520	1.650	1,16

[1] *in Preisen von 2000. Gregory Mankiw, Grundzüge der Volkswirtschaftslehre, 3. Aufl., Stuttgart 2004, S. 581*

Große technische Umwälzungen sind häufig sehr schwer zu erkennen, selbst wenn sie bereits begonnen haben. Heute leben wir in einer Epoche, welche die Historiker der Zukunft als dritte industrielle Revolution bezeichnen werden. Sprünge nach vorn und Interaktionen zwischen sechs wichtigen Technologien (Mikroelektronik, Computerwesen, Telekommunikation, künstliche Materialien, Robotik und Biotechnologie) lassen die Wirtschaft wieder einmal eine andere Richtung einschlagen. Diese Technologien und ihre Interaktionen bringen in ihrer Gesamtheit eine wissensgestützte Ökonomie hervor, die das wirtschaftliche und gesellschaftliche Leben aller Menschen systematisch ändert.

Bill Gates ist das Symbol dieser neuen Ära, Während der gesamten Menschheitsgeschichte besaß die reichste Person der Welt natürliche Ressourcen: Land, Gold oder Öl. Doch Bill Gates hat nichts davon. Da ihm keine Fabriken oder Geräte gehören, ist er kein Kapitalist im altmodischen Sinne. Er ist zur reichsten Person der Welt geworden, indem er einen Wissensprozess kontrollierte. Damit steht er für den grundlegenden Wechsel zu einer wissensgestützten Wirtschaft. Zum ersten Mal in der Menschheitsgeschichte ist es möglich, durch die Kontrolle von Wissen märchenhaft reich zu werden.

Lester Thurow, Die Zukunft der Weltwirtschaft, Frankfurt/Main 2004, S. 32 ff.

M 3 Bestimmungsfaktoren des Wachstums

Das Wissen um die Bestimmungsgründe des Wachstums ist keineswegs vollständig, doch können einige einfache Überlegungen angestellt werden. Die Produktionsmöglichkeiten einer Gesellschaft hängen ab von Menge und Qualität der vorhandenen Produktionsfaktoren Kapital, technisches Wissen, Arbeit und natürliche Ressourcen … .

Da der Bestand an natürlichen Ressourcen gegeben ist und eine Bevölkerungsvermehrung zur Förderung des Wachstums ausgeschlossen wird – letztlich soll ja das Inlandsprodukt pro Kopf erhöht werden –, bleiben Kapitalstock und technisches Wissen, das seinerseits die Qualität von Kapital und Arbeit bestimmt, die entscheidenden Bestimmungsgründe des wirtschaftlichen Wachstums.

Das **technische Wissen** vermehrt sich durch den technischen Fortschritt. Sichtbar wird der technische Fortschritt in der
- Produktinnovation (Erstellung neuartiger Güter) und
- Prozessinnovation (Anwendung neuartiger Produktionsmethoden).

Dabei trägt die **Produktinnovation** ganz wesentlich zur Steigerung der materiellen Wohlfahrt bei. Der Leser denke z. B. an Geschirrspülmaschinen, Farbfernseher, PC's, CD-Spieler, Surfbretter etc. Nur sind die Vorteile der Produktinnovation mengenmäßig nicht erfassbar.

Die Vorteile der **Prozessinnovation** sind prinzipiell leicht zu erfassen. Die Prozessinnovation erlaubt, bei gleichbleibendem Einsatz der Produktionsfaktoren Arbeit, Kapital und Boden eine größere Gütermenge zu erstellen oder eine gleiche Gütermenge mit einem geringeren Faktoreinsatz produzieren zu können. Der Leser denke an computergesteuerte Drehbänke, an die bessere Ausnutzung der Energie in Fahrzeugen usw.

Der **Kapitalstock** vergrößert sich durch Investitionen (Kapitalakkumulation), und bei gegebener Arbeitsbevölkerung und gegebenem Stand des technischen Wissens wird eine Vergrößerung des Kapitalstocks die Produktionsmöglichkeiten erhöhen: Mit mehr Kapital kann ein höheres Inlandsprodukt erzeugt werden. Es steigt die mögliche Produktion pro Kopf der Erwerbstätigen und damit die mögliche Güterversorgung pro Kopf. …

Technischer Fortschritt und Kapitalakkumulation bewirken beide eine Erhöhung der Ar-

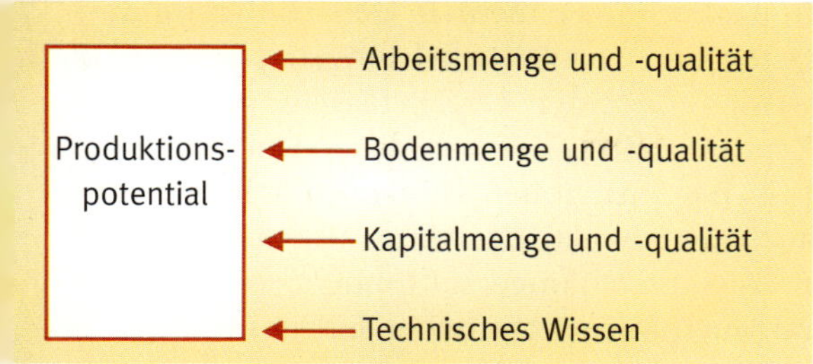

beitsproduktivität, erhöhen also die durchschnittliche Produktion pro Arbeitsstunde. …
Damit wird ein Aspekt der Kapitalakkumulation und des technischen Fortschritts sichtbar, der nicht immer positiv bewertet wird: die mögliche Freisetzung von Arbeitskräften. Wenn der Produktivitätszuwachs nicht für eine Mehrproduktion von Gütern genutzt wird, weil die Nachfrage das Produktionspotenzial nicht ausschöpft, dann werden die Produktivitätszuwächse dazu benutzt, die gleiche Produktionsmenge mit weniger Arbeit zu produzieren. Investitionen sind dann nicht mehr Erweiterungsinvestitionen, sondern Rationalisierungsinvestitionen. Die beiden Möglichkeiten, Produktivitätszuwächse zu nutzen, gilt es klar zu erkennen:

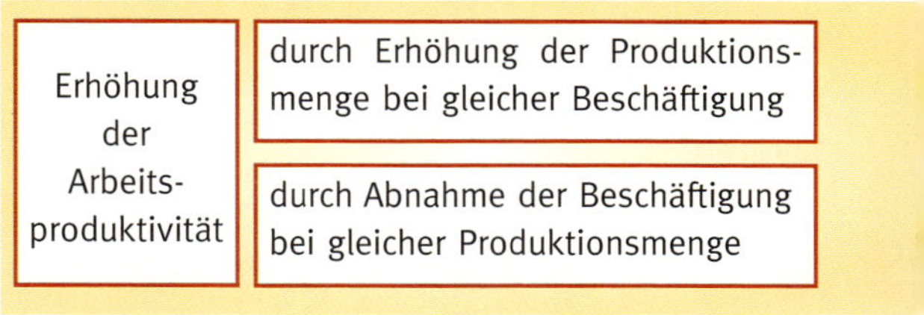

Ulrich Baßeler/Jürgen Heinrich/Burkhard Utecht, Grundlagen und Probleme der Volkswirtschaft, 17. Aufl., Stuttgart 2002, S. 794 f.

Die Quellen des Wachstums: technischer Fortschritt und Humankapital

M 4

Wenn der Wohlstand allein auf dem Einsatz von Maschinen beruhen würde, müsste es allerdings mit der Zeit dazu kommen, dass die Wachstumsraten im Lauf der Zeit immer mehr zurückgehen und irgendwann sogar gegen Null tendieren würden. Das kann man recht einfach am Beispiel der Landwirtschaft verdeutlichen. Die allererste Maschine, die von einem Bauern eingesetzt wird, bringt ihm noch einen Produktivitätsschub, bei der zweiten ist der Anstieg des Outputs immer noch sehr hoch, aber schon etwas geringer. Die zehnte Maschine hilft ihm möglicherweise überhaupt nicht mehr weiter. Es gilt hier also das Gesetz vom abnehmenden Grenzertrag … Während man also die Wachstumsraten vieler Entwicklungsländer recht gut mit der Entwicklung des Kapitalstocks erklären kann, stellt sich bei Ländern mit einem hohen Wohlstandsniveau das Problem, dass bei ihnen mittelfristig nur noch eine sehr geringe wirtschaftliche Dynamik zu beobachten sein dürfte. Wie kann man nun erklären, dass es beispielsweise in den Vereinigten Staaten möglich gewesen ist, das Gesetz vom abnehmenden Grenzertrag außer Kraft zu setzen? Hierfür verweist die neue Wachstumstheorie auf zwei wichtige Faktoren: den technischen Fortschritt und die Bedeutung des Humankapitals.
Technischer Fortschritt wirkt sich in der Produktionsfunktion dadurch aus, dass es bei unveränderten Einsatzmengen von Kapital und Arbeit zu einem höheren Output kommt. Dies ist darauf zurückzuführen, dass bei der Kapitalbildung über die Zeit hinweg nicht immer mehr von den gleichen Maschinen gekauft werden. Es werden in der Regel ständig bessere oder völlig neue Produkte eingesetzt, die über eine bessere Technologie verfügen als ihre Vorgänger. Durch kontinuierliche Produktinnovationen, die … eine wichtige Voraussetzung für steigende Unternehmensgewinne darstellen, kann es also dazu kommen, dass das Wachstum über die Zeit hinweg konstant bleibt. Eine solche Ent-

wicklung setzt voraus, dass sowohl auf der Ebene der Unternehmen als auch der Volkswirtschaft insgesamt hohe Anstrengungen im Bereich von Forschung und Entwicklung unternommen werden. ...
Das Ausbleiben sinkender Grenzerträge des Kapitaleinsatzes kann man auch wesentlich damit erklären, dass der zunehmende Kapitalstock von immer qualifizierteren Arbeitskräften genutzt wird. Zugleich kommt es in einer Volkswirtschaft mit steigendem Humankapital dazu, dass die Landwirtschaft und die Industrie immer mehr in den Hintergrund treten und von Dienstleistungen verdrängt werden, die einen vergleichsweise geringen Kapitaleinsatz voraussetzen. ... Und natürlich hat ein hoher Humankapitalbestand auch den Effekt, dass mehr Produkt- und Prozessinnovationen stattfinden, sodass damit auch mehr technischer Fortschritt möglich ist.

Peter Bofinger, Grundzüge der Volkswirtschaftslehre, München 2003, S. 445 ff.

M 5 Moderne Wissensgesellschaften

Der besondere Stellenwert des wissenschaftlichen und technischen Wissens in der modernen Gesellschaft ergibt sich nicht aus der Tatsache, dass wissenschaftliche Erkenntnis weitgehend als wahrhaftig, objektiv, realitätskonform, gar als unstrittige Instanz anzusehen wäre, sondern daraus, dass diese Wissensform mehr als jede andere permanent neue Handlungsmöglichkeiten schafft. Diese Handlungsmöglichkeiten können, wenn auch häufig nur vorübergehend, angeeignet werden, von Individuen ebenso wie von Unternehmen und vom Staat. ...

Zunächst einmal muss unterstrichen werden, dass Wissen, Ideen und Informationen höchst merkwürdige „Entitäten[1]" sind, und zwar mit völlig anderen Eigenschaften als zum Beispiel Güter, Waren oder auch Geheimnisse. Wird Wissen zum Beispiel verkauft, so geht es wie im Fall der Ware an den Käufer über, bleibt aber ganz im Gegensatz zur Ware weiter Eigentum seines ursprünglichen Produzenten. Somit verliert man in einem Tauschprozess nicht die Verfügungsgewalt über das Wissen.

Wissen hat darüber hinaus keine Nullsummeneigenschaften. Für viele Bereiche des Lebens mag es durchaus vernünftig, sogar notwendig sein, Wachstumsgrenzen zu setzen; für das Wissen scheint das nicht zu gelten. Dem Wachstum des Wissens sind praktisch keine Grenzen gesetzt. Im Gegenteil, Wissen repräsentiert ein Positivsummenspiel: Alle können gewinnen. Allerdings ist die gleichgewichtige Verteilung des Gewinns keineswegs garantiert. Aber eine Gleichverteilung von Wissen muss, wie ich noch exemplifizieren werde, nicht unbedingt Voraussetzung für gesellschaftlichen Einfluss und soziale Kompetenz sein.

Wenn Wissen in steigendem Maße nicht nur als konstitutives[2] Merkmal für die moderne Ökonomie und deren Produktionsprozesse und -beziehungen, sondern insgesamt zum Organisationsprinzip und zur Problemquelle der modernen Gesellschaft wird, ist es angebracht, diese Lebensform als Wissensgesellschaft zu bezeichnen. Das heißt nichts anderes, als dass wir uns unsere Wirklichkeit durchweg aufgrund unseres Wissens einrichten. Wissensgesellschaften repräsentieren eine soziale und ökonomische Welt, in der Ereignisse oder Entwicklungen zunehmend „gemacht" werden, die zuvor einfach „stattfanden". So sind etwa demographische Veränderungen keine schicksalhaften Ereignisse mehr – aber sie werden ebensowenig von übermächtigen Institutionen gesteuert oder beherrscht. ...

Wissensgesellschaften sind nicht Ergebnis eines einfachen, eindimensionalen gesellschaftlichen Wandlungsprozesses. Sie entstehen nicht aufgrund eindeutiger Entwicklungsmuster. Obschon neuere Entwicklungen in der Kommunikations- und Transporttechnik dazu beitragen, dass die einstige Distanz zwischen den Menschen schrumpft, bleibt die Isolation zwischen Regionen, Städten und Dörfern immer noch in erheblichem Maße bestehen. Die Welt öffnet sich zwar; Stile, Waren und Personen zirkulieren sehr viel intensiver, aber die Mauern zwischen den Überzeugungen von dem, was heilig ist, bleiben bestehen. Die Bedeutung von Zeit und Ort ändert sich, aber Grenzen werden weiter mit Intensität gefeiert und geachtet. Fasziniert vom Zeitalter der Globalisierung leben wir mit der Obsession von Identität und Ethnizität. Die Tendenz zur globalen „Gleichzeitigkeit“ von Ereignissen geht einher mit der Territorialisierung von Sensibilitäten und der Regionalisierung von Konflikten.

Nico Stehr, Moderne Wissensgesellschaften, in: Aus Politik und Zeitgeschichte B 36/2001, S. 9ff.

[1] *Entität: Dasein eines Dinges, (gegebene) Größe*
[2] *konstitutiv: das Wesen v. etwas ausmachend, grundlegend, bestimmend*

Bildungsausgaben in Deutschland im internationalen Vergleich

M 6

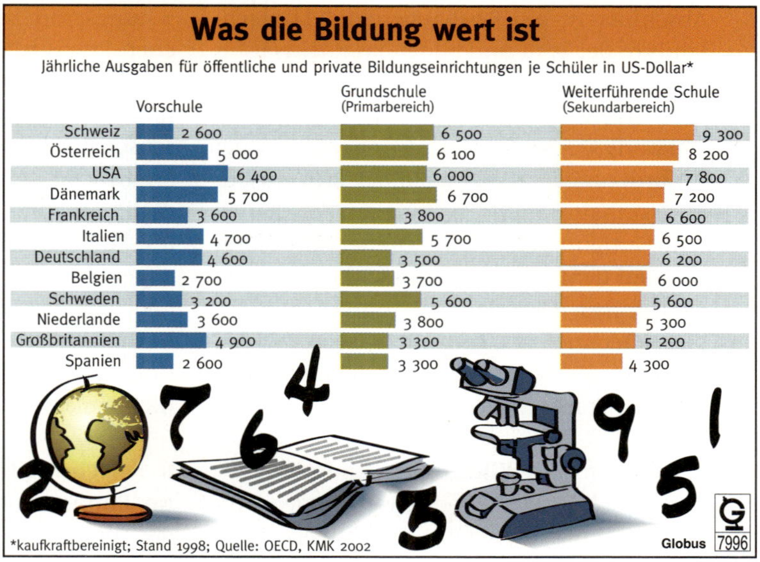

Wieder hat der OECD-Bildungsbericht für Ernüchterung gesorgt unter Deutschlands Politikern, Experten, Eltern, Schülern und Lehrern. Denn was die Bildungsausgaben angeht, liegt Deutschland unter allen Industrieländern auf einem der letzten Plätze. Die OECD-Länder geben im Durchschnitt neun Prozent ihrer öffentlichen Ausgaben für Schulbildung aus, drei Prozent für Hochschulbildung, zusammen also rund zwölf Prozent. Deutschland gibt 6,4 Prozent für die Schulbildung aus, das ist der letzte Platz unter den OECD-Ländern. Für Universitäten stellen die Deutschen immerhin 2,4 Prozent der Staatsausgaben bereit; dennoch studiert hier zu Lande eine geringere Gruppe jeden Jahrgangs als in anderen Ländern.

Globus Infografik 7996

M 7 Zehn-Punkte-Programm für Innovation und Wachstum

1. Schulen aufwerten
Henry Fords legendärer Ausspruch, „Die Wettbewerbsfähigkeit eines Landes beginnt nicht im Forschungslabor, sie beginnt im Klassenzimmer" bleibt wahr. Die Schule legt die Basis fürs Leben. Deshalb muss sie Basiswissen vermitteln in Deutsch und den gängigen Fremdsprachen, vor allem aber auch wieder in Mathematik und den Naturwissenschaften. Sie muss zumindest ein Mindestmaß historisches Verständnis und sie muss – wie vorher der Kindergarten – soziale Kompetenz vermitteln. ...

2. Gewerbliche Ausbildung fit halten
Die Kombination aus betrieblicher Praxis und Berufsschule mit einem qualifizierten Abschluss ist ein Aushängeschild Deutschlands in der Welt und bildet das Rückgrat für die Leistungskraft von Mittelstand, Großunternehmen und des legendären „made in Germany". Aber man darf den Wandel der Anforderungen an Berufsbilder und Ausbildungsinhalte nicht unterschätzen. Klassische Fertigungsberufe wie Dreher oder Fräser sind auf dem Rückzug. Berufsbilder wie Mechatroniker, IT-Systemelektroniker oder Industrietechnologe gewinnen an Gewicht. Die Weiterentwicklung von Berufsbildern ist eine Daueraufgabe. ...

3. Akademische Bildung reformieren
Wir brauchen mehr Wettbewerb an den Universitäten und zwischen den Universitäten. Das erfordert größere Autonomie, weniger Bürokratie und mehr Freiheit für Auftragsforschung, Industriekooperationen und Drittmittelfinanzierung. International kompatible Studiengänge – gegliedert nach Bachelor und Master-Abschlüssen – würden die Anziehungskraft auf global umworbene Eliten erhöhen. Zeitverträge mit leistungsbezogener Vergütung für Professoren und Studiengebühren mit leistungsgerechten Finanzierungs- und Stipendienmodellen würden das System effizienter machen und die Ausbildung beschleunigen.

4. Weiterbildung verstärken
Schule, gewerbliche und akademische Ausbildung qualifizieren für den Berufseinstieg, aber nicht für ein komplettes Berufsleben. Nicht nur Software, auch persönliche Fähigkeiten und Fachkompetenzen brauchen regelmäßig „updates". ...

5. Staatliche Forschung intensivieren
Max-Planck-Gesellschaft, Fraunhofer-Gesellschaft, Helmholtz- und Leibniz-Gemeinschaft, die Akademien der Wissenschaften und andere wissenschaftliche Vereinigungen – Deutschland ist reich an namhaften Forschungseinrichtungen. Doch in der täglichen Praxis ist gegen Haushaltszwangslagen anzurennen und ein aufreibender Verteilungskampf zu führen. Vielleicht ist die Wissenschaftslobby nicht die stärkste und der öffentliche Aufschrei bei Etatkürzungen nicht der lauteste. Aber so wird am falschesten Ende gespart, weil Zukunft zerstört statt angelegt wird. Bund und Länder fallen in den fatalen Fehler, Forschungsetats nach Kassenlage zu schneiden. Wer Spitzenpositionen in der Welt beansprucht, darf das nicht zulassen.

6. Forschung fördern
Im Bundeshaushalt 2004 sinkt das Budget des Bundesforschungsministeriums abermals um mehr als 100 Millionen Euro. Noch tiefer sind die Einschnitte in den Wissenschaftshaushalten der Bundesländer. Insgesamt werden in Deutschland nur 2,5 Prozent des Bruttoinlandsproduktes (BIP) in Forschung und Entwicklung investiert. In den Vereinigten Staaten erreichen die Ausgaben für Forschung und Entwicklung rund drei Prozent des BIP, ein Technologie-Newcomer wie Korea liegt in derselben Größenordnung. Allein der laufende amerikanische

Verteidigungshaushalt sieht Forschungsausgaben von 60 Milliarden Dollar vor. Forschungsinvestitionen werden von Frankreich und Großbritannien über die Vereinigten Staaten bis Japan steuerlich privilegiert. Nur in Deutschland gibt es keine gezielte steuerliche Förderung von Forschung und Entwicklung. Und öffentliche Projektbudgets werden eingeschmolzen, statt dass Zukunftsfelder wie Biotechnologie, Mikroelektronik/Photonik, Materialwissenschaften, Nanotechnologie oder Informationstechnologie/Software mit der notwendigen kritischen Masse erschlossen und ausgebaut und so Trends gesetzt werden. Zum Erringen von Vorsprüngen im Wettbewerb wäre das notwendig. Statt dessen wird der Fadenriss in Kauf genommen.

7. Innovative Projekte verwirklichen

Forschung erweitert Horizonte. Innovative Technologien müssen aber auch zur Anwendung gebracht werden. Showcase Germany – zeigen, was man kann. Das muss im Interesse des Landes und natürlich auch der Unternehmen und ihrer Mitarbeiter liegen. Es ist also ein typisches Feld für die Kooperation zwischen Wirtschaft und Staat (Public Private Partnership). ...

8. Föderale Bremsen lösen

Der Föderalismus in Deutschland hat tiefe Wurzeln und unbestreitbare Stärken wie den Wettbewerb der Regionen und landesweit vergleichsweise homogene Lebensverhältnisse. Er wird aber zum Schwachpunkt, wenn Regionalproporz suboptimale Strukturen erzeugt oder erhält wie in Teilen der öffentlichen Forschungslandschaft und wenn Länderzuständigkeiten Entscheidungen und Reformen zäh oder unmöglich machen. ...

9. Wagniskapital forcieren

Wer nichts wagt, der nichts gewinnt, sagt die Volksweisheit. Aber wer Neues wagt, braucht Geld – Wagniskapital, vor allem auch für die frühe Phase von Unternehmensgründungen. Doch bei den Rahmenbedingungen für Venture Capital landet Deutschland in einem EU-weiten Vergleich nur auf Platz 13. ...

10. Technologie muss begeistern

In Deutschland gibt es eine große Tradition von Forschern und Pionieren der Natur- und Ingenieurwissenschaften: Albert Einstein, Max Planck, Robert Koch, Conrad Röntgen, Gottlieb Daimler, Robert Bosch, Oskar von Miller und auch Werner von Siemens – jeweils begleitet von Skepsis und Widerstand: Weberaufstände, Maschinenstürmer und die bekannten Protestformen unserer Zeit. Disput ist normal in offenen Gesellschaften. Entscheidend ist aber, dass der elementare Beitrag von Technologie und Innovationen für den Wohlstand und die Lösung ökonomischer und gesellschaftlicher Herausforderungen national wie global erkannt und vermittelt wird – in der Erziehung, in Schulen, Medien und im gesellschaftlichen Diskurs. Innovation ist Chefsache. Das ist so in Unternehmen, die Innovationsführerschaft beanspruchen – warum nicht auch in der Politik?

Heinrich von Pierer (bis Anfang 2005 Vorstandsvorsitzender der Siemens AG), in: Frankfurter Allgemeine Zeitung, 24.12.2003, S. 12

Begrenzen natürliche Ressourcen das Wachstum?

M 8

Die Zahl der Weltbevölkerung ist weit größer als vor hundert Jahren und viele Menschen haben einen erheblich höheren Lebensstandard. Eine fortwährende Debatte betrifft die Frage, ob sich dieser Anstieg der Bevölkerung und des Lebensstandards in Zukunft fortsetzen kann.

Viele Leute vertreten die Ansicht, dass natürliche Ressourcen eine Grenze des Wirtschaftswachstums darstellen. Diese Behauptung scheint zunächst schwer von der Hand zu weisen. Wie können Bevölkerungszahl, Produktion und Lebensstandard im Zeitablauf weiter ansteigen, wenn auf der Welt lediglich ein begrenzter Vorrat nichtregenerierbarer natürlicher Ressourcen vorhanden ist? Werden die Vorräte an Erdöl und anderen Bodenschätzen nicht irgendwann zu Ende gehen? Wird der dann eintretende Mangel an diesen Ressourcen nicht das Wirtschaftswachstum zum Stillstand bringen und vielleicht sogar zu einem Sinken des Lebensstandards führen?

Obwohl dies ganz einleuchtend erscheint, sind die meisten Volkswirte über solche Grenzen des Wachstums weniger beunruhigt als man vermuten könnte. Sie vertreten die Ansicht, dass der technologische Fortschritt oftmals Wege eröffnet, diese Grenzen zu umgehen. Wenn wir die Volkswirtschaft von heute mit der Volkswirtschaft in der Vergangenheit vergleichen, sehen wir zahlreiche Beispiele einer verbesserten Nutzung natürlicher Ressourcen. Moderne Autos verbrauchen weniger Benzin. Neue Häuser haben eine bessere Isolierung und erfordern weniger Heizenergie. Leistungsfähigere Fördertürme verschwenden bei der Erdölgewinnung weniger Öl. Recycling ermöglicht die Wiederverwendung einiger nichtregenerierbarer natürlicher Ressourcen. Die Entwicklung alternativer Kraftstoffe wie z.B. Äthanol statt Benzin, erlaubt es uns, nichtregenierbare durch regenerierbare natürliche Ressourcen zu ersetzen.

Vor fünfzig Jahren waren einige Naturschützer besorgt über die übermäßige Verwendung von Zinn und Kupfer. Damals waren dies wichtige Rohstoffe: Zinn wurde dazu verwendet, Behälter für Lebensmittel herzustellen, aus Kupfer wurden Telefonleitungen hergestellt. Einige Leute plädierten für eine obligatorische Wiederaufbereitung und Rationierung von Zinn und Kupfer, um die Vorräte auch für künftige Generationen zu erhalten. Heute jedoch ist Kunststoff an die Stelle von Zinn bei der Herstellung von Verpackungen von Lebensmitteln getreten und Telefongespräche werden über Glasfaserkabel geleitet. Durch den technologischen Fortschritt haben somit einst wichtige natürliche Ressourcen an Bedeutung verloren.

Sind jedoch all diese Bemühungen für ein fortgesetztes Wirtschaftswachstum ausreichend? Ein Weg, diese Frage zu beantworten, besteht darin, die Preise natürlicher Ressourcen anzuschauen. In einer Marktwirtschaft spiegelt sich die Knappheit in den Marktpreisen. Wenn die Vorräte bestimmter natürlicher Ressourcen in der Welt zu Ende gingen, würden die Preise dieser Ressourcen im Zeitablauf ansteigen.

Gregory Mankiw, Grundzüge der Volkswirtschaftslehre, 3. Aufl., Stuttgart 2004, S. 586 f.

M 9 Verteilungspolitische Grenzen des Wachstums

In einer kurzfristigen politischen Argumentation, die immer die nächste Wahl im Auge hat, eignen sich die Verteilungsziele besonders gut für wählerwirksame Maßnahmen. Das Verteilungsziel ist in aller Regel griffig zu übersetzen. Das Strickmuster ist simpel und lässt sich wie folgt formulieren: „Anerkanntermaßen benachteiligt ist in unserer Gesellschaft die Gruppe der ... (Bezieher niedriger Markteinkommen, Sozialhilfeempfänger, Alleinerziehenden, Studenten mit – heute – niedrigen Einnahmen, Bürger in Bundesländern oder Gemeinden mit niedrigen Steuereinnahmen, Bewohner sich entleerender Dörfer im ländlichen Gebiet und so weiter). Die Regierung hat deshalb heute die folgenden Maßnahmen beschlossen: Es werden Hilfen in Höhe von soundso viel Milliarden Euro gewährt." Solche Programme lassen sich mühelos in klar verständliche Kurzmeldungen übersetzen, die folglich in Presse, Funk und Fernsehen gern aufgenommen werden. Auch in entsprechenden Broschüren der Regierung lassen sich „Entlastungen" auf Heller und Pfennig überzeugend dokumentieren.

Wie vage und dementsprechend wenig überzeugend ist hingegen eine Meldung, nach der eine – ohnehin zaghafte – Deregulierung auf dem Arbeitsmarkt oder Senkung eines Steuersatzes wahrscheinlich in drei bis fünf Jahren zu einer unbestimmten Zahl zusätzlicher Arbeitsplätze in irgendwelchen Unternehmen in irgendwelchen Regionen führen dürfte. Genauer aber kann man eine Wachstumswirkung eben nicht in seriöser Weise voraussagen. Das macht verständlich, dass die ohnehin äußerst zähen Verhandlungen um eine wachstumspolitische Maßnahme so leicht wieder erlahmen: Wachstumspolitische Maßnahmen greifen erst in der mittleren Frist, und sie wirken nicht in einer quantitativ genau nachweisbaren Form.

Die beiden Ziele „Wachstum" und „Verteilung" sind also offensichtlich von völlig unterschiedlichem Zuschnitt. Verteilungspolitische Ziele der beschriebenen Art haben den Vorteil, dass sich das Ergebnis einer Umverteilungsmaßnahme meist schnell und direkt am geänderten Zielindikator ablesen lässt. Es sind ergebnisorientierte Ziele. Eine Änderung der Einkommenssteuer beispielsweise – die Frage der Steuerehrlichkeit und mögliche Ausweichprozesse einmal hintangestellt – führt für die ins Auge gefassten Gruppen zu einer prognostizierbaren Änderung der Nettoeinkommensverteilung im Vergleich zur Verteilung der Bruttoeinkommen.

Ein höherer Sozialhilfesatz bevorteilt ebenfalls sichtbar bestimmte Gruppen. Diese Gruppen können – und das ist politisch wichtig – ihre Einkommensveränderungen zudem recht eindeutig dem jeweiligen politischen Entscheidungsträger zurechnen.

Dagegen liegt zwischen einer Maßnahme zur Wachstumsstärkung und einem später tatsächlich erfolgenden Wachstum ein komplexer Prozess unter Mitwirkung vieler Akteure. Auf ihn gilt es einzuwirken, wenn Wachstum gelingen soll, und folglich liegt hier ein prozessorientiertes Ziel vor. Auf diesen Prozess wirken außer der Maßnahme selbst zahlreiche weitere Einflüsse ein.

Folglich lässt sich im letztlich realisierten Wachstumsgrad auch niemals genau nachweisen, welche Rolle die wachstumspolitische Initiative selbst und damit der politische Initiator gespielt hat. Hinzu kommt, dass der Wirkungsmechanismus wachstumspolitischer Instrumente auch aus wirtschaftstheoretischer Sicht noch weitgehend im Dunkeln liegt. Wachstum geschieht in Unternehmen, und hierfür kann der Staat allenfalls günstige Rahmenbedingungen schaffen.

Ergebnisorientierte Ziele haben es also im politischen Prozess deutlich leichter als prozessorientierte Ziele. Zu letzteren gehören im Übrigen alle diejenigen Ziele, die man im Deutschen unter dem Begriff der Ordnungspolitik zusammenfassen kann.

Politische Ökonomie

Die Theorie der politischen Ökonomie nimmt an, dass Politiker in Analogie zu den üblichen Wirtschaftsakteuren als rationale Nutzenmaximierer handeln. Im Streben des Politikers spielt die Wiederwahl eine zentrale Rolle, sichert sie doch die damit verbundenen Privilegien wie Einkommen und Prestige. Dadurch wird das Handeln der Politiker in vielen Bereichen besser verständlich. So ist es aus der Sicht des Politikers rational, nicht auf den Expertenrat zu hören, der eine langfristige Problemlösung oder langfristiges Wirtschaftswachstum erwarten lässt, wenn dadurch Stimmenverluste zu befürchten sind, weil z.B. wichtige Wählergruppen (kurzfristig) benachteiligt werden müssten. Wahrscheinlicher ist dagegen – besonders vor Wahlen – auch eine gemeinwohlschädliche Unterstützung wichtiger Interessengruppen, wenn diese gut organisiert sind und sich medienwirksam in Szene setzen können.

Autorentext

Zugleich – und das ist fatal – ist das Erreichen des Wachstumsziels nur über die längere Frist möglich, während verteilungspolitische Erfolge sofort zu erzielen sind. ...
Starke Verteilungspolitik hemmt nicht nur langfristig das Wachstum, sondern auch die eigene Zielerreichung: Zuwenig Arbeitsplätze und sinkende Verteilungsspielräume sind die Folge. Umgekehrt wirkt sich wirtschaftliches Wachstum langfristig doppelt positiv aus: Es wird das eigene Ziel erreicht, und es wird durch zusätzliche Arbeitsplätze und Verteilungsspielräume die Erreichung verteilungspolitischer Ziele erleichtert, wie sich bis in die siebziger Jahre hinein gezeigt hat.
Mit Aufklärung allein aber wird man dieser hartnäckigen Tendenz, dass das Wachstumsziel in einer Demokratie vernachlässigt zu werden droht, zweifellos nicht Herr. Wie die Dinge politisch nun einmal liegen, muss man auch am politischen Prozess selbst ansetzen. Langfristig ist dazu eine weitergehende Selbstbindung der Politik als bisher erforderlich. ...
Das beste Beispiel hierfür ist die Gesetzgebung über die Autonomie der Bundesbank und später auch der Europäischen Zentralbank. Erstaunlicherweise bedurfte es hierfür nicht einmal der Festlegung in der Verfassung.

Horst Zimmermann, Frankfurter Allgemeine Zeitung, 25.1.2004, S. 12

AUFGABEN

1. Erklären Sie, warum technischer Fortschritt und die Bildung von Humankapital wichtige Voraussetzungen für Wirtschaftswachstum sind und wie diese Faktoren zusammenhängen (M 3, M 4).
2. Diskutieren Sie die Frage, wie verhindert werden könnte, dass Produktivitätszuwächse zu Rationalisierungsinvestitionen anstelle von Erweiterungsinvestitionen führen (M 4).
3. M 5 beschreibt die Besonderheit moderner Wissensgesellschaften. Fassen Sie den Text zusammen und tragen Sie die zentralen Aussagen mithilfe weniger Stichwörter vor, die Sie als Gedächtnisstütze verwenden dürfen. Diskutieren Sie, was die Veränderungen für die Arbeitswelt, aber auch für das Bildungssystem bedeuten.
4. Nehmen Sie Stellung zu den in M 7 gemachten Vorschlägen und ergänzen Sie das Programm, wo es Ihnen nötig erscheint.
5. Erläutern Sie, warum Politiker dazu neigen, kurzfristiger Verteilungspolitik den Vorrang vor langfristig orientierter Wachstumspolitik zu geben und setzen Sie sich kritisch mit dem Lösungsvorschlag auseinander, der im Text angedeutet wird (M 9).
6. Versuchen Sie (in einem fächerübergreifenden Projekt mit Erdkunde, Geschichte) durch die Untersuchung ausgewählter Länder herauszufinden, warum einige dieser Länder im letzten Jahrhundert einen enormen Wohlstandsgewinn zu verzeichnen hatten, während andere Länder in ihrer wirtschaftlichen Entwicklung nahezu stagnierten. Präsentieren Sie ihre Ergebnisse (M 1 – M 9).

Informationen und Zusammenhänge

Eine kurze Geschichte des Wachstums
M 2

Mit der Erfindung der Dampfmaschine begann eine neue Epoche, die industrielle Revolution. Ihre zweite Stufe, die industrielle Massenproduktion des 20. Jahrhunderts führte zu einem rasanten Wirtschaftswachstum in den Ländern, die die Errungenschaften der industriellen Revolution nutzbar machen konnten. Viele Länder konnten davon jedoch nicht profitieren, weshalb der Wohlstand auf der Erde heute sehr unterschiedlich verteilt ist. Die dritte industrielle Revolution, deren Zeugen wir gegenwärtig sind, verändert wieder das Gesicht der Erde. Weder Klima oder Boden noch Bodenschätze sind der Reichtum, von dem die modernen Volkswirtschaften zehren. Es ist das Wissen der Menschen, das eine wesentliche Quelle von Produktivität und Wachstum darstellt.

Quellen des Wachstums
M 3 – M 5

Eine Volkswirtschaft wächst, wenn sich ihr gesamter Kapitalstock vergrößert. Denn damit vergrößert sich auch die durchschnittliche Kapitalausstattung der Erwerbstätigen – sie werden produktiver. Eine weitere Ursache des Wachstums ist die Vermehrung des technischen Wissens, das mit dem technischen Fortschritt einhergeht. Dabei können neue, bisher nicht bekannte Produkte entstehen (Produktinnovation). Die Innovation kann aber auch in der Anwendung neuartiger Produktionsmethoden bestehen (Prozessinnovation).

Politische Rahmenbedingungen des Wirtschaftswachstums
M 7

Wie sollte eine staatliche Ordnungspolitik aussehen, die Wachstum fördert? Sie muss die Bedeutung von Bildung, Forschung und technischem Wissen für langfristiges Wirtschaftswachstum berücksichtigen und die notwendigen politischen Rahmenbedingungen für private Investitionen in diesen Bereichen schaffen. Die staatliche Bildungspolitik sollte eine ausreichende Qualifikation der Arbeitnehmer sicherstellen (Humankapitalbildung).

Begrenzen natürliche Ressourcen das Wachstum?
M 8

Dem technischen Fortschritt ist es zu verdanken, dass Ressourcen sparsamer genutzt werden. Wenn Preise als Knappheitssignale verstanden werden, besteht kein Anlass zur Vermutung, die natürlichen Ressourcen stellten eine Grenze des Wachstums dar.

Ordnungspolitische Grenzen des Wachstums
M 9

Worin liegen die tieferen Ursachen, dass das politische System häufig nicht jene Weichenstellungen vornimmt, die für langfristiges Wachstum unerlässlich sind? Aussagen der „politischen Ökonomie“ geben darauf eine Antwort. Eine Regierung, die langfristige Wachstumsziele verfolgt, müsste Entscheidungen treffen, deren sichtbare Auswirkungen erst mit Verspätung einträfen, zumeist nicht mehr im zeitlichen Horizont von Wahlperioden. Aus der Sicht der amtierenden Politiker wäre dies irrational. Umverteilungsmaßnahmen zugunsten bestimmter gesellschaftlicher Gruppen, die langfristiges Wachstum durchaus hemmen können, wirken hingegen schnell und sind für die Nutznießer besser sichtbar. Ihre wahlstrategische Rendite darf zumeist als sicher gelten.

6.2 Strukturpolitik

6.2.1 Dimensionen des Strukturwandels

M 10

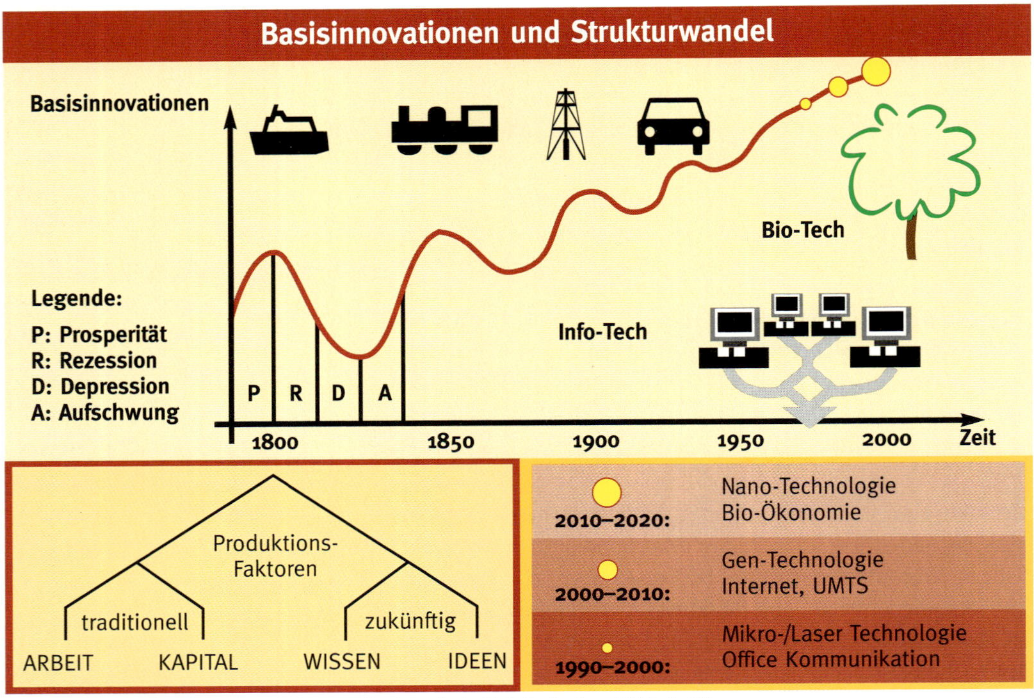

nach: Franz Egle/Walter Beus, Talentmarketing, 2. Aufl. Wiesbaden 2004, S. 89

M 11 **Visionen eines Zukunftsforschers**

2020	2050	2100
• Um die Versorgung der dramatisch wachsenden Bevölkerung zu gewährleisten, werden selbstverständlich Genmanipulationen bei Pflanzen und Tieren eingesetzt. • Geklonte Kinder kommen zur Welt. • Erste bemannte Marsreise in Planung.	• Medikamente gegen Alterungsprozesse kommen auf den Markt. • Gesetze dämmen in vielen Ländern die Geburtenraten ein. • In reichen Ländern werden viele Arbeiten von Robotern übernommen. • Die ersten denkenden Computer. • Auf dem Mars die erste menschliche Siedlung.	• 14 Milliarden Menschen auf der Erde. • Denkende Maschinen entwickeln Pläne für eine weltweite nachhaltige Entwicklung. • Zum Schutz vor denkenden Maschinen werden Gesetze erlassen. • Genmanipulation an Menschen ist die Regel. • Erste Pläne für eine Besiedlung des Mars.

aus: Eirik Newth, Abenteuer Zukunft, Projekte und Visionen für das dritte Jahrtausend, München 2002, S. 290 f.

Überblick: Ursachen des Strukturwandels

M 12

Nachfragebedingter Strukturwandel
- Einkommensänderungen
- Bedarfssättigungen
- Geschmacksveränderungen

Durch Veränderungen des politischen Systems hervorgerufener Strukturwandel
- Zusammenhang von politischem System, politischen Ideen und Wirtschaftsordnung

Angebotsbedingter Strukturwandel
- Technisch verbesserte Herstellungsverfahren und Produkte (Prozessinnovation)
- Erfindung neuer Produkte (Produktinnovation)

Durch Ordnungspolitik des Staates hervorgerufener Strukturwandel
- Wettbewerbspolitik
- Staatliche Regulierungen (staatliche Unternehmen)
- Umweltpolitik

Autorentext

Dimensionen des Strukturwandels

M 13

1. Intersektoraler Strukturwandel: Damit ist der in allen entwickelten Volkswirtschaften seit dem 19. Jahrhundert zu beobachtende Übergang von einer Agrar- in eine Industriegesellschaft und seit Mitte dieses Jahrhunderts in eine Dienstleistungsgesellschaft gemeint. Mittlerweile beschäftigen die Dienstleistungsbranchen Deutschlands mehr als 60 Prozent aller Erwerbstätigen, in den USA liegt der Anteil sogar bei über 70 Prozent. Besonders expansiv zeigen sich z.B. gesundheits- und unternehmensnahe Dienste wie Werbung, Finanzierung, Kundenservice. Letztere zeigen, dass Industrie und Dienstleistungen häufig eng miteinander verzahnt sind. Angesichts der wachsenden Bedeutung der Informations- und Kommunikationstechnologien wird in jüngster Zeit bereits von einem Übergang in die Informationsgesellschaft gesprochen.

2. Intrasektoraler Strukturwandel: Auch innerhalb der großen Wirtschaftssektoren – Agrarwirtschaft, Industrie, Dienstleistungen – finden strukturelle Veränderungen statt. Ein Beispiel: In der Industrieproduktion übernehmen Maschinen gefährliche, schwere oder belastende Arbeiten. Auch der Arbeitseinsatz verändert sich: Gerade in den Industrieländern gewinnen gut qualifizierte Arbeitskräfte immer mehr Beschäftigungsanteile hinzu.

3. Regionaler Strukturwandel: In einzelnen Regionen verändern sich die wirtschaftlichen Strukturen immer wieder, zum Teil mit einschneidenden Konsequenzen für den Arbeitsmarkt. Ein anschauliches Beispiel ist das Ruhrgebiet, das sich mit dem Niedergang des Bergbaus und der Montanindustrie von einer Schwerindustrieregion zunehmend in ein Zentrum für hochtechnologische Industrien (z.B. im Umweltschutzbereich) und moderne Dienstleistungen gewandelt hat. Ein wesentlicher Trend im Strukturwandel heute ist die funktionale Konzentration. Damit ist die Ballung vor allem bestimmter Dienstleistungen auf einige Zentren gemeint: Banken in Frankfurt, Versicherungen in München, Medien in Hamburg, Berlin und Köln.

nach: Initiative Neue Soziale Marktwirtschaft, Köln, www.chancenfueralle.de (22.11.2004)

M 14 Die Entwicklung der Sektoren nach der Drei-Sektoren-Hypothese

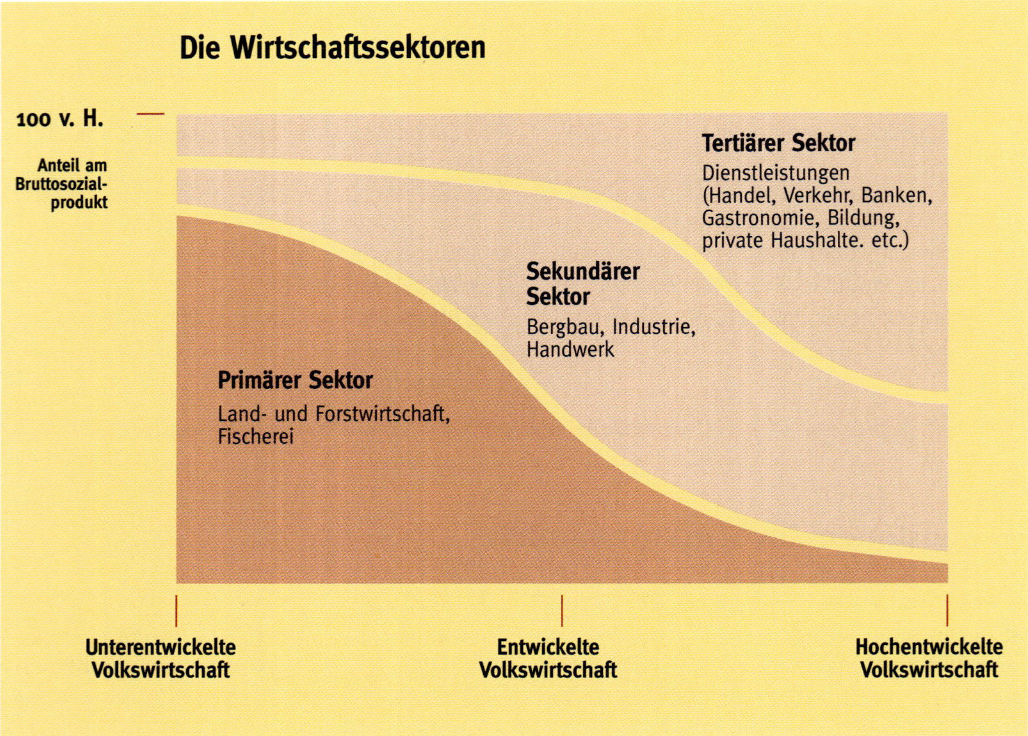

M 15 Sektorale Bruttowertschöpfung und Beschäftigung 1950–2015 in Prozent

Sektor	primärer Sektor		sekundärer Sektor[2]		tertiärer Sektor[3]	
Jahr	BWS[1]	Erwerbstätige	BWS	Erwerbstätige	BWS	Erwerbstätige
1950	10,7	24,6	49,7	42,9	39,6	32,5
1960	5,8	13,7	53,6	47,9	41,0	38,3
1970	3,4	8,5	51,6	48,9	45,0	42,6
1980	2,2	5,2	44,1	43,4	53,7	51,4
1991[4]	1,4	4,0	36,5	36,7	62,1	59,3
2000	1,2	2,7	30,4	33,1	68,5	64,2
2015[5]		1,9		23,8		74,3

[1] Die Bruttowertschöpfung eines Wirtschaftssektors ergibt sich als Differenz zwischen dem Bruttoproduktionswert (-Umsatz) und den Vorleistungen. Sie ist dessen Beitrag zum Bruttoinlandsprodukt.

[2] Bergbau und Gewinnung von Steinen und Erden, verarbeitendes Gewerbe, Energie- und Wasserversorgung, Baugewerbe

[3] bis 1991: Verkehr und Nachrichtenübermittlung, Handel, Kreditinstitute und Versicherungen, Wohnungsvermietung, Staat, sonstige Dienstleistungen; ab 1991: Handel, Gastgewerbe und Verkehr, Finanzierung, Vermietung und Unternehmensdienstleister, öffentliche und private Dienstleister.

[4] Gesamtdeutschland

[5] Institut für Berufs- und Arbeitsmarktforschung Prognose 2015

Quelle: Statistisches Bundesamt Jahresgutachten

Vom Drei-Sektoren-Modell zum Vier-Sektoren-Modell?

M 16

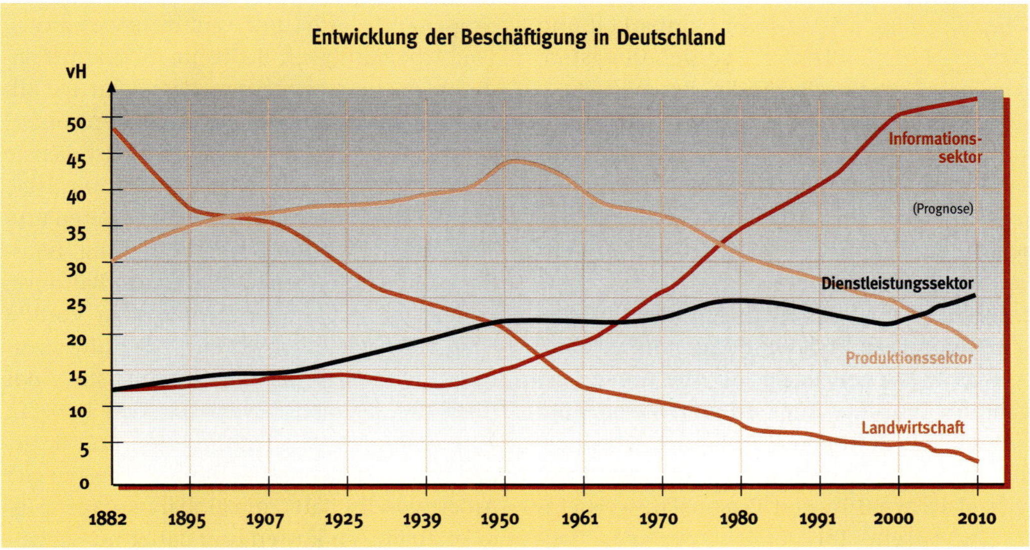

Indem man die Erwerbstätigen, die mit Informationsbeschaffung und -verarbeitung zu tun haben, aus den traditionellen Sektoren ausgliedert, entsteht ein vierter Sektor, der die größten Zuwachsraten zu verzeichnen hat.

Henning Klodt u.a., Tertiarisierung in der deutschen Wirtschaft, Tübingen 1997, S. 68

Kontrovers diskutiert: Dienstleistungsgesellschaft – Chance oder Risiko für die Arbeitsgesellschaft?

M 17

a) Tunnel am Ende des Lichts

Wer immer verspricht, ein Rezept gegen die Arbeitslosigkeit zu haben, sagt die Unwahrheit.

So wollen diejenigen die nach wie vor auf Vollbeschäftigung setzen, meist nicht wahrhaben, dass die Idee der Arbeitsgesellschaft nur durch eine rapide Entwertung und Umdefinition ihrer Schlüsselkategorie, der Beschäftigung, künstlich am Leben erhalten werden kann. Als „beschäftigt" gilt auch, wer ohne hinreichende Existenzsicherung in tausend bunten Formen „unterbeschäftigt" ist. So ist in den USA zum Beispiel jemand schon dann nicht mehr „arbeitslos" (und taucht in den Arbeitslosenstatistiken nicht mehr auf), wenn er oder sie vier Stunden pro Woche jobbt.

Was in internationalen Vergleichen meist ausgeblendet bleibt, ist diese rapide Ersetzung von Vollarbeitsplätzen durch räumlich, zeitlich und vertraglich flexible Unterbeschäftigung. Noch Anfang der siebziger Jahre standen in Deutschland einem Nicht-Normbeschäftigten fünf Normbeschäftigte gegenüber. Anfang der achtziger Jahre lag das Verhältnis bei eins zu vier, Mitte der achtziger Jahre bereits eins zu drei, Mitte der neunziger Jahre liegt es bei eins zu zwei. Bei Fortschreibung dieses Trends wird das Verhältnis von Norm- und Nicht-Normarbeitsverhältnis in fünfzehn Jahren bei eins zu eins liegen. Nur die Hälfte der abhängig Beschäftigten hätte dann noch dauerhafte, arbeits- und sozialrechtlich abgesicherte

Vollarbeitsplätze, ohne dass die Zahl der Arbeitsplätze insgesamt zugenommen hätte. Dieser Zustand – 50 Prozent Normarbeit und 50 Prozent Teilzeitler, versicherungsfrei, temporär, scheinselbständig Beschäftigte – schafft schon heute das „Beschäftigungswunder" der USA. Zugleich ist Unterbeschäftigung oft entwürdigend, da viele Menschen jenseits von Zumutbarkeitsregeln zur Beschäftigung um ihrer selbst willen gezwungen werden.

Insofern bezeugt das Wachstum der Unterbeschäftigung eindrucksvoll, dass wir in einer Arbeitsgesellschaft leben, der die Arbeit ausgeht: Im Zynismus ihrer späten Jahre begnügt sie sich mit der bloßen Hülle der Arbeit; sie klammert sich an entkernte Berufsnamen, die sich gleichwohl in den Personalausweis eintragen lassen. Ihr vielbeschworenes Job-Wachstum beruht zum (un)guten Teil auf einem Wachstum von Junk-Jobs, die weder Versorgung ermöglichen noch inhaltlichen Sinnansprüchen genügen.

Als Ausweg aus dieser Falle wird nun eine Politik der einfachen Dienstleistungen parteienübergreifend vorgeschlagen und inzwischen auch praktiziert. Diese sollen für Gering-Qualifizierte und damit insbesondere von Arbeitslosigkeit Bedrohte in Zukunft dadurch erschlossen werden, dass derartige Billig-Jobs dauerhaft staatlich subventioniert werden („Kombilohn"). Demnach ist das die Zukunft der Arbeitsgesellschaft: Raumpflege, Wäschewaschen, Mahlzeiten zubereiten und einkaufen, einfache Kinderbetreuung, häusliche Altenhilfe, Gepäck tragen am Bahnhof, helfen am Skilift oder, gemäß dem Vorbild USA, das vielbeschworene „Schuhputzertum". Dies sind persönliche Dienste – das Ideal des „Dienens" wird von den Kanzeln einer demokratisch legitimierten Politik herab neu beschworen –, die die „Herren der Arbeitsgesellschaft", die global managers, ihre kostbare Zeit kosten und daher nur zu gerne an Hauspersonal abgetreten werden: Die Vision einer neofeudalen Dienstbotengesellschaft soll vom Alptraum der arbeitslosen Vollbeschäftigungsgesellschaft befreien.

Ulrich Beck, Tunnel am Ende des Lichts, in: Süddeutsche Zeitung, 3.7.1998, S. 11

b) Licht am Ende des Tunnels

Häufig ist zu hören, dass der Wandel zur Dienstleistungsgesellschaft nur stattfinden kann, wenn schlecht bezahlte Stellen in Kauf genommen werden. Nun ist es nicht einsichtig, warum und für wen solche Stellen rundum als „minderwertig" gelten sollen. Etwa für diejenigen, die in den kostenbeladenen Produktionszweigen überhaupt keine Arbeit finden? Sicherlich hat eine Dienstleistungswirtschaft auch niedrig bezahlte Leistungen anzubieten. Aber hat es sich nicht gezeigt, dass auf hohem Produktivitäts- und Lohnniveau eben nicht für jeden die Chance besteht, einen Arbeitsplatz zu finden? Im Übrigen muss ein Zuwachs an Dienstleistungen kein Absacken von Produktivität und Löhnen bedeuten. Das ist – anders als häufig angenommen – auch in den Vereinigten Staaten nicht geschehen. Die zusätzlichen Arbeitsplätze, die in den vergangenen Jahren dort die Arbeitslosigkeit haben schrumpfen lassen, sind zu 80 Prozent in der Dienstleistungsbranche geschaffen worden. Es sind sicherlich mehr schlecht entlohnte Stellen entstanden als in Deutschland. Es wurden aber auch mehr gut bezahlte Arbeitsplätze geschaffen. Der überwiegende Teil der zusätzlich im Dienstleistungsbereich Beschäftigten erzielt Einkommen, die über dem gesamtwirtschaftlichen Durchschnittseinkommen liegen. Der Wettbewerb in der Dienstleistungsbranche wird größer. Das wird durch die zunehmende Privatisierung öffentlicher Dienstleistungen unterstützt. Die Telekommunikation und das Fernsehen sind eindrucksvolle Beispiele. Günstig wirkt auch, dass Dienstleistungen vermehrt aus den Unternehmen ausgegliedert werden. Es entstehen klei-

nere und flexiblere Dienstleistungsunternehmen. Der Wettbewerb nimmt auch deshalb zu, weil es in vielen Fällen unwichtiger wird, wo Dienstleistungen erstellt werden: Die Transportkosten für Dienstleistungen nehmen besonders rasch ab. ...
Dienstleistungen erleichtern und ergänzen die Güterherstellung. Software-Dienstleistungen sind aus den Unternehmen nicht mehr wegzudenken. Leistungen, welche die Produktion begleiten, ihr vorausgehen und nachgelagert sind, werden wichtiger. Dazu gehören Forschung, Entwicklung, Planung, Design, Arbeitsorganisation, Kundenberatung und Reparaturdienst. ... Die Rahmendaten sind günstig: Einkommen und Freizeit nehmen langfristig zu; immer mehr Menschen möchten „etwas erleben". Das verspricht (weiterhin) gute Aussichten für die Freizeitwirtschaft wie die Tourismusunternehmen und die Anbieter von Kultur-, Sport- und Gesundheitsdienstleistungen. ...
Dass sich die Industriegesellschaft auflöse, ist eine irrige Vorstellung. Wie auch sollte eine Volkswirtschaft ohne industrielle Güterproduktion auskommen? Gleichwohl werden die Dienstleistungen an Bedeutung gewinnen – geschoben von neuen Formen des technischen Fortschritts und gezogen von einer Nachfrage, die sich nicht mehr nur im „Kauf" eines Produktes erschöpft.

Dienstleistungen

Innerhalb der Dienstleistungen lassen sich nach funktionalen Schwerpunkten vier Gruppen unterscheiden:

- Unter **gesellschaftsbezogenen Dienstleistungen** sind alle direkten oder indirekten Leistungen für Personen bzw. Familien zu verstehen, die dem individuellen bzw. kollektiven, sozialen und kulturellen Bedarf entsprechen (u.a. Heime, Schulen, Kliniken und Verwaltung).
- **Wirtschaftsbezogene Dienstleistungen** sind Dienste, die von privatwirtschaftlichen Firmen oder staatlichen Institutionen als Vorleistungen, d.h. zur intermediären Verwendung für andere Wirtschaftsbetriebe, produziert und angeboten werden (u.a. Finanzierungsinstitute, Unternehmensberatungen, Versicherungsgewerbe).
- Dienstleistungen, die zur Deckung der Mobilitäts-, Kommunikations- und Transportbedürfnisse der privaten Haushalte und der Wirtschaftsunternehmungen von privatwirtschaftlichen oder öffentlichen Anbietern erstellt werden, werden **distributive Dienstleistungen** genannt (u.a. Einzelhandel, Großhandel, Speditionen, Warenhäuser).
- Unter **haushaltsbezogenen Dienstleistungen** werden konsumentenbezogene Dienstleistungen verstanden, die von privaten Anbietern für private Haushalte zum Endverbrauch erstellt werden.

nach: Rürup, Bert / Sesselmeier, Werner, Wirtschafts- und Arbeitswelt. In: Korte, Karl-Rudolf / Weidenfeld, Werner: Deutschland Trendbuch. Fakten- und Orientierungen, Opladen 2001, S. 249 f.

Lisa Becker, Der Weg zur Dienstleistungsgesellschaft, in: Frankfurter Allgemeine Zeitung, 9.4.1997, S. 15

AUFGABEN

1. Zeigen Sie an (historischen) Beispielen, wie Basisinnovationen Veränderungen in Wirtschaft und Gesellschaft auslösen (M 10).
2. a) Nehmen Sie zu den Visionen des Zukunftsforschers in M 11 Stellung.
   b) Entwerfen Sie ein eigenes Zukunftsszenario.
3. In M 12 werden wirtschaftliche und politische Ursachen für den Strukturwandel genannt. Erläutern Sie die einzelnen Faktoren an jeweils einem Beispiel.
4. Stellen Sie die Werte aus der Tabelle M 15 graphisch dar und verbalisieren Sie die Ergebnisse.
5. Wie erklären Sie sich die Entwicklung der Sektoren (M 14 – M 16)?
6. Beurteilen Sie ausgehend von M 17, welche Chancen und Risiken der Wandel zur Dienstleistungsgesellschaft mit sich bringt.

M 18 Intrasektoraler Strukturwandel in Bildern

Automobilproduktion in Untertürkheim, 1912

Automobilproduktion heute

Getreideernte mit Sense und Sichel, aufgenommen Anfang der fünfziger Jahre

Mähdreschereinsatz bei Aspach im Rems-Murr-Kreis, Juli 2002

Büroorganisation um 1930

Modernes Großraumbüro einer Presseagentur

Der Einfluss des Konsums auf den Strukturwandel

M 19

Dash, Blendi und Sunil. Kitekat, Flora Soft und Palmin. Früher kannte sie jeder. Heute stehen in jedem Ladenregal einige Markenprodukte, die bessere Zeiten gesehen haben, weil Aldi und Lidl das Land mit Billigware überfluten. In den vergangenen zehn Jahren haben die Discounter ihren Anteil am Lebensmitteleinzelhandel auf 35 Prozent verdoppelt.

Droht ein großes Markensterben? Es wäre eine gefährliche Perspektive für eine Branche, die jährlich 339 Milliarden Euro umsetzt. Die Deutschen hätten ihre „Lust am Konsum" verloren, sagt Johann Lindenberg, Deutschland-Chef von Unilever und Präsident des Markenverbandes. ...

Mitten in der Wirtschaftsflaute tritt den Herstellern ein selbstbewusster Konsument entgegen, der die Extreme liebt: Hier treibt ihn die Lust an der Extravaganz – dort der Verzicht. „Das Verhalten der Verbraucher polarisiert sich", sagt David Bosshart, Trendforscher des Schweizer Gottlieb Duttweiler Instituts. „Grundbedürfnisse werden zu möglichst niedrigen Preisen gedeckt, auf der anderen Seite steht die Suche nach immateriellen Werten durch Konsum." Es ist ein Phänomen, das Trendforscher und Werbestrategen schon länger prognostiziert haben. Doch erst jetzt, da die Konsumenten aufs Geld achten und die Hersteller um den Absatz fürchten, beginnt die gnadenlose Auslese.

Für viele Deutsche ist es kein Widerspruch mehr, am Körper ein Häkelkleid von H&M für 9,90 Euro zu tragen, am Handgelenk aber eine Armbanduhr, die mehr als das Hundertfache gekostet hat. 100 Gramm Champagner-Trüffel für vier Euro harmonieren heute mit einer Packung Billig-Salami für 89 Cent. Billig geht. Teuer auch. Was dazwischen liegt, wird weitgehend ignoriert und fliegt aus dem Markt.

Ausgangspunkt ist eine Welt, in der die Mehrheit trotz steigender Arbeitslosigkeit nicht um ihre materielle Existenz fürchten muss. 1962 gaben die Bundesbürger 37 Prozent ihres Monatsbudgets für Essen und Getränke aus, heute sind es keine 13 Prozent. Rechnerisch hat jeder Haushalt eine Waschmaschine, mehr als einen Kühlschrank und 1,5 Fernseher.

Wohin also mit dem Geld? „Echte Bedürfnisse wie Hunger oder Durst kann man befriedigen. Wünsche hingegen sind unendlich", sagt Trendforscher Bosshart. Das Hamburger BAT-Freizeit-Forschungsinstitut hat in mehreren Umfragen ermittelt: 49 Prozent der Deutschen bezeichnen sich inzwischen als „Erlebniskonsumenten, die sich Außergewöhnliches leisten, auch wenn sie dafür gelegentlich zu viel Geld ausgeben oder gar über ihre Verhältnisse leben". Bei den 14- bis 29-Jährigen sind es sogar 68 Prozent. Erlebnisse und Erfahrungen zu kaufen sind längst nicht die einzigen Wünsche. Viele Verbraucher hoffen auf Gesundheit, Seelenheil, Schönheit, Einzigartigkeit, Erfolg, Modernität, Bequemlichkeit und Geselligkeit ... .

Was hiesige Verbraucher an den Nahrungsmitteln sparen, geben sie für Schönheit und Gesundheit wieder aus. So stiegen im ersten Quartal 2003 die Ausgaben für Cremes, Heilmittel und Kosmetika, obwohl der Einzelhandelsumsatz insgesamt sank. Es gehe Verbrauchern „mehr denn je um existenzielle Lebens-Chancen", glaubt die Freiburger Marktforschungsfirma ifm. „Wer nicht gut aussieht, verliert." Schönheit, Gesundheit und Wohlbefinden sind zum Megatrend der Gesellschaft geworden – und damit zur Megachance für Markenprodukte. Man hat ja im Leben nur einmal die Möglichkeit, Haarausfall oder Falten vorzubeugen. ...

Immer neue Produkte kommen auf den Markt, die immer wieder das alte Versprechen abgeben – gesünder, leistungsfähiger und entspannter zu machen. So enthält das neue „Wellness"–Wasser von Nestlé Ginseng und Kräuteressenzen, denen das Unternehmen „vitalisierende Wirkung" andichtet.

Aloe-vera-Extrakte, lange vor allem in Hautcremes zu finden, gibt es nun im Jogurt von Onken – immerhin hilft der eingedickte Aloe-Saft laut Brockhaus gegen Verstopfung. Und die Zauberblumen Ylang Ylang und Patschuli adeln das Duschgel von Palmolive zum „Anti-Stress"-Produkt. ...
In einer breit angelegten Untersuchung hat der Schweizer Zukunftsforscher Andreas Giger den Willen zum Weniger nachgewiesen. Seit sieben Jahren befragt er 750 ausgewählte Trendsetter. Das jüngste Ergebnis: In den kommenden Jahren wollen sie ihre Konsumausgaben fast um ein Fünftel senken.

Götz Hamann und Marcus Rohwetter, in: Die Zeit, 29/2003

M 20 Der Südwesten lockt Menschen an

Das Gesicht der Bundesrepublik wird sich nach Ansicht des Berlin-Instituts für Weltbevölkerung und globale Entwicklung in den nächsten zwanzig Jahren einschneidend verändern. Demnach wird die Gesellschaft massiv schrumpfen und ihre Innovationskraft stark abnehmen. Zu diesem Ergebnis kommt eine von der Robert-Bosch-Stiftung geförderte Studie des Berliner Instituts. Darin wurden die Auswirkungen der demografischen Entwicklung nicht nur auf Gesamtdeutschland, sondern auch auf alle 440 Landkreise und kreisfreien Städte untersucht.
Die beteiligten Wissenschaftler sagen voraus, dass im Jahr 2050 ohne weitere Zuwanderung nur noch rund 51 Millionen Menschen und im Jahr 2100 gerade noch 24 Millionen Menschen in Deutschland leben werden. Das entspräche der Zahl zu Beginn des 19. Jahrhunderts. Die Entwicklung wird nach Einschätzung der Wissenschaftler massive Auswirkungen auf alle Lebensbereiche haben: Die Chance auf wirtschaftliches Wachstum werde rapide sinken. Die Versorgung älterer Menschen werde immer schwieriger und zunehmend unfinanzierbar. Und die Infrastruktur ebenso wie viele Wirtschaftszweige müssten massiv an die Bedürfnisse der älteren Menschen angepasst werden. „Was vor uns steht, hat es in der Geschichte noch nicht gegeben", sagte der Direktor des Instituts, Reiner Klingholz.
Allerdings werden die zu erwartenden Auswirkungen in den nächsten zwanzig Jahren regional sehr unterschiedlich ausfallen. Parallel zum beschriebenen Schrumpfungsprozess hat längst eine Wanderungsbewegung innerhalb Deutschlands eingesetzt, die zu einem dramatischen Ost-West- und Nord-Süd-Gefälle führen wird. In Ostdeutschland, so sagen die Wissenschaftler voraus, werden Landstriche entvölkert werden, während der Süden mit Zuwanderung rechnen kann.
Gemessen an der Geburtenzahl pro Frau, der regionalen Wirtschaftskraft oder auch der Dichte an Ausbildungsplätzen, errechneten die Wissenschaftler eine Rangfolge aller Landkreise und aller Bundesländer. Im Vergleich aller Bundesländer liegt Baden-Württemberg an der Spitze; in der Rangfolge der Landkreise liegen die ersten 19 in Bayern und Baden-Württemberg. Ganz vorne rangiert der bayerische Landkreis Eichstätt bei Ingolstadt, auf Position fünf folgt Böblingen als bestplatzierter im Südwesten. Insbesondere die Regionen um München und Stuttgart ziehen die Menschen an.

Stephan Braun, in: Stuttgarter Zeitung, 23.4 2004

Sektoraler und regionaler Strukturwandel

M 21

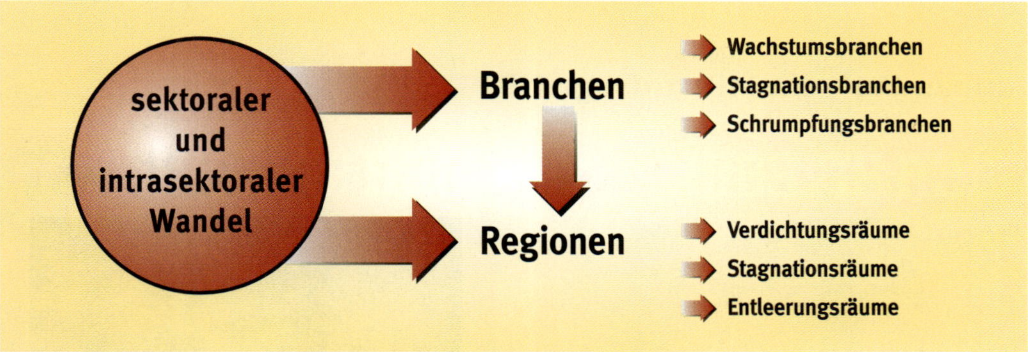

Der regionale Strukturwandel ist häufig eine Folge des sektoralen Strukturwandels auf lokaler Ebene. Wenn Wirtschaftssektoren oder Branchen ein verändertes Gewicht in einer Volkswirtschaft erhalten, d.h. wenn ihr Anteil am Inlandsprodukt zu- oder abnimmt, bleibt dies nicht ohne Auswirkungen auf jene Regionen, in denen der nun schrumpfende Sektor Leitsektor war. Beispiele für die alte Bundesrepublik finden sich in den Branchen Stahl, Kohle und Schiffbau, regional im Ruhrgebiet und in den Küstenregionen. Staatliche regionale Strukturpolitik, die der Forderung des Grundgesetzes nach „Einheitlichkeit der Lebensverhältnisse im Bundesgebiet" verpflichtet ist, versucht, mit Mitteln regionaler Wirtschaftsförderung strukturelle Benachteiligungen einzelner Gebiete zu beseitigen. Ein Sonderfall regionaler Strukturpolitik ist nach der Deutschen Einheit in den fünf neuen Bundesländern entstanden. Fehlende Wettbewerbsfähigkeit der Zentralverwaltungswirtschaft der DDR forderte und fordert noch immer regionale Strukturpolitik als Gemeinschaftsaufgabe in einer historisch völlig neuen Größenordnung.

Autorentext

AUFGABEN

1. Erklären Sie den Wandel innerhalb der Sektoren (M 18).
2. Inwieweit prägt der Konsument den wirtschaftlichen Strukturwandel (M 19)?
3. Erläutern Sie die Zusammenhänge zwischen sektoralem und regionalem Strukturwandel (M 20, M 21) und veranschaulichen Sie diese durch regionale Beispiele (vgl. auch Methodentraining).
4. Der Wandel in der Altersstruktur der Bevölkerung wird das Gesicht der Bundesrepublik Deutschland nachhaltig verändern. Beschreiben Sie, mit welchen Veränderungen nach Ansicht des Berliner Instituts für Weltbevölkerung zu rechnen ist und überlegen Sie, welche Auswirkungen dies auf die Wirtschaftssektoren der einzelnen Regionen haben wird (M 20).

6.2.2 Möglichkeiten und Grenzen staatlicher Strukturpolitik

M 22 Aufbau Ost – ein Milliardengrab?

M 23 Aufbau Ost – noch ein weiter Weg

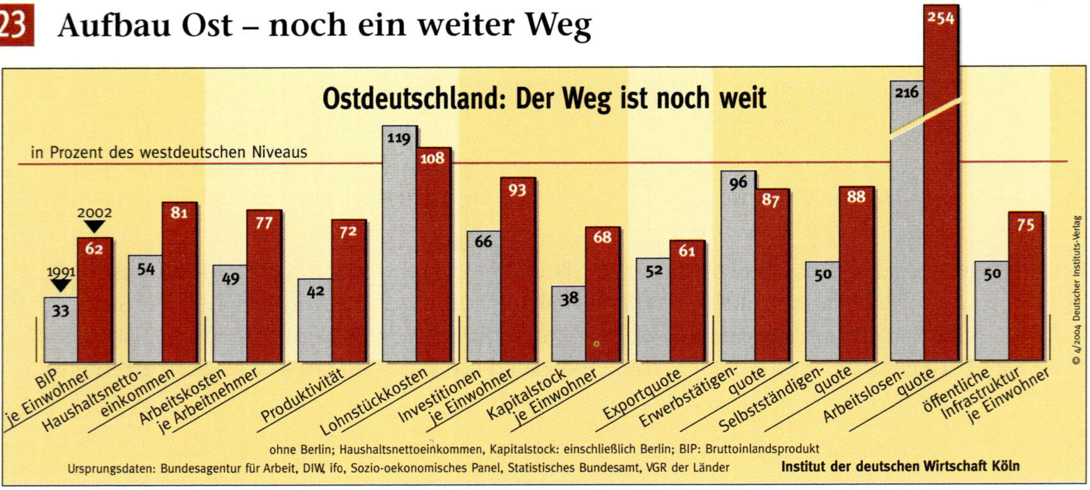

iwd – Informationsdienst des Instituts der deutschen Wirtschaft Köln Nr. 4, 22.1.2004

Grenzen staatlicher Strukturpolitik – Aufbau Ost gescheitert?

M 24

Der Aufbau in Ostdeutschland ist in der bisherigen Form in der Sackgasse angelangt. Zu diesem Schluss kommt eine von Bundeswirtschaftsminister Wolfgang Clement (SPD) und vom Ostbeauftragten der Regierung, Verkehrsminister Manfred Stolpe (SPD), eingesetzte Kommission. In einem der Stuttgarter Zeitung vorliegenden Papier fordert sie im Osten eine „Sonderwirtschaftszone" mit niedrigeren Löhnen und weniger Steuern als im Westen.

„Die Lage ist zutiefst beunruhigend", schreiben die 13 Experten, die mit Ausnahme eines Vorstandsmitglieds des Deutschen Gewerkschaftsbundes alle aus Unternehmen, Wirtschaftsverbänden und dem Bereich der Wirtschaftswissenschaft stammen. Unter Leitung des früheren Hamburger Bürgermeisters Klaus von Dohnanyi (SPD) zeichnen sie ein düsteres Bild der Lage in Ostdeutschland.

Bisher erwirtschafte der Osten nur zwei Drittel des Wohlstandes im Vergleich zu Westdeutschland. Seit Mitte der neunziger Jahre stagniere die Entwicklung. Zudem fehlten in den neuen Ländern für eine solide Wirtschaftsbasis fast 3000 Betriebe, heißt es in dem Bericht. Wegen einer fortdauernden Abwanderung insbesondere junger Menschen drohe „eine dramatische Überalterung der Gesellschaft in Ostdeutschland und ein gefährlicher Verlust besonders gut ausgebildeter Menschen und kreativer Köpfe".

Es sei „erschreckend, dass sich dies nicht in der Politik des Bundes widerspiegelt". Trotz vieler Milliarden an Transfers aus dem Westen sei der Höhepunkt der Krise noch gar nicht erreicht. Zum Beispiel werde die hohe Arbeitslosigkeit in den neuen Ländern zu einem deutlich niedrigeren Rentenniveau führen. Schon heute sei aber die ostdeutsche Kaufkraft in weit höherem Maß als im Westen von den Finanzen der Rentner abhängig. Ein vernichtendes Urteil stellt das Expertengremium den Ergebnissen der bisherigen

Der Solidarpakt I und II

Nach der Wiedervereinigung der beiden deutschen Staaten stellte die Finanzierung der neuen Länder in einer gesamtwirtschaftlich schwierigen Lage Bund, Länder und Gemeinden vor hohe Anstrengungen. Deshalb einigten sich der frühere Bundeskanzler Helmut Kohl, die Regierungschefs der Länder sowie die Partei- und Fraktionsvorsitzenden im März 1993 auf einen Solidarpakt zur Unterstützung der neuen Länder ab 1995.

Eckpunkte dieser Einigung im Überblick :

1. Sicherung der Finanzausstattung der neuen Länder und ihrer Gemeinden durch ein Transfervolumen von 55,8 Milliarden Mark (28,5 Milliarden Euro) in 1995. Dazu wurde die Bund-Länder-Finanzaufteilung neu geordnet.
2. Beseitigung der ökologischen Altlasten sowie Sicherung und Erneuerung industrieller Kerne. ...
3. Absatzförderung für Produkte aus den neuen Bundesländern. ...
4. Notwendigkeit einer Bahnreform.
5. Stärkung des Wohnungsbaus.
6. Verstetigung der aktiven Arbeitsmarktpolitik.
7. Keine Kürzung der sozialen Regelleistungen.
8. Ausgabenkürzungen und der Abbau von Steuersubventionen sollten einen Einsparungsbetrag von über 9 Milliarden Mark (4,6 Milliarden Euro) erzielen.
9. Einführung eines Solidaritätszuschlages ab dem 1. Januar 1995 von 7,5 Prozent, ab 1998 von 5,5 Prozent.

Durch den Solidarpakt I, der 1993 vereinbart wurde und 2004 ausläuft, erhielten die neuen Länder und ihre Gemeinden insgesamt 94,5 Milliarden Euro.

Im Solidarpakt II, der am 23. Juni 2001 geschlossen worden ist und von 2005 bis 2019 gilt, verpflichtet sich der Bund, den neuen Ländern für den Aufbau Ost insgesamt 156,5 Milliarden Euro zur Verfügung zu stellen. Neu am Solidarpakt II ist unter anderem, dass die Länder einen Großteil der bislang nur für einen bestimmten Verwendungszweck gewährten Mittel nun gemäß ihren eigenen Vorstellungen einsetzen dürfen. Dadurch soll die Effizienz der Förderung steigen.

Autorentext

Hilfe aus dem Westen aus. Zwar könne der Aufbau im Osten nicht allein den Marktkräften überlassen werden, aber die bisherigen Gelder hätten zur Verschwendung ermutigt. Die milliardenschweren Abschreibungsvorteile im Baubereich hätten nur „sehr begrenzt eine nachhaltige Wirkung". Auch der von der Bundesregierung bevorzugte weitere Ausbau der Infrastruktur werde vielerorts keine wirtschaftlichen Erfolge bringen. Die Region sei „zum Teil heute besser ausgestattet als der Westen".

Der einzige Ausweg, den die Experten sehen, ist eine Konzentration der Hilfe auf Erfolg versprechende Schwerpunkte auch um den Preis, dass viele Regionen in den neuen Ländern weiter zurückfallen. Notfalls müsse der Bund über die Ländergrenzen in Ostdeutschland hinweg die nötigen Prioritäten verordnen. „Mehr Geld kann es offenkundig nicht geben", schreiben die Experten. Sie verweisen darauf, dass die riesigen Zahlungen aus dem Westen schon heute zentrale Ursache der Schwäche Deutschlands seien.

Die Kommission schlägt vor, den ostdeutschen Betrieben gezielt Kostenvorteile zu verschaffen. Dazu müsse vor allem das Lohnniveau gesenkt werden. Das könne auch über einen staatlich subventionierten Niedriglohnsektor geschehen. Außerdem sollten Vorteile, etwa bei der Besteuerung von Gewinnen, gewährt werden. Man werde an einer Art Sonderwirtschaftszone in Ostdeutschland nicht vorbeikommen, selbst wenn das ungleiche Verhältnisse innerhalb Deutschlands schaffe und in der EU durchgesetzt werden müsse. Manfred Stolpe, der zuständige Minister für den Osten, wies den Vorwurf des Scheiterns zurück. Er räumte aber ein, dass man die Förderung „neu justieren" müsse.

Stuttgarter Zeitung, 6.4.2004, S. 1

M 25 Klassische Instrumente staatlicher Strukturpolitik

Autorengrafik

Wissenschaftliches Poster

Die Industriestädte Wolfsburg (links) und Eisenhüttenstadt(rechts), knapp sechzig Jahre alt die eine, rund zwölf Jahre jünger die andere, sind wohl die bedeutendsten Stadtgründungen in Deutschland im 20. Jahrhundert. Beide waren zugleich als Modell- und Musterstädte wichtig. „Stadt des Morgen“, „Symbol unseres Lebens“, „Stadt ohne Beispiel“ sollten sie sein – junge, moderne, vorwärtsstrebende Städte. Auf dem Reißbrett entstanden, verkörpern diese zwei Städte im geteilten Deutschland Zuversicht und Aufbau-Euphorie der Nachkriegszeit, das Vertrauen in Fortschritt und Modernität, vor allem aber die Überzeugung ihrer Planer, dass nur ihrem Staat die Zukunft gehöre.

Untersuchen und vergleichen Sie die Geschichte und wirtschaftliche Entwicklung dieser beiden Städte in einem fächerverbindenden Projekt zur Industriegeschichte (zusammen mit Geschichte, Geographie).

Stellen Sie Ihre Ergebnisse, die Sie z. B. in arbeitsteiliger Gruppenarbeit erarbeitet haben, in Form eines wissenschaftlichen Posters dar.

Poster sind meistens DIN A0 große Präsentationen, die ein klar umrissenes Thema darstellen und ohne zusätzliche Erklärung für sich selbst sprechen sollen.
Für die **Verständlichkeit** und **Originalität** eines Posters sind grundsätzlich vier Kriterien maßgebend:

- Inhalt, Aussage
- Gestaltung, Gliederung
- Technik, Ästhetik
- Verständlichkeit und Originalität.

Wenn es um ein wissenschaftliches Poster geht, werden insbesondere bei Inhalt und Aussage noch zusätzliche Anforderungen gestellt, die über das hinausgehen, was man ansonsten von Plakaten oder plakatähnlichen Darstellungen erwartet.

Ein wissenschaftliches Poster kann nicht wie ein Werbe- oder Veranstaltungsplakat betrachtet werden. Die inhaltliche Qualität der Aussage ist zu beurteilen wie bei jeder wissenschaftlichen Arbeit. Die Kunst besteht im Kürzen, in der Beschränkung auf das Wesentliche und für die Aussage unbedingt Notwendige, ohne dabei zu sehr zu vergröbern oder unzulässig zu verallgemeinern.

Auch ein Poster sollte die übliche Gedankenfolge einer wissenschaftlichen Arbeit anbieten:

- *Problemstellung* (Bedeutung, Abgrenzung des Problems),
- *Zielsetzung* (Welche Fragen sollen beantwortet werden? Welche Ziele verfolgt die Untersuchung, das Forschungsprojekt?),
- *Methodik* (Wie ist die Vorgehensweise zur Zielerreichung?),
- *Ergebnisse* (Was ist festgestellt worden und was heißt das für die Fragestellung/Zielsetzung?) und
- *Schlussfolgerungen* (Bedeutung der Ergebnisse für den Problemzusammenhang, mögliche Konsequenzen für die Praxis und für weitere Forschung?).

Der Betrachter eines Posters will möglichst viel sehen und so wenig wie möglich lesen. Visualisierung, die bildhafte Gestaltung von Aussagen, ist gefragt. Taucht z.B. eine Tabelle auf, so fragt man sich, ob sie nicht in ein Diagramm überführbar gewesen wäre. Bei aller Umsetzung ins Visuelle darf die wissenschaftliche Aussage nicht untergehen, nein, gerade über die Visualisierung sollte sie möglichst verständlich und eindrucksvoll vermittelt werden.

Der Text muss gut lesbar sein. Auch Bilder und Diagramme sollte man aus zwei Metern Entfernung noch mit bloßem Auge gut erkennen können. Das erleichtert eine *klare Schrift*. Typen ohne „Serifen", eventuell im Fettdruck (z.B. „Arial", „Letter Gothic" oder „Tahoma"), sind meist besser lesbar und daher in kleinerer Schriftgröße noch eher zu entziffern als Serifenschriften (z.B. „Times New Roman" oder „Courier"). Farbe ist ein unverzichtbares Gestaltungsmittel im Poster.

Ein Poster bietet Fläche, dieser *Raum ist aufzuteilen,* evtl. sogar perspektivisch in die Illusion der 3. Dimension führend. Aufteilen heißt nicht Zupflastern. *Freifläche* ist eines der wichtigsten Güter, die es im Poster zu verteidigen gilt. *Reihung, Rhythmus* und *Dynamik*, das sind Elemente, die letztlich den ästhetischen Eindruck bestimmen. Dieser ästhetische Eindruck sollte sich nun in den Dienst der Aussage stellen und den *Blick lenken*: auf das Wesentliche. Ein ansprechendes und schönes Poster lädt zum Verweilen ein und damit kommt auch der Rest, das weniger Zentrale, zu seinem Recht. Ein verständlicher Text zeichnet sich durch Einfachheit, Kürze und Prägnanz, Gliederung und Ordnung aus. Dies gilt auch für das Poster.

Autorentext

Die Strukturerhaltungsfalle

M 26

Wie sich die Bilder gleichen: Ob die Beschäftigten von Renault im belgischen Vilvoorde oder die Kumpel im Ruhrgebiet, ... – allerorts stemmen sich in den Strudel des Strukturwandels Geratene mit Werkbesetzungen, Arbeitsniederlegungen, Demonstrationen, Drohgebärden oder gar Boykotten gegen den Stellenabbau, der ihnen als betriebswirtschaftlich zwingend verkauft wird. Politiker von links bis rechts verlieren rasch die Nerven und geben dem Druck der Straße nicht nur nach, sondern stimmen sogar bereitwillig in den Protestchor gegen Globalisierung und Strukturwandel ein. Sie prangern die unternehmerischen Entscheide als nicht am Gemeinwohl orientiert an, sie erinnern ... die Manager an ihre soziale Verantwortung, und sie geben gute Ratschläge. Im besten Fall bieten sie ihre Vermittlerdienste gegenüber der oft durch sie selbst aufgestachelten Öffentlichkeit an, im schlechtesten offerieren sie großzügige Erhaltungssubventionen.

Bei vielen Beispielen der Strukturkonservierung handelt es sich, wenn nicht um industrielle Fossile, so doch um Unternehmen und Branchen mit einer großen Vergangenheit, aber ohne große Zukunft. Oft ist ihnen eine enorme Symbolkraft eigen ... Die tiefe Verwurzelung verstärkt die an sich schon große emotionale Betroffenheit; sie macht die Bereitschaft zu – wider jegliche ökonomische Vernunft gewährter – Hilfe aller Art verständlich, wenn auch nicht besser. Letztlich bleibt solche Willfährigkeit gegenüber der öffentlichen Meinung immer eine Politik des kurzen Atems. Sie gefährdet weitere Arbeitsplätze. Was dabei als regionales oder nationales Interesse dargestellt wird, liegt entgegen allen vollmundigen Behauptungen kaum im langfristigen Interesse der Bevölkerung.

Ein staatliches Eintreten für die Erhaltung betriebswirtschaftlich nicht mehr zu rechtfertigender Produktionen beeinträchtigt zunächst direkt oder indirekt immer die Standortqualität. Wenn der Staat Geld in die Hand nimmt oder auf Einnahmen verzichtet – bei der deutschen Kohle geht es um Dutzende von Milliarden Euro –, zahlen andere die Zeche. Die Steuern für die Konsumenten und für jene Firmen, die florieren und wachsen, müssen höher ausfallen als sonst. Oder es kommen im entsprechenden Ausmaß Investitionen in Bildung, Forschung oder Infrastruktur unter die Räder. ...

Vielleicht die größte Tragödie der Strukturerhaltungspolitik ist schließlich, dass sie die Energien auf die Lösung der Probleme von gestern lenkt, anstatt die Zukunft ins Visier zu nehmen. Der frühere deutsche Wirtschaftsminister Friderichs hat einmal Sonderanstrengungen zugunsten der Bauwirtschaft als „Abschreibungshilfen für Baumaschinen“ bezeichnet. Analoges gilt für praktisch jegliche Unterstützung von Partikularinteressen; sie endet meist in Geldverschleuderung ohne

Bericht der Bundesregierung über die Entwicklung der Finanzhilfen des Bundes und der Steuervergünstigungen für die Jahre 2001 – 2004 („19. Subventionsbericht“), S.9

Modernisierungsnutzen. Am Anfang eines Jahrzehnts veröffentlicht das japanische Industrie- und Handelsministerium jeweils eine Liste jener Branchen, die mit Blick auf das Beschäftigungspotenzial, ein hohes Lohnniveau und die Exporterlöse von Experten und Unternehmern als besonders zukunftsträchtig eingeschätzt werden. Für die neunziger Jahre umfasst die Liste die Branchen Mikroelektronik, Biotechnologie, neue Werkstoffe, Telekommunikation, Zivilluftfahrt, Werkzeugmaschinen sowie Roboter/Computer. In diesen Bereichen haben natürliche Rohstoffe fast keine Bedeutung, während Wissen und technischer Fortschritt Schlüsselrollen spielen. Doch wo immer in Europa Arbeiter und Bürger auf die Straße gehen, verteidigen sie „alte", oft rohstoffnahe Industrien oder bekämpfen – Beispiel Biotechnologie – neue Technologien. Wo bleibt das Lobbying der Gewerkschaften für die Arbeitsplätze von morgen?

Neue Zürcher Zeitung, 29./30.3.1997, S. 9

M 27 Ziele der EU-Regionalpolitik

Mit großem Aufwand fördert die EU ihre Regionen, um den wirtschaftlichen und sozialen Zusammenhalt der Gemeinschaft zu verbessern. Von 2007 bis 2013 sollen für diese Kohäsionspolitik weit mehr als 300 Milliarden Euro aufgebracht werden. Dabei ist schon heute umstritten, inwieweit die Mittel ihren Zweck erfüllen. Experten empfehlen, die breit gestreuten Regionalhilfen durch eine wachstumsfördernde Unterstützung der ärmeren Staaten zu ersetzen.

Damit in einem vielköpfigen Haushalt keiner zu kurz kommt, müssen sich alle Mühe geben. In der großen EU-Familie reicht das allerdings nicht aus. Damit die wirtschaftlich schwächeren Regionen zu den Stärkeren aufschließen können, lässt die Europäische Union vielmehr einiges springen: Von 2000 bis 2006 werden allein die 15 alten Mitgliedsländer im Zuge der Politik des wirtschaftlichen und sozialen Zusammenhalts – der so genannten Kohäsionspolitik – mit 213 Milliarden Euro unterstützt.

Der Löwenanteil hiervon – knapp 128 Milliarden Euro – kommt denjenigen Regionen zugute, deren Bruttoinlandsprodukt (BIP) weniger als 75 Prozent des EU-15-Durchschnitts erreicht. In europäischer Amtssprache werden sie als Ziel-1-Regionen bezeichnet.

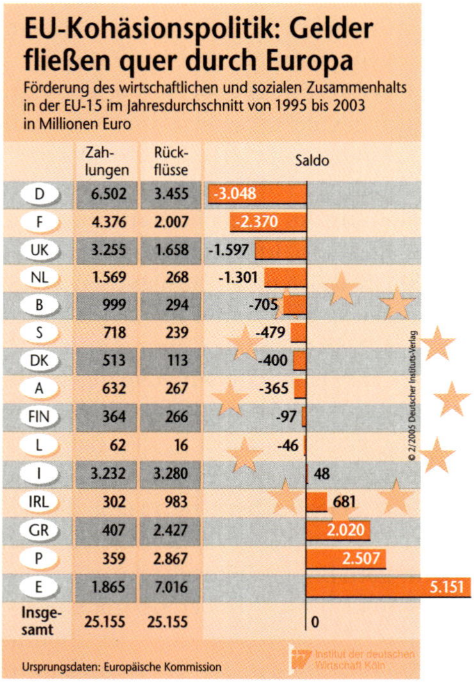

Mit der jüngsten Erweiterung um acht mittel- und osteuropäische Länder sowie dem für 2007 vorgesehenen Beitritt von Bulgarien und Rumänien muss sich die EU noch mehr ins Zeug legen. Schließlich ist der Unterschied zwischen Arm und Reich deutlich größer geworden. So betrug das Verhältnis des Pro-Kopf-BIP der wirtschaftlich schwächsten zu den stärksten Regionen, in denen jeweils 10 Prozent der Bevölkerung leben, in der EU-15 zuletzt etwa 1 zu 2,6. Mit der Erweiterungsrunde 2004 hat sich die Relation auf 1 zu 4,3 vergrößert. Nach der Aufnahme Bulgariens und Rumäniens dürfte sie sogar auf 1 zu 5,8 steigen.

Um dieses Gefälle verringern zu können, werden die kohäsionspolitischen Mittel künftig wohl kräftig aufgestockt. Gemäß dem Vorschlag der Europäischen Kommission sollen im Schnitt der Jahre 2007 bis 2013 in der 27er-EU 0,46 Prozent des BIP für die wirtschaftliche und soziale Annäherung bereitstehen.

Im gesamten Zeitraum 2007 bis 2013 würden demnach nahezu 375 Milliarden Euro für die EU-Kohäsionspolitik ausgegeben.

Das Gros – rund 336 Milliarden Euro – ist für drei grundsätzliche Zwecke vorgesehen:

1. *Konvergenz.* Unter diesem Stichwort werden alle Hilfen für die wirtschaftlich am wenigsten entwickelten Regionen zusammengefasst – von 2007 bis 2013 sind insgesamt 264 Milliarden Euro vorgesehen. Darunter fällt neben den Hilfen für die Ziel-1-Regionen auch eine Übergangsförderung für jene Gebiete, die allein aufgrund der Erweiterungsrunde nun mehr als 75 Prozent des EU-Mittels erwirtschaften – ohne tatsächlich reicher geworden zu sein. Außerdem beteiligt sich die Staatengemeinschaft auch an der Verbesserung der Verkehrs- und Umweltinfrastruktur in den weniger wohlhabenden Mitgliedsländern.

2. *Regionale Wettbewerbsfähigkeit.* Aus diesem zwischen 2007 und 2013 möglicherweise mit rund 58 Milliarden Euro gefüllten Topf werden vor allem bestimmte Regionen gefüttert, die mit dem Strukturwandel zu kämpfen haben.

3. *Grenzüberschreitende Zusammenarbeit.* Unter diesem neuen Titel will die Kommission in der nächsten Finanzplanungsperiode den Regionen entlang den EU-Binnen- und Außengrenzen gut 13 Milliarden Euro zukommen lassen. Diese sollen damit unter anderem die grenzüberschreitenden wirtschaftlichen Beziehungen fördern.

Grundsätzlich will die Kommission kohäsionspolitische Wohltaten weiterhin allen Mitgliedstaaten zuteil werden lassen; rückständige Regionen sollen besonders unterstützt werden.

iwd – Informationsdienst des Instituts der deutschen Wirtschaft Köln Nr. 2, 13.1.2005

Kontrovers diskutiert: Wie viel staatliche Industriepolitik brauchen wir? M 28

Die Marktwirtschaft braucht eine aktive Industriepolitik des Staates im Innovationsmanagement

Der dramatische Anstieg der Arbeitslosigkeit hat viele Ursachen und war im Prinzip vorhersehbar. ...

Deutschland hat es ... aufgrund kurzfristiger Gewinnmaximierung versäumt, eine führende Position in neuen Technologien und innovativen Produkten zu übernehmen. Natürlich bringt es nichts, verpassten Chancen nachzutrauern, aber man kann daraus zwei Dinge für die Zukunft lernen:

1. Eine alleingelassene Marktwirtschaft tut sich unglaublich schwer bei der längerfristigen Zukunftsvorsorge. Hier braucht sie eindeutige Hilfe von einer aktiven Industriepolitik des Staates. ...

2. Die tragende Säule einer Industriegesellschaft ist das produzierende Gewerbe, wozu auch eine starke Position in Massenmärkten gehört. Der Traum von einer überwiegenden Dienstleistungsgesellschaft oder die alleinige Konzentration auf Nischenmärkte oder gar die Strategie als Blaupausenexportland ist unsinnig. Es gleicht eher dem Versuch, sich am eigenen Schopf aus dem Sumpf zu ziehen als einer

ernsthaften Grundlage für eine Industriegesellschaft. Die Sicherung eines Standorts im produzierenden Gewerbe geht aber nur durch eine aggressive Industriepolitik sowohl hinsichtlich neuer Technologien und Materialien als auch in Hinsicht von Innovationen in Systeme und Produkte. ... Zu erwarten, dass eine Privatwirtschaft allein solche langfristigen Entwicklungsperspektiven aus eigener Kraft in Konkurrenz zu anders strukturierten Volkswirtschaften rechtzeitig und in ausreichendem Umfang aufgreift, ist illusorisch. Die hierzu erforderliche Industriepolitik kann sich nicht nur auf das Ausschreiben von Förderprogrammen beschränken, deren Projekte eine dominierende Mitfinanzierung der Industrie voraussetzt und damit doch wieder ausschließlich vom unternehmerischen Risiko lebt. Sie muss in wichtigen Schlüsselbereichen von strategischer Bedeutung, in der es aber noch keine belastbare Industrie gibt, durchaus Schrittmacherfunktionen übernehmen: zum Beispiel in Form von staatlich vorfinanzierten Produktlinien, die dann selbstverständlich so rasch wie möglich privatisiert werden müssen.

Anton Heuberger, Hausaufgaben für den Staat, in: Flensburger Tageblatt, 8.4.1997
(Der Autor leitet das Fraunhofer-Institut für Siliziumtechnologie in Itzehoe und ist Professor für Mikroelektronik an der Universität Kiel.)

Kann der Staat die Entdeckungsfunktion des Wettbewerbs ersetzen?

Indem die Politiker und Staatsbediensteten sich die Entscheidung vorbehalten, welche Branche mit dem Adjektiv „strategisch" ausgezeichnet wird oder welche Technologie der Schlüssel für die Wettbewerbsfähigkeit der gesamten Industrie darstellt, sind sie zugleich auf sachkundigen Rat angewiesen – denn kein Politiker oder Beamter kann für sich reinen Gewissens in Anspruch nehmen, über das nötige überlegene Wissen zu verfügen. Dieser Rat wird nur zu gerne von der Industrie selbst angeboten, verspricht eine erfolgreiche Beratung doch immer die Zuwendung staatlicher Mittel. ...

Doch auch den Unternehmen ist nicht bekannt, welche eventuell bisher noch nicht erfundene Technologie sich in Zukunft als bedeutend herausstellen wird, in welchen eventuell bisher noch gar nicht existierenden Produkten und Branchen sich diese einsetzen ließe, wie sich die Bedingungen für den wirtschaftlichen Einsatz einer bestimmten Technologie in verschiedenen Produkten und Branchen entwickeln werden, welche Unternehmen sich bei der Entwicklung und Anwendung neuer oder „strategischer" Technologien als überlegen erweisen und in welchen Ländern zukünftig die günstigsten Bedingungen für die Entwicklung und Anwendung einer bestimmten Technologie bestehen werden. Wäre es ihnen bekannt, so bedürfte es nicht des Wettbewerbs, um all dies zu entdecken. ...

Allzuoft scheinen die Politiker und Bürokraten dem Trugschluss zu erliegen, eine Branche sei um so strategischer oder eine Technologie gesamtwirtschaftlich um so bedeutender, je höher der erforderliche Geldbetrag ist, um sie zur Marktreife zu entwickeln oder im Inland verfügbar zu machen. So werden denn vor allem besonders spektakuläre Technologien und besonders prestigeträchtige Forschungsobjekte gefördert. Das Risiko der Politiker, eine Technologie oder ein Projekt zu fördern, das schließlich doch nicht den erhofften Erfolg bringt, ist äußerst gering: Es ist nicht ihr Vermögen, das sie für die Fehlentscheidung ausgegeben haben.

Jürgen Simons, Industriepolitik, Stuttgart 1997, S. 131 ff.

Der Traum vom Silicon-Valley in deutschen Amtsstuben

Glaubte Schumpeter[1] noch, es sei Sache des Unternehmers, neue Produkte und Verfahren zu entwickeln und durchzusetzen, so wurde dies entsprechend dem neuen Selbstverständnis im „Förderstaat" in den letzten Jahren mehr und mehr zur Sache der öffentlichen

Hand. Ihr Mäzenatentum für die Grundlagenforschung ist längst dem Engagement für die angewandte Forschung gewichen. In ehrlicher Sorge um die deutsche Wirtschaft wurden die Förderungsprogramme auf allen politischen Ebenen immer marktnäher. Als sich zeigte, dass die Produktinnovation allein noch keinen Erfolg garantiert, kamen Programme für Fertigungs- und Verfahrenstechniken hinzu. ...

Damit ist der aus Förderungsprogrammen synthetisierte Unternehmerersatz komplett. Und man kann sich daran machen, diesen Homunkulus[2] durch Existenzgründungsprogramme in der staatlichen Retorte mit etwa folgendem Rezept zu züchten:

- ein bisschen Grundstück von der Gemeinde,
- ein wenig Technik von der benachbarten Hochschule,
- eine Prise mit BAT-Stellen zugekaufter Management- und Marketingkapazität und
- eine kleine lokale Volksbanken- und Sparkasseninitiative zur Risikofinanzierung.

Der Traum vom Silicon Valley ist komplett – mittlerweile mehr als hundertmal in der Bundesrepublik. Der „Unternehmer“ aus der Retorte Technologiepark wurde damit provinzielle Wirklichkeit. Die Perversion der Marktwirtschaft durch Innovationsförderung und Technologietransfer ist damit vollständig. Im Zusammenspiel von protektionismusgeneigter Politik, Verwaltung und Gewerkschaft und subventionsanfälligen Unternehmen und Verbänden haben technokratische Verwalter die Innovation übernommen. Ministerialbeamte auf Bundes- und Landesebene, Projektträger, Wirtschaftsförderer der Regionen und Kommunen, Gutachter, Wissenschaftler, „Venture-Kapitalisten“, Innovationsberater, Technologietransferagenturen und ähnliche bilden eine Neuerungsbewegung ohne das Manko, ein persönlich zu verantwortendes Risiko zu tragen – ein Manko, das dem alten Unternehmer anhaftete.

Erich Staudt, Brauchen wir eine staatliche Industriepolitik?, in: Christian Dräger u.a. (Hg.), Mehr Wettbewerb, mehr Arbeit – Ist Vollbeschäftigung eine Illusion?, Baden-Baden 1996, S. 116 ff.

[1] *Schumpeter, Joseph A., österr. Volkswirtschaftler und Sozialwissenschaftler (1883–1950)*
[2] *Homunkulus: künstlich erzeugter Mensch*

AUFGABEN

1. Beurteilen Sie ausgehend von Material (M 23), in welchen Bereichen sich die wirtschaftliche Situation der neuen Bundesländer positiv, in welchen negativ entwickelt hat.
2. Erläutern Sie die Gründe für die Probleme beim Aufbau Ost (M 24).
3. Über die Verlängerung der Förderung der neuen Bundesländer nach Auslaufen des Solidarpaktes I wurde in der Öffentlichkeit heftig diskutiert. Recherchieren Sie mit Hilfe des Internets die Positionen in der Debatte und erläutern Sie, welche Gründe für eine Verlängerung bzw. gegen eine Verlängerung der Förderung im Rahmen des Solidarpaktes II vorgetragen wurden (M 24).
4. Diskutieren Sie in einer Pro- und Kontra-Debatte das Für und Wider staatlicher Strukturpolitik (M 24 – M 28).

LINKS

www.iwh-halle.de (Institut für Wirtschaftsforschung Halle, Informationen speziell zum Thema Strukturwandel, Schwerpunkt Ostdeutschland)

www.iwkoeln.de (Institut der deutschen Wirtschaft Köln; breites Themenspektrum, insbesondere auch Wachstumspolitik, sehr gute Online-Publikationen)

Informationen und Zusammenhänge

Intersektoraler Wandel Drei-Sektoren-Hypothese
M 10 – M 16

Die langfristigen und grundsätzlichen, strukturellen Veränderungen im Gefüge einer Volkswirtschaft werden als Strukturwandel bezeichnet. In der Entwicklung von Volkswirtschaften lässt sich dabei ein typisches Muster erkennen: Im langfristigen Wachstumsprozess von Marktwirtschaften verdrängt der sekundäre Sektor (produzierendes Gewerbe) zunächst den primären Sektor (Land- und Forstwirtschaft, Fischerei) und wird schließlich selbst vom tertiären Sektor (Dienstleistungen) verdrängt (Drei-Sektoren-Hypothese).

Wandel zur Dienstleistungsgesellschaft
M 17

Den größten Anteil am Weltsozialprodukt nimmt heute der Dienstleistungssektor ein. Der entscheidende Grund für diese Entwicklung ist, dass sich in den hoch entwickelten Volkswirtschaften die Wertschöpfung immer mehr vom Materialverbrauch abgekoppelt hat, dass sie zunehmend das Ergebnis organisatorischer, kontrollierender, helfender, beratender, dienender und gestaltender Tätigkeiten geworden ist.

Vierter Sektor

Aufgrund der zunehmenden Bedeutung von Information und Kommunikation für unser Leben gliedert man diese Bereiche heute auch aus den drei Sektoren aus und fasst sie zu einem eigenen vierten Sektor (Informationssektor) zusammen.

Intrasektoraler Wandel Beispiel Landwirtschaft
M 18

Strukturwandel meint nicht nur, dass sich die Gewichte zwischen den Sektoren verschieben. Auch innerhalb der Sektoren können sich die Art der Güterproduktion, Betriebsgrößen, Fertigungsmethoden und Beschäftigungssystem verändern. Dieser intrasektorale Strukturwandel hat besonders in der Landwirtschaft dazu geführt, dass die harte Feldarbeit früherer Jahre durch den Einsatz von Maschinen im Zuge des mechanisch-technischen Fortschritts weitgehend ersetzt worden ist. Damit einher ging eine starke Zunahme der Produktivität, die wiederum mit einem starken Rückgang der Beschäftigung verbunden war. Dieser Prozess ist auch heute noch nicht abgeschlossen.

Regionaler Strukturwandel
M 20, M 21

Regionaler Strukturwandel ist häufig eine lokale Folge der Veränderungen innerhalb der Wirtschaftssektoren und ihrer Gewichte in einer Volkswirtschaft. Ein Indikator für Stärken und Schwächen einer Region ist die Bevölkerungsentwicklung. Verdichtungsräume (Ballungsgebiete) weisen eine hohe Zuwanderung auf, während aus strukturschwachen Regionen Menschen abwandern.

Strukturschwache Regionen

Die Dynamik des technischen Fortschritts in Verbindung mit zunehmenden Verflechtungen der Volkswirtschaften erfordern hohe Anpassungsleistungen der wirtschaftlichen Akteure. Gelingt es nicht, sich den schnell veränderten Marktbedingungen anzupassen, entstehen strukturschwache Regionen mit hoher Arbeitslosigkeit und ausbleibendem Wirtschaftswachstum.

Ursachen des Strukturwandels
M 18 – M 20

Wichtigste Triebfeder für den Strukturwandel ist der technische Fortschritt. Dieser wirkt auf die Angebotsseite (z. B. neue Produktionsverfahren, neue Produkte) und auf die Nachfrageseite (Bedarfssättigung, Einkommensänderungen). Daneben beeinflusst die Politik durch Wettbewerbs- und Wachstumspolitik, aber auch durch politische Wert- und Zielvorgaben Veränderungsprozesse.

Motive/Grundlagen staatlicher Strukturpolitik

Grundsätzlich ist der Strukturwandel in einer Marktwirtschaft von den Wirtschaftsakteuren zu bewältigen. Wegen der mit dem Strukturwandel verbundenen Härten für Individuen, Unternehmen oder Regionen übernimmt in der Sozialen Marktwirtschaft aber der Staat die Aufgabe, strukturelle Anpassungsprozesse zu erleichtern und zu unterstützen.
Grundlage dafür sind Art. 72 Abs. 2 und Art. 106 Abs. 3 Nr. 2 Grundgesetz, welche die Gleichwertigkeit bzw. Einheitlichkeit der Lebensverhältnisse in Deutschland fordern.

Strukturpolitische Instrumente
M 25

Dem Staat stehen zahlreiche strukturpolitische Instrumente zur Verfügung: Zur Steuerung der Regionalstruktur dienen der Ausbau der Infrastruktur oder die Förderung von Unternehmensgründungen, zur Steuerung sektoraler Anpassungsprobleme betreibt der Staat Arbeitsmarktpolitik, Subventions-, Technologie- und Forschungspolitik.

Probleme staatlicher Strukturpolitik – Beispiel Aufbau Ost
M 24, M 26

Der Aufbau Ost zeigt sehr anschaulich die Probleme staatlicher Strukturpolitik. Obwohl seit 1990 etwa 950 Milliarden Euro netto in die neuen Bundesländer transferiert wurden (davon rund 600 Milliarden Euro für Sozialleistungen und rund 350 Milliarden Euro tatsächlich für Aufbauhilfen), sind die strukturschwächsten Regionen mit den höchsten Arbeitslosenraten noch immer im Osten Deutschlands zu finden.
Mit dem ersten so genannten Solidarpakt (seit 1995) wurden die neuen Länder in den bundesstaatlichen Finanzausgleich einbezogen. Bund und Länder unterstützen mit dem Solidarpakt den Abbau der teilungsbedingten Sonderlasten der ostdeutschen Länder (einschließlich Berlins). Der 2001 vereinbarte Solidarpakt II stellt die Fortsetzung der ursprünglich bis 2004 beschlossenen Förderung bis zum Jahr 2019 sicher. Mit ihm stellt der Bund den neuen Ländern insgesamt weitere 156,5 Milliarden Euro zur Verfügung. Es herrscht weitgehend Übereinstimmung, dass es eine Verteilung der Mittel nach dem Gießkannenprinzip (z.B. Förderung von Bauinvestitionen generell) nicht mehr geben kann und eine Konzentration der Mittel nötig ist.

Kohäsionspolitik der EU
M 27

Die Probleme staatlicher Strukturpolitik lassen sich auch an der Europäischen Kohäsionspolitik ablesen, die die strukturschwachen Regionen der EU fördern soll. So zahlt beispielsweise Deutschland erhebliche Mittel in den EU-Kohäsionsfonds ein, bekam allerdings bis 2003 auch über 50% der Mittel wieder als Fördermittel zurück. Durch die Osterweiterung 2004 haben sich die Gewichte der europäischen Strukturpolitik allerdings nachhaltig verschoben.

Staatliche Strukturpolitik in der Kritik
M 28

Wie stark der Staat den Strukturwandel steuern oder gestalten soll, ist stark umstritten. Vor allem Erhaltungssubventionen werden als marktwirtschaftlich bedenklich angesehen, weil sie notwendige Strukturanpassungsprozesse verhindern können. Ebenso wird staatliche Industriepolitik bspw. zur Förderung von Zukunftstechnologien unterschiedlich beurteilt, da sie das unternehmerische Risiko auf den Staat überträgt und damit letztlich in die Verantwortung der Allgemeinheit legt.

Exkurs: Arbeitswelt im Wandel

M 29 Anforderungen an Arbeitnehmer im Wandel

Die **STUTTGARTER ZEITUNG**, die größte Zeitung Baden-Württembergs, die besonderen Wert auf ihren Wirtschaftsteil legt, sucht einen arbeitsamen und zuverlässigen jüngeren

Wirtschafts-Redakteur

Er soll nach entsprechender Einarbeitung ein selbständiges Arbeitsgebiet erhalten, das von der Verbraucherpolitik über die sorgfältige Beobachtung von Verbrauchsgüterindustrie und Handel bis zum Besuch großer Messen reicht. Er sollte in der Lage sein, wirtschaftspolitische Vorgänge objektiv und rasch zu kommentieren, komplizierte Vorgänge verständlich darzulegen und eine Bilanz sorgfältig zu analysieren.

Es wird kein Überspezialist oder Übertheoretiker erwartet, aber eine solide Kenntnis der Volks- und Betriebswirtschaft. Einige Jahre Zeitungserfahrung wären nützlich, jede Erstarrung in der Routine schädlich. Begabung zum Umgang mit fremden Menschen ist eine unerläßliche Voraussetzung. Angebote mit den übliche Unterlagen, Angabe der frühesten Eintrittsmöglichkeit und des Gehaltsanspruchs an die

STUTTGARTER ZEITUNG – Verlagsleitung
Stuttgart, Turmhaus

Stellenanzeige aus dem Jahr 1960

Wir sind einer der weltweit führenden Spezialisten für die Entwicklung und Herstellung von modernen Phytopharmaka – einer neuen Generation von Naturarzneimitteln mit wissenschaftlich dokumentierter Wirkung. International ergänzen auch chemische Wirksubstanzen das Unternehmensprofil.

Wir suchen ab sofort einen (m/w)

Kommunikationsmanager

Ihre Aufgaben

- Selbstständige Planung, Organisation und Erledigung aller Kommunikationsaufgaben der Produkt-PR für die verantworteten Produkte
- Entwicklung und Umsetzung von Produkt-PR-Kommunikationskonzepten sowie Produktbotschaften und Kommunikationsinhalten
- Erstellen von Pressetexten
- Aufbereitung der Medieninformation nach dem jeweiligen Zielmedium
- Aufbau und Pflege von Journalistenkontakten sowie Briefing von Referenzen und Meinungsbildnerpflege
- Durchführung von Presseveranstaltungen als Produktpressesprecher
- Analyse des PR-Erfolgs (Medienresonanz)
- Vertretung des PR-Bereiches in den nationalen und internationalen Businessteams
- Interne und externe Produkt-PR z.B. Informationsveranstaltungen und Präsentationen

Ihr Profil

- Naturwissenschaftliches, medizinisches oder betriebswirtschaftliches Studium
- Erfahrung im Bereich der pharmazeutischen Industrie
- Berufspraxis in der PR-Agentur oder journalistische Kenntinisse
- Stil- und Textsicherheit
- Sicherheit und Erfahrung im Umgang mit Medien (Kamera)
- Gute Englischkenntnisse, PC-Anwenderkenntnisse (MS-Office) und Internetnutzung
- Ausgeprägte Kommunikationsfähigkeit, Selbstständigkeit, Flexibilität, Organisationstalent und Teamgeist.

Wenn Sie eine Tätigkeit mit hervorragender Zukunftsperspektive in einem innovativen Umfeld reizt, senden Sie Ihre vollständigen Bewerbungsunterlagen unter Angabe des frühestmöglichen Eintrittstermins sowie Ihrer Gehaltsvorstellung an:

SEDAMUS AG, Rekrutierung und Personalmanagement · Ursula Neuhaus · Parkallee 15 · 51067 Köln
Tel. 0221/89898 · Fax 0221/898988 · E-mail: bewerbung@ sedamus.de

Stellenanzeige aus dem Jahr 2004

M 30 Die Auswirkungen der Wissensgesellschaft auf die Arbeitswelt

In Folge [der] Wissensintensivierung der Wirtschaft kommt dem Qualifikationsniveau der Erwerbspersonen eine steigende Bedeutung für die langfristige Erhaltung der technologischen Leistungsfähigkeit der deutschen Wirtschaft zu. Denn Wissen und Qualifikationen in einer Volkswirtschaft determinieren ganz wesentlich ihre Entwicklungsmöglichkeiten und ihre internationale Wettbewerbsposition und spielen damit für die langfristige Perspektive der Erhaltung und Stärkung der technologischen Leistungsfähigkeit eine zentrale Rolle.

Der Wandel von der Industrie- zur Wissensgesellschaft bleibt naturgemäß nicht ohne gravierende Folgen für die Arbeitswelt. Das traditionelle System der Erwerbsarbeit verändert sich grundlegend, sowohl in Bezug auf das bisherige starre Raum-Zeit-Gefüge der Arbeitswelt, als auch in Bezug auf die Arbeitsformen und Arbeitsverhältnisse. Alte, vertraute Kategorien, wie das Normalarbeitsverhältnis, die Homogenität von Sektoren, die inhaltliche Stabilität von Berufen, die normierende Bedeutung von Qualifikationsebenen werden verschwimmen und sich neu entwickeln. Die klaren, relativ dauerhaften und hierarchisch organisierten Betriebs- und Arbeitsstrukturen werden durch immer flexiblere Formen von Berufstätigkeit ersetzt.

Vernetzte bzw. virtuelle Unternehmen mit temporären Organisationsformen werden zunehmen. Man kann vier große sich wechselseitig beeinflussende Trends feststellen, die die etablierten Strukturen der industriegesellschaftlich geprägten Arbeitswelt verändern:

- Forcierte Rationalisierung von Arbeit
- Beschleunigte Globalisierung von Arbeit
- Räumliche und soziale Zersplitterung von Arbeit
- Erleichterte Flexibilisierung von Arbeit.

Die neue Vielfalt unterschiedlicher Varianten der Selbständigkeit lässt die Grenzen zwischen abhängiger Beschäftigung und neuer Selbständigkeit weiter verschwimmen und führt zu Unübersichtlichkeit und Unsicherheit von Arbeits-, Biographie- und Lebensformen. Arbeitsrechtliche Schutzmechanismen und sozialrechtliche Stabilitäten des Industriezeitalters könnten künftig für einen großen Teil der abhängig Beschäftigten der Vergangenheit angehören. Beispielhaft für die Veränderungen der Arbeitswelt

Qualifikationsstruktur der Erwerbstätigen

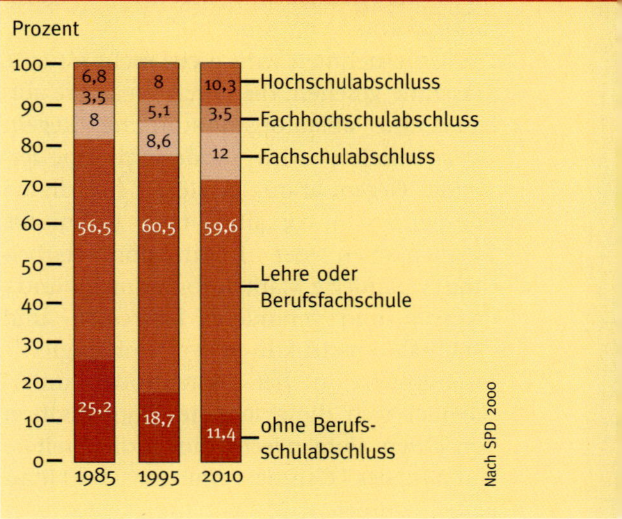

ist der massive Anstieg der Telearbeitsplätze, der in Deutschland im Jahr 2001 bei über zwei Millionen lag, mit steigender Tendenz. Damit liegt Deutschland in Europa an erster Stelle.

Schlussbericht der Enquetekommission „Globalisierung"

Die Organisation von Arbeit in der Wissensgesellschaft

M 31

Die heutige Arbeitsgesellschaft lässt sich immer weniger in den Kategorien der klassischen Industriegesellschaft verstehen. Im Zentrum der Arbeitsgesellschaft steht nicht mehr die arbeitsteilige, hierarchisch organisierte, technisch unterstützte Fertigung größerer Stückzahlen von Sachgütern durch lohnabhängige Beschäftigte. Immer bedeutsamer wird die Organisation sozialer Beziehungen – vor allem durch wissens- und kommunikationsintensive Dienstleistungen. Mit der Zunahme wissensintensiver Tätigkeiten gehen eine Erosion der betriebsförmig organisierten Erwerbsarbeit und eine Diversifizierung der Arbeits- und Organisationsformen einher. Neben die bürokratisierte Organisation und die technisierte Fabrik treten flexible, projektgruppenförmige Kooperationsnetzwerke; neben die Fabrik mit ihren Hunderten oder Tausenden von Mitarbeitern tritt der Telearbeiter; neben den unbefristet beschäftigten Arbeitnehmer tritt eine Vielzahl selbständiger und abhängiger Erwerbstätigkeiten mit flexiblen Zeit-, Aufgaben- und Entlohnungsstrukturen. Das Leistungsvermögen und das Engagement der Mitarbeiter werden weniger durch Befehl und Gehorsam, sondern durch die Eröffnung von Entscheidungsspielräumen sichergestellt. Allerdings spricht wenig dafür, dass die künftige Wissens- und Kommunikationsgesellschaft durch einheitliche Arbeits- und Organisationsmuster gekennzeichnet ist; vieles spricht für eine Pluralisierung der Beschäftigungsformen und Einkommensstrukturen, der Arbeitsbedingungen und Organisationsformen von Arbeit. …

Das Unternehmen wird nicht mehr als eine Maschine gesehen, die durch geeignete aufbau- und ablauforganisatorische Regeln „programmiert“ wird, sondern als eine lernende Organisation. Auslöser für diesen Wandel waren vor allem neue technische Möglichkeiten der Informationsverarbeitung, veränderte Marktanforderungen und -chancen und veränderte Interessen- und Qualifikationsstrukturen der Beschäftigten.

Insbesondere in vier Dimensionen unterscheidet sich diese lernende Organisation von ihren Vorgängern: durch die breitere Nutzung des Leistungsvermögens der Mitarbeiter (competence); durch umfassendere, in der Regel informatisierte Fremd- und Selbstbeschreibungen (computer), durch eine stärkere Sensibilität für die symbolische Dimension organisatorischer Prozesse (culture) und durch die stärkere Nutzung zwischenbetrieblicher Kooperations- und Innovationsnetzwerke (cooperation).

Die erste Dimension dieser C4-Organisationen – die stärkere Einbeziehung der Mitarbeiter – beruht auf der Eröffnung dezentraler Handlungs- und Entscheidungsspielräume. Von der „Organisationsspitze“ werden nicht mehr konkrete Handlungsanweisungen formuliert, sondern allgemeine Ziele definiert. Diese können dann eigenständig von den organisatorischen Untereinheiten umgesetzt werden. Diese Zielvorgaben können monetärer Art sein (profit center); sie können sich aber auch auf konkrete Produktions- und Innovationsziele beziehen (etwa bestimmte, in Zielvereinbarungen festgeschriebene Produktionsziele, die Durchführung von Produkt- und Prozessinnovationen bei Projektgruppen oder Verbesserungsvorschläge bei Qualitätszirkeln). Solche Ziele können durchaus innerbetrieblich ausgehandelt werden; hierdurch erhöht sich der Grad der Selbstverpflichtung:

Die zukünftige Arbeitsgesellschaft ist eine Kommunikations- und Wissensgesellschaft, in dessen Mittelpunkt nicht mehr die maschinelle Erzeugung von Standardprodukten steht, sondern die flexible, kundenbezogene Bereitstellung innovativer, qualitativ hochwertiger Produkte und Dienstleistungen. Damit verändern sich auch die Anforderungen an die gesellschaftliche Regulierung von Arbeit.

Martin Heidenreich, Karin Töpsch, Die Organisation von Arbeit in der Wissensgesellschaft, erschienen in der Zeitschrift „Industrielle Beziehungen“ Nr. 1/1998

„E-Place“ – Der neue Mitarbeiter ohne festen Arbeitsplatz

M 32

Der Computerkonzern IBM hat das Großraumbüro neu entdeckt. Allerdings hat es einen modernen Namen bekommen – es heißt E-Place. Die meisten Mitarbeiter bei der IBM haben darin keinen festen Schreibtisch mehr; sie arbeiten an dem Platz, der gerade frei ist. Fast alles, was sie zur Arbeit brauchen, tragen sie bei sich: einen Laptop und ein Handy. Juliane Wiemerslage, in der Geschäftsführung zuständig für das Personal, zieht eine Zwischenbilanz.

Kennen sich die Mitarbeiter der IBM eigentlich noch, wenn sie sich auf der Straße begegnen?
Natürlich. Schließlich treibt der E-Place die Leute ja nicht aus dem Haus. Im Gegenteil, er bringt sie zusammen. Das sehen sie schon an der Geschäftsführungsetage. Früher hatte jeder ein großes Einzelbüro mit einem großen Vorzimmer; getroffen haben wir uns äußerst selten. Jetzt muss ich nur von meinem Stuhl aufstehen, sehe wer da ist und kann hingehen. Genauso ist es bei den anderen Kolleginnen und Kollegen auch.

Die haben aber keinen festen Schreibtisch mehr und kommen seltener ins Haus.
Da muss man unterscheiden. Der E-Place ist nicht für alle Funktionen gleich. Einzelne Mitarbeiter aus den Bereichen Recht, Finanzen oder Personal haben sehr wohl einen festen Schreibtisch, wenn es ihr Aufgabengebiet erfordert. Ich schätze, dass dies ungefähr zwischen fünf bis zehn Prozent der Mitarbeiter sind. Vertriebsmitarbeiter oder Berater, die sowieso ständig in Projekten sein sollen, haben keinen festen Schreibtisch mehr. Im Vertrieb teilen sich vier Mitarbeiter einen Arbeitsplatz – im Consulting-Bereich sind es sogar acht Mitarbeiter. Wir wollen nicht die Leute aus dem Haus treiben. Doch wenn die Mitarbeiter ständig beim Kunden sind, ist es unsinnig, leere Bürogebäude vorzuhalten. Wir verstehen das Konzept aber nicht als isoliertes Büroplatzkonzept, sondern als Teil unserer Kultur. Wir bauen auf Flexibilität und Mobilität der Mitarbeiter.

Ist die Teamarbeit nicht wesentlich schwieriger geworden? Spontane Treffen sind doch gar nicht mehr möglich.
Ganz im Gegenteil. E-Place fördert Teamarbeit. Informelle Ecken, wie z. B. das Bistro bieten Gelegenheit zu Gesprächen und spontanen Meetings. Außerhalb des Büros haben wir alle Möglichkeiten auf mobilem, elektronischem Wege. Jeder kann so ständig mit Kollegen in Kontakt treten. ...

Wie sieht Ihrer Ansicht nach der Arbeitsplatz der Zukunft aus?
Es gibt die Theorien mit den Arbeitsnomaden, die von einem Arbeitgeber zum anderen ziehen, oder dass alle Menschen selbständig werden. Daran glaube ich nicht. Solange es große Unternehmen gibt, wird es auch größere Mitarbeiterzahlen geben. Die IBM hat nicht die Absicht, ihre Mitarbeiter zu Freiberuflern zu verwandeln. Vor dem Hintergrund der Motivation, der Bindung an das Unternehmen müssen die Arbeitsverhältnisse im Wesentlichen erhalten bleiben, wie sie heute sind – als gegenseitige längerfristige Verpflichtung. Unsere Mitarbeiter bei der IBM beurteilen positiv, dass sie viele Dinge individuell entscheiden können. Künftig werden Flexibilität und Mobilität noch wichtiger. Aber es wird Grenzen geben. Ich glaube nicht, dass in zehn Jahren jemand alleine dasitzt und ausschließlich per E-Mail kommuniziert. Die Menschen werden auch künftig zusammenkommen – und sich hin und wieder in die Augen schauen wollen. Schließlich verbessert sich die Zusammenarbeit dramatisch, wenn man einen Menschen persönlich kennt. Dies wirkt sich auch auf die Leistung aus.

Inge Nowak, Stuttgarter Zeitung, 30.9. 2004, S. 14

M 33 Die Kehrseite der neuen Arbeitswelt – prekäre Arbeitsverhältnisse

Gehen Sie einmal in Gedanken Ihren Bekanntenkreis durch: ihre Freunde, Nachbarn, Kollegen und Verwandten, die Männer und Frauen, mit denen Sie auf der Schule waren oder studiert haben, die Kumpel vom Fußballverein, die Freundinnen aus dem Yoga-Kurs. Mit Sicherheit ist jemand dabei, der das hat, was Berufsforscher ein „prekäres Arbeitsverhältnis" nennen. Prekär kommt aus dem Lateinischen und bedeutet so viel wie „misslich, schwierig, widerruflich". ...

Alle können sehen, spüren, fühlen, dass das, was Wissenschaftler wie der Soziologe Ulrich Beck für eine ferne Zukunft vorhergesagt haben, raue Wirklichkeit geworden ist: „Den westlichen Arbeitsgesellschaften geht die attraktive, hoch qualifizierte und gut bezahlte Vollerwerbstätigkeit aus." Unwiederbringlich. Selbst wenn ein neuer Wirtschaftsboom käme, würden nicht massenhaft Leute fest eingestellt werden.

Hält dieser Trend an, wird in zehn Jahren nur noch jeder zweite Beschäftigte einen Vollzeitarbeitsplatz haben. Der Rest, immerhin rund 19 Millionen Erwerbstätige, arbeitet in „prekären Arbeitsverhältnissen" – als Mini-, Teilzeit- oder Multijobber, mit befristeten Verträgen, als Ich-AGler, Dauer-Praktikant oder Zeitarbeiter. ...

Die 31-jährige Rostockerin Kathrin Lisch ist eine „Moonlightenerin". Der Begriff kommt aus dem Amerikanischen und steht für Menschen, die die Nacht zum Tage machen, weil sie zwei Jobs haben. Bis zu 140 Stunden im Monat verbringt Kathrin Lisch frittierend und kassierend hinter der Theke eines McDonald's-Restaurants in Rostock-Sievershagen, dazu kommen zwischen vier und acht Einsätze als Ordnerin bei einem privaten Sicherheitsdienst. Schwarz-gelb karierte Bluse und rote Jacke im fliegenden Wechsel. „Ich bin immer in Hektik und Stress." Rund 750.000 Erwerbstätige in Deutschland, das sind zwei Prozent, sichern ihre Existenz auf diese Weise.

Anfällig sind vor allem Beschäftigte der traditionellen Niedriglohn- und Teilzeitbranchen wie Einzelhandel, Gastronomie und Soziales. Da betreut ein Erzieher zusätzlich zum Fulltime-Job in einer Jugendwohngemeinschaft ein Kinder-Notruf-Telefon; ein angestellter Optiker fährt abends und am Wochenende Taxi. Dabei fließt das zusätzlich verdiente Geld immer seltener in einen Zweiturlaub oder ein Reihenhäuschen. „Bei vielen Doppeljobbern ist der Wunsch nach einem finanziellen Polster ausschlaggebend", sagt Nicole Gall, die das Phänomen der zweifach Erwerbstätigen an der Berliner Fachhochschule für Wirtschaft untersucht hat. Manchmal werde mit dem zweiten Job aber auch eine Zusatzausbildung finanziert, um im erlernten Hauptberuf attraktiv und konkurrenzfähig zu bleiben. „Nachhaltige Absicherung" nennt Gall diese Variante.

Doris Schneyink, Der Stern Nr. 43, 16.10.2003

AUFGABEN

1. Vergleichen Sie die Stellenanzeigen in M 29 nach den Anforderungsprofilen. Welche Rückschlüsse lassen sich daraus auf Veränderungen im Berufsleben allgemein schließen?
2. Fassen Sie die Auswirkungen der Wissensgesellschaft auf die Organisation von Arbeit und Gesellschaft thesenartig zusammen (M 30 – M 33).
3. Welche Konsequenzen ziehen Sie aus den Veränderungen in der Arbeitswelt für Ihre Berufswahl? Erstellen Sie einen Katalog von zu beachtenden Kriterien.

7 Die Globalisierung der Weltwirtschaft

Gesichter der Globalisierungskritik (Weltsozialforum in Bombay, 2003)

Wir kaufen Südfrüchte in der Markthalle, finden Textilien, die in China gefertigt sind, fliegen für 20 Euro nach London und erfahren zeitnah, was im letzten Winkel der Welt geschieht. Wir kommunizieren über das Internet in Sekunden über die Kontinente hinweg. Dies alles hat mit Globalisierung zu tun, doch werden mit dem Begriff unterschiedliche Aspekte verbunden.
Die Materialien M 1 – M 6 führen zu einer ersten Annäherung an den schillernden Begriff „Globalisierung" und fragen nach den Ursachen und Wirkungen dieses Prozesses.
Die Tendenz zu Megafusionen hat das Augenmerk auf transnational tätige Unternehmen gelenkt. Welche Rolle spielen diese „Global Players" im Prozess des weltwirtschaftlichen Strukturwandels und wie ist deren zunehmende Konzentration wirtschaftlicher Macht zu beurteilen (M 7 – M 14)?
Wie steht es um die zukünftige Verteilung des Wohlstandes auf der Welt? Gelingt es allen Ländern vom Freihandel zu profitieren oder ist er verantwortlich für eine sich immer weiter öffnende Kluft zwischen Arm und Reich? Die Materialien M 15 – M 20 versuchen auf die Frage Antwort zu geben, welche Entwicklungschancen sich für die armen Länder im Prozess der Globalisierung eröffnen.
Eng verbunden mit der Frage nach der Verteilung des Wohlstandes auf der Welt ist auch die Sorge um die zukünftige Bedeutung des Wirtschaftsstandortes Deutschland. Die Materialien M 21 – M 32 gehen abschließend der Frage nach, ob Deutschland angesichts der immensen globalen Veränderungen in der Lage ist, seine Position als eine der führenden Wirtschaftsmächte zu halten. Dabei ist auch die zunehmende Konkurrenz durch die Beitrittsländer der Europäischen Union zu beachten.

7.1 Dimensionen der Globalisierung

M 1 Globalisierung: Friss Vogel ...?

Haitzinger/CCC, www.c5.net

M 2 Annäherung an einen schillernden Begriff

Vor drei Jahren hatte die Hälfte der Deutschen den Begriff Globalisierung noch nie gehört. Heute kennt ihn praktisch jeder. Keine politische Debatte, keine Rede zur Zukunft der Gesellschaft, keine wirtschaftliche Analyse kommt ohne dieses Wort aus.

Die „Eine Welt" – vor ein paar Jahren noch die Zukunftshoffnung alternativer Bewegungen und so genannter „Dritte-Welt-Gruppen" – scheint nun durch grenzüberschreitende Finanzströme und Firmenfusionen, durch Internet und Mobiltelefon auf ganz andere Weise Wirklichkeit zu werden, als das einst gemeint war.

Das Wort „Globalisierung" begegnet uns nun beinahe täglich als Argument, als Argument allerdings für alles Mögliche: für radikale Bildungsreformen, für Englisch lernen schon im Kindergarten, aber auch für den Abbau von Arbeitsplätzen, für die Lockerung von ethischen Standards, zum Beispiel in der Gentechnik, für die Verlagerung von Firmensitzen, für den Zusammenschluss von Unternehmen – und schließlich als Grund dafür, dass es das ganze Jahr über Erdbeeren gibt.

Die einen sagen, die Globalisierung führe zum Verlust vertrauter Bindungen und zur

Schwächung des Nationalstaates – und sie haben Angst davor. Andere feiern, dass die Herrschaft des Marktes und seiner Gesetze bald überall und für alles gilt.

Manchen erscheint all das wie ein unentrinnbares Schicksal, wie ein Verhängnis, anderen wie die Verheißung eines goldenen Zeitalters. Das Stimmengewirr ist groß und auch die Unsicherheit darüber, was Globalisierung bedeutet – für jeden Einzelnen, für die Familien, für unsere Gesellschaft als ganze:

Es hat mit Globalisierung zu tun, wenn die Firma, in der man arbeitet, plötzlich mit Betrieben aus Gegenden der Welt konkurriert, von denen man bisher kaum gehört hatte.

Es hat mit Globalisierung zu tun, wenn sich junge Leute, die durch die Anden wandern, aus dem Internetcafe in Quito bei ihren Eltern in Oberursel melden und mal eben per E-Mail die ersten digitalen Fotos schicken.

Es hat mit Globalisierung zu tun, wenn wir vom PC aus unseren Urlaub buchen und wenn Studenten sich nachmittags aus dem Internet Material aus Amerika für ihre Hausarbeit holen.

Es hat mit Globalisierung zu tun, wenn in dem Auto, das wir kaufen, die Teile aus vielen Ländern kommen, wenn also das „Made in Germany“ manchmal nur noch für die Idee, für die Endmontage oder für den Namen steht.

Es hat mit Globalisierung zu tun, wenn Menschen in aller Welt am 11. September live miterleben mussten, wie das World Trade Center Tausende von Menschen unter sich begrub.

Es hat mit Globalisierung zu tun, wenn aus abgelegenen Berghöhlen ein Verbrechen geplant und gesteuert wird, das die ganze Welt erschüttert.

Aus der Geschichte wissen wir: Nichts, keine technische Erfindung, keine politische Entwicklung, keine gesellschaftliche Veränderung führt automatisch und für alle ausschließlich zum Schlechteren oder zum Besseren. Auch bei der Globalisierung kommt es darauf an, was wir aus den neuen Möglichkeiten machen.

Viele fragen heute aber: Kann man denn überhaupt etwas machen? Ist die Globalisierung nicht unbeeinflussbar, ist sie nicht wie ein Naturereignis, dem wir ausgeliefert sind? Dann wäre es tatsächlich sinnlos, auch nur zu überlegen, wie man gestaltend eingreifen kann und wer das tun sollte.

Nein, die Globalisierung ist kein Naturereignis. Sie ist von Menschen gewollt und gemacht. Darum können Menschen sie auch verändern, gestalten und in gute Bahnen lenken.

Man muss aber genau hinsehen: Es gibt großartige neue Chancen – und es gibt handfeste Interessen.

Es gibt Leute, die bestimmen – und es gibt Menschen, die haben nichts zu sagen. Es gibt mehr Wohlstand und mehr kulturellen Austausch – und es gibt Länder und Regionen, die werden abgehängt.

Wir können und wir müssen fragen: Wer sind – bisher – die Gewinner, wer sind – bisher – die Verlierer der Globalisierung? Wo erschließt uns die Globalisierung Zugang zu fremden Kulturen? Und wo führt sie zu einem undefinierbaren Einerlei der Lebensstile, dazu, dass alle das Gleiche essen und dieselben Filme sehen? Kommen wir uns nicht etwa zu nah? Gehört nicht auch Abstand zu den Fortschritten der Zivilisation, die Möglichkeit, Distanz zu halten? Von der Globalisierung sind wir alle betroffen – noch bevor alle genau wissen, wie sie eigentlich funktioniert. Darum müssen wir zu begreifen versuchen, was geschieht und warum es geschieht. Wir müssen die Globalisierung als politische Herausforderung verstehen und politisch handeln. Damit wir die Globalisierung gestalten können, brauchen wir neue politische Antworten.

Johannes Rau, Chance, nicht Schicksal – die Globalisierung politisch gestalten, „Berliner Rede“, 13.5.2002

M 3 Globalisierung – die Vernetzung der Welt

Autorengrafik

M 4 Panik in Granit – Elberton und die chinesischen Grabsteine

Grabsteine auf US-Friedhof: fieberhafte Pläne für die Heimatverteidigung

Die Grabsteinindustrie im US-Städtchen Elberton sah einer glänzenden Zukunft entgegen – bis eine chinesische Firma in den Ort kam.

Das Städtchen Elberton im Nordosten des US-Bundesstaates Georgia lässt keinen Zweifel daran, dass es steinreich ist. Das fröhliche „Willkommen“ am Ortseingang ist in grauen Fels gehauen, die Bank glänzt vornehm in poliertem Granit, im Baseballstadion sitzen die Fans auf massiven Steinquadern, selbst die Öffnungszeiten der Anonymen Alkoholiker sind in Stein gemeißelt. Grabmale und Monumente säumen die Hauptstraße, und wer das eigentümlich findet, erfährt auf einer riesigen Häuserwand: „Elberton ist die Granithauptstadt der Welt.“

Ein Drittel aller US-Grabmale stammen von hier. Allein vergangenes Jahr wurden 250 000 Stück aus der grau-blauen Vene gehauen, die sich 56 Kilometer lang und knapp 10 Kilometer breit unter dem Ort entlangzieht und 2300 Menschen Lohn und Brot beschert. Jeder Fünfte in der Region ist direkt oder indirekt vom Granitgeschäft abhängig. Damit immer genügend Personal für die schwere Arbeit zur Verfügung stand, hat sich die Stadt lange um keine anderen Industrien bemüht. 45 Steinbrüche klaffen wie kleine Canyons in und um Elberton, 150 steinverarbeitende Betriebe gibt es, dazu rund 130 Werkzeugfirmen, Speditionen, Broker.

Fast alle davon sind Familienunternehmen, sagt Bürgermeisterin Iola Stone, und gerade das mache aus der Stadt eine „nachbarschaftliche Gemeinschaft voller Wärme, Nähe und Gastfreundschaft". Das hätte noch lange so bleiben können, denn die Anzahl der potenziellen Kunden wächst. Über 2,4 Millionen Amerikaner starben im Jahr 2000, zwölf Prozent mehr als zehn Jahre zuvor. Zwar bereitet der Trend zur tragbaren Urne und zum Gemeinschaftsmausoleum der Branche einiges Kopfzerbrechen. Gleichzeitig aber kommt die Baby-Boomer-Generation ins Alter, und die begeistert sich mehr für denkwürdige Gräber und pompöse Familiengruften.

Doch plötzlich, ein Jahr vor den Feierlichkeiten zum 200. Stadtgeburtstag, gerät die Zukunft von Elberton ins Wanken. „Der Schatten der Globalisierung senkt sich über die US-Grabsteinindustrie", warnt Tom Robinson, Geschäftsführer der Elberton Granite Association (EGA).

Der Schatten hat sich nur wenige Meter neben dem Ortskern niedergelassen, eine weiße Lagerhalle gleich neben den Bahngleisen. Hier zog 1998 die Firma Sinostone ein, eine Tochter der chinesischen Wanli Stone Group aus Xiamen. Sinostone importiert fertig polierte Grabmale aus China. Und verkauft sie in den USA für die Hälfte der einheimischen Preise.

Anfangs, so erzählt Robinson, habe man die Konkurrenz relativ gelassen hingenommen. Schließlich habe man vor Jahren einen ähnlichen Angriff indischer Wettbewerber souverän abgewehrt. Die waren ebenfalls mit fertigen Billigprodukten in den US-Markt eingebrochen. Doch die Qualität des Steins war nicht konkurrenzfähig, das Material blich aus, die Lieferanten waren unzuverlässig, und die Großhändler machten schon bald einen Bogen um indische Grabmale.

Die Chinesen haben aus dieser Lektion gelernt. Sie kamen mit besseren Produkten, zunächst in die großen Hafenstädte. Sie studierten den Markt. Und zogen nach Elberton.

„Wir zahlen unseren Arbeitern Stundenlöhne von 15 bis 25 Dollar, die Chinesen schuften 16 Stunden für einen Dollar am Tag. Wie sollen wir da konkurrieren?", klagt Bob Paul von Eagle Granite.

Gene Roberts, Präsident von Old South Granite, marschierte Anfang des Jahres kurzerhand zu Sinostone-Geschäftsführerin Su Xian. Ihre Steine seien zu billig, sagte er ihr, das würde amerikanische Jobs vernichten. Chinesische Menschen brauchen auch Jobs, habe die ihm geantwortet.

Inzwischen verlässt Su Xian nur noch ungern ihr Büro. Sie verweigert jede Auskunft, und ihre drei Beschäftigten, zwei Chinesen und ein Amerikaner, müssen ebenfalls schweigen. Kein Wunder, sagt ein ehemaliger Mitarbeiter, der Sinostone beim Aufbau geholfen hat. Den Chinesen würde nur 300 Dollar im Monat bezahlt, plus Kost und Logis. Nach Hause dürften sie erst, wenn die Firma das gestattet. Und die persönliche Kontaktaufnahme zu Amerikanern sei unerwünscht.

Ein paar Straßen weiter, in der Zentrale der Elberton Granite Association, schmiedet Tom Robinson derweil fieberhaft an der Heimatverteidigung. Ihm schwebt das Schicksal der japanischen Schwesterstadt Mure vor Augen. Dort haben chinesische Billiggrabsteine die heimische Industrie innerhalb weniger Jahre völlig zerstört.

„Freier Handel bedeutet auf lange Sicht eine Bedrohung für Amerikas ökonomische Unabhängigkeit", sagt Robinson. „Die Stahl-, Textil- und Elektronikindustrie, einst Ikonen amerikanischen Handwerks, sind bereits vernichtet. Wenn wir so weitermachen, kann uns die ganze Welt erpressen."

Michaela Schießl, Der Spiegel Nr. 33, 12.8.2002

M 5

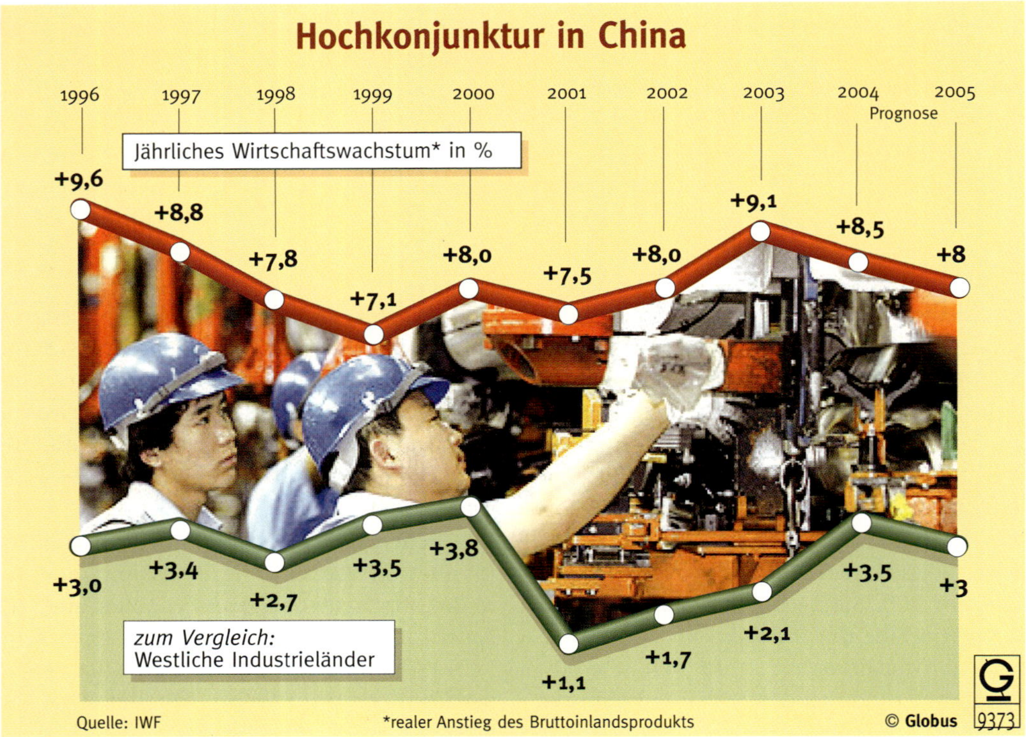

M 6 Globalisierung – neuer Begriff für ein altes Phänomen?

Zu klären ist ... zunächst, um was es überhaupt geht, wenn von Globalisierung im wirtschaftlichen Sinne gesprochen wird. ... Das nahe liegendste Begriffsverständnis zielt auf den Grad der Handelsverflechtung: Danach ist die Weltwirtschaft um so stärker „globalisiert", je höher die Weltexportquote, je höher also der Anteil der Weltproduktion ist, der grenzüberschreitend gehandelt wird. In diesem Sinne war die zweite Hälfte des 20. Jahrhunderts bisher tatsächlich eine Zeit kontinuierlicher Globalisierung, denn die Weltexportquote stieg von rund 7 Prozent (1950) über 12 Prozent (1973) bis auf 17 Prozent im Jahre 1993. Dieser Anstieg wird allerdings im historischen Vergleich etwas relativiert, da er zum Teil nicht mehr bedeutete als die Rückkehr zu dem Grad der Außenhandelsverflechtung, wie er vor Ausbruch des Ersten Weltkriegs als Ergebnis einer langen Phase der weltwirtschaftlichen Integration vorherrschte. So lag die Weltexportquote – soweit für die damalige Zeit überhaupt sinnvoll messbar – 1913 bei immerhin schon rund 12 Prozent, also bereits auf dem Niveau von 1973, im Vergleich zu etwa 5 Prozent Mitte des 19. Jahrhunderts. Rein quantitativ unterscheidet sich also die Globalisierung heute weit weniger von der des frühen 20. Jahrhunderts als viele öffentliche Äußerungen von Beobachtern glauben machen.

Strukturelle Veränderungen im Welthandel

Aber die wachsende Handelsverflechtung hat natürlich auch eine strukturelle Seite und da hat sich erheblich mehr getan. Es fallen vor allem zwei Tatsachen auf:

1. die Zunahme des Handels zwischen Industrieländern, und zwar oft innerhalb der gleichen Produktkategorien, und

2. der Aufstieg einer Reihe von vormals armen Entwicklungsländern – fast alle im östlichen Teil Asiens gelegen – in die Liga wichtiger Exportnationen.

Erstens: Ohne viel Übertreibung lässt sich sagen, dass noch zu Beginn des 20. Jahrhunderts der Handel der führenden Industrienationen einem einfachen Muster folgte: Export von Fertigwaren gegenüber Import von Rohstoffen. Entsprechend gering war die Handelsverflechtung der damals führenden Volkswirtschaften untereinander. Dies ist in den letzten Jahrzehnten ganz anders geworden: Industrieländer exportieren und importieren vor allem Fertigwaren, aber oftmals solche, die sich in ihren Funktionen nur wenig voneinander unterscheiden. Dieser intra-industrielle Handel, wie man ihn in der Fachsprache nennt, findet vor allem zwischen den reichen Industrieländern statt. Das meist zitierte Beispiel dafür ist die Automobilbranche: VW exportiert nach Frankreich, Renault nach Deutschland, und beide Automobilkonzerne bedienen dabei fast die gleichen Marktsegmente.

Warum ist dies so? Die Antworten liegen eigentlich auf der Hand: Mit steigendem Wohlstand werden die Bedürfnisse der potenziellen Käufer von Produkten immer differenzierter, und die Anbieter reagieren darauf, indem sie sich entsprechend spezialisieren. Der technische Fortschritt tut ein Übriges als Quelle der Differenzierung, vor allem auch bei Investitionsgütern, wo reine Geschmacksfragen stark in den Hintergrund treten. Die Herstellung eines typischen industriellen Produkts erfordert heutzutage den Einkauf einer Vielzahl unterschiedlicher Vorprodukte, die selbst schon technisch hochwertige und hoch spezialisierte Fertigwaren sind und nicht einfach Rohstoffe. Dass der Ankauf solcher Vorprodukte dabei immer stärker die nationalen Grenzen überschreitet, und zwar besonders die Grenzen hoch entwickelter Volkswirtschaften, ist letztlich die Konsequenz gesunkener Transport- und Kommunikationskosten sowie einer zunehmenden Feinstruktur des technischen Wissens, die eine Aufspaltung vieler komplexer Produktionsprozesse notwendig macht. ...

Zweitens: Die zweite strukturelle Veränderung im Welthandel, die sich vor allem für die letzten beiden Dekaden beobachten lässt, ist der Aufstieg einiger Schwellenländer[1] zu wichtigen Exportnationen, vor allem der so genannten ostasiatischen „Tiger“ Südkorea, Taiwan, Singapur und Hongkong. Für diese Länder selbst ist der Aufstieg ohne Zweifel im positiven Sinne dramatisch, zumal er mit einer Verbesserung des Lebensstandards verbunden ist, deren Tempo in der Wirtschaftsgeschichte ihresgleichen sucht. ...

Gesunkene Transport- und Kommunikationskosten

Es besteht kaum Zweifel, dass weltweit die Transport- und vor allem die Kommunikationskosten in den letzten Dekaden deutlich ge-

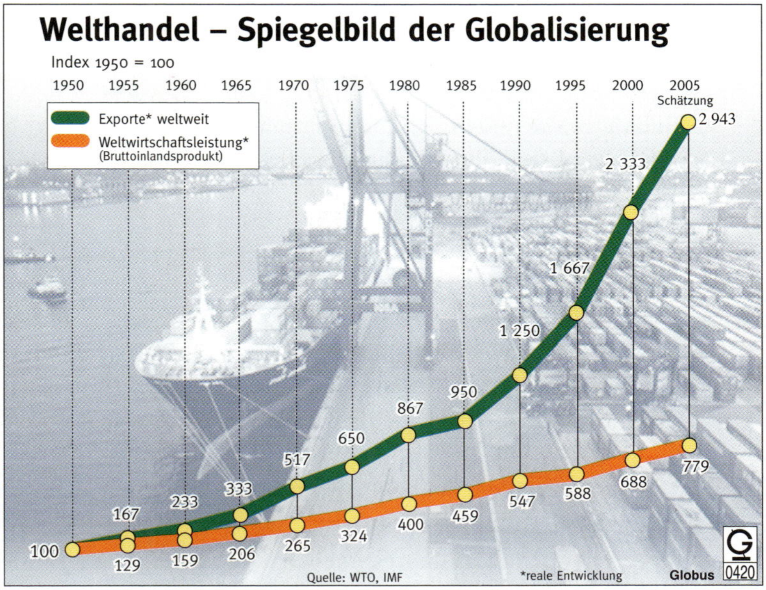

sunken sind. Nicht im geografischen, wohl aber im ökonomischen Sinne ist die Welt erheblich geschrumpft. Dies eröffnet für einzelne Unternehmen und ganze Industriezweige zunehmend die Möglichkeit, die Wertschöpfungskette ihrer Produktion nach wirtschaftlichen Kriterien räumlich aufzuspalten, und zwar im weltweiten Rahmen.

Damit öffnet sich eine neue Dimension des intraindustriellen Handels, diesmal nicht mehr nur zwischen Volkswirtschaften, die geographisch nicht weit voneinander entfernt sind und ein ähnliches Entwicklungsniveau aufweisen, sondern auch zwischen solchen Volkswirtschaften, die wir gemeinhin zu „unterschiedlichen Welten" rechnen. Früher galt, dass Entwicklungsländer in einigen klar definierten Segmenten der Wirtschaft auf den Weltmärkten konkurrenzfähig waren oder werden, und zwar in jenen Branchen, bei denen die Arbeitsintensität der Produktion relativ hoch ist und/oder relativ standardisierte Technologien zur Anwendung kommen. Klassische Beispiele dafür sind verschiedene Konsumgüterindustrien wie die Herstellung von Bekleidung, Textilien, Spielwaren und Ledererzeugnissen, aber auch die Produktion von Rohstahl und einfachen Chemikalien.

Heutzutage ist die Produktpalette erheblich breiter geworden. Wichtiger noch: Sie lässt sich nicht mehr leicht einzelnen Branchen zuordnen, weil Unternehmen auch in Hochtechnologiebereichen immer mehr dazu übergehen, Teile des Produktionsprozesses in Länder mit niedrigen Lohnkosten auszulagern. Die Computerbranche ist dafür ein gutes Beispiel: Während Halbleiter, Mikroprozessoren und Bildschirme als forschungsintensivere Bestandteile eines Personal Computers typischerweise in Industrieländern hergestellt werden (wobei wir Südkorea bereits dazurechnen!), lassen die Produzenten der Branche das Gehäuse und sonstige einfachere Teile oftmals in Entwicklungsländern fertigen. ...

Durch die gesunkenen Transport- und Kommunikationskosten gelingt es den Unternehmen, gewissermaßen das Beste aus zwei Welten zu kombinieren, das technologische Wissen der „Ersten Welt" und die reichlich vorhandenen und billigen Arbeitskräfte der „Dritten Welt". Aus ökonomischer Sicht handelt es sich indes um ein Phänomen, das im Kern durchaus vertraut ist: Wie bisher sind es die niedrigen Produktions- und vor allem Arbeitskosten, die Unternehmen in Entwicklungsländer locken, lediglich die Möglichkeiten der Aufspaltung von Produktionsprozessen auch innerhalb von Industrien sind erheblich größer geworden. ...

Was folgt daraus? In einem Schlagwort zusammengefasst, ließe sich antworten: ein verschärfter weltweiter Standortwettbewerb.

Karl-Heinz Paqué, Weltwirtschaftlicher Strukturwandel und die Folgen, in: Aus Politik und Zeitgeschichte, B 49/1995, S. 3 – 5

[1] Entwicklungsländer, die auf der Schwelle zum Industrieland stehen (BIP pro Kopf von mindestens 2000 USD)

AUFGABEN

1. Formulieren Sie eine umfassende Definition des Begriffes Globalisierung (M 1– M 6).
2. Projekt/Referatvorschlag. M 3 zeigt die Dimensionen der Globalisierung. Einzelne Aspekte lassen sich als Referatsthemen oder Hausarbeitsthemen bearbeiten. Darüber hinaus eignen sich die verschiedenen Aspekte auch als Thema für den Seminarkurs oder projektorientiertes Arbeiten.
3. a) Beurteilen Sie die Auswirkungen des weltwirtschaftlichen Strukturwandels auf Elberton (M 4).

   b) Welche Handlungsmöglichkeiten haben die Betroffenen?

Informationen und Zusammenhänge

Dimensionen der Globalisierung
M 2, M 3

Globalisierung hat zahlreiche Facetten – wirtschaftliche, politische, gesellschaftlich-soziale, kulturelle und rechtliche – die eine begriffliche Klärung erschweren. Allen gemeinsam ist die zunehmende weltweite Vernetzung, Interdependenz und Entgrenzung von Lebensbereichen, die vormals relativ autonom und räumlich klar begrenzt waren.

Zunahme des internationalen Handels

Der wirtschaftliche Aspekt des Begriffs „Globalisierung“ zielt auf den Grad der globalen Handelsverflechtungen. Die Globalisierung nimmt zu, wenn die Weltexportquote, also der Anteil der Exporte an der Weltproduktion, zunimmt. 2004 betrug die Weltexportquote ca. 30 %. Globalisierung gab es schon immer, neu ist aber die immense Beschleunigung, mit der die internationalen Handelsverflechtungen zunehmen.

Merkmale des Globalisierungsprozesses
M 4, M 5

Der globale Strukturwandel erfasst heute nahezu alle Bereiche des Wirtschaftens. Hauptakteure in diesem Prozess sind vor allem die internationalen Konzerne (vgl. Kapitel 7.2). Strukturelle Veränderungen sind einerseits die Zunahme des intra-industriellen Handels (also der Handel von Fertigprodukten mit nahezu identischen Eigenschaften zwischen den Industrienationen), andererseits der Aufstieg von Schwellenländern, vor allem im asiatischen Raum, zu wichtigen Exportnationen. China gehört zu den Ländern, die besonders von der Globalisierung profitieren. Inzwischen ist China mit einem Weltmarktanteil von ca. 6% an vierter Stelle aller Exportländer.

Ursachen der Globalisierung
M 6

Die Globalisierung ist ein komplizierter Prozess, der durch unterschiedliche Faktoren hervorgerufen wird: Der weltweite Abbau von Handelsbeschränkungen (vgl. Kapitel 7.3) und die damit verbundene Liberalisierung der Finanzmärkte gehören zu den politischen Voraussetzungen; Mikroelektronik als kommunikationstechnische Basistechnologie, gesunkene Kommunikations- und Transportkosten sind technologische Faktoren; zu den gesellschaftlichen Faktoren zählen die Angleichung der Verbraucherbedürfnisse weltweit (Konvergenzthese). Hervorgerufen wird dies durch eine Angleichung des Informationsstandes der Gesellschaften durch den immer effizienteren Einsatz von Kommunikationsmitteln. Sie ermöglichen eine schnelle und weltweite Verbreitung von Wissen, Erfahrungen und Ideen (Akkulturation). Dazu trägt auch die weltweite Reisetätigkeit bei.
Auf Seiten der Unternehmen zwingen Sättigungstendenzen auf den Märkten der Industrieländer zur Erschließung neuer Märkte. Diese Strategie verfolgen vor allem die kapitalkräftigen Global Players, zunehmend aber auch mittelständische Unternehmen.

7.2 Transnationale Unternehmen als Schrittmacher der Globalisierung

M 7

Plakatmotiv aus einer Imagekampagne von DaimlerChrysler

M 8

Evolutionsphasen der Globalisierung

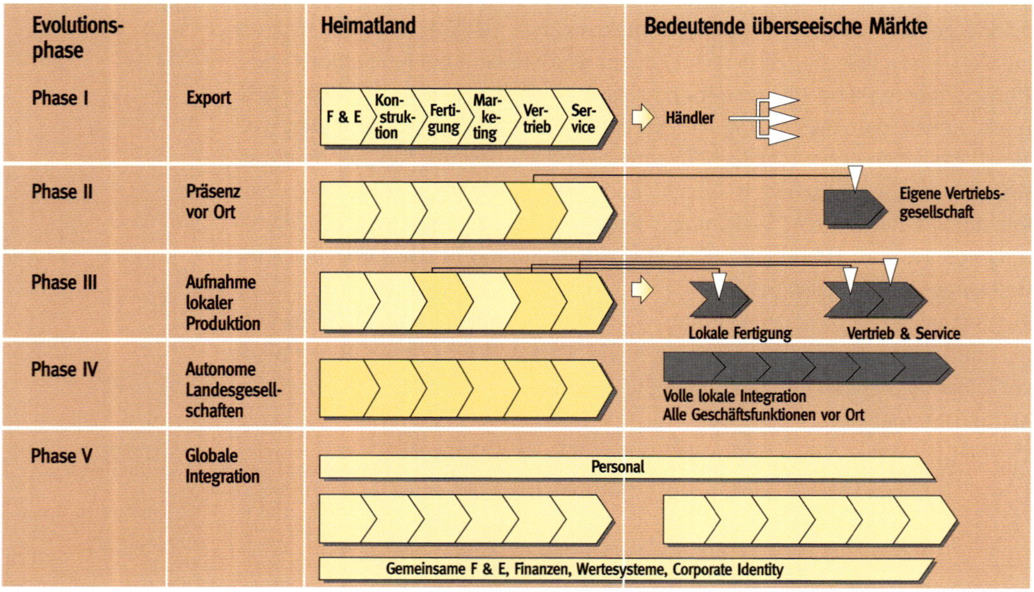

Thomas Goette, Standortpolitik internationaler Unternehmen, Wiesbaden 1994, S. 125

Transnationale Unternehmen als Schrittmacher der Globalisierung

M 9

Schrittmacher der Globalisierung sind Unternehmen mit ausländischen Niederlassungen oder Tochterunternehmen, sogenannte transnationale Unternehmen. Ihre Organisationsform ist ein Netzwerk mit einer Reihe wechselseitig abhängiger und geographisch verteilter Zentren, die von gemeinsamen Strategien, Normen und einem intensiven Austausch von Informationen, Erfahrungen und Ressourcen zusammengehalten werden. Mit ihren Direktinvestitionen vernetzen transnationale Unternehmen nationale Volkswirtschaften und werden damit zum Herzstück der globalen Weltwirtschaft. Transnationale Unternehmen treiben den grenzüberschreitenden Transfer von Finanzkapital, Technologie und Managementfähigkeiten voran.
Auch mittelständische Industrieunternehmen produzieren bereits zu einem großen Teil im Ausland. Kennzeichnend für die Globalisierung ist auch, dass Unternehmen – unabhängig von ihrer Konkurrenzbeziehung – zunehmend international kooperieren. Dabei beginnen die Konturen der einzelnen Firmen sich zu verwischen. Automobilfirmen beliefern sich gegenseitig mit Motoren und Getrieben oder produzieren gemeinsam identische Automobile, die sich nur im Markenemblem unterscheiden. Fluggesellschaften gehen weltweite Kooperationen ein und befördern gegenseitig die Fluggäste der jeweils anderen Gesellschaft. Klare Abgrenzungen der Verhältnisse zu Konkurrenten, Lieferanten und Kunden werden ersetzt durch eine Verflechtung von Wertschöpfungsaktivitäten. Die Fähigkeit, solche Systeme komplexer grenzüberschreitender Leistungserstellung zu organisieren, wird zum wichtigsten Wettbewerbsvorteil transnationaler Unternehmen.
Transnationale Unternehmen sind zwar die Schrittmacher der Globalisierung, doch die Auswirkungen der weltwirtschaftlichen Verflechtungen sind in allen Bereichen der Wirtschaft zu spüren. Das hat zwei Gründe: Zum einen liegt ein wesentliches Charakteristikum der Globalisierung in der stärkeren Vernetzung aller Unternehmen, und zum anderen ist die Informations- und Kommunikationstechnik eine Querschnittstechnologie, die die gesamte Wirtschaft erfasst. Damit ändern sich die Produkte, die Arbeitsabläufe und die Beschäftigungsformen in der New Economy. Dienstleistungsfunktionen nehmen zu, relativ dazu verlieren reine Fertigungstätigkeiten an Gewicht, Teamwork und die Koordination komplexer und zunehmend arbeitsteiliger Abläufe gewinnen an Bedeutung, die Grenzen zwischen selbstständiger und abhängiger Beschäftigung verschwimmen, Telearbeit und Teilzeitbeschäftigung gewinnen an Bedeutung, Arbeitszeiten werden flexibler. Kurz: die Arbeitswelt folgt dem gesamtgesellschaftlichen Trend der Ausdifferenzierung und Individualisierung.

Wilhelm Bürklin, Globalisierung als Chance für Wohlstand und Arbeitsplätze, in: Aus Politik und Zeitgeschichte, B 48/24.11.2000, S. 31 – 33

Das Ziel heißt Global Player

M 10

Für die Suche nach immer neuen Allianzen gibt es im Wesentlichen drei Gründe:

1. **Die Globalisierung:** In dem Maße, wie die Grenzen für Güter und Kapital fallen, wächst der für die Unternehmen relevante Markt. Also müssen sie auch ihre Größe diesen strukturellen Änderungen anpassen, denn ein weltweiter Markt verlangt auch weltweit operierende Unternehmen – wie der Name schon sagt: Global Player. Die logische Folge davon ist, dass das Volumen grenzüberschreitender Unterneh-

menszusammenschlüsse zunimmt. Betrug es 1990 noch 160 Milliarden Dollar, waren es 1999 bereits knapp 800 Milliarden Dollar.

Wie groß ein Unternehmen sein muss, um auf dem globalen Markt zu bestehen, ist aufgrund fehlender Erfahrungen weitgehend unbekannt. Deshalb gleichen Fusionen oft dem Prinzip von „Versuch und Irrtum“ – und das geht eben hin und wieder auch schief. Dennoch haben die Unternehmen einen Hang zur Größe – allein schon, weil Fusionen oft steigende Produktion und sinkende Durchschnittskosten versprechen.

2. **Die Deregulierung:** Vor allem die Öffnung der Dienstleistungsmärkte – Telekommunikation, Energie, Verkehr und Banken – hat den Fusionen den Weg bereitet. Waren die Spielräume der Unternehmen zuvor meist auf den engen nationalen Markt beschränkt, können sie sich heute auch auf fremdem Terrain versuchen.
3. **Shareholder-Value:** Auch in Deutschland und anderen europäischen Ländern hat sich mittlerweile die angelsächsische Sicht durchgesetzt, wonach das Wohl der Aktionäre ein wesentliches Unternehmensziel ist. Ergo halten die Konzerne Ausschau nach Beteiligungen, mit denen sie ihre Rendite – und damit die der Aktionäre – aufpäppeln können.

Soweit die Gründe für Firmenehen. Dass diese aber nicht immer von Erfolg gekrönt werden, liegt zum Beispiel an zu unterschiedlichen Unternehmenskulturen oder auch an unausgegorenen Konzepten. Die Kieler Wirtschaftsforscher vergleichen die Erfolgschancen von Fusionen mit einem Münzwurf – Kopf gewinnt, Zahl verliert. Denn internationale Studien belegen, dass es zum Beispiel nur rund der Hälfte der Unternehmen gelingt, nach dem Zusammenschluss die erhofften Gewinnsteigerungen zu realisieren.

iwd-Informationsdienst des Instituts der deutschen Wirtschaft Köln Nr. 16, 20.4.2000

M 11

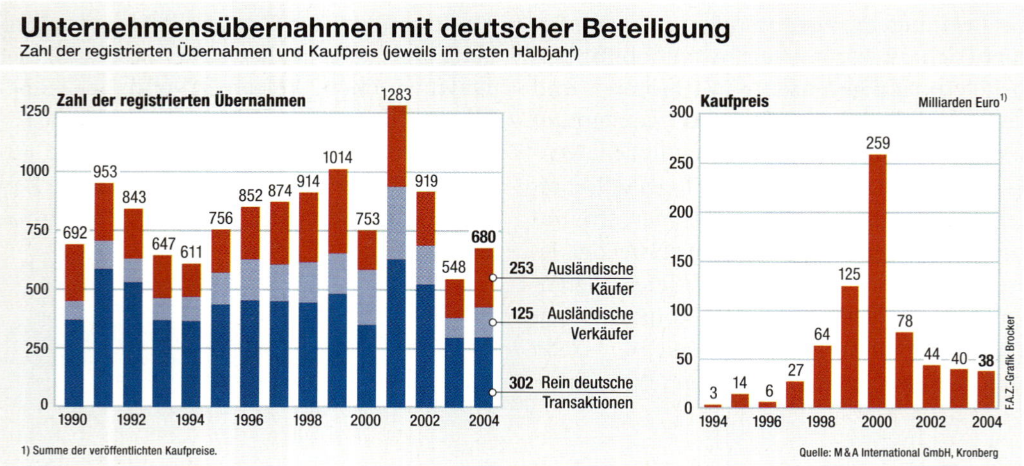

Warum Fusionen scheitern

M 12

AOL und Time Warner dürfen zum größten Medienkonzern der Welt verschmelzen, Vodafone wächst durch Übernahmen und Zukäufe zum größten Mobilfunkbetreiber unter der Sonne, Daimler-Benz und Chrysler haben die Fusion zu dem Konzern, der im Automobilgeschäft weltweit aufgestellt ist, bereits hinter sich.

Allein im ersten Halbjahr 2000 kam es weltweit zu 17 777 Firmenzusammenschlüssen und Übernahmen. Sie kosteten nach Angaben von Thomson Financial Securities Data 1,88 Billionen Dollar. Die Neue Zürcher Zeitung bemerkte dazu bedauernd, dass das zehn Mal so viel ist, wie die schweizerische Volkswirtschaft in einem Jahr insgesamt erwirtschaftet. So gesehen ist DaimlerChrysler nach dem Zusammenschluss größer als die volkswirtschaftliche Leistung Belgiens; die Deutsche Bank und Bankers Trust stellen Irland in den Schatten. ...

Das Problem ist nur, dass sich offenbar die Menschen nicht im selben Tempo globalisieren wie die Unternehmen und die Märkte. Mehr als die Hälfte aller Fusionen geht schief. Sie scheitern in der Regel nicht, weil der Zusammenschluss überhaupt keinen Sinn ergibt. Die meisten Fusionen und Übernahmen scheitern an der Eitelkeit der Manager, die sie vereinbaren, an den Mitarbeitern der fusionierten Unternehmen, die den Zusammenschluss nicht mittragen, oder daran, dass der neue Konzern mit der Kultur in dem Land, in dem er sich eingekauft hat, nicht zurecht kommt. Und sie scheitern daran, dass in der allgemeinen Fusionseuphorie offenbar gelegentlich das Nachdenken erst einsetzt, wenn das Zusammengehen schon verkündet worden ist. ...

Aber es sind nicht nur die ganz Großen, die jetzt merken, dass die Internationalisierungsstrategien nur dann aufgehen, wenn die gekauften und verschmolzenen Unternehmen zueinander passen. Auch die Kleinen, die frisch gegründeten Internet-Unternehmen zum Beispiel, haben nur ein Ziel: international wachsen, die Märkte besetzen. Und bei ihnen geht es genauso oft schief wie bei den Großen.

Schon deshalb ist es nicht die schiere Größe, an der die Konzerne ersticken. Es sind Fehleinschätzungen der Märkte, es sind Finanzierungs- und Kommunikationsprobleme, an denen die lange begeistert gefeierten Zusammenschlüsse scheitern. Je deutlicher diese Risiken zu Tage treten, desto vorsichtiger werden Fusionspläne neuerdings bewertet: So ist der Börsenwert von AOL und Time Warner seit der Ankündigung der Fusion gefallen – und das nicht nur wegen des allgemein miesen Klimas für E-Business-Aktien an den Börsen: Immer mehr Analysten bezweifeln, dass der neue Konzern wirklich stärker sein wird als die beiden Unternehmen alleine.

Ursula Weidenfeld, Ausdruck aus dem Internet-Angebot der Zeitschrift „Das Parlament", Deutscher Bundestag und Bundeszentrale für politische Bildung, 1.8.2003

M 13

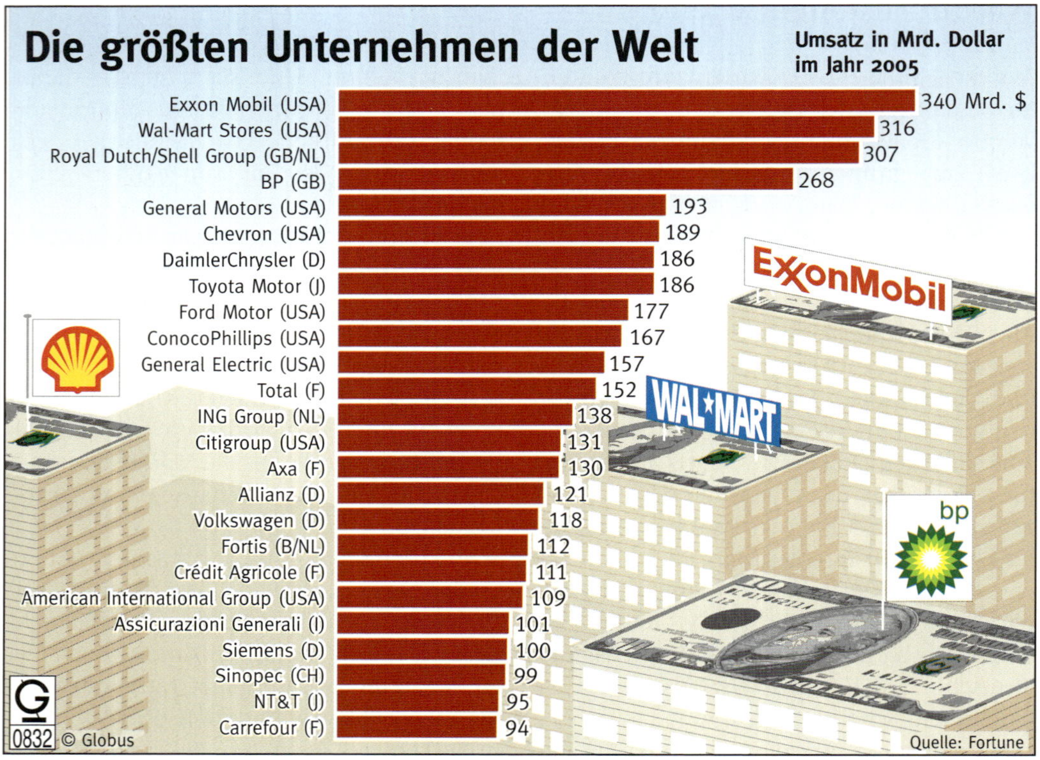

M 14

Kontrovers diskutiert: Global Players

a) Die Macht der Konzerne wächst

Im Zeitalter der Globalisierung hat sich die Zahl transnationaler Konzerne und ihrer Tochterfirmen binnen kurzem vervielfacht. Noch vor zehn Jahren notierte der World Investment Report der UNCTAD rund 40.000 Länder übergreifende Firmen mit rund 250.000 ausländischen Niederlassungen. Heute gibt es bereits rund 64.000 Transnationale Konzerne mit etwa 870.000 Auslandstöchtern.

Allein 40.000 dieser weltumspannenden Konzerne haben ihren Sitz in den Industriestaaten Europas, weitere 9.000 residieren in Nordamerika, Japan oder Australien. Sprunghaft angestiegen ist in den vergangenen Jahren vor allem die Zahl der Tochterfirmen in China. Über 360.000 Firmen in der Volksrepublik gehören zu ausländischen Konzernen.

Transnationale Konzerne wickeln mittlerweile rund zwei Drittel des gesamten Welthandels ab – die Hälfte davon innerhalb der jeweils eigenen Konzernfamilie. Vergleicht man die Umsätze der Firmengruppen mit den Haushalten von Staaten, dann finden sich unter den 100 größten derzeit 51 Konzerne und 49 Staaten. So sind zum Beispiel die Erlöse von General Electric, BP, Wal-Mart oder DaimlerChrysler größer als die Nationaleinkommen aller Länder zwischen der Sahara und Südafrika zusammen.

Diese wirtschaftliche Macht schlägt sich natürlich auch in politischem Einfluss nieder. Das zeigt sich zum Beispiel in Streitfällen vor dem Schiedsgericht der WTO: Das Interesse der Firmen an unbeschränktem Handel wiegt in der Regel viel schwerer als Argumente von Staaten, die ihre Bürger schützen wollen.

Längst fordern Fachleute verbindliche Regeln für die Tätigkeit transnationaler Konzerne. So beklagt das UNDP schon seit Jahren erfolglos: „Transnationale Konzerne spielen eine zu wichtige und dominante Rolle für die Weltwirtschaft, als dass Selbstverpflichtungen ausreichen könnten. ... TNC müssen internationalen Regeln folgen, wenn ihre Macht Nutzen bringen soll."

Die internationale Arbeitsorganisation ILO stellte fest, dass TNC nur einen geringen Beitrag zur Schaffung von Arbeitsplätzen leisten. Meist gehen beim Aufkauf kleinerer Firmen durch große Konzerne sogar Arbeitsplätze verloren. Zudem werden Investitionen großer ausländischer Firmen oft mit Krediten aus dem Gastland finanziert. Diese Gelder fehlen dann für Kredite an den einheimischen Mittelstand.

Viele Regierungen versuchen TNC ins Land zu holen und geben dafür Geld aus – bis zur kompletten Infrastruktur für „freie Produktionszonen". Ärmere Länder haben oft auch nicht das Geld und das Know-how, um die eigenen Bodenschätze zu erkunden, abzubauen oder gar weiter zu verarbeiten. Gerade in solchen Fällen wird viel Geld bereitgestellt, um ausländische Investoren anzulocken – oft zu Lasten der Ausgaben für das Gesundheits- oder Bildungswesen. In den vergangenen Jahren haben rund 70 Länder (davon 31 in Afrika) ihre Grenzen für transnationale Bergbauunternehmen geöffnet und staatseigene Minen an transnationale Konzerne verkauft.

Deutsche Welthungerhilfe (https://www.welthungerhilfe.de/WHHDE/aktuelles/infografiken/transnationale_konzerne.html, 20.2.2004)

b) Transnationale Konzerne – falsches Feindbild

Die Globalisierungskritiker befürchten, Wirtschaftsunternehmen seien heutzutage dank ihrer finanziellen Potenz mächtiger als ganze Staaten. Der Umsatz vieler transnationaler Konzerne sei größer als die Wirtschaftsleistung so mancher Länder. So beliebt dieser Vergleich ist – er ist dennoch falsch. Denn Umsatz und Wirtschaftsleistung, also Wertschöpfung, sind zwei Paar Schuhe. Im Umsatz sind nämlich die Zulieferungen eines Unternehmens enthalten. Sein Beitrag zur Wirtschaftsleistung eines Landes ist viel kleiner: Es ist im Wesentlichen die Summe aus gezahlten Arbeitseinkommen und Gewinn. Rechnet man die Zulieferungen heraus, schrumpfen die Global Player gegenüber den größeren Volkswirtschaften zu Rosinen im Kuchen.

... Dem Spielraum der Konzerne sind auch durch die Macht der Verbraucher enge Grenzen gesetzt. Nichts schadet einer Marke mehr als schlechte Presse. Zudem haben die Wettbewerbsbehörden ein besonders kritisches Auge auf die Multis, wie der Fall Microsoft zeigte[1]. Unbestritten ist indes, dass die Entwicklungsländer seit einigen Jahren stark in das Blickfeld multinationaler Konzerne gerückt sind. Das Engagement der Unternehmen in ärmeren Regionen hat binnen der vergangenen 20 Jahre eine stärkere Dynamik entfaltet als in den Industrieländern. Selbst die wirtschaftlich schwächsten Staaten haben vom wachsenden Investitionskuchen profitiert.

Gemeinhin haben diese Länder ein großes Interesse daran, Investoren anzulocken. Der Kapitalstock wächst, die Produktivität steigt und die heimischen Firmen profitieren vom Technologie- und Management-Know-how der großen Konzerne. Die Globalisierungskritiker meinen jedoch, die Multis würden eben jenes Streben nach ihrer Gunst schamlos ausnutzen und die armen Länder in einen ruinösen Wettlauf um die niedrigsten Löhne, Arbeits- und Sozialstandards sowie Steuersätze drängen. Doch das ist die Ausnahme. In der Regel schauen gerade die Global Player auf die positiven Seiten höherer Standards, etwa eine bessere Bildung, mehr Rechtssicherheit sowie eine höhere Motivation der Mitarbeiter. ... Die ausländischen Direktinvestitionen in Entwicklungsländern fallen umso höher aus, je besser die demokratischen Rechte und die Arbeitsnormen, etwa das Verbot von Kinderarbeit, ausgestaltet sind.

Die Multis zahlen ihren Beschäftigten in den Dritte-Welt-Staaten und Schwellenländern meist höhere Löhne als die heimischen Unternehmen. Die Mitarbeiter von US-Tochterfirmen in Entwicklungsländern verdienen beispielsweise durchschnittlich das Doppelte des ortsüblichen Arbeitsentgelts.

Mit der Forderung nach weltweiten sozialen Mindeststandards oder Mindestlöhnen sollte trotzdem sehr vorsichtig umgegangen werden. Denn niedrige Lohnkosten sind ein wesentlicher Standortvorteil der Entwicklungsländer. Nicht durch die Produktivität gedeckte Standards würden ihre Wettbewerbsfähigkeit und Entwicklungschancen stark beeinträchtigen.

Verträglicher lässt sich die Lage der Menschen mit Qualitätssiegeln für besonders fair produzierte und gehandelte Produkte verbessern. So können die Konsumenten schon heute anhand des „Transfair"-Logos für Agrarerzeugnisse wie Kaffee und der Auszeichnung „Rugmark" für Teppiche, die ohne Kinderarbeit hergestellt wurden, gezielt Kaufentscheidungen treffen.

iwd – Informationsdienst des Instituts der deutschen Wirtschaft Köln Nr. 48, 27.11.2003

[1] Die EU-Kommission verhängte im März 2004 gegen den Konzern ein Rekordbußgeld von 497 Millionen Euro, weil er seine marktbeherrschende Stellung ausnutze und verpflichtete den Konzern dazu, seine Software in Europa ohne den digitalen Media Player zu verkaufen.

AUFGABEN

1. a) Erläutern Sie die Auswirkungen der globalen Integration von Unternehmen auf Mitarbeiter, Unternehmensidentität (corporate identity), Produkte und Kunden (M 8).
   b) Warum gelten transnationale Unternehmen als Schrittmacher der Globalisierung (M 7– M 9)?
2. Nach dem Jahr 2000 ging die Zahl der weltweiten Fusionen stark zurück. Wie erklären Sie sich diesen Rückgang (M 11, M 12)?
3. Wie sind Global Players zu beurteilen? Entwerfen Sie eine Pro- und Kontra-Argumentation (M 13, M 14).

Informationen und Zusammenhänge

Global Player
M 8

Schrittmacher der Globalisierung sind Unternehmen mit ausländischen Niederlassungen oder Tochterunternehmen, sogenannte transnationale Unternehmen. Ihre Organisationsform ist ein Netzwerk mit einer Reihe wechselseitig abhängiger und geografisch verteilter Zentren, die von gemeinsamen Strategien, Normen und einem intensiven Austausch von Informationen, Erfahrungen und Ressourcen zusammengehalten werden.
Unter den hundert bedeutendsten Wirtschaftseinheiten sind weltweit nur noch 49 Volkswirtschaften, jedoch 51 Konzerne.

Motive für die Fusionen
M 9, M 10

Eine Ursache für die stark wachsende Zahl von Fusionen in den letzten Jahren liegt in der Deregulierung der nationalen Märkte (z.B. in den Bereichen Telekommunikation, Energiewirtschaft, Bau). Dazu kommen weitere Motive der Unternehmen, die von Branche zu Branche variieren können. Sie reichen von besserer Marktpräsenz in neuen geografischen Räumen, dem Schließen von Angebotslücken, der Erzwingung von Strukturanpassungen durch die Fusion bis hin zu Synergieeffekten in Forschung und Entwicklung, Produktion und Vertrieb.

Mit ihren Direktinvestitionen vernetzen transnationale Unternehmen nationale Volkswirtschaften und werden damit zum Herzstück der globalen Weltwirtschaft. Transnationale Unternehmen treiben den grenzüberschreitenden Transfer von Finanzkapital, Technologie und Managementfähigkeiten voran.
Dabei verwischen sich häufig die Konturen der einzelnen Firmen. Automobilfirmen beliefern sich gegenseitig mit Motoren und Getrieben oder produzieren gemeinsam identische Automobile, die sich nur im Markenemblem unterscheiden.

Beurteilung transnationaler Konzerne
M 14

Einerseits können transnationale Unternehmen für die Entwicklung des jeweiligen Gastlandes positive Beiträge leisten durch attraktive und im Landesvergleich gut bezahlte Arbeitsplätze, durch Forschung und Entwicklung, durch die Qualität der Produkte und Dienstleistungen, durch devisenbringende Exporte, durch den Technologietransfer, durch die Ausbildung der Mitarbeiter und auch durch die Nutzung und Förderung heimischer Zulieferbetriebe.
Sie tragen zur Verbesserung der internationalen Arbeitsteilung bei, zur Verbreitung von technischem und wirtschaftlichem Know-how, zur Ausweitung des Welthandels und somit auch zu Fortschritt, Wohlstand und Wettbewerbsfähigkeit.
Andererseits werden sie kritisiert wegen wirtschaftlicher Machtkonzentration, möglicher politischer Einflussnahme, Wettbewerbsverzerrung, Steuerflucht und der bislang unzureichenden öffentlichen Kontrolle, etwa durch eine internationale Wettbewerbsbehörde. Umstritten in der kontroversen Diskussion um Global Players sind auch die Wirkungen auf die Beschäftigung und die Position von Arbeitnehmern und Gewerkschaften. So tritt im Stammland der „Multis“ vielfach ein Verlust von Arbeitsplätzen ein, wenn diese in „Niedriglohnländer“ verlagert werden. Dem steht die Sicherung von Arbeitsplätzen gegenüber, wenn z.B. Auslandsmärkte gesichert oder neu erschlossen werden können.

7.3 Globalisierung und die Verteilung des Wohlstands

M 15

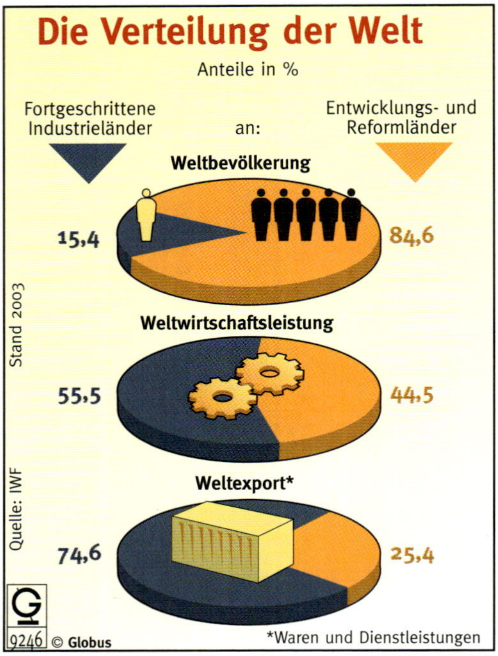

1990 verdiente das reichste Fünftel der Weltbevölkerung 60-mal so viel wie das ärmste Fünftel; 1997 war es schon 74-mal so viel. 55,6 % der Weltbevölkerung haben unter 2–23,2 % unter 1 Dollar pro Tag (extreme Armut) zur Verfügung. Während der Anteil der Armen in Ländern wie China rückläufig ist, hat sich in vielen Teilen der Welt die Situation nicht verbessert, sondern verschlechtert. Im September 2000 kamen die Staats- und Regierungschefs von 150 Ländern zu einem Gipfeltreffen in New York zusammen. Als Ergebnis des Treffens verabschiedeten sie die so genannte Millenniumserklärung. In der Erklärung setzten sie sich acht internationale Entwicklungsziele, die „Millennium Development Goals“, darunter das Hauptziel, den Anteil der Weltbevölkerung, der unter extremer Armut und Hunger leidet, bis 2015 zu halbieren.

Autorentext

M 16 Die Theorie des Freihandels – keine Angst vor einer offenen Welt?

Aufschlussreich sind die Auswirkungen der Globalisierung auf Wohlstand und Beschäftigung. In der Außenhandelstheorie wird dieser Sachverhalt anhand David Ricardos (1772 bis 1823) berühmtem Theorem der komparativen Kosten verdeutlicht. Ricardo zeigt in einem gedanklichen Modell, dass der Übergang von der Autarkie zum Freihandel sowohl das Weltsozialprodukt steigert als auch für jedes Land lohnend ist.

In seinem Modell produzieren zwei Länder (Portugal und England) jeweils zwei Güter (Tuch und Wein), wobei – gemessen in Einheiten des Arbeitsaufwandes – die Weinproduktion in Portugal günstiger ist und die Tuchproduktion in England: Portugal muss bei der zusätzlichen Produktion eines Quantums Wein auf relativ wenig Tuch verzichten, England dagegen bei einem zusätzlichen Quantum Wein auf relativ viel Tuch. Insofern ist Wein, gemessen in Tuch, in Portugal relativ billig, während er in England relativ teuer ist. Wegen der unterschiedlichen relativen Preise für Wein und Tuch kaufen die Portugiesen bei Freihandel englisches Tuch und die Engländer portugiesischen Wein. Es lässt sich zeigen, dass sich jedes Land bei Spezialisierung besser stellt und dass das Weltsozialprodukt zunimmt.

In Ricardos Spuren wandelt der bekannte Cecchini-Bericht. Eine Forschergruppe unter Führung von Paolo Cecchini hat für die Europäische Union (EU) eine beträchtliche Steigerung von Wohlstand und Beschäftigung – ausgelöst durch die Dynamik der Marktintegration – prognostiziert. Das sei keine utopische Zukunftsvision, sondern eine realistische Vorgabe, so Cecchini.

Wir können – auf derselben Methode fußend – annehmen, dass sich die Wohlstands- und Beschäftigungsgewinne nach der Aufnahme von Österreich, Schweden und Finnland in die Europäische Union 1995 noch haben steigern lassen. Dies muss prinzipiell für jedes neue Mitglied der Union gelten. Die Wohlstands- und Beschäftigungsgewinne wären für die EU erst dann erschöpft, wenn alle Staaten dieser Erde Mitglieder der EU wären, also bei vollendeter Globalisierung.
Insofern müssten Kommission und alle Mitgliedstaaten den Freiverkehr befürworten. Warum geht aber, wie Eingeweihte zu berichten wissen, ein Riss durch die Kommission? Warum tendieren einzelne Länder zu außenwirtschaftlicher Abschottung? Wie erklärt sich dieser Widerspruch? Die Untersuchungsergebnisse des Cecchini-Berichts sind makroökonomischer Natur: Sie präsentieren die Summe des Wohlstands- und Beschäftigungsgewinns für die Gemeinschaft; sie stellen nicht auf die Wohlfahrtsgewinne oder Wohlfahrtsverluste einzelner Mitgliedstaaten ab. Diese können dadurch entstehen, dass wegen gestiegener Wettbewerbsintensität Industrien in bestimmten Ländern nicht mehr konkurrenzfähig sind.
Wir können diesen Vorgang anhand Ricardos Theorem erklären: Wir prüfen, wie sich im Zuge des Spezialisierungsprozesses die regionale Struktur verändert: In Portugal schließen Tuchfabriken an den traditionellen Standorten, Arbeit und Kapital wandern in die Weinbauregionen (passive Sanierung); in England wandern Arbeit und Kapital in Richtung Standorte mit Tuchproduktion. Die nationalen Wohlfahrtsgewinne in Portugal und England werden auf Kosten einer Region und eines Sektors erzielt.
Die Dramatik, die dahintersteckt, wird offenkundig, wenn wir Ricardos Zwei-Länder-Modell in ein Vier-Länder-Modell abwandeln. Unterstellen wir, dass es sich bei den Regionen, in denen jeweils Tuch beziehungsweise Wein hergestellt wird, um selbständige Staaten handelt, die in zwei voneinander getrennten Gemeinschaften Freihandel vereinbart haben. Dann ergeben sich dieselben relativen Preise wie zuvor. Wenn nun Freihandel auch zwischen den Gemeinschaften vereinbart wird, dann wird in jeder Gemeinschaft ein Land Gewinner und ein Land Verlierer sein, obwohl per saldo der Wohlstand für jede Gemeinschaft zugenommen hat. Es ist offensichtlich, dass sich in jeder Gemeinschaft dasjenige Land der Globalisierung widersetzt, das sich für einen potenziellen Verlierer hält.

Joachim Starbatty, Ohne Angst vor einer offenen Welt, in: Frankfurter Allgemeine Zeitung, 25.1.1997, S.17

Freihandel als Leitbild

M 17

Das marktwirtschaftliche Bekenntnis zum Freihandel beruht auf der Überzeugung, dass die Verbindung von dezentraler Planung mit einem freien Leistungswettbewerb und einem System von Marktpreisen als Organisationsprinzip für die Weltwirtschaft ebenso vorteilhaft ist wie als Ordnungsgrundsatz für den nationalen Wirtschaftsraum:

– Freihandel eröffnet Chancen zu produktivitätssteigernder Spezialisierung. Die am Welthandel beteiligten Länder können sich auf die Erzeugung jener Produkte konzentrieren, die sie mit vergleichsweise geringeren Kosten herstellen als ihre Tauschpartner. Von diesen Gütern gilt es mehr zu produzieren als für den heimischen Bedarf erforderlich, um den damit verfügbaren Überschuss gegen Produkte zu tauschen, die im eigenen Staatsraum gar nicht oder nur mit erheblich höheren Kosten hergestellt werden können. Freihandel gestattet es einer Volkswirtschaft somit, ihre Ressourcen mit größerer Ergiebigkeit einzusetzen, als es bei Autarkie oder Protektionismus möglich wäre ...

– Durch Freihandel können Konflikte gelöst werden, die auftreten, wenn auf zu engen nationalen Märkten zugleich ein intensiver Wettbewerb, eine hinreichende Nutzung von Massenproduktionsvorteilen und ein genügend vielfältiges Angebot angestrebt wird. Denn durch Export und den Rückgriff auf ausländische Erzeugung lässt sich die Zahl der Konkurrenten und die der offerierten Alternativen erhöhen, ohne dass die durchschnittliche Unternehmensgröße abnehmen und auf kostengünstige Produktion verzichtet werden muss ...

– Freihandel ist gleichbedeutend mit offenen Märkten. Dadurch droht leistungsschwachen inländischen Produzenten, von überlegener ausländischer Konkurrenz vom Markt verdrängt zu werden. Das zwingt zu kostengünstiger Produktion marktgerechter Produkte, nötigt zu innovatorischer Aktivität und fördert die Anpassungsflexibilität. Auch steigt die Wahrscheinlichkeit dafür, dass Monopolrenten zum Markteintritt neuer Anbieter führen und damit verloren gehen. Freihandel reduziert somit die Möglichkeit zu friedlichem Oligopolverhalten und dauerhafter Monopolisierung. Er steigert die Wettbewerbsintensität und schafft ein stetes Reservoir potenzieller Konkurrenz. Alles das verbessert die Faktorallokation und fördert die Wachstumsdynamik.

Hartmut Berg, Außenwirtschaftspolitik, in: Dieter Bender u. a. (Hg.), Vahlens Kompendium der Wirtschaftstheorie und Wirtschaftspolitik, 6. Aufl., München 1995, Bd. 2, S. 463 f.

M 18 Weltweite Armutstrends: wachsende Kluft zwischen Arm und Reich

Das Vermögen der drei reichsten Menschen übertrifft das Bruttoinlandsprodukt der am wenigsten entwickelten Länder, die zusammen 600 Millionen Einwohner zählen. Etwa 97 Prozent aller Patente auf dem Globus halten Tüftler aus den Industrienationen. Mehr als 80 Staaten haben heute ein geringeres Pro-Kopf-Einkommen als vor zehn Jahren.

Erste und Dritte Welt konzentriert auf engstem Raum, hier die Stadt Manila.

Dies sind Aussagen aus dem ... Bericht des Entwicklungsprogramms der Vereinten Nationen (UNDP) über die menschliche Entwicklung (1999).

Seit 1990 gibt die UN-Organisation alljährlich bei einem unabhängigen Expertenteam eine Studie in Auftrag, um wichtige Themen von weltweitem Interesse untersuchen zu lassen. Diesmal haben sich die Autoren mit den Gewinnern und Verlierern der Globalisierung beschäftigt. Dabei betrachten sie das Pro-Kopf-Einkommen nicht als alleiniges Maß für menschlichen Fortschritt, sondern wägen es ab gegen Umstände wie durchschnittliche Lebenserwartung, Bildung und generelles Wohlergehen. ...

„Die Kräfte der Globalisierung haben beispiellosen Reichtum für diejenigen geschaffen, denen es gelang, die Vorteile des wachsenden Stroms von Waren und Dienstleistungen über nationale Grenzen hinweg zu nutzen", stellt UNDP fest. Die Mehrheit wer-

de aber an den Rand gedrängt. In etwa 85 Ländern gehe es den Menschen in mehrfacher Hinsicht schlechter als noch vor zehn Jahren.
Der Bericht bringt Beispiele für die wachsende Kluft zwischen Arm und Reich. Auf die Einwohner der Staaten mit den höchsten Einkommen – etwa 1,2 Milliarden oder ein Fünftel der Erdbevölkerung – entfallen 86 Prozent des globalen BIP, mehr als vier Fünftel der Exportmärkte, gut zwei Drittel der ausländischen Direktinvestitionen und 74 Prozent der Telefonanschlüsse. Das untere Fünftel, die ärmsten Länder, verfügt in jeder Kategorie lediglich über ein Prozent.
Die Kräfte des Marktes allein werden das Ungleichgewicht nicht wieder zurechtrücken, warnt UNDP. Bei der Festlegung von Forschungsprogrammen zum Beispiel entscheide nicht der Bedarf über die Prioritäten, sondern der Profit. Kosmetika und langsam nachreifende Tomaten stünden deshalb auf der Prioritätenliste höher als ein Impfstoff gegen Malaria oder dürreresistente Nutzpflanzen. Die besten neuen Technologien seien für diejenigen bestimmt, die sie bezahlen können. Dabei spiele die Fusion von Konzernen eine große Rolle. Derzeit würden die zehn bedeutendsten Fernmeldeunternehmen 86 Prozent des Weltmarkts kontrollieren. Bei Pestiziden betrage der Anteil der zehn größten 85 Prozent.

Pierre Simonitsch, In 85 Ländern geht es den Menschen schlechter als vor zehn Jahren, in: Frankfurter Rundschau, 13.7.1999, S. 11

Die Globalisierung – Fluch oder Segen?

M 19

In der gängigen Debatte um die „Globalisierung „mischen sich jedoch mindestens zwei Kritiklinien... . Die erste sieht – ganz in der Tradition linker Imperialismuskritik – in der Globalisierung einen Prozess, der die armen Länder der „Dritten Welt“ weiter in Armut und Abhängigkeit hält, indem er ihre Wachstumschancen behindert und ungleiche Verteilungsstrukturen verfestigt.
Die zweite befürchtet dagegen, dass die Globalisierung den Wohlstand der reichen Länder gefährdet, wenn auch – dies wiederum in antikapitalistischer Kontinuität – vor allem die Interessen der Arbeiter und sozial Schwachen in den reichen Ländern bedroht seien, einmal direkt durch Schwächung ihrer Marktposition, aber auch indirekt durch „Sozialabbau“, also die Beschränkung sozialpolitischer Sicherungs- und Korrekturmöglichkeiten von Marktergebnissen. Die Armen in den armen Ländern müssten der ökonomischen Theorie zufolge von der Globalisierung eher profitieren, da sie die Nachfrage nach billiger Arbeit und damit ihren Preis erhöht. Die Reichen bzw. besser qualifizierten Arbeitnehmer in den armen Ländern müssten dagegen mit relativen Einkommenseinbußen rechnen, da sie verschärfter Konkurrenz aus den reichen Ländern ausgesetzt sind, die über einen relativen Überfluss an Kapital und hoch qualifizierten Arbeitskräften verfügen. ...
Was die reichen Länder betrifft, so behaupten viele, dass die Öffnung der nationalen Märkte einen Unterbietungswettlauf („race to the bottom“) bei Löhnen, Sozialleistungen, Steuern und Regulierungen auslöst, der Arbeitnehmer, Staat und Umwelt belastet, um Unternehmen und ihre Eigentümer („shareholder“) zu entlasten. Die wesentlichen Mechanismen, die diesen Druck ausüben, seien demnach der internationale Handel, der die nationale Produktion der Kostenkonkurrenz billigerer Anbieter aussetzt, die internationalen Kapitalmärkte, die das Kapital (und damit oft auch Wachstum und Beschäftigung) von weniger profitablen Standorten zu profitableren transferieren, und die neuen multinationalen Produktionsnetzwerke, die das gleiche mit Teilen der

Wertschöpfungskette machen, indem sie einzelne Produktionsschritte an den weltweit kostengünstigsten Standort verlagern. Dabei ist ein großer und wachsender Teil des Handels Warentransport zwischen Teilen multinationaler Unternehmen. ... Ebenso dient ein Teil der internationalen Kapitalströme dem Aufbau dieser transnationalen Produktionsstrukturen. Die billigen Importe erhöhen aber das Realeinkommen und senken die Kosten der einheimischen Produktion. Dadurch bieten sich neue Absatzchancen, die den eventuell frei gesetzten Produktionsfaktoren wieder Beschäftigung bieten, wenn Anpassung und Strukturwandel gelingen. Außerdem handeln reiche Länder überwiegend untereinander und sind daher dem Wettbewerbsdruck von Niedriglohnländern relativ wenig ausgesetzt. Es sind auch kaum hohe Leistungsbilanzdefizite der reichen gegenüber den armen und weniger regulierten Ländern zu beobachten. ...

Weiter wäre es naheliegend (wenn auch empirisch wenig belegt), wenn reiche Bürger Länder mit starker Umverteilung verlassen und Arme dorthin einwandern würden, womit sich die Umverteilungsprobleme im Inland verschärfen, im Ausland abschwächen und dieser Trend sich selbst weiter verstärken würde. ...

Unbestreitbar ist jedoch, dass Verteilungsprobleme und marktbedingte Risiken in zunehmendem Maße grenzüberschreitend sind, d.h. Aktivitäten von Akteuren in anderen Ländern die Einkommens- und Wohlstandschancen im eigenen Land beeinflussen. Darüber Gestaltungsspielräume zu gewinnen, liegt im Interesse der Betroffenen. In Demokratien erwarten sie in der Regel, dass ihre Regierungen ihre Interessen vertreten. Geben die Regierungen Kompetenzen an inter- oder supranationale Organisationen ab oder binden sie sich durch Verträge an die Zustimmung anderer Regierungen, so empfinden sie das als Souveränitätsverlust. Er ist entweder durch Renationalisierung oder durch Demokratisierung der Global Governance (siehe Kapitel 8.2) aufzufangen. Betrachtet man die Interessen und den Bedarf an politisch-administrativer Marktsteuerung näher, so leuchtet rasch ein, dass derartige Regulierungen nachgerade eine Voraussetzung für die Zunahme wirtschaftlicher Transaktionen und damit von Wachstum und Wohlstand sind. ... Insgesamt ist die Globalisierung schon heute deutlich mehr reguliert als Marktapologeten[1] und Globalisierungskritiker wahrhaben wollen. Marktteilnehmer sind schon im nationalen Binnenmarkt, aber erst recht in offenen und globalen Märkten Risiken ausgesetzt, die sie selbst nur zu sehr hohen Kosten reduzieren können. Sie erwarten daher vor allem von der Politik (dem Staat, der Regierung), dass sie diese Risiken reduziert. Umgekehrt sind sich vor allem demokratische Regierungen über diese Erwartungen ihrer Wähler im Klaren und gestalten Öffnungsprozesse und „die Globalisierung“ oder flankieren sie durch nationale Politiken schon heute in einem Maße, das diesen Sicherheitsbedürfnissen Rechnung trägt. Trotzdem mag dieses eher an spezifischen, nationalen Interessen orientierte Regulierungsskelett ungenügend sein. ... Es ist nicht zuletzt die Minderung solcher Risiken, insbesondere der Wechselkursrisiken, die Europa zur Gründung der Währungsunion in der Hoffnung auf langfristig höheres Wachstum veranlasst haben.

[1] Marktbefürworter

Michael Dauderstädt, „Euro und Erweiterung: Globalisierung perfekt, Demokratie defekt?“, Friedrich Ebert Stiftung, Bonn 2002

Entwicklungspolitik – der Mix ist entscheidend

M 20

Obwohl Armuts- und Hungerprobleme weiterhin gravierend und kaum lösbar zu sein scheinen, zeigen einige Indikatoren an, dass es auch Fortschritte bei der Reduzierung von Armut und Hunger gegeben hat. In einigen Ländern Afrikas wie beispielsweise Botswana, Elfenbeinküste und Senegal hat die Armut sogar abgenommen. Auch hat sich die Lebenserwartung in den letzten zwanzig Jahren um durchschnittlich sieben Jahre erhöht.

Die Entwicklungspolitik hat sich seit den sechziger Jahren der Armutsbekämpfung verschrieben. Doch ist umstritten, welcher Weg eingeschlagen werden soll. Sollen die Wachstumskräfte und der Außenhandel gefördert werden (Handel statt Hilfe) oder sollen spezielle Programme zur Armutsbekämpfung durchgeführt werden, wie beispielsweise ländliche Entwicklungsprojekte, Slumbekämpfung, Förderung von alleinerziehenden Frauen oder Kleingewerbeförderung im informellen Sektor.

Im Grunde ist der Streit zwischen Wachstumsstrategie und Armutsbekämpfung durch Entwicklungshilfe müßig. Es kommt – wie so häufig – auf den richtigen „Mix“ und die Akteure der Entwicklungszusammenarbeit an. Dies wird deutlich an dem Konzept der „Entwicklung mit menschlichem Antlitz“ (UNICEF) und den Beschlüssen des „Weltgipfels für soziale Entwicklung“ (UNDP). Nach der sogenannten 20:20-Initiative sollen sich Länder des Nordens und Südens wechselseitig verpflichten, 20 Prozent der Entwicklungshilfe bzw. 20 Prozent der Staatsausgaben in die soziale Grundversorgung zu lenken. Auch die Weltbank sieht es inzwischen als notwendig an, den Kampf gegen die Armut zu verstärken, wobei sie in den Mittelpunkt die Förderung eines breiten arbeitsintensiven Wachstums, die Stärkung der Gesundheitsfürsorge, die Erziehung und Ausbildung sowie die Schaffung sozialer Sicherheitsnetze für die sozial schwächsten Schichten stellt. Oder anders ausgedrückt: „Was Entwicklungsländer brauchen, ist eine Politik, die Armutsminderung nicht ohne die Anregung der gesamtwirtschaftlichen Wachstumsdynamik anstrebt und die Wachstum nicht ohne wirksame Erweiterung der Handlungsmöglichkeiten von Armen will“ (Hermann Sautter, 1996).

aus: Information zur politischen Bildung Nr. 264, Afrika I, hgg. von der Bundeszentrale für politische Bildung, Bonn 3/1999, S. 25 ff.

AUFGABEN

1. Informieren Sie sich im Internet, welche Maßnahmen zur Umsetzung der Milleniumsziele von Seiten der Bundesregierung ergriffen wurden bzw. geplant sind (M 15).
2. Schafft die Globalisierung mehr Wohlstand? Entwickeln Sie eine differenzierte Antwort auf diese Frage (M 16 – M 19).
3. Erarbeiten Sie in Gruppen mit Hilfe des Kapitels Wachstumspolitik ein ausführliches Entwicklungskonzept für die armen Länder. Klären Sie dabei auch, welche politischen Voraussetzungen dafür gegeben sein müssen (M 20).

Informationen und Zusammenhänge

Ungleiche Verteilung der Welt
M 15

Wohlstand und Entwicklungschancen auf der Welt sind sehr ungleich verteilt. So erwirtschaften 15,4 % der Weltbevölkerung in den Industrieländern 57,1 % der Weltwirtschaftsleistung. Ob die Globalisierung diese Ungleichheit verstärkt oder den ärmeren Ländern ermöglicht, am Wohlstand teilzuhaben, wird unterschiedlich beurteilt.

Integration in den Weltmarkt als Entwicklungsstrategie
M 16

Die Entwicklungsstrategie der 80er und 90er Jahre, auf der auch die Strukturanpassungsprogramme von Weltbank und Internationalem Währungsfonds basierten („Washingtoner Konsens"), wird mittlerweile kritisch gesehen. Sie beinhaltete die Integration der Entwicklungsländer in den Weltmarkt, Inflationsbekämpfung, Deregulierung und Liberalisierung, Abbau von Staatsbürokratie, Stärkung der Privatwirtschaft und der Kräfte des freien Marktes.
Entwicklungserfolge aufgrund dieser Liberalisierungs-Strategie stellten sich aber längst nicht für alle Länder ein. Wenn Märkte sich öffnen, ist das oft ein sehr schmerzhafter Vorgang. Branchen, die auf dem abgeschotteten heimischen Markt gut platziert waren, brechen zusammen, Menschen werden z.T. dauerhaft arbeitslos. Eine staatliche Strukturpolitik könnte theoretisch solche Anpassungsprozesse überwinden helfen, eine staatliche Sozialpolitik könnte Härten vermeiden, doch gibt es in den meisten Entwicklungsländern keine flankierenden sozial- oder strukturpolitischen Maßnahmen.
Armut und Verelendung wirken sich aber dann auch als Modernisierungshemmnis und ökonomisches Problem aus. Sie untergraben die politische Stabilität, unterminieren Rechtssysteme und Demokratie und fördern gewaltsame Konflikte.

Neue entwicklungspolitische Ansätze
M 20

Neue entwicklungspolitische Strategien berücksichtigen deshalb mehrere Dimensionen von Entwicklung und verabschieden sich vom Konzept des „Minimalstaates". Dabei werden unterschiedliche Formen des Zusammenspiels von Staat, Markt und Gesellschaft zugelassen.
Eckpunkte sind:

- Regierungen sollten Reformen auf einige Politikfelder beschränken, um sich nicht zu überfordern, Anpassungen müssen in einem längeren Zeithorizont gedacht werden.
- Staatliche Aktivitäten werden nicht als per se entwicklungshemmend angesehen, wichtig sind vielmehr funktionierende, effiziente Institutionen.
- Gegenüber standardisierten ökonomischen „Schocktherapien" sollten allmähliche und auf die spezifischen Bedürfnisse des Landes ausgerichtete Entwicklungspfade bevorzugt werden, wobei die Armutsbekämpfung nicht vernachlässigt werden darf.
- Konzepte ökologischer Nachhaltigkeit sollen einbezogen werden.

Ob diese neueren entwicklungspolitischen Ansätze auch von den nationalen Regierungen und internationalen Wirtschaftsorganisationen wie IWF und Weltbank aufgegriffen werden, bleibt abzuwarten.

7.4 Deutschland im globalen Wettbewerb

Deutschland im Wettbewerb mit der EU und der Welt

M 21

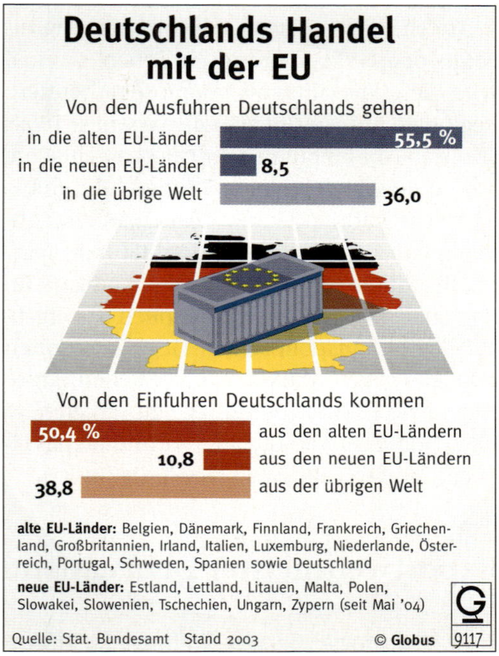

Fragt man nach der Stellung Deutschlands im globalen Wettbewerb, ist zunächst die starke Integration Deutschlands in der EU von Bedeutung. Durch die Verwirklichung des Binnenmarkts ist Deutschland in Europa einem starken Wettbewerbsdruck unterworfen. Verstärkt wurde dieser Wettbewerbsdruck durch die Osterweiterung. Hinzu kommt die Liberalisierung der Märkte durch den Globalisierungsprozess. Da Deutschland ein traditionell exportorientiertes Land ist, eröffnen sich durch Binnenmarkt und Globalisierung neue Absatzchancen. Andererseits muss auf den Absatzmärkten nun mit verschärfter Konkurrenz aus dem Ausland (und der EU) gerechnet werden. Zwar zählt Deutschland immer noch zu den führenden Volkswirtschaften der Welt, doch ist Deutschland als Hochlohnland besonders von den Auswirkungen des globalen Strukturwandels betroffen. Dies zeigt sich insbesondere durch die hohe strukturelle Arbeitslosigkeit. Die Globalisierungsdebatte wird bei uns daher häufig in Form der Standortdebatte geführt. Dabei wird die Frage aufgeworfen, welche Chancen der Standort Deutschland heute und in der Zukunft hat. Wie sind wichtige Standortfaktoren in diesem Zusammenhang zu bewerten und kann sich Deutschland im EU-Integrationsprozess und im Prozess der Globalisierung behaupten?

Autorentext

Die Europäische Union – Globalisierung „en miniature“

M 22

Die Europäische Wirtschafts- und Währungsintegration gilt vielen Beobachtern als das Musterbeispiel für die Prozesse der Globalisierung und Regionalisierung. Was ist unter diesen Prozessen zu verstehen? Wenn Globalisierung etwas anderes akzentuieren soll als Internationalisierung, so muss damit ein derart enges Zusammenwachsen der Güter-, Arbeits- und Finanzmärkte gemeint sein, dass politisch-ökonomische Grenzen, Grenzen zwischen Nationen und Währungsräumen, irrelevant werden. Internationale Wirtschaftsbeziehungen sind demnach nicht mehr grenzüberschreitend, sondern grenznegierend. Regionalisierung meint dagegen die Koordination verschiedener Wirtschaftspolitiken zwischen Regierungen, die mit Regierungen außerhalb liegender Wirtschaftsräume nicht gesucht wird, und die Einräumung des freien Zugangs zu bestimmten Märkten, der Wirtschaftssubjekten anderer ökonomischer Räume nicht gewährt wird. Regionalisierung bezeichnet also eine Grenzziehung, während Globalisierung vollständige Entgrenzung meint.

Für diejenigen, die die Globalisierungsthese vertreten, liegt es nahe, Regionalisierung als Folge der Globalisierung zu sehen. Einmal wird diese Kausalität als Diagnose präsentiert: Regionale Integrationsräume lassen sich als von den Marktkräften selbst hervorgebrachte Verdichtungen, Agglomerationen der globalen Wirtschaftsaktivitäten verstehen. Zum anderen wird mit dieser Kausalität ein wirtschaftspolitischer Imperativ aufgestellt: Regionale Integrationsräume sollen das Ergebnis wirtschaftspolitischer Gegenreaktionen sein, die gegen Marktkräfte versuchen, großräumliche Standortbindungen zu schaffen. Je nach politischer Bewertung, kann man das eine gut und das andere kritikwürdig finden.

An der Diskussion um die Europäische Union lassen sich exemplarisch diese beiden Argumentationen illustrieren. Einerseits könnte man sagen, dass sie den unwiderstehlichen Prozess der Globalisierung nur noch ratifiziert hat. Denn zumindest für den Subkontinent wurden mit Binnenmarkt und einheitlicher Währung die de facto irrelevant gewordenen Grenzen auch de jure abgeschafft. Andererseits könnte man sagen, dass das Binnenmarktprogramm und der Maastrichter Vertrag gerade einer europäischen Selbstbehauptung gegen die Globalisierungskräfte dient. So wird z. B. der Euro als die einzig ernst zu nehmende Alternative zum Dollar aufgebaut.

Waltraud Schelke, Globalisierung oder multipolares Weltwährungssystem - die monetäre Integration Europas im Licht widerstreitender Hypothesen, in: W. v. Bülow et al. (Hg.), Globalisierung und Wirtschaftspolitik, Marburg 1999

M 23 Exportweltmeister Deutschland?

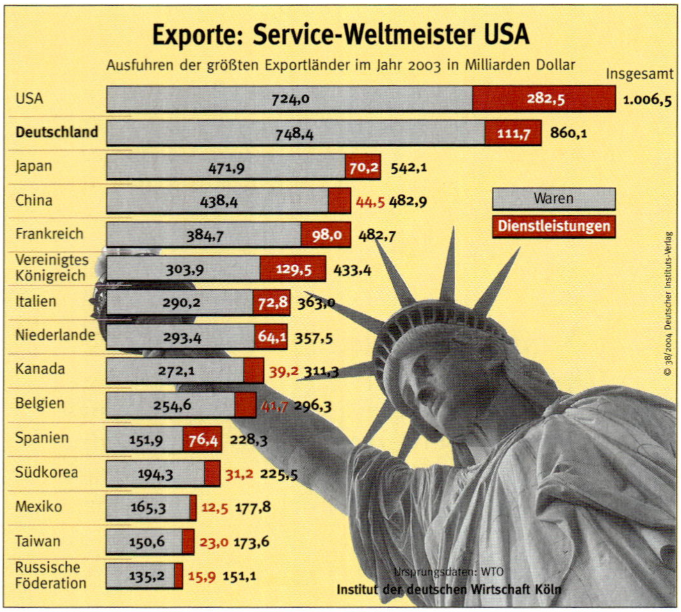

Tatsächlich belegte die Bundesrepublik im globalen Ausfuhr-Ranking des Jahres 2003 mit 860 Milliarden Dollar nur Platz zwei. Exportweltmeister sind die USA, die Waren und Dienstleistungen im Wert von mehr als 1.000 Milliarden Dollar an Kunden im Ausland lieferten. Allenfalls wenn man nur auf die Exporte von Industrie- und Agrarprodukten abstellt, ist Deutschland mit knappem Vorsprung Weltmarktführer. Bei den immer bedeutenderen Dienstleistungen reicht es mit Ausfuhren in Höhe von rund 112 Milliarden Dollar jedoch lediglich für Platz drei. Ohnehin wird das Bild für Deutschland durch die Euro-Aufwertung geschönt, die den Dollarwert der Ausfuhren aufbläht. Zudem ist zu berücksichtigen, dass in den heimischen Warenexporten immer mehr Zulieferungen aus dem kostengünstigen Ausland stecken.

iwd- Informationsdienst des Instituts der deutschen Wirtschaft, Köln Nr. 38, 16.9.2004

Szenario-Technik
„Die Zukunft des Wirtschaftsstandorts Deutschland"

Was sind Szenarien?

Szenario-Technik ist eine Methode, mit deren Hilfe isolierte Vorstellungen über positive und negative Veränderungen einzelner Entwicklungsfaktoren in der Zukunft zu umfassenden Bildern und Modellen, d.h. möglichen und wahrscheinlichen *„Zukünften"*, zusammengefasst werden und die sowohl sinnlich als auch intellektuell nachvollziehbar, d.h. „kommunikabel" sind.

Szenarien sind also weder *Prognosen,* bei denen auf quantitative Informationen aus Gegenwart und Vergangenheit zurückgegriffen wird und unter Fortschreibung der geltenden Strukturen und Verhaltensannahmen in die Zukunft übertragen werden, noch realitätsferne Utopien und Phantasien, wie sie beispielsweise im Rahmen von *„Zukunftswerkstätten"* entwickelt werden. Mit der Szenario-Technik werden vielmehr quantitative Daten und Informationen mit qualitativen Informationen, Einschätzungen und Meinungen verknüpft, so dass als Ergebnis detaillierte Beschreibungen möglicher Zukunftssituationen unter ganzheitlichem Aspekt entstehen. Es werden in der Regel drei Grundtypen von Szenarien entwickelt:

- ein **positives Extremszenario:** es bezeichnet die bestmögliche Zukunftsentwicklung (best-case-scenario),
- ein **negatives Extremszenario:** es bezeichnet den schlechtestmöglichen Entwicklungsverlauf (worst-case-scenario),
- ein **Trend-Szenario:** es beinhaltet die Fortschreibung der heutigen Situation in die Zukunft (Trend-Extrapolation).

Der Szenario-Trichter und die drei Grundtypen des Szenarios

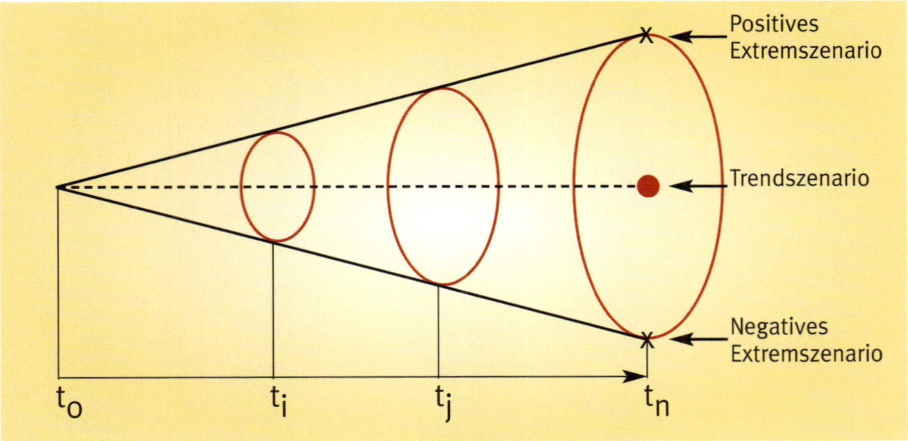

METHODENTRAINING

Arbeitsschritte (Phasenschema)	**Arbeitsanweisungen**	**Materialien und Arbeitsformen**
Phase I Problemanalyse, Beschreibung des Istzustandes, Eingrenzung des Themas, Begriffsdefinitionen	Charakterisierung des Wirtschaftsstandorts Deutschland, Stärken und Schwächen des Standorts	Brainstorming, Kartenabfrage, Mindmap, Bearbeitung der Materialien: M 21–M 25
Phase II Einflussanalyse, Auswahl von positiven und negativen Einflussfaktoren, Bündelung	Welches sind die wesentlichen Faktoren für die Standortqualität, wie lassen sie sich messen (Messgrößen, Operatoren)? Welche Einflussgrößen wirken wiederum auf die Standortfaktoren? Bündelung von Faktoren, die sich gegenseitig stützen und verstärken.	Gruppenarbeit arbeitsteiliges Vorgehen M 26–M 32 Recherchen zur Entwicklung von Standortfaktoren in Medien und Internet
Phase III Szenarioentwicklung Erstellung von Szenarien, die mögliche Zukunftsentwicklungen beschreiben (Deutschland kann seine Position behaupten, der Standort Deutschland verliert an Bedeutung, der Standort wird sich verbessern)	Formulierung von Extremszenarien, ganzheitlichen in sich stimmigen Zukunftsbildern (Horrorszenario/Optimumszenario) unter Berücksichtigung der in Phase II erarbeiteten Faktoranalyse Präsentation der Ergebnisse	Gruppenarbeit arbeitsteilig nach verschiedenen Szenarien PPPräsentationen, Wandzeitungen Diskussion im Plenum
Phase IV Erarbeitung von Handlungs- und Gestaltungsstrategien, die gewünschte Entwicklungslinien unterstützen sowie unerwünschten Entwicklungen entgegenwirken	Erstellung eines Maßnahmenkatalogs unter Einbezug aller gesellschaftlich-politischen Akteure Vorstellung der Ergebnisse	Gruppenarbeit arbeitsteilig nach verschiedenen Szenarien Präsentation und Diskussion der Ergebnisse
Methodenreflexion	Reflexion der Vorgehensweise: Stärken- und Schwächenanalyse, Verbesserungsmöglichkeiten	Kartenabfrage, Plenum

Die Autos von morgen kommen aus Osteuropa

M 24

Der Schrecken der IG Metall ist die Slowakei. Wer will, kann hier sieben Tage in der Woche rund um die Uhr produzieren. Und produzieren heißt hier häufig: Autos bauen. Die Karpatenrepublik hat Automobilkonzerne aus aller Welt auf sich aufmerksam gemacht. Die ersten Früchte erntet Bratislava. Die Altstadt des früheren Preßburg ist hübsch herausgeputzt, bunte Geschäfte und Straßencafés verdrängen das Grau des Sozialismus. Volkswagen & Co. haben Wohlstand in die Hauptstadt gebracht.

Ganz Osteuropa schickt sich an, dank niedriger Arbeitskosten und Steuern sowie qualifizierter Fachkräfte zur Autoregion zu werden. Überall macht sich die Automobilindustrie breit: Toyota und Skoda setzen auf Tschechien, Audi präferiert Ungarn, Renault schmiedet große Pläne für Rumänien. Und in der Slowakei investieren vier Hersteller: VW, Hyundai, Toyota und PSA Peugeot-Citroën.

Kapazitäts-Erweiterungen bei den Automobilherstellern
Fahrzeug-Produktions-Kapazität in Tausend

	2003	bis 2007	Erweiterungen
Polen	350	550	Ausbau: VW, Opel Toyota, Jelcz-Laskowice
Slowakei	280	850	Neu: PSA, Trnava: 300 Hyundai-Kia, Zilina: 200
Slowenien	130	200	Ausbau: Renault
Tschech. Rep.	470	800	Neu : PSA, Kolin: 300
Ungarn	150	200	Ausbau: Suzuki
Gesamt	1380	2600	

„Die Automobilindustrie ist sehr, sehr bedeutend für die Slowakei", sagt József Berényi, Staatssekretär im Außenministerium. Dass das kleine Land elf Jahre nach der Teilung der Tschechoslowakei in große Abhängigkeit von nur einem Industriezweig gerät, stört den Politiker nicht. „Sollen wir Investoren ablehnen?" fragt Berényi. Er schätzt die, die schon da sind. Und freut sich über diejenigen, die noch kommen. Wie zum Beispiel Hyundai. Der koreanische Automobilkonzern wird kommenden Mittwoch für seine Marke Kia mit dem Bau eines Werkes in der ostslowakischen Stadt Zilina beginnen. Auch PSA Peugeot-Citroën gibt 700 Millionen Euro für einen neuen Standort in der Slowakei aus.

Angezogen von niedrigen Steuern, öffentlichen Investitionszuschüssen und günstiger Arbeit. Kein anderes der zehn EU-Beitrittsländer hat eine derart liberale Arbeitsverfassung und ein so revolutionäres Steuersystem. Mit der kühnen „Super-19-Formel" hat die liberal-konservative Regierung entschlossen Reformen vorangetrieben: Einkommen-, Körperschaft- und Mehrwertsteuer betragen einheitlich 19 Prozent. Berényi sieht damit sein Land im Wettbewerb um Auslandsinvestitionen bestens vorbereitet.

Die Westslowakei ist durch Volkswagen zu einem europäischen Autozentrum gereift. Europas größter Autokonzern hat vor den Toren Bratislavas ein hochmodernes Werk mit 9200 Arbeitsplätzen errichtet, die Produktion des Luxus-Geländewagens Touareg ist an der Kapazitätsgrenze. ...

Die Slowakei holt auf. Und in der Autoindustrie wird sie mit den neuen Werken von Kia und Peugeot-Citroën zum Nachbarn Tschechien aufschließen.

Dort gibt die VW-Tochter Skoda den Ton an. In Mlada Boleslav realisiert Skoda wie keine andere Marke im VW-Konzern Kostenvorteile. Ein Skoda-Arbeiter verdient nur rund 500 Euro im Monat. Gut für die Kapitalrendite, die bei Skoda mit 5,3 Prozent deutlich höher liegt als bei der Marke VW. Wichtiger als die geringen Kosten sind laut Winfried Vahland, dem stellvertretenden Skoda-Chef, die flexiblen Arbeitszeiten. „Wir können hier rund um die Uhr und in drei Schichten arbeiten. Sogar am Sonntag." Argumente, die auch Peugeot und Toyota überzeugt haben. Die beiden Autokonzerne werden 2005 in Kolin ein Werk mit einer Kapazität von 300 000 Autos errichten. Schön für Tschechien.

Zunehmend holen Länder wie Ungarn auch Entwicklungsarbeiten ins eigene Land. Ungarns Wirtschaftsminister Istvan Csillag spricht euphorisch von einem „zweiten Strukturwandel", den sein Land vom 1. Mai 2004 an erleben wird. „Wir setzen jetzt auf Forschung und Entwicklung", sagt er. An der István-Széchenyi-Universität werden Ingenieure ausgebildet, unterstützt von ausländischen Konzernen.

Ungarn will mehr sein als nur eine verlängerte Werkbank. Audi hat bereits einen Teil der Motorenentwicklung nach Györ verlagert. In Ungarns zweitgrößter Industriestadt werden eh schon alle Audi-Motoren gefertigt. Fast nebenbei montieren einige der 5000 Beschäftigten das TT Coupé und den Roadster.

Henning Peitsmaier, in: Frankfurter Allgemeine Sonntagszeitung, 4.4.2004, S. 34

M 25

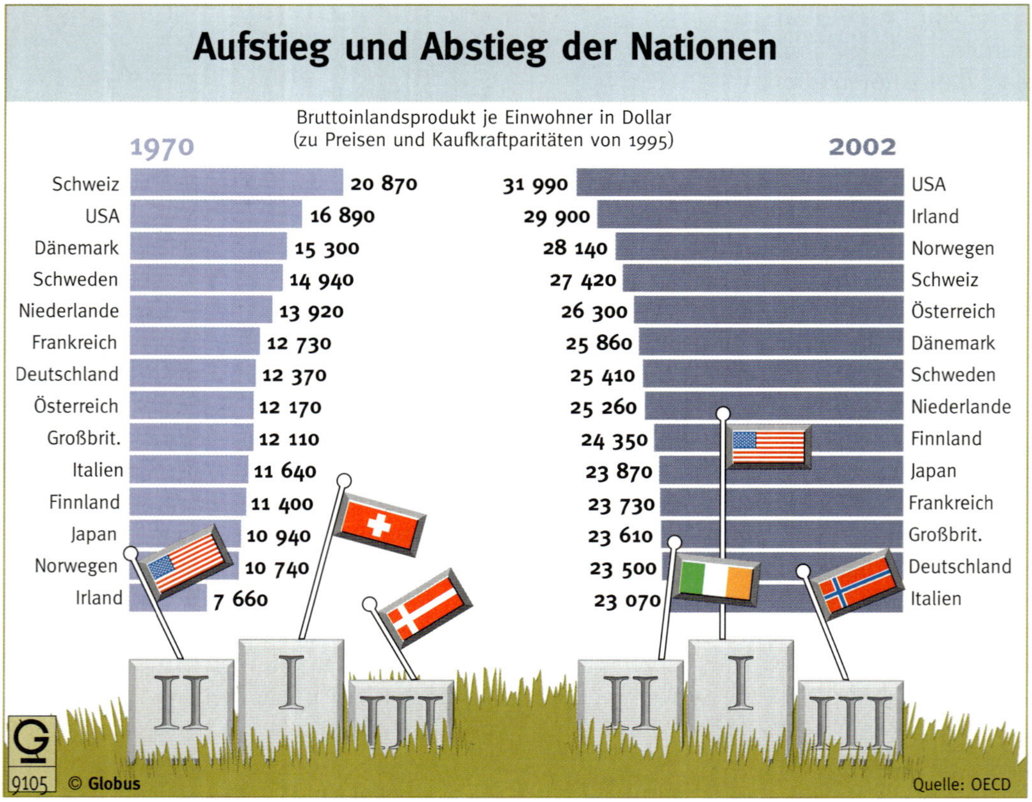

Was bedeutet Standortqualität?

M 26

Unter Standortqualität versteht man nicht nur die quantitative und qualitative Ausstattung einer Region mit standortgebundenen Ressourcen. Hierzu gehören auch die institutionellen Regelungen, die die Kosten (z. B. Sozialabgaben und Steuern), die Produktivität (z.B. Bildungs- und Infrastruktureinrichtungen) und die Flexibilität der Ressourcen beeinflussen (z. B. die berufliche, sektorale und regionale Mobilität der Arbeitnehmer, aber auch die Flexibilität der Reallöhne im Hinblick auf deren Niveau, insbesondere auf deren sektorale und regionale Struktur, und im Hinblick auf die Qualifikation der Arbeitnehmer). ... Die Standortqualität ist für die Entwicklung wettbewerbsfähiger Strukturen von großer Bedeutung, allerdings nicht unmittelbar, sondern erst im Zusammenwirken mit den Standortbedingungen anderer Regionen. ...

Hanel/CCC, www.c5.net

Ein wesentliches Element der Standortqualität ist dabei – wie schon erwähnt – die Flexibilität der Produktionsfaktoren. In einer Region mit hoher Flexibilität werden die Unternehmen, wenn sie aufgrund von Nachfrage- oder Preisänderungen oder aufgrund neuer Wettbewerber an Wettbewerbsfähigkeit eingebüßt haben, mit einem raschen Strukturwandel reagieren. In einer Region mit geringer Flexibilität werden die Unternehmen dagegen bei einem Verlust an Wettbewerbsfähigkeit eher mit Freisetzungen und mit dem Umbau des Bestehenden reagieren. Vor dem Hintergrund des empirischen Befundes und der obigen Überlegungen kann der Schluss gezogen werden, dass Deutschland schon seit längerem unter Inflexibilität leidet.

Das abverlangte Ausmaß an Flexibilität der standortgebundenen Produktionsfaktoren hängt davon ab, welche „Anpassungslasten" eine Volkswirtschaft bewältigen muss. Alle offenen Volkswirtschaften werden mit einer Vielzahl von Datenänderungen konfrontiert, die verarbeitet werden müssen. Neue Strukturen müssen gefunden werden, die eine andere Allokation[1] der Ressourcen notwendig machen. Die entsprechenden Anpassungen verursachen Kosten. Je träger die Anpassungen verlaufen, desto höher sind die Kosten in Form entgangener Einkommen und Arbeitsplätze. Datenänderungen werden aber nicht nur durch außenwirtschaftliche Entwicklungen, sondern auch durch unangemessene Aktivitäten der Politik ausgelöst, weshalb einer stetigen Politik, der Konstanz der Wirtschaftspolitik, eine zentrale Rolle zukommt. Ansonsten fallen die Anpassungskosten hoch aus, haben im günstigsten Fall eine abwartende Haltung, im schlimmsten Fall eine Abwanderung der mobilen Faktoren zur Folge.

Otto G. Mayer, Standort Deutschland – neue Herausforderungen angesichts veränderter Wettbewerbsbedingungen, in: Aus Politik und Zeitgeschichte, B 26/1996, S.7 f.

[1] *Allokation: bestmögliche Verwendung*

M 27

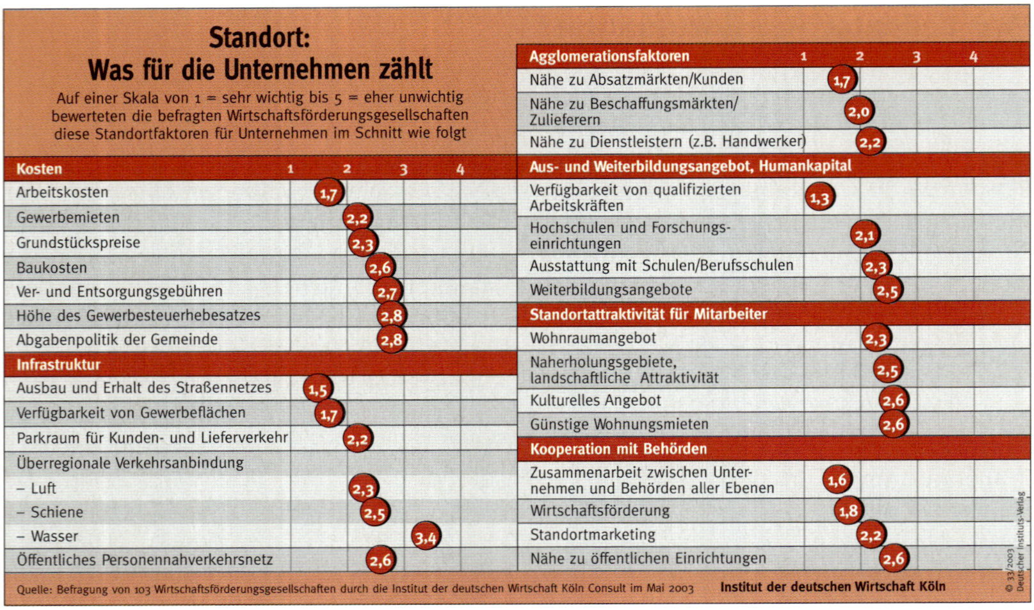

M 28 Keine Märklinloks mehr aus Göppingen

Rund 300 Mitarbeiter von Märklin wollten gestern Morgen nach der traurigsten Betriebsversammlung in der Unternehmensgeschichte nicht mehr zurück an ihren Arbeitsplatz. ... Und so zogen die Mitarbeiter in einem Gemütszustand zwischen Schock und Wut quer durch Göppingen. 80 Prozent von ihnen werden ihren Arbeitsplatz voraussichtlich nicht behalten. Morgens um zehn hatte Unternehmenschef Paul Adams verkündet, die zwölfmonatigen Verhandlungen mit dem Betriebsrat seien gescheitert. 400 der 500 Stellen in der Göppinger Produktion werden gestrichen, statt dessen sollen die Miniloks von Märklin künftig in Sonneberg (Thüringen) und Györ (Ungarn) hergestellt werden. Betriebsratschef Jordan: „Damit stirbt die Produktion in Göppingen."

Der Grund für die Misere ist kein Geheimnis. „Das Problem ist ganz einfach", sagt Geschäftsführer Adams. „Unsere Produktion hat einen extrem hohen Anteil an Handarbeit. Und da schlagen die Lohnkosten an unserem Stammsitz voll durch." So verdiene eine Montagearbeiterin in Göppingen 2235 Euro im Monat, in Sonneberg 1311 Euro, und in Györ 350 Euro. „Unsere Konkurrenten produzieren hauptsächlich in Osteuropa oder sogar Asien", sagt Adams. „Wir müssen jetzt bei den Lohnkosten etwas tun, wenn wir nicht die Zukunft des ganzen Unternehmens gefährden wollen."

Sönke Iwersen, Stuttgarter Zeitung, 29. 9. 2004, S. 13

Der Wirtschaftsstandort Deutschland – Fakten

M 29

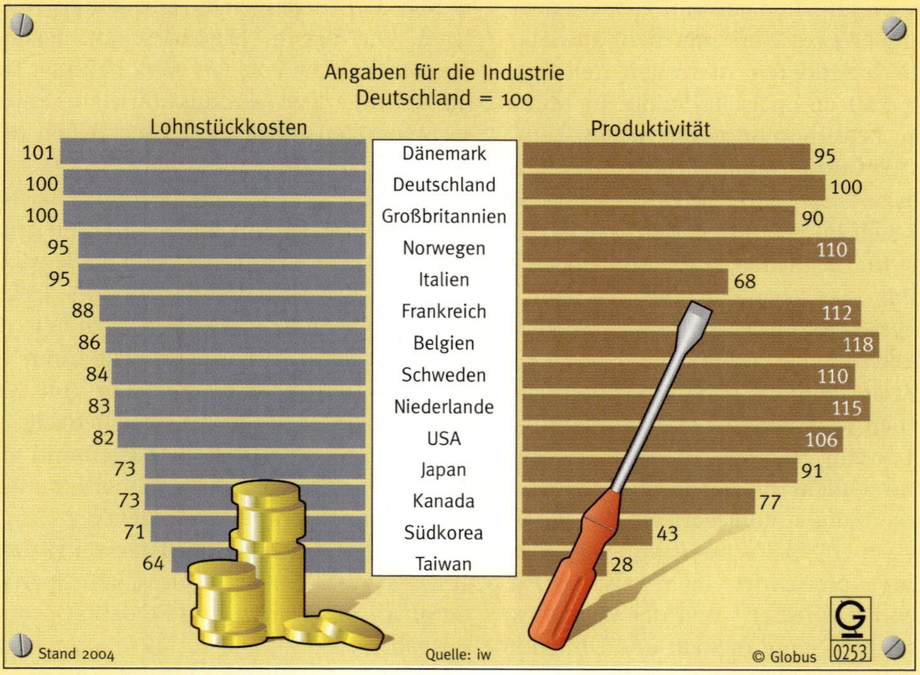

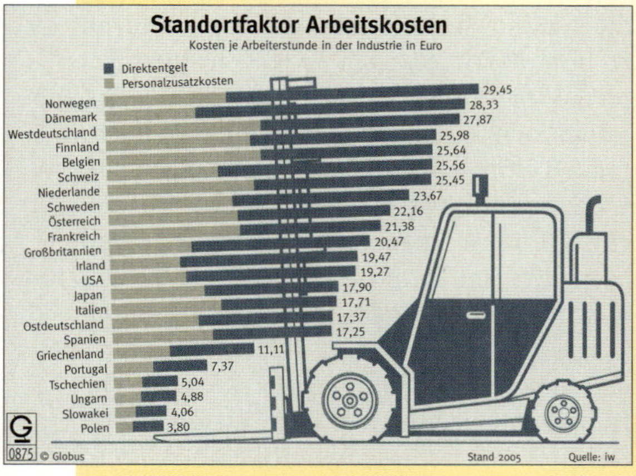

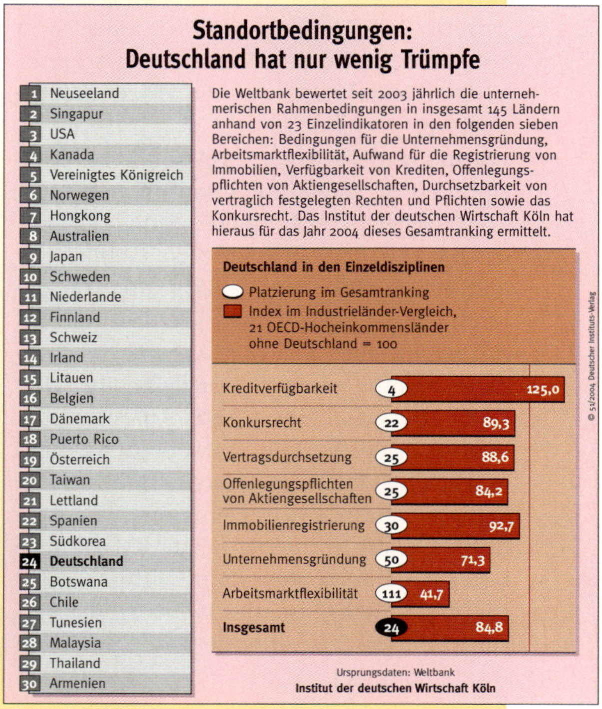

M 30 Leipzig gewinnt den Standortpoker

Als BMW im Juli 2000 bekannt gab, ein neues milliardenteures Werk mit mehr als 5500 Mitarbeitern errichten zu wollen, reichten mehr als 250 europäische Städte in München ihre Bewerbungsunterlagen ein. Leipzig hat vieles unternommen und anders als andere dazu lange Zeit geschwiegen. Damit erwies es sich im Schönheitswettbewerb der Standorte für die beiden Automobilbauer als erste Wahl. ...

Im nahe gelegenen Arbeitsamt, wo fast jeder fünfte Arbeitnehmer der Region als Suchender registriert ist, hofft man, die vollen Karteien in den kommenden Monaten zumindest ein wenig lichten zu können. Bei Porsche sind allein aus der Region mehr als 7000 Bewerbungen eingegangen. Bei BMW wird es wohl ein Vielfaches davon sein. Das Arbeitsamt verzeichnet mehr als 68 000 Menschen ohne Arbeit – seit der Wende ist das der höchste Stand in Stadt und Umland.

Für die Bayern war die Personalfrage neben den Grundstückspreisen, den künftigen Lohnkosten und der Verkehrsinfrastruktur einer der entscheidenden Punkte für die Ansiedlung.

Wie aus mitteldeutschen Immobilienkreisen zu hören ist, zahlen die Bayern für das etwa 2 Millionen Quadratmeter große Grundstück im Norden der Stadt einschließlich der teilweise noch zu leistenden Kosten für die Erschließung etwa 12,50 € je Quadratmeter. Am potenziellen Standort Augsburg wäre es das Fünffache gewesen. Leipzig ist über eine städtische Gesellschaft bereits Besitzer der Flächen. Dem Vorbild anderer Großansiedlungen im Freistaat folgend, gibt es im Rathaus darüber hinaus Pläne, eine bedarfsgerechte Qualifizierung der neuen BMW-Mitarbeiter zu gewährleisten. Zum Dritten war für BMW die Anbindung des Werks an die Verkehrsinfrastruktur entscheidend, und die wurde dank der auf die großen städtischen Zentren konzentrierten Strukturpolitik in Sachsen mit milliardenschweren Investitionen in den vergangenen zehn Jahren ausgebaut. Wie das in Nachbarschaft liegende neue sächsische Porsche-Werk befindet sich die künftige BMW-Produktionsstätte an der sechsspurigen Autobahn gleich neben dem neuen Flughafen Leipzig-Halle. ...

Ausschlaggebend für die Standortentscheidung seien insgesamt sieben Kriterien gewesen: Die Wirtschaftlichkeit und die Flexibilität, die Beschaffenheit des 200 Hektar großen Geländes, die Verfügbarkeit des Fachpersonals, vorhandene Strukturen für Zulieferer und Logistik, die sehr gute Verkehrsinfrastruktur und die Möglichkeit, die Produktion gut in den Werkeverbund von BMW einzubinden. Leipzig verheiße darüber hinaus „einen schnellen Prozess der Umsetzung". Das war wohl ein versteckter Hinweis auf das Werk im amerikanischen Spartanburg, wo es anfangs große Qualitätsprobleme gab.

Die 5500 künftigen BMW-Mitarbeiter in Leipzig ermöglichen eine gemäß der Nachfrage „atmende Fabrik", so dass die wöchentliche Betriebszeit zwischen 60 und 140 Stunden variieren kann. Damit ergeben sich für jeden Mitarbeiter drei bis sechs Arbeitstage in der Woche; es ist ein zwei- oder dreischichtiger Betrieb möglich, der Sonntag bleibt aber in jedem Fall arbeitsfrei. Durch die damit verlängerte Maschinenlaufzeit rechnet BMW mit etwa 20 Prozent niedrigeren Investitionen; die Produktivität des Unternehmens werde mit diesem Arbeitszeitmodell um etwa ein Viertel steigen. In Sachsen wird mit 38 Arbeitsstunden je Woche 8 Prozent länger als in Westdeutschland gearbeitet, im Tariflohn gebe es keinen Unterschied. [Entwickelt wurde ein] kompliziertes Modell, das auf die zyklische Nachfrage nach Automobilen reagieren kann. Die Hauptwettbewerber um den neuen BMW-Standort – Arras in Frankreich und Kolin in der Tschechischen Republik – konnten darauf nicht entsprechend reagieren. Denn in

Frankreich lässt das Arbeitsrecht flexible Modelle nicht zu, und in Tschechien legen sich die Gewerkschaften quer. Trotzdem ist der Lohnkostenunterschied zwischen Deutschland und Tschechien gewaltig: Das Lohnniveau erreicht dort nur 22 Prozent der deutschen Summe.

Frankfurter Allgemeine Zeitung, 19.7.2001, S. 16

Standortverlagerung – die Wirkung ist umstritten

M 31

Die Diskussion um die Verlagerung von Produktionsteilen oder sogar ganzen Betrieben ins Ausland schlägt in Deutschland ebenso Wellen wie in den USA. Die betreffenden Unternehmen werden dabei nicht selten zum Sündenbock für die allgemein schlechte Wirtschaftslage gemacht. Dabei könnten die Bundesrepublik ebenso wie die Vereinigten Staaten durchaus von den Auslandsaktivitäten ihrer Betriebe profitieren – wenn die Politik die Weichen richtig stellen würde.

Outsourcing, Offshoring, Produktionsverlagerungen – die meist mit einem drohenden Unterton versehenen Begriffe geistern wild durch die Gazetten. In den Berichten und Kommentaren zur vermeintlich massiven Abwanderung von Unternehmenskapital aus Deutschland und der damit verbundenen Furcht vor Arbeitsplatzverlusten werden die betreffenden Firmen inzwischen sogar gelegentlich als Vaterlandsverräter bezeichnet.

Angeheizt wurde die Debatte vor allem durch den EU-Beitritt von mittel- und osteuropäischen Ländern, deren Arbeitskosten allesamt deutlich unter dem deutschen Niveau liegen und die sich deshalb als attraktive Standort-Alternativen präsentieren. Doch das Thema ist weder neu noch auf Europa beschränkt. ...

Entscheidend ist zudem, warum die Firmen ihr Kapital über die Grenzen tragen. Weniger als die Hälfte der deutschen Unternehmen investiert aus Kostengründen im Ausland. Überwiegend geht es darum, neue Märkte zu erobern oder zu sichern – vornehmlich in den Industriestaaten. Dort waren im Jahr 2001 gut 86 Prozent aller bestehenden deutschen Direktinvestitionen zu finden.

Direktinvestitionen

Kapitalanlagen von Inländern (Ausländern) im Ausland (Inland) zur Gewinnung oder Stärkung der Einflussnahme auf die Geschäftstätigkeit des kapitalempfangenden Unternehmens (Betrieb). Es sind Kapitalexporte (Kapitalimporte), die als Teil der langfristigen Kapitalverkehrsbilanz erfasst werden. Dazu zählt die Gründung bzw. die Beteiligung an Unternehmen, Produktionsstätten oder Niederlassungen. Ferner zählt dazu die Kreditgewährung. Hohe Direktinvestitionen fließen in den Aufbau von Tochterunternehmen multinationaler Konzerne.

Autorentext

Vor diesem Hintergrund hatte das Auslandsengagement der deutschen Wirtschaft ihrem eigenen Urteil zufolge bislang eher positive Job-Effekte:

In einer aktuellen Umfrage der Kreditanstalt für Wiederaufbau gaben sechs von zehn Unternehmen an, durch Direktinvestitionen Arbeitsplätze geschaffen oder zumindest gesichert zu haben.

Dennoch werden, wenn die allgemeine Wirtschafts- und Arbeitsmarktlage mau ist, im Ausland investierende Firmen gern zum Sündenbock gemacht. Dies zeigt sich derzeit auch in den USA, wo das Thema Offshoring die Gemüter erhitzt – lagern amerikanische Firmen IT-Dienste doch zunehmend in Entwicklungsländer und vor allem nach Indien aus.

Diese Entwicklung sei – so war bis vor kurzem von manchen Politikern zu hören – verantwortlich dafür, dass der Arbeitsmarkt trotz einer florierenden Wirtschaft nicht in die Gänge käme. Doch der aus der Verlagerung resultierende Import von IT-Dienstleistungen ist in den vergangenen beiden Jahren nur um weniger als 1 Milliarde Dollar gestiegen – viel zu wenig, um einen starken Einfluss auf den US-Arbeitsmarkt auszuüben. Außerdem übersehen die auf die Stimmen verunsicherter Wähler schielenden Politiker geflissentlich, dass Auslandsinvestitionen allen Beteiligten zugute kommen können. ...

Dass die Inder vom amerikanischen Kapital profitieren, verwundert kaum. Denn durch die US-Investitionen entstehen neue Arbeitsplätze, die die Einkommen steigern. Dies kurbelt den Konsum an und lässt die Steuereinnahmen sprudeln. Werden die in Indien erzielten Gewinne wiederum zwischen Neu-Dehli und Bangalore angelegt, gibt dies der Wirtschaft und der Beschäftigung einen weiteren Schub.

Doch auch für die USA ziehen die Experten ein positives Fazit. Zwar fallen durch das Offshoring Jobs zwischen Los Angeles und New York weg. Dies wird jedoch durch die weiteren Wirkungen der Direktinvestitionen mehr als kompensiert:

- **Niedrigere Kosten.** Die Produktionsverlagerung bedeutet für die betreffenden Unternehmen eine erhebliche Kostenentlastung. Dies stärkt ihre Position im weltweiten Wettbewerb. Mit den eingesparten Mitteln können neue Investitionen finanziert werden, die zusätzliche Jobs schaffen – oder die niedrigeren Kosten werden durch günstigere Preise an die Kunden weitergegeben.
- **Zusätzliche Exporte.** Um in Niedriglohnländern moderne Produktionsstätten aufzubauen und einen effizienten Betrieb zu gewährleisten, brauchen die Firmen Hightech-Waren – Computer oder Dienstleistungen wie die der Unternehmens- oder Rechtsberatung. Beide Arten von Gütern werden üblicherweise von den Industrieländern geliefert – und nicht selten vom Mutterland des im Ausland engagierten Betriebs. Damit bieten sich in diesem Fall den USA zusätzliche Exportchancen.
- **Höhere Gewinne.** Fahren die Tochterunternehmen in den Niedriglohnländern satte Gewinne ein, so lassen diese auch die Kassen der Muttergesellschaft klingeln – was dort neue Investitions- und Wachstumschancen eröffnet.
- **Neue Arbeitsplätze.** Auch wenn im Land, aus dem Unternehmenskapital abfließt, Jobs etwa im industriellen Niedriglohnbereich abgebaut werden, können doch in anderen Sektoren Zug um Zug neue Stellen entstehen. Denn die durch die Produktionsverlagerung verbesserte Wettbewerbssituation lässt die Gewinne steigen und ermöglicht neue Investitionen. Dies schafft Spielraum für neue Arbeitsplätze – beispielsweise in der Forschung oder im Kultur- und Freizeitbereich.

Für Deutschland sind die Spezialisten von McKinsey allerdings weniger optimistisch. Ihrer Einschätzung nach sorgt die Verlagerung von Teilen der Produktion ins Ausland hierzulande tatsächlich tendenziell für eine Wohlstandsminderung.

Dies liegt jedoch nicht am Auslandsengagement der Unternehmen per se, sondern an den ungünstigen Rahmenbedingungen. Grundsätzlich gilt: Die Politik muss die richtigen Weichen stellen, damit eine Volkswirtschaft den Herausforderungen der Globalisierung begegnen kann.

iwd – Informationsdienst des Instituts der deutschen Wirtschaft Köln Nr. 21, 20.4. 2004

Ist die Globalisierung Ursache der Standortprobleme?

M 32

Unter den Nationalstaaten sorgt die Globalisierung für einen verschärften Standortwettbewerb: „Global Player“ wie General Motors, Unilever oder Siemens suchen für immer mehr Phasen der Wertschöpfungskette weltweit Standorte, die ihnen die besten Bedingungen bieten (z. B. Infrastruktur, effiziente Bürokratie, qualifizierte Mitarbeiter, Investitionsanreize). Nicht zuletzt deshalb hat sich in den vergangenen Jahren die Diskussion um die Wettbewerbsfähigkeit des Standorts Deutschland verstärkt. Diese Verknüpfung der Globalisierungs- mit der Standort-Diskussion ist allerdings aus zumindest zwei Gründen problematisch:

Aus gesellschafts- bzw. wirtschaftspolitischer Perspektive wird dabei zumeist ein Zusammenhang zwischen Globalisierung und dem Abbau von Arbeitsplätzen konstruiert und zu (verteilungs-) politischen Zwecken missbraucht. Hierzu wird oft der komplexe Sachverhalt simplifizierend auf folgenden „Argumentationsstrang“ verkürzt:

- Der Standort Deutschland ist aufgrund der zunehmenden Globalisierung nicht mehr wettbewerbsfähig (zu teuer, zu rigide, zu saturiert).
- Um wieder wettbewerbsfähig zu werden, müssen primär die Arbeitskosten gesenkt werden.
- Falls dies den Unternehmen verwehrt wird, müssen sie Humankapital durch eine effizientere Technologie ersetzen, weshalb die Zahl der Arbeitslosen wächst. ...

Schnell ist ein Sündenbock gefunden: die Globalisierung. Wie eine Naturkatastrophe scheint sie hereingebrochen zu sein und zieht Deutschland unerbittlich in den Niedergang. Globalisierung schafft die Arbeit ab, dem Land der Sozialen Marktwirtschaft zwingt sie einen gnadenlosen Kapitalismus auf.

Aus wissenschaftlicher Sicht kommt es dabei zu einer naiven Vereinfachung des Ursache/Wirkungs-Zusammenhangs: Die meisten Diskutanten reduzieren das Standortproblem auf „die“ Kosten, womit sie im Regelfall die Lohn(neben)kosten meinen. Strukturelle Schwachstellen, welche nicht minder bedeutsam sind, werden dagegen „übersehen“.

...

Bildhaft gesprochen besetzt die deutsche Wirtschaft zusammen mit einigen anderen, vergleichbar entwickelten Ländern die Spitze der so genannten Lohnhierarchie. Ginge man nun dazu über, die Löhne hierzulande (relativ) zu senken, so würde dies den Wettbewerbsdruck nicht vermindern; denn auch die unteren Ränge der Lohnhierarchie sind schon besetzt, weit dichter sogar als die Spitze der Pyramide.

Dass (relative) Lohnkostensenkung die Konkurrenzintensität erhöhen kann, klingt zwar zunächst paradox, ist aber durchaus logisch; denn die zahlreichen weniger entwickelten Volkswirtschaften können diese defensive Strategie leichter imitieren als die alternative offensive Strategie. Diese besteht in der Bereitschaft und Fähigkeit, Leistungen (quantitativ und qualitativ) zu erbringen, die erforderlich sind, um an einem gegebenen Standort international wettbewerbsfähig zu bleiben, also statt den Preis- den Qualitäts- und Innovationswettbewerb zu suchen.

Wenn man den internationalen Wettbewerb nicht ausschließlich als kompetitiv betrachtet, sondern auch eine kooperative Komponente darin erblicken mag, so haben die hoch entwickelten Volkswirtschaften geradezu die Aufgabe, sich im Innovationswettbewerb die Möglichkeiten der Wertschöpfung zu erschließen, die erforderlich sind, um das Wohlfahrtsniveau der eigenen Bevölkerung zumindest zu wahren, nach Möglichkeit zu steigern. Bedenklich – nicht zuletzt aus entwicklungs- und sicherheitspolitischen Gründen – wäre es hingegen, mit den weniger entwickelten Volkswirtschaften auf der Wettbewerbsebene „Lohnkosten“ zu konkurrieren und diesen so deren häufig einzige Handlungs- und damit Entwick-

Indische Programmierer in Neu Delhi. Längst verfügen auch sog. Schwellenländer über hervorragend ausgebildete Arbeitskräfte.

lungsmöglichkeit zu nehmen. Dass diese Form der internationalen Kooperation bzw. „konkurrierenden Arbeitsteilung“, sei sie gewollt oder ungewollt, nicht zum Schaden der traditionellen Standorte in den Industrieländern sein muss, lässt sich an folgendem Beispiel zeigen:

Bis in die fünfziger Jahre hinein war das südfranzösische Städtchen Grasse die „Welthauptstadt der Düfte“. Ein Meer von süß duftenden Rosen und Jasmin sowie der herbere Lavendel lieferten die kostbaren Parfüm-Essenzen. Heute trägt die im Hinterland von Nizza gelegene Kleinstadt diesen Titel noch immer, obwohl die Rosen längst schon aus der Türkei importiert werden – für 50 Ct das Kilo, wofür die provenzalischen Blumenpflanzer aus Kostengründen 5 € verlangen müssten. Dasselbe gilt für den Jasmin, der aus Indien eingeführt wird, und für Geranien, deren Plantagen mittlerweile in Madagaskar stehen. Zum Nachteil geriet diese Entwicklung aber nur für jene, die sich der Dynamik des Wettbewerbs widersetzten und wie ihre Großväter mit dem Anbau der Rohstoffe dieses Industriezweiges ihren Lebensunterhalt verdienen wollten; denn das weit wertvollere Know-how, wie aus natürlichen Essenzen edles Parfüm wird, verblieb in Grasse. Damit – und mit dem „Duft-Tourismus“ – lässt sich sehr viel mehr Geld verdienen als mit dem Blumenanbau. Denn Scharen von Urlaubern verlassen die Côte d'Azur für einen Tagesausflug und lassen sich von Fremdenführern die Hallen der alten Parfümfabriken zeigen. Ganz im Sinne des Erlebnis-Marketing kaufen sie dort dann, aufgrund geringen Preiswissens und erhöhter Preisbereitschaft, Parfüm zu mehr als „auskömmlichen“ Preisen.

Nicht zuletzt aber lehrt die Realität, dass das Wettbewerbsgeschehen weitaus komplexer ist als alle theoretischen Modelle und Diskussionen und nicht mit Hilfe simpler Indikatoren zu erfassen ist. Wie anders wäre sonst zu erklären, dass ganz offensichtlich nicht die Länder mit den geringsten Arbeitskosten (z. B. Portugal, Italien und Spanien) die Rangliste der Wettbewerbsfähigkeit anführen. Und ebenso ganz offensichtlich investieren Unternehmen, die aus den führenden Volkswirtschaften stammen, nicht vorzugsweise in Niedriglohn-Ländern.

Wie unsere Analyse von Daten der 46 führenden Industrienationen zeigt, üben die Arbeitskosten keinen direkten Einfluss auf die internationale Wettbewerbsfähigkeit aus. Auch ist der indirekte Einfluss der Arbeitskosten nicht negativ, sondern positiv; denn: je höher der Lohn,

- desto motivierter die Arbeitnehmer,
- desto besser die Preis-/Qualitäts-Relation der erbrachten Leistung,
- desto weniger soziale Konflikte am Arbeitsplatz.

Der insgesamt positive Effekt, den die Arbeitskosten entgegen der klassischen Lehrmeinung auf die internationale Wettbewerbsfähigkeit ausüben, erwächst daraus, dass diese drei Faktoren die Wettbewerbsfähigkeit verbessern. ...

- Ob deutsche Unternehmen in globalen Märkten Erfolg haben können, hängt aus gesamtwirtschaftlicher Sicht von Quantität und Qualität des heimischen Humankapitals ab.

- Erstklassiges Humankapital, mit der daraus resultierenden Produktiv- und Innovationsfähigkeit der Menschen, ist aus gesamtwirtschaftlicher Sicht Standortfaktor Nr. 1.
- Der Standortfaktor Humankapital spielt in der öffentlichen Diskussion wie in der Politikgestaltung praktisch keine Rolle. Verglichen mit den Defiziten bei Humankapital- und Forschungsinvestitionen werden die Auswirkungen von Prozentpunkte-Veränderungen von Sozialabgaben oder Grenzsteuersätzen für die langfristige Wettbewerbsposition Deutschlands bei weitem überschätzt.
- Zusätzlich zu diesen Versäumnissen belasten überholte bürokratische Strukturen im Verwaltungs- und Sozialsystem die internationale Wettbewerbsfähigkeit Deutschlands. Der Staat nimmt seine wesentlichen allokativen und investiven Aufgaben nicht mehr ausreichend wahr.

Stefan Müller/Martin Kornmeier, Globalisierung als Herausforderung für den Standort Deutschland, in: Aus Politik und Zeitgeschichte, B 9/23.2.2001, S. 7–12

AUFGABEN

1. Beschreiben Sie das Verhältnis von Globalisierung und Regionalisierung (M 21, M 22).
2. Erläutern Sie die Folgen der Osterweiterung für den Standort Deutschland. Gehen Sie dabei auf das Beispiel Automobilindustrie ein (M 21, M 24).
3. Verschaffen Sie sich einen Überblick über ausgewählte Standortfaktoren und beurteilen Sie deren Wichtigkeit für eine Standortentscheidung (M 26 – M 30).
4. Erklären Sie, welche unterschiedlichen Motive den Standortentscheidungen in M 28 und M 30 zugrunde liegen und wie diese begründet sind.
5. Prüfen Sie, ob Standortverlagerungen ins Ausland immer ein Zeichen für die mangelnde Wettbewerbsfähigkeit eines Landes sind (M 31).
6. Erläutern Sie den Zusammenhang zwischen Globalisierung und der Standortdebatte (M 21 – M 32).
7. Beurteilen Sie mit Hilfe der Methode Szenariotechnik die Zukunftsfähigkeit des Standortes Deutschlands (Methodentraining).

LINKS

www.bmz.de (Bundesministerium für Zusammenarbeit und Entwicklung)

www.bundestag.de/gremien/welt/glob_end/ (Abschlussbericht der Enquete-Kommission Globalisierung des Deutschen Bundestages)

www.epo.de (Entwicklungspolitik Online ist ein umfassendes Portal mit Nachrichten, Analysen und Themen aus dem Bereich Entwicklungspolitik)

www.globalisierung-online.de (Aufsätze und Informationen zum Thema Globalisierung)

www.markenhersteller.de (Globalisierung im Supermarkt; welche Firmen verbergen sich hinter den Produkten? Mit Firmenprofilen)

Informationen und Zusammenhänge

Die Stellung Deutschlands im Welthandel und in der EU
M 21

Deutschland gehört heute noch zu den führenden Industrienationen der Welt. Es weist einen sehr hohen Verflechtungsgrad mit der Weltwirtschaft auf und ist daher stark exportorientiert und exportabhängig. Die Europäische Union hat für Deutschland eine herausragende wirtschaftliche Bedeutung. Über 60 % des internationalen Handels (Einfuhren und Ausfuhren) werden innerhalb der Europäischen Union abgewickelt. Die EU stellt mit dem Binnenmarkt einen fast vollständig liberalisierten Wirtschaftsraum dar, in dem nationale Grenzen kaum mehr eine Rolle spielen. Gleichzeitig betreibt die EU eine eigene Außenhandelspolitik gegenüber den anderen Staaten, z.B. durch die Erhebung von Zöllen oder die Festlegung von europäischen Produktstandards.

Regionalisierung und Globalisierung
M 22

Durch die Globalisierung, aber insbesondere auch durch die Aufnahme der mittel- und osteuropäischen Staaten in den EU-Binnenmarkt im Zuge der Osterweiterung 2004 steht Deutschland in einem immer stärker werdenden, weltweiten Standortwettbewerb. Dabei ist die zentrale Frage, ob der Standort Deutschland noch attraktiv genug ist, um Unternehmen und Investitionen im Lande zu halten bzw. neue Unternehmen in Deutschland anzusiedeln.

Deutschland im Standortwettbewerb
M 26

Standortfaktoren
M 29

Für die Attraktivität von Wirtschaftsstandorten gibt es keinen absoluten Maßstab. Die Qualität eines Wirtschaftsstandortes ist nur in Relation zu anderen Standorten zu definieren. Generell gilt: Je flexibler die Produktionsfaktoren sind, desto geringer sind die Anpassungslasten einer Volkswirtschaft. Das macht den Standort attraktiv für Investitionen. Kritisch wird der Wirtschaftsstandort Deutschland wegen der hohen Kosten, der Inflexibilität des Arbeitsmarktes und der schwachen Wettbewerbsfähigkeit in Zukunftsbranchen gesehen. Positiv gesehen werden die hohe Qualifizierung der Arbeitskräfte und die politische Stabilität. Deutlich ist aber, dass nicht mehr nur die internationalen Konzerne, sondern zunehmend auch mittelständische Betriebe von der Möglichkeit Gebrauch machen, im Ausland kostengünstiger zu produzieren.

Direktinvestitionen als Standortindikator umstritten
M 31

Ein umstrittener Indikator für die Attraktivität eines Standortes sind die Direktinvestitionen, da in die Investitionsentscheidung Motive eingehen, die nicht unmittelbar mit der Standortfrage zu tun haben. Dazu gehören z.B. Marktnähe durch lokale Präsenz, geografisch angepasste Produktdifferenzierung, Größenvorteile im Marketing, lokale Strategien in der Produktentwicklung und -werbung, Gewinn globaler Expertise. Durch Investitionen im Ausland sichern Unternehmen also auch ihre internationale Wettbewerbsfähigkeit und damit ihr Überleben.

Letztlich lässt sich die Frage, wie attraktiv der Standort Deutschland heute und in der Zukunft ist, nicht abschließend beantworten, gerade weil den unternehmerischen Standortentscheidungen unterschiedliche Motive zugrunde liegen.

8 Global Economic Governance

Guppenbild der Teilnehmer des G8-Gipfels auf Sea Island 2004

Die Globalisierung der Weltwirtschaft hat seit den 1970er Jahren zu einer immer stärkeren Liberalisierung und Deregulierung der internationalen Waren- und Finanzmärkte geführt. Diese Entwicklung hat Wachstum und Wettbewerb gestärkt, die nationalen Ökonomien aber auch in eine starke gegenseitige Abhängigkeit geführt.
Währungsschwankungen, Finanzkrisen, Rezessionen in den bedeutenden Ökonomien haben unmittelbare Auswirkungen auf andere Staaten, besonders auf Deutschland, das durch eine starke weltwirtschaftliche Verflechtung gekennzeichnet ist.
Die schweren Finanzkrisen Ende der 1990er Jahre z.B. in Asien und Mexiko und zunehmende Abschottungstendenzen einzelner Staaten und Regionen zeigen, dass eine offene und stabile Weltwirtschaft im Interesse aller Staaten liegt, die Märkte alleine jedoch nicht automatisch zu langfristiger Stabilität tendieren.
M 1 – M 7 stellen das Konzept des Global (Economic) Governance vor, das einerseits zur Analyse der bestehenden Kooperation verwendet werden kann, andererseits aber auch als Lösungsmodell für ein kooperatives Management der Weltwirtschaft gesehen wird. Wichtige Akteure des Global-Governance-Modells sind Staaten, internationale Organisationen und Netzwerke sowie private Akteure, besonders die Nichtregierungsorganisationen, die kontrovers beurteilt werden.
Wichtigste Institution zur kooperativen Regelung einer liberalen Welthandelsordnung ist die Welthandelsorganisation WTO, der fast alle wirtschaftlich wichtigen Staaten der Welt angehören. M 7 – M 12 zeigen, welche Vorteile der freie Handel hat, durch welche Regeln die WTO zu einer Liberalisierung der Weltwirtschaftsordnung beiträgt und welche Argumente die Gegner dieser Organisation vortragen.
Aber auch die internationalen Finanzmärkte brauchen ein gemeinsames Regelwerk und einen Krisenmanager. Neben dem Internationalen Währungsfonds IWF und der Weltbank gibt es auch noch weitere Formen der zwischenstaatlichen Kooperation zur Stabilisierung der Finanzmärkte. Doch was sind überhaupt internationale Finanzmärkte und wie helfen die bestehenden Institutionen in Krisensituationen? M 13 – M 21 zeigen dies am Beispiel der Asienkrise. Am Ende des Kapitels wird das Konzept zur Einführung einer Finanztransaktionssteuer (Tobin Tax) zur Kontrolle spekulativer Instabilitäten vorgestellt und kritisch diskutiert.

8.1 Gemeinsame Regeln für globale Märkte?

M 1 Sprechen wir über Naturgesetze ...

M 2 Global Governance als Lösungsmodell?

Da [ein] hoher Regelungsbedarf für grenzüberschreitende Probleme gesehen wird, wird nach alternativen Steuerungsmodellen in der globalisierten Welt gesucht. Der Versuch zur Bewältigung der globalen Herausforderungen wird unter dem Schlagwort Global Governance diskutiert. Grunderkenntnis ist dabei, dass sich bei Globalisierung der Probleme auch „die" Politik globalisieren muss. Dies bezieht sich nicht nur auf die Zusammenarbeit zwischen den Staaten, um etwa weltweite Steuersenkungswettläufe, Lohn-, Sozial-, Subventions- und Umweltdumping zu verhindern, sondern auch auf die Entwicklung eines neuen Politikmodells, bei dem staatliche und nichtstaatliche Akteure auf verschiedenen Ebenen zusammenarbeiten. Somit meint Global Governance (der Begriff grenzt sich bewusst von der Vorstellung eines Global Government – also einer Art „Weltregierung" – ab und ist am besten mit „Weltordnungspolitik" zu übersetzen)

- erstens die Neudefinition staatlicher Souveränität,
- zweitens die Verdichtung und Verrechtlichung der internationalen Beziehungen,
- drittens die Erweiterung des Kreises der Akteure über die Staaten hinaus und
- viertens ein neues Verständnis für Außenpolitik, bei dem ein normatives, am „Weltgemeinwohl" orientiertes Verständnis

vorherrscht und das gemeinsame Überlebensinteresse der gesamten Menschheit in den Vordergrund rückt.

Für eine Global Governance-Architektur werden fünf Säulen als maßgeblich angesehen:

- eine Welthandelsordnung,
- eine internationale Wettbewerbsordnung,
- eine Weltwährungs- und Finanzordnung,
- eine Weltsozialordnung und
- eine Weltökologieordnung.

Im Mittelpunkt globaler Strategiekonzepte stehen das System der Vereinten Nationen sowie internationale Regime[1] ... , aber auch regionale Zusammenschlüsse wie etwa die Europäische Union, die als regionale Kerne einer solchen Entwicklung wirken können. Der Nationalstaat bleibt weiterhin zuständig für den innergesellschaftlichen Interessenausgleich, die Koordination verschiedener Akteursgruppen, für autoritative Entscheidungen und für die Umsetzung der auf internationaler Ebene getroffenen Entscheidungen. Er bekommt somit eine Scharnierfunktion zwischen den Handlungsebenen der „Staaten"-, „Wirtschafts"- und „Gesellschaftswelt". Allerdings leiden diese Modelle an der zentralen Frage der Umsetzbarkeit. Wie soll bei heterogener Interessenstruktur in einem System sich überlappender und durchdringender, geteilter Souveränitäten eine freiwillige Selbstkoordination funktionieren?

Johannes Varwick, Globalisierung, in: Wichard Woyke (Hg.), Handwörterbuch Internationale Politik, 8. Aufl., Opladen 2000, S. 145 f.

[1] *Internationale Regime: Sammelbezeichnung für multilaterale, (relativ) dauerhafte Verhandlungssysteme, die auf gemeinsamen Regeln, Normen und Prinzipien beruhen.*

Die Grundlagen einer stabilen Weltwirtschaftsordnung

M 3

Autorengrafik

M 4 NGOs – die neuen Akteure

Zurzeit gilt die Aufmerksamkeit vor allem den NRO[1], die auf der internationalen Ebene politisch handeln. Richtig ist, dass mit der Neuorganisation der internationalen politischen Beziehungen eine zumindest nominelle Aufwertung internationaler Organisationen stattgefunden hat. Zugleich haben auch NRO eine Aufwertung erfahren, die mit der schon benannten Mitwirkung an internationalen Konferenzen unterstrichen wird. Dabei wird im Grunde nur das nachvollzogen, was mit der Charta der Vereinten Nationen bereits Ende der 1940er-Jahre ermöglicht wurde.

In der Öffentlichkeit werden vor allem große Kampagnen wahrgenommen. Diese richten sich an supranationale Organisationen und an die Regierungen der Staaten der Ersten Welt[2], die ihren internationalen Einfluss geltend machen sollen. In den 1970er- und 1980er-Jahren dominierten dabei gängige Themen der Entwicklungspolitik, z.B. Hungerkrisen im Sahel und die zugrunde liegenden ökologischen Probleme. „Amnesty International" und andere NRO propagieren seit langem sehr erfolgreich Menschenrechtsfragen sowie spezifische Frauen- und Kinderrechte, wobei es hier vor allem um die Durchsetzung dieser Rechte und die Beobachtung von Verstößen geht. In jüngerer Zeit war unter anderem eine Kampagne gegen Kinderarbeit sehr öffentlichkeitswirksam. Dabei kamen auch multinationale Unternehmen in die Kritik, beispielsweise die Sportartikelhersteller „Nike" und „Adidas" wegen des Einsatzes von Kinderarbeit sowie das Unternehmen „Shell" wegen der Benachteiligung der lokalen Ogoni-Bevölkerung in den Ölfördergebieten im Süden Nigerias. ...

Besondere Aufmerksamkeit haben die Globalisierungsgegner erlangt. Erstens hatten von ihnen organisierte Großdemonstrationen große Medienpräsenz (am Rande der Welthandelskonferenz oder von G7-Gipfeln). Zweitens formiert sich mit „Attac" ein internationales Aktionsbündnis, das der von vielen Aktivisten propagierten Netzwerkstruktur sehr nahe kommt. Kleine Koordinationsbüros sind eine Schaltstelle für die Aktivitäten von NRO, informellen Gruppen und Einzelpersonen. Drittens wirkt ihre Kritik an radikalliberalen Globalisierungsvorstellungen als eine politische Klammer zwischen verschiedenen politischen Gruppierungen. Unter anderem ist die während der gesamten 1990er-Jahre besonders wichtige und mit großer Energie vorangetriebene Kampagne zum Schuldenerlass für Entwicklungsländer in diesen größeren Rahmen eingegangen. Diese Kampagnen wurden in vielen Fällen von mehreren NRO getragen, die mehr oder weniger eng ihre Arbeit abstimmen. In diesen Fällen wurde die Vernetzung gezielt für die größere Wirksamkeit der Kampagne genutzt. „Attac" stellt in dieser Hinsicht einen vorläufigen Höhepunkt dar.

Dieter Neubert, Nichtregierungsorganisationen in der Diskussion, in: Gesellschaft – Wirtschaft – Politik 2/2003, S. 270–271

[1] In der deutschsprachigen wissenschaftlichen Literatur werden sowohl die Abkürzungen NGO als auch NRO (Nichtregierungsorganisation) verwendet.

[2] Der Wirtschafts- und Sozialrat der Vereinten Nationen verfasste 1961/62 folgende Definition:
Erste Welt: Länder, deren Volkswirtschaften sich hauptsächlich durch ihre Marktorentierung bestimmen.
Zweite Welt: Länder, deren Volkswirtschaften sich hauptsächlich durch ihre zentrale Planung bestimmen.
Dritte Welt: Länder, deren Volkswirtschaften hauptsächlich Tauschwirtschaften sind.

Attac – Profil einer NGO

M 5

Über 90.000 Aktivisten (2003) demonstrieren heute unter dem Namen „Attac" weltweit gegen eine einseitige Regulierung der Weltwirtschaft, die ihrer Meinung nach nur den Privilegierten, nicht aber den Armen nützt. Gegenwärtig erfährt keine Nichtregierungsorganisation so viel Zulauf wie Attac. Die Organisation (Attac = Association pour une Taxation des Transactions Financières pour l'aide aux Citoyens – Vereinigung zur Besteuerung der Finanztransaktionen zum Nutzen der Bürger) ist 1998 entstanden und mittlerweile in über 40 Ländern vertreten. Sie drückt das Unbehagen vieler Menschen über die Folgen der Globalisierung aus. Attac formuliert konkrete politische Ziele und verfolgt deren Durchsetzung mit gewaltfreien Mitteln. Zu den Kernforderungen gehört, eine weltweite Steuer auf Devisenspekulationen einzuführen (Tobinsteuer). Das Ziel dieser Steuer soll sein, die globalen Finanzmärkte zu bändigen und Mittel für die Entwicklungshilfe bereitzustellen (vgl. M 21). Die Globalisierung soll nicht verhindert, vielmehr so gestaltet werden, dass alle Menschen daran teilhaben können.

Ziele von Attac

Neben der Steuer auf Finanztransaktionen stellt Attac weitere wesentliche Forderungen zur Gestaltung der Globalisierung:

- Ausrichtung der Politik an den Leitlinien von Gerechtigkeit, Demokratie und ökologisch verantwortbarer Entwicklung
- Ende der Militarisierung der Außenpolitik durch die Industrieländer, eine größere Rolle für Friedensinitiativen und Diplomatie
- Demokratisierung der Institutionen der Globalisierung (WTO, IWF, Weltbank, transnationale Konzerne, Investmentfondgesellschaften, usw.).

Die Organisation

Wichtigstes Standbein von Attac sind die lokalen Gruppen. Diese verfügen über keine festgelegte Organisationsform. Um starre Hierarchien zu vermeiden, wird die Arbeit der lokalen Gruppe durch einen Koordinierungskreis geregelt.

Lars Pennig, TERRA-ALEXANDER-Datenbank, Gotha 2003

Kontrovers diskutiert: NGOs

M 6

Pro	Kontra
• NGOs haben das Privileg und die Funktion, die eingespielten Routinen der Politik durch Protest und Provokation zu stören, in Bewegung zu halten, Gegenöffentlichkeit zu erzeugen und Gegenmacht aufzubauen. • Die NGOs fungieren als Sensoren der Gesellschaft, greifen vernachlässigte Themen auf und konfrontieren das politische System mit einem Reformdruck von unten. Sie setzen die Politik unter Handlungs- und Legitimationsdruck.	• Die NGOs greifen oft punktuell Problemfelder auf und erarbeiten sich in diesen Feldern beachtliche Sachkompetenz, berücksichtigen aber bei dieser Engführung die Interdependenzen zwischen Politik- und Problemfeldern nicht hinreichend. Auch NGOs leiden häufig an einer Kurzsichtigkeit, die sie der Politik anzulasten pflegen, weil sie die Wirkungen ihrer Aktivitäten auf andere Problemfelder ausblenden. Ihr Erfolg beruht auch auf dem Privileg, sich nicht um den Ausgleich von Zielkonflikten kümmern und Entscheidungen treffen zu müssen.

- NGOs tragen zur Zerkleinerung der „großen Politik“ bei und können sich leisten, über den kurzen Zeithorizont von Wahlterminen hinauszuschauen, und Vorschläge zu unterbreiten, die aus machtpolitischen Gründen tabuisiert werden.

- Die NGOs konfrontieren die Welt der Sachzwänge und scheinbar unveränderbaren Systemlogiken oft mit der Welt des Wünschbaren, mit der Utopie einer besseren Welt – und können so zuweilen zumindest Nachdenklichkeit bewirken und Denkanstöße geben.

- NGOs tragen dazu bei, das soziale und moralische Kapital einer Gesellschaft zu mobilisieren; sie bringen zum Ausdruck, dass es neben Individualisierungs- und Entsolidarisierungstendenzen auch noch Bedürfnisse nach erlebbarer Gemeinschaft und kreativer Betätigung im Gemeinwesen gibt. Sie holen gewissermaßen die Politik in die Gesellschaft zurück.

- Die NGOs haben zwar die kommunikative Infrastruktur der Gesellschaft verbreitert und zur Rückbindung der Politik in die Gesellschaft beigetragen. Manche neigen allerdings, weil sie auf die Schaffung von Öffentlichkeit über die Medienpräsenz setzen, zu einer „Skandalisierung“ der Politik. Statt komplizierte Sachverhalte verständlich zu machen und Lösungswege aufzuzeigen, werden Skandale medienwirksam inszeniert.

- Größere NGOs haben innere Demokratie- und Legitimationsdefizite; statt auf Wählerfang gehen sie auf Spendenfang. Die Zustimmung zu ihrer Arbeit über Spenden hinterlässt ein Legitimationsvakuum: In wessen Namen und für wie viele Menschen sprechen die NGO-Funktionäre? Es gibt eine wachsende Gruppe professionalisierter NGOs, die kaum über aktive Mitstreiter verfügen, sondern auf der Grundlage von Spendengeldern Lobbyarbeit für dieses oder jenes Anliegen betreiben. Wie steht es um die innerorganisatorische Demokratie?

nach Franz Nuscheler: www.oneworld.at/ngo-conference/discussion/nuscheler.htm (12.12.2002)

AUFGABEN

1. Erläutern Sie, warum gemeinsame Regeln wichtig für eine funktionierende Weltwirtschaftsordnung sind (M 1 – M 3).
2. Überlegen Sie, welchen Beitrag NGOs im Rahmen der Global Economic Governance spielen sollten. Was spricht dabei für, was gegen eine stärkere Beteiligung der NGOs am Global Governance-Prozess (M 4 – M 6)?

Informationen und Zusammenhänge

Globale Risiken und Probleme

Umweltprobleme, zunehmende Handelsverflechtungen und Risiken wie die Verbreitung von Massenvernichtungswaffen haben globale Auswirkungen und können nicht mehr von den Nationalstaaten alleine geregelt werden. Dazu sind neue Steuerungsmodelle notwendig.

Global Governance als Steuerungsmodell
M 2, M 3

Global Governance bezeichnet den Versuch, in einem System geteilter Probleme und Risiken und sich überlappender Souveränitäten politische Steuerungsfähigkeit wiederzuerlangen. Im Zentrum einer Global-Governance-Architektur stehen dabei internationale Organisationen wie die Vereinten Nationen, die WTO, der IWF oder die Weltbank. Darüber hinaus gewinnen unterhalb einer festen Organisationsform stabile und dynamische multilaterale Abkommen und Konferenzen (internationale Regime) zunehmend an Bedeutung. Internationale Organisationen und Regime führen zu einer stärkeren Verhaltensverlässlichkeit der Staaten, da sie Normen und rechtliche Regeln bereitstellen und somit geeignet sind, Kooperationshindernisse zu überwinden.

Rolle der NGOs
M 4 – M 6

Zwar sind die Nationalstaaten weiterhin die wichtigsten Elemente eines solchen Ordnungsmodells, doch treten zunehmend Nichtregierungsorganisationen (NGOs) als neue Akteure globaler Politik in Erscheinung (z. B. Greenpeace oder Attac). Sie spielen im Bereich der Interessenartikulation eine wichtige Rolle und sind durch ihren niederen Organisationsgrad und ihre Verankerung in der Zivilgesellschaft für viele Hoffnungsträger einer mehr bürgerorientierten, demokratischeren Weltgesellschaft.

Probleme des Global Governance

Zentrales Problem einer auf der Selbstkoordination der Staaten beruhenden Global-Governance-Architektur bleibt einerseits der Mangel an Entscheidungsfähigkeit und andererseits die Umsetzung von Entscheidungen. So sind einstimmig zu treffende Entscheidungen in großen multilateralen Verhandlungssystemen nur schwer herbeizuführen – und die Umsetzung einmal getroffener Entscheidungen hängt ganz vom Willen der Nationalstaaten ab. Da es kein internationales Gewaltmonopol gibt, können vor allem mächtige Staaten nicht gezwungen werden, internationale Vereinbarungen auch einzuhalten.

8.2 Institutionen der Weltwirtschaftsordnung

8.2.1 Die Welthandelsorganisation WTO

M 7 Wie Südkorea Fahrzeugimporte verhindert

Wenn der deutsche Wirtschaftsminister Werner Müller[1] am Sonntag vom Seouler Flughafen ins Hotel chauffiert wird, darf er gespannt sein, wann das erste ausländische Auto vor, neben oder hinter ihm auftaucht. Er könnte die ganze 40-minütige Wegstrecke vergeblich darauf warten. Es gibt zwar jede Menge einheimische Staus, aber nur sehr wenige Mercedes, BMW oder Volkswagen darin. Mehr als 900 000 Autos wurden im vergangenen Jahr in Südkorea neu zugelassen, ganze 2400 davon kamen aus dem Ausland. „Die passen zusammen auf einen einzigen Hotelparkplatz", höhnt in einer Art Galgenhumor Karsten Engel, Chef der EU-Vereinigung für Autoimporteure in Seoul.

... Nirgendwo in einem anderen OECD-Industriestaat laufen weniger Marken als in Südkorea.

Das gibt Bundesminister Müller, der zusammen mit BDI-Chef Hans-Olaf Henkel[2] zum gemischten Ausschuss für industrielle Kooperation nach Seoul kommt, genügend Gesprächsstoff. Schon im Vorfeld kündigte er einen deutlichen Dialog zum Thema „fairer Wettbewerb" an. Seine Partner auf der anderen Seite des Konferenztischs sehen – trotz zuweilen gegenteiliger Lippenbekenntnisse – den Autoverkauf aber als eine koreanische Einbahnstraße an. Sie möchten gerne weiter pro Jahr rund 700 000 Fahrzeuge in den Vereinigten Staaten und 550 000 in Europa absetzen, tun aber im Gegenzug beinahe alles, um Autoimporte in ihrem Land praktisch unverkäuflich zu machen.

Natürlich ist es auch in Südkorea nicht ausdrücklich verboten, einen Mercedes oder Landrover zu fahren, offiziell ist es sogar erlaubt, aber leider nur mit erheblichen Risiken und Nebenwirkungen. Verkäufer Engel kann ein abendfüllendes Programm an „schwer beweisbaren und unsichtbaren Schikanen" herunterspulen, „die diesen Markt wie eine Berliner Mauer abschotten". Das reicht von harschen Zöllen, unverschämten KFZ-Steuern, horrenden Versicherungsprämien, Genehmigungsverweigerungen für die Ansiedlung von Service-Stationen bis hin zu teilweise „skurrilen Ausbremsmanövern".

Erst jüngst, weiß der EU- und BMW-Vertreter zu erzählen, streute das Ministerium das Gerücht, man erwäge eine Steuerprüfung für Leute, die einen Wagen mit großem Hubraum fahren, womit in der Regel ein ausländisches Auto gemeint ist. Schon diese vage Drohung habe bei BMW am nächsten Tag zu 25 Abbestellungen geführt. „Es gibt unzählige Beispiele, dass die Steuerfahndung wirklich zu stolzen Limousinen-Besitzern kommt und um jeden Preis etwas finden will, was Strafe und Nachzahlung bewirkt", sagt Engel. ...

Wenn südkoreanische Wirtschaftspolitiker diese Boykottpraxis überhaupt zur Kenntnis nehmen, argumentieren sie, man wolle die einheimische Autoentwicklung stimulieren. Dabei sind Hersteller wie Hyundai, Daewoo oder Kia im untersten Preissegment heute schon führend am Weltmarkt und oft profitabel. In Wirklichkeit geht es der Seouler Administration um die fortgesetzte Abschottung des Binnenmarktes, in dem Hyundai einen Marktanteil von 75 Prozent hat und konkurrenzlose Preise nehmen kann.

Angela Köhler, Schwer beweisbare unsichtbare Schikanen, Stuttgarter Zeitung, 27.5.2000

[1] 1998–2002; [2] 1995–Ende 2000

Protektionismus – Sand im Getriebe des Welthandels

M 8

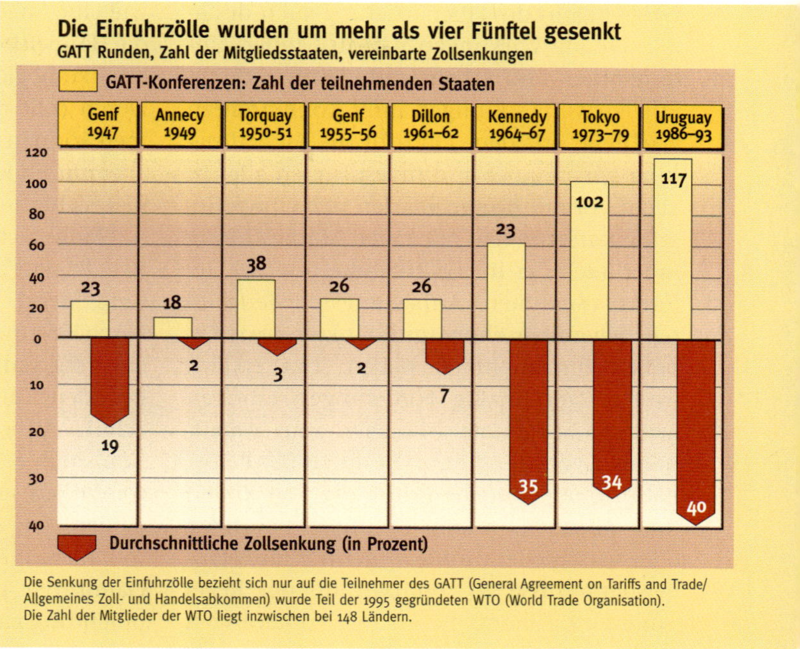

a) Tarifäre Handelshemmnisse

Tarifäre Handelshemmnisse entstehen durch die Auferlegung von Zöllen. Durch die damit erreichte Verteuerung der Importgüterpreise wird die inländische Produktion protegiert. Der Zoll ist eine indirekte Steuer wie die Mehrwertsteuer, die aber nur bestimmten Gütern, nämlich importierten Gütern, gilt. Im Rahmen des GATT (General Agreement on Tariffs and Trade) wird seit den 60er Jahren versucht, weltweite Handelshemmnisse abzubauen und protektionistische Maßnahmen nur noch in Ausnahmefällen zu dulden. 1995 wurde das GATT Teil der neu gegründeten Welthandelsorganisation WTO.

b) Nichttarifäre Handelshemmnisse

Nichttarifäre Handelshemmnisse sind zum einen formale (preisbezogene und mengenbeschränkende) Maßnahmen und zum anderen administrative Handelsbeschränkungen. Eine häufige Form formaler Handelsbeschränkungen sind Mengenbeschränkungen (Kontingente). Die sogenannte freiwillige Exportbeschränkung geht vom exportierenden Land aus. Dennoch kann sie entweder vom importierenden Land auferlegt (z.B. durch Androhung von Repressalien) oder durch gegenseitige Übereinkunft beschlossen worden sein (Selbstbeschränkungsabkommen), da direkte Handelshemmnisse im Rahmen des GATT untersagt sind. In Form von Subventionen werden die Kosten der inländischen Produzenten modifiziert. Beim Dumping wird ein Produkt im Ausland zu einem Preis angeboten, der geringer als die Produktionskosten im Inland ist. Eine öffentliche Auftragsvergabe zugunsten inländischer Firmen, Verbraucherschutzbestimmungen, technische Normen und Produktstandards können zu administrativen Handelsbeschränkungen führen.

nach: Wirtschaft heute, 4. Aufl., Bonn 2003, S. 228

M 9 Die Kosten protektionistischer Maßnahmen

Gewiss kann die Liberalisierung auch destabilisierende Wirkungen haben. Länder, Unternehmen und Arbeitskräfte können durch Effizienzverbesserungen ihrer Konkurrenten Nachteile erleiden. Obwohl die Liberalisierung von Handel und Investitionen alles in allem Vorteile bringt, werden sich einige Gesellschaftsgruppen bei einer Marktöffnung (oder auch der Inangriffnahme interner Reformmaßnahmen) Anpassungsschwierigkeiten gegenübersehen und Einkommenseinbußen hinzunehmen haben. Das erklärt, weshalb regelmäßig Forderungen erhoben werden, bestimmte Branchen und Arbeitnehmer vor Billigimporten durch die Beibehaltung oder gar die Erhöhung von Zöllen und Abgaben, durch Kontingentierungen oder verschiedene andere nichttarifäre Handelshemmnisse zu schützen. In der Regel zahlen die Länder, die solchen Forderungen nachgeben, einen hohen Preis dafür.

Die negativen Effekte protektionistischer Maßnahmen auf der Ebene einzelner Länder oder der Weltwirtschaft sind hinreichend dokumentiert. Handels- oder Investitionshemmnisse verteuern importierte wie auch im Inland hergestellte Produkte, lassen dem Verbraucher nur begrenzte Auswahl und haben – da der Wettbewerbsdruck geringer wird – gewöhnlich eine Qualitätsminderung zur Folge. Durch Schutzmaßnahmen werden die Märkte fragmentiert, was die Möglichkeiten (und die Anreize) für die Unternehmen des exportierenden Landes einschränkt, ihre Produktionskosten durch Spezialisierung und Zugang zu preiswerteren Betriebsmitteln zu senken. Die Errichtung von mehr Handels- oder Investitionshindernissen wirkt wegen der damit verbundenen Preissteigerungen wie eine Steuererhöhung. Demgegenüber ist die Handelsliberalisierung effektiv einer Steuersenkung gleichzusetzen. ...

Durch Zölle oder andere restriktive Maßnahmen können Arbeitsplätze geschützt werden, aber nur für kurze Zeit. Längerfristige Arbeitsplatzsicherheit können sie nicht garantieren. Auf lange Sicht hat der Zollschutz kaum positive Effekte auf die Beschäftigungsentwicklung, denn die Erfahrung zeigt, dass die Beschäftigung in stark abgeschirmten Branchen der Tendenz nach zurückgeht, selbst in Perioden mit hohem und verstärktem Schutz. Alles in allem verursacht der Protektionismus gesamtwirtschaftliche Kosten, die wesentlich größer sind als die Vorteile, die denjenigen, denen damit geholfen werden soll, hieraus erwachsen.

Damit die politische Akzeptanz der Verpflichtung zur Freizügigkeit von Handel und Investitionen auch weiterhin gewährleistet ist, bedarf es einer Politik, die die Härten für die in erster Linie vom Anpassungsprozess Betroffenen mildert. Entsprechende Maßnahmen sind denn auch eine wesentliche Voraussetzung dafür, dass die Liberalisierung allen ein höheres Einkommen verschafft und der Protektionismus zurückgedrängt werden kann. Ganz ohne Zweifel sind staatliche Maßnahmen, die auf Höherqualifizierung durch Bildung und Ausbildung setzen und Mobilität in der Weise fördern, dass die Kosten eines Stellen- oder Wohnungswechsels reduziert werden, einer Politik vorzuziehen, die die Stunde der Wahrheit hinausschiebt.

Kein Wohlstand ohne offene Märkte, Vorteile der Liberalisierung von Handel und Investitionen, hrsg. v. OECD Paris 1998, S. 41 – 44

Die WTO als Hüterin des Freihandels

M 10

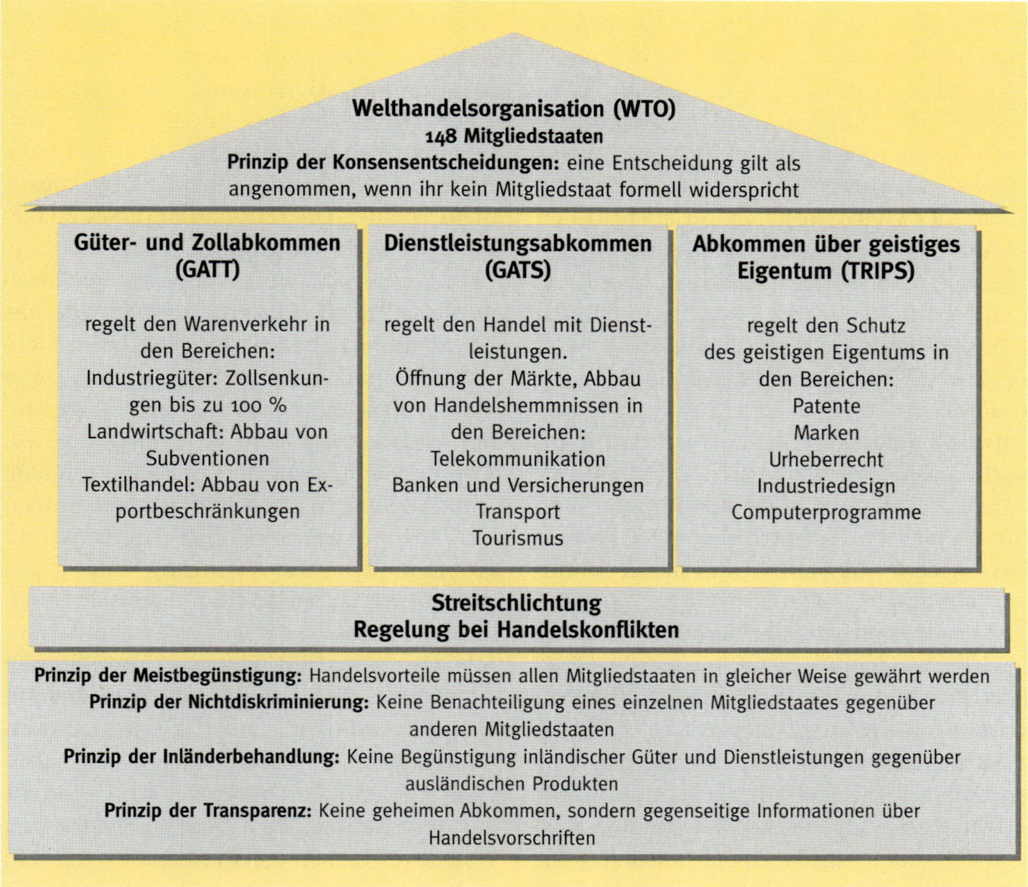

Grafik aus: Politik und Unterricht 4/2003, Globalisierung, hg. von der Landeszentrale für politische Bildung Baden-Württemberg, S. 28

Seit 1995 legt die Welthandelsorganisation WTO als einzige international anerkannte Vertragsinstitution Regeln im Welthandel fest. Die um wichtige Bereiche wie Dienstleistungen und Wissen erweiterte WTO ist die Nachfolgeorganisation des GATT (General Agreement on Tariffs and Trade). Die WTO hat 148 Mitglieder (2005), die über 90 % des Welthandels abwickeln. Einige Länder wie Russland nehmen als Beobachter teil, andere befinden sich in unterschiedlichen Stadien des Beitritts. Das Hauptziel der WTO, die Erleichterung des Handels, soll durch die Vorgabe von unparteiischen Regeln und Verfahren zur Beilegung von Streitigkeiten erreicht werden. Durch die ständige Überprüfung der nationalen Handelspolitik sollen Konflikte mit den bestehenden multilateralen Verpflichtungen möglichst frühzeitig erkannt und ausgeräumt werden. Scheitert die informelle Streitbeilegung, so besitzt die WTO ein formelles Streitschlichtungsverfahren, das Dispute Settlement Body. Kommt es hier zu keiner Einigung oder befolgt eine Partei den Schiedsspruch nicht, so können die Staaten Gegenmaßnahmen in Form von Strafzöllen oder der Rücknahme von Handelserleichterungen ergreifen.

nach: Wichard Woyke, WTO/GATT, in: Wichard Woyke (Hg.), Handwörterbuch internationale Politik, 8. Aufl., Opladen 2000, S. 546 ff.

M 11 Gefährden Auflagen zum Artenschutz den Freihandel?

Meeresschildkröten sind im Washingtoner Artenschutzabkommen als vom Aussterben bedrohte Art gelistet. Jährlich gehen bis zu 150.000 Schildkröten elend in engmaschigen Garnelennetzen zugrunde.

Schutzmaßnahmen wurden daher in vielen Teilen der Welt eingeleitet. So auch in den USA, wo seit 1987 der Endangered Species Act den heimischen Fischern die Nachrüstung ihrer Netze mit Ausstiegshilfen für Schildkröten, so genannten Turtle Excluder Devices (TED), vorschreibt. Eine Klausel des Gesetzes verpflichtet zudem die Regierung, entsprechende Vorschriften auch für importierte Garnelen zu erlassen. Die USA verhängten daraufhin unter Berufung auf den Artenschutz ein Importverbot für Garnelen aus Ländern, die keinen wirksamen Schildkrötenschutz betreiben.

Alsbald klagten Indien, Malaysia, Pakistan und Thailand unter Berufung auf ihre Freihandelsrechte auf die Aufhebung des Importverbotes. Die WTO gab dieser Klage im Herbst 1998 in der zweiten Instanz endgültig statt und forderte die USA auf, das Einfuhrverbot aufzuheben. Das aber, so fürchten Naturschutzexperten, käme einem Todesstoß für die Schildkröten gleich, die seit Jahrmillionen weiträumig die Weltmeere durchstreifen und keine nationalen Hoheitsgewässer kennen.

Das erste Panel hob in einem aufsehenerregenden Urteil noch hervor, handelsbeschränkende Maßnahmen, die unter Artikel XX, GATT ergriffen würden, dürften keinesfalls zu einer „Gefährdung" des internationalen Handelssystems führen. Dessen vorrangiges Ziel sei schließlich die Förderung der wirtschaftlichen Entwicklung durch mehr Handel. Die USA hätten dieses Ziel jedoch durch ihr Embargo gefährdet.

Die Berufungsinstanz revidierte dieses Urteil teilweise. Sie erkennt grundsätzlich an, dass der Schutz der bedrohten Schildkröten ein wichtiges politisches Ziel ist. Folglich sei es auch grundsätzlich legitim, wenn Staaten ihren Marktzugang von der Einhaltung von Artenschutzmaßnahmen abhängig machen. Jedoch sollten diese im Rahmen multilateraler Abkommen vereinbart werden und könnten nicht im Alleingang bzw. gegen den Willen der betroffenen Exportländer erlassen werden.

Mit diesem Spruch wird im Gegensatz zur Erstinstanz zwar die Möglichkeit betont, Handelssanktionen zum Umweltschutz unter Berufung auf Artikel XX auch dann zu ergreifen, wenn dies negative Auswirkungen auf den Welthandel haben könnte. Jedoch wird der Gebrauch von dieser Möglichkeit an Bedingungen geknüpft, die kaum gegen den Widerstand der Länder, die von Sanktionen betroffen wären, durchsetzbar sein dürften.

http://archiv.greenpeace.de/GP_DOK_3P/BRENNPUN/F9902D.HTM#3 (14.01.2003)

M 12 Kontrovers diskutiert: die WTO

a) Die WTO abschaffen!

Die WTO hat drei große Probleme. Zunächst schwört sie auf das falsche Entwicklungsmodell, nämlich auf das neoliberale Modell. Sie glaubt, dass Entwicklung gleichbedeutend ist mit Wirtschaftswachstum. Ihr zweites Problem sind die enormen Unterschiede zwischen den Mitgliedern. Denn die 148 WTO-Länder sind sowohl in ihrer Wirtschaftsstärke als auch im Einflussvermögen völlig ungleich. Das wird durch die undemokratischen und undurchsichtigen Verhandlungsstrategien noch verschlimmert. Und drittens tragen WTO-Vorschriften dazu bei, dass Entwicklungsländer durch wohlhabende Länder systematisch daran gehindert werden, sich weiterzuentwickeln – zum Beispiel,

wenn arme Länder gezwungen werden, ihre Märkte für Weizen oder Rindfleisch aus den reichen Ländern zu öffnen, obwohl sie damit ihren eigenen Bauern schaden.
Zwar arbeiten die Unterhändler der Entwicklungsländer und die Nichtregierungsorganisationen (NGOs) hart, damit die WTO ihre ungerechten Standards verbessert. Dennoch wurden die Standards nicht einmal geringfügig zu deren Gunsten modifiziert. Das gilt für alle Bereiche: Landwirtschaft, Patentrechte und öffentliches Gesundheitswesen, unterschiedliche Sonderbehandlungen oder das Dienstleistungsabkommen GATS.
Handel wird gebraucht, aber nicht in seiner jetzigen Form. Handel ist abzulehnen, wenn er Länder in Abhängigkeit manövriert, Länder zu Lieferanten einer globalen Produktionskette reduziert und Nationen zwingt, die Zahlungen an die Schuldner reicher Länder zu erwirtschaften.
Unter anderen Umständen könnte internationaler Handel ein Segen sein, Technologien fördern, Arbeitsplätze schaffen, das Einkommen stützen oder die regionale Wirtschaft aufbauen und stärken. Dafür wäre jedoch ein anderer Rahmen notwendig: ein Rahmen, bei dem Sozial- und Umweltbetrachtungen wichtiger sind als Handelsstandards. Ein Rahmen, bei dem die Bedürfnisse der regionalen Wirtschaft ein wesentlicher Aspekt der Wirtschaftspolitik werden.

Nicola Bullard arbeitet seit 1997 in Bangkok für „Global South", eine internationale Nichtregierungsorganisation, die die sozialen Bewegungen Südostasiens untersucht, taz,14.1.2004

b) Die WTO – besser als ihr Ruf

Die Welthandelsorganisation (WTO) sei undemokratisch, sie benachteilige die ohnehin schwachen Entwicklungsländer und fungiere lediglich als verlängerter Arm multinationaler Konzerne – Vorwürfen dieser Art sieht sich die internationale Einrichtung immer wieder ausgesetzt. Vor allem Globalisierungsgegner haben sich mittlerweile auf die Organisation mit Sitz am Genfer See eingeschossen. Dabei sind die Vorwürfe verfehlt und überzogen:
Demokratische Struktur. Die urdemokratische Formel „One man, one vote" gilt im übertragenen Sinne auch in der WTO. Schließlich bekommt jeder Staat – sei er groß oder klein, reich oder arm – in der WTO formal das gleiche Gewicht zugestanden. Und was noch wichtiger ist: Alle Mitglieder können von einem Vetorecht Gebrauch machen. Kein Land kann daher gezwungen werden, die Handelsbarrieren gegen seinen Willen zu senken.
Vorteile für Entwicklungsländer. Trotz der formalen Gleichstellung aller Mitglieder dominieren die Europäische Union und die Vereinigten Staaten sicherlich die Bühne der globalen Handelspolitik. Ihre Verhandlungsmacht leitet sich schon allein aus ihrer enormen Wirtschaftskraft ab: Im Jahr 2003 wurden knapp 60 Prozent der weltweiten Wirtschaftsleistung in den USA und der EU erbracht.
Dennoch eröffnet die WTO auch den weniger entwickelten Ländern Chancen – etwa durch das sogenannte Meistbegünstigungsprinzip. Danach gelten Handelserleichterungen, die ein WTO-Mitglied einem anderen einräumt, für alle WTO-Staaten gleichermaßen. Hinzu kommt die Möglichkeit, während der Handelsrunden mit Gesinnungsgenossen Koalitionen zu schmieden. Auf der vergangenen WTO-Ministerkonferenz im mexikanischen Cancun 2003 beispielsweise bildeten sich zahlreiche Gruppen – unter anderem stritten die ärmsten Entwicklungsländer in der sogenannten G 90 gemeinsam für ihre Interessen.
Gäbe es die Handelsorganisation nicht, müsste jedes Entwicklungsland einzeln mit den Industriestaaten etwa um einen Abbau der Einfuhrbeschränkungen oder der Exportsubventionen ringen. Erfahrungen zeigen, dass die Dritte-Welt-Länder dabei in der Regel schlechter wegkommen. Zudem würden vor allem kleinere Entwicklungsländer, die wenig Marktpotenzial zu bieten haben, von den In-

dustrienationen erst gar nicht an den Verhandlungstisch gebeten werden.

Die Vorteile einer WTO-Mitgliedschaft haben sich unter den Entwicklungsländern längst herumgesprochen:

Von den 50 ärmsten Staaten der Welt sind 31 bereits in der WTO vertreten, elf stehen in Beitragsverhandlungen oder kurz davor.

Lediglich acht der am wenigsten entwickelten Staaten haben bislang noch keine Repräsentanten an den Genfer See entsandt – darunter etwa Somalia und Afghanistan.

Regeln gelten für alle. Selbst die wirtschaftlich mächtigen Länder können sich nicht nach Gutdünken über die Regeln der multinationalen Organisation hinwegsetzen. Ansonsten droht ihnen eine Anklage im Rahmen eines WTO-Streitschlichtungsverfahrens – und die kleineren Staaten scheuen kaum davor zurück, dieses Disziplinierungsinstrument anzuwenden.

Zwischen 1995 und Anfang 2004 wurde die Europäische Union 34-mal von weniger entwickelten Ländern angeklagt. Die USA landeten mit 43 Fällen vor dem WTO-Kadi.

Es waren zwar vor allem aufstrebende Wirtschaftsnationen wie Brasilien, Indien, Südkorea und Mexiko, die mit den Etablierten im Clinch lagen. Doch auch ärmere Entwicklungsländer – beispielsweise Peru und Pakistan – wagten die Auseinandersetzung.

iwd – Informationsdienst des Instituts der deutschen Wirtschaft Köln Nr. 34, 19.8. 2004

AUFGABEN

1. Entwerfen Sie eine Rede (in Gruppenarbeit), in der Sie die südkoreanische Regierung zur Öffnung ihres Marktes bewegen (M 7 – M 10, Kapitel 7.3).
2. Inwiefern kann man die WTO als Wegbereiterin der Globalisierung bezeichnen (M 8 – M 10)?
3. Diskutieren Sie das Spannungsverhältnis zwischen Umweltschutz und freiem Handel (M 11). Finden Sie weitere Beispiele, wo Freihandel und Bürgerinteressen im Widerspruch stehen.
4. Globalisierungsgegner fordern regelmäßig die Abschaffung der WTO. Diskutieren Sie diese Forderung in einer Pro- und Kontra-Debatte (M 8 – M 12).

8.2.2 Der Internationale Währungsfonds (IWF) und andere Institutionen

Die Asienkrise als Beispiel einer internationalen Finanzkrise

M 13

Der Verlauf der Asienkrise

Nach Ansicht der meisten Autoren begann die Asienkrise am 2. Juli 1997 in Thailand, als die dortige Zentralbank den Wechselkurs der heimischen Währung freigab, die umgehend 20 Prozent an Wert gegenüber dem US-Dollar verlor. Von Thailand ausgehend griff die Asienkrise dann im Juli und August 1997 auf Indonesien, Malaysia und die Philippinen, im November 1997 auf Südkorea über. Das Jahr 1998 brachte eine weitere Verschärfung der Krise, die sich im August 1998 auf Russland und in der Folge auf Schwellenländer außerhalb Asiens, wie Brasilien und Mexiko, ausdehnte.

Der Auslöser der Krise

Was den Auslöser der Krise betrifft, so sind sich fast alle Beobachter darin einig, dass die Asienkrise das Resultat einer panikartigen Reaktion internationaler Investoren darstellt, die im Lauf des Jahres 1997 große Kapitalmengen aus Ostasien abzogen. Während die fünf Schwellenländer Indonesien, Thailand, Malaysia, die Philippinen und Südkorea im Jahr 1996 noch insgesamt 93 Mrd. US-Dollar an privaten Kapitalzuströmen zu verzeichnen hatten, flossen im Jahr 1997 insgesamt 12, 1 Mrd. US-Dollar ab. Die Differenz zwischen 1996 und 1997 betrug also mehr als 105 Mrd. US-Dollar – eine Summe, die 11 Prozent des gesamten Bruttosozialprodukts der fünf Länder entspricht.

Die Folgen der Krise

Im Gegensatz etwa zur Verschuldungskrise der achtziger Jahre nahm die Asienkrise die Form einer Währungskrise an, d.h. ein Staat nach dem anderen wurde angesichts der massiven Kapitalflucht dazu gezwungen, die eigene Währung deutlich abzuwerten. Obwohl die Zentralbanken der betroffenen Länder einen Großteil ihrer Devisenreserven verausgabten, um einen solchen Kollaps zu verhindern, kam es in manchen Fällen zu einem geradezu dramatischen Währungsverfall: So verlor die indonesische Rupie zwischen Juli 1997 und dem Tiefpunkt im März 1998 fast 85 Prozent ihres Wertes.

Neben dem Verfall der Währungen wurden die ostasiatischen Schwellenländer auch bei den Aktienkursen schwer getroffen: So verloren die Börsen der fünf am stärksten betroffenen Staaten bis zum Ende des Jahres 1997 drei Fünftel ihres Dollarwertes; im Lauf von nur sechs Monaten wurde Kapital in einer Größenordnung von 600 Milliarden US-Dollar vernichtet. Durch den massiven Verfall der Währungen und Aktienkurse stieg die Auslandsverschuldung für die betroffenen Länder enorm an. Dies wiederum ließ die Zahlungsunfähigkeiten in die Höhe schnellen, erst bei den Unternehmen, dann bei den Banken, von denen z.B. in Korea fast die Hälfte geschlossen werden mussten. ...

Nach Schätzungen des IWF ist das Bruttosozialprodukt im Jahr 1998 in den vier am schwersten betroffenen Schwellenländern Ostasiens (Südkorea, Indonesien, Malaysia, Thailand) im Durchschnitt um 8,5 Prozent geschrumpft. Im Zuge dieser heftigen Rezession hat sich die Arbeitslosigkeit etwa verdreifacht, was angesichts der mangelhaften sozialen Sicherungssysteme in diesen Ländern zu massenhafter Verelendung geführt hat.

http://www.astm.lu/article.php3?id_article=364&astm_lang=fr (20.1.2005)

M 14 Was sind internationale Finanzmärkte?

Finanzmarkt ist der Obergriff für drei Teilmärkte:
- die Kreditmärkte,
- die Wertpapiermärkte und
- die Devisenmärkte,

wobei die einzelnen Sektoren selbstverständlich untereinander interagieren. ...

Der Kreditmarkt

Der Kredit ist das älteste Instrument der Fremdfinanzierung. ... Er dient dazu, finanzielle Ressourcen an dem Ort und zu dem Zeitpunkt zu mobilisieren, an dem sie für die Realisierung einer Investition nötig sind. Wenn die Investition erfolgreich ist, wird die Kreditsumme erwirtschaftet und der Kredit kann – zuzüglich der Kreditzinsen – über einen bestimmten Zeitraum hinweg zurückgezahlt werden. Dieser Mechanismus ist auch heute noch für Privathaushalte und die Mehrzahl der Unternehmen (insbesondere für die kleinen und mittleren Betriebe) die bedeutendste Fremdfinanzierungsquelle.
Die klassische Institution, die diesen ökonomischen Prozess vermittelt, ist die Bank. ...
Um die Funktionsfähigkeit und das Vertrauen in das Kreditsystem zu garantieren, hat sich die Etablierung nationaler Bankensysteme mit einer staatlichen Zentralbank an der Spitze weltweit durchgesetzt (vgl. Kap. 5). Letztere bestimmt die Geldmenge und den Leitzins und unterhält Reserven. Unterstützt von Aufsichtsbehörden, können durch Gesetze und Regelungen die Kreditmärkte so unter staatlicher Kontrolle gehalten werden. Die Steuerungsmöglichkeiten von Zentralbanken lösen sich aber in dem Maße auf, in dem infolge der Liberalisierung der Kreditschöpfungsprozess außerhalb des von ihnen kontrollierbaren Bereichs, nämlich auf den globalisierten Finanzmärkten stattfindet. ...

Die internationalen Wertpapiermärkte

Die Bedeutung der Wertpapiermärkte für das internationale Finanzsystem ist im Vergleich zum Kredit- und Devisenmarkt unverhältnismäßig stark angestiegen. Ein Großteil der Kapitalflüsse ist auf den Handel mit und die Herausgabe von Wertpapieren zurückzuführen.
Die wichtigsten Wertpapierformen sind:
- Anleihen (Staatsanleihen, Schuldverschreibungen u.ä.)
- Aktien
- die verschiedensten Formen von Derivaten.

Wertpapiere in Form von Schuldverschreibungen gibt es seit Jahrhunderten. ...

Devisenmärkte

Auf Devisenmärkten, die per se international sind, wird mit Währungen gehandelt. Früher galten sie als „Spiegelbild der weltwirtschaftlichen Entwicklung" – auch heute noch werden Wechselkursveränderungen häufig als Barometer für die weltwirtschaftliche Leistungsfähigkeit einer Volkswirtschaft angesehen.
Unser heutiges Weltwährungssystem zeichnet sich dadurch aus, dass die Wechselkurse zwischen den Leitwährungen (US-Dollar, Euro und Yen) frei schwanken. ...
In einem flexiblen Wechselkurssystem bilden sich Preise für die einzelnen Währungen allein nach dem Gesetz von Angebot und Nachfrage an den Devisenmärkten. Durch die nationale Geld- und Zinspolitik wird nur noch indirekt Einfluss auf den Wechselkurs genommen. Erhöht beispielsweise die FED (amerikanische Notenbank), wie 1999/2000 mehrfach geschehen, den Zinssatz, wird es für Anleger interessant, Geldvermögen aus dem Euroraum in den Dollarraum zu verschieben. Die Nachfrage nach US-Dollar erhöht sich, sein Außenwert steigt. Von entscheidender Bedeutung für die Entwicklung eines Wechselkurses ist das „Vertrauen", das der Währung entgegengebracht wird. „Glauben" die Anleger an einen steigenden Kurs, werden sie die Währung kaufen, gehen sie von einem Kursverfall aus, werden sie sie verkaufen. Mittlerweile sind Währungen zu

Handelsobjekten wie Waren, Aktien oder Anleihen geworden. Begünstigt durch den Abbau von Kapitalverkehrs- und Devisenkontrollen und die Entwicklung elektronischer Datenübertragung werden Wechselkurse heute in erheblichem Maße von kurzfristigen Finanzströmen bestimmt – und immer weniger von der Entwicklung der wirtschaftlichen Fundamentaldaten.

Peter Waldow, Wie funktionieren die internationalen Finanzmärkte?; in: Kairos Europa/Weltwirtschaft, Ökologie & Entwicklung (Hg.), Kapital braucht Kontrolle. Die internationalen Finanzmärkte: Funktionsweisen – Hintergründe – Alternativen, Bonn 2000, S. 16–23

Kasino-Kapitalismus? Die Zunahme des Handels mit Derivaten M 15

Derivate sind abgeleitete Finanzprodukte, denen ein anderes Finanzprodukt zu Grunde liegt: zum Beispiel Währungen, Anleihen, Aktien, Zinssätze oder Zahlungsverpflichtungen. Grundsätzlich sind zu unterscheiden:

- **Terminkontrakte.** Das ist beispielsweise der Kauf oder Verkauf einer Währung zu einem festgelegten Zeitpunkt und zu einem vorab bestimmten Preis. Käufer und Verkäufer haben eine bindende Abnahme- beziehungsweise Lieferverpflichtung. Beide Seiten gehen bei diesen auch als Futures bezeichneten Geschäften also ein symmetrisches Risiko ein: Gewinn- und Verlustchancen sind jeweils gleich hoch – ein Nullsummenspiel.
- **Optionen.** Sie beinhalten das Recht, etwa eine Aktie zu einem vereinbarten Preis innerhalb einer bestimmten Zeitspanne oder zu einem festgelegten Zeitpunkt zu kaufen oder zu verkaufen. Da der Käufer die Option nicht ausüben muss, sind die Risiken asymmetrisch verteilt. Auf der einen Seite sichert sich der Käufer gegen Kursverluste ab. Dafür zahlt er eine Optionsprämie – diese ist gleichzeitig der Betrag, den der Käufer maximal verlieren kann. Auf der anderen Seite kassiert der Verkäufer, auch Stillhalter genannt, auf jeden Fall die Optionsprämie. Dafür trägt er einseitig das Risiko: Entwickelt sich der Aktienkurs für ihn günstig – also für den Käufer ungünstig – wird die Option nicht ausgeübt.
- **Swaps.** Hier vereinbaren zwei Vertragsparteien die gegenseitige Übernahme von Zahlungsverpflichtungen. Beim Währungsswap werden Kapitalbeträge in unterschiedlichen Währungen getauscht – etwa eine Schuld in Euro gegen eine Schuld in US-Dollar. Beim Zinsswap tauschen die Vertragspartner Zinsverbindlichkeiten – z.B. variable gegen feste Zinszahlungen.

iwd – Informationsdienst des Instituts der deutschen Wirtschaft Köln Nr. 2, 8.1.1998

Weltweiter Umsatz börsengehandelter Derivate

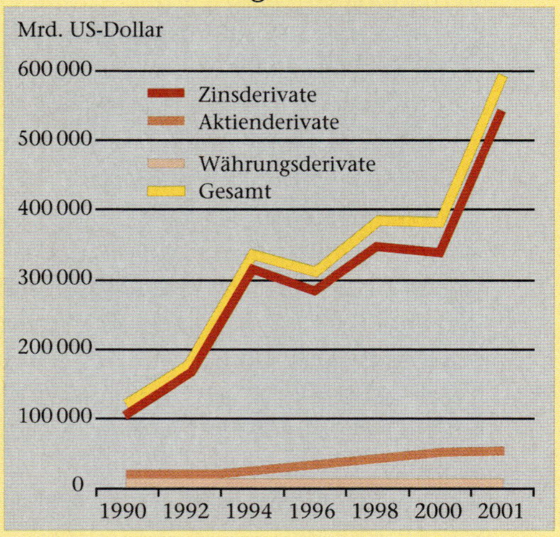

Deutscher Bundestag (Hg.), Globalisierung der Weltwirtschaft, Opladen 2002, S. 66

M 16

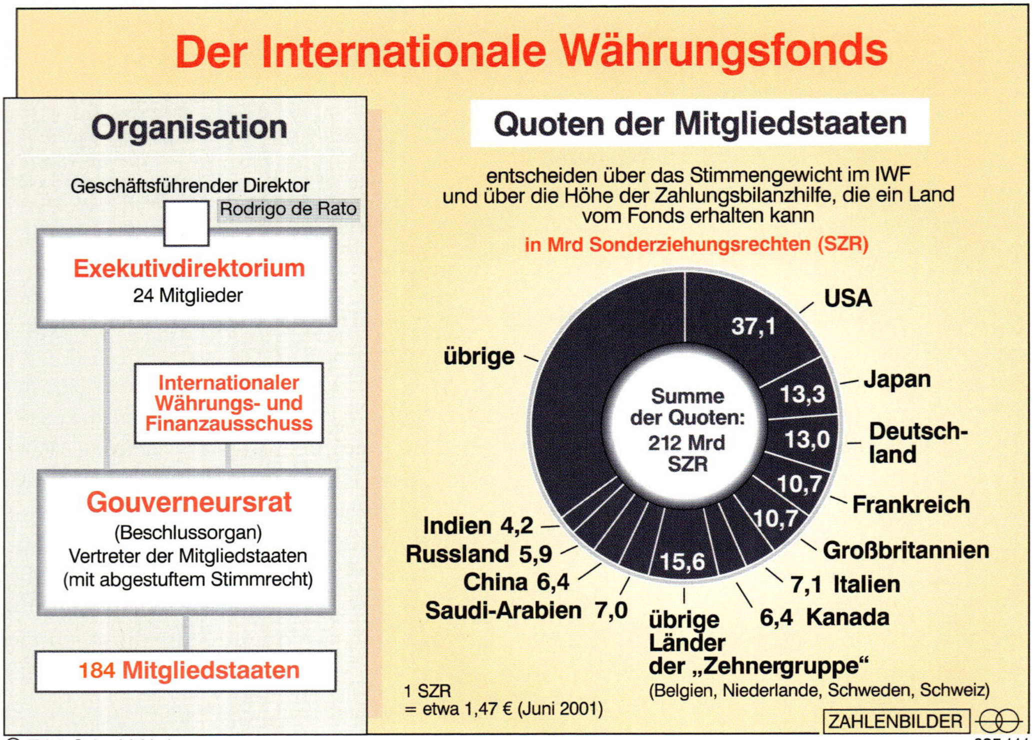

Diese internationale Organisation hat ihren Sitz in Washington D. C. Ihr Ziel ist es, den internationalen Handels- und Zahlungsverkehr zu schützen und zu fördern. Die Mitgliedsstaaten des IWF, u. a. auch die Bundesrepublik, verpflichten sich vertraglich,

- ihre Wechselkurs- und Devisenkontrollpolitik unter die internationale Aufsicht des IWF zu stellen.
- vereinbarte Regeln einzuhalten. Die Mitgliedsländer sind z. B. verpflichtet, ständig mit dem IWF und den anderen Mitgliedern zusammenzuarbeiten, um geordnete Wechselkursregelungen zu gewährleisten und ein stabiles Wechselkurssystem zu fördern.
- in Fragen der internationalen Währungspolitik und des zwischenstaatlichen Zahlungsverkehrs eng zusammenzuarbeiten, z. B. durch Freihaltung von Devisenkontrollen und (falls noch nicht geschehen) Übergang zur Konvertibilität (Zahlungen und Überweisungen für internationale Geschäfte werden dann also unbeschränkt zugelassen).
- sich gegenseitig bei der Finanzierung von Zahlungsbilanzdefiziten zu helfen. Der IWF gewährt Kredite an Länder, die Zahlungsbilanzdefizite aufweisen. Da jedes Mitgliedsland bestimmte Zahlungsverpflichtungen gegenüber dem IWF hat, kann der Fonds aus diesen und weiteren Mitteln seine finanziellen Hilfen leisten.

Frank W. Mühlbradt, Wirtschaftslexikon, Daten-Fakten-Zusammenhänge, 8. Aufl., Berlin 2004, S. 180 f.

M 17

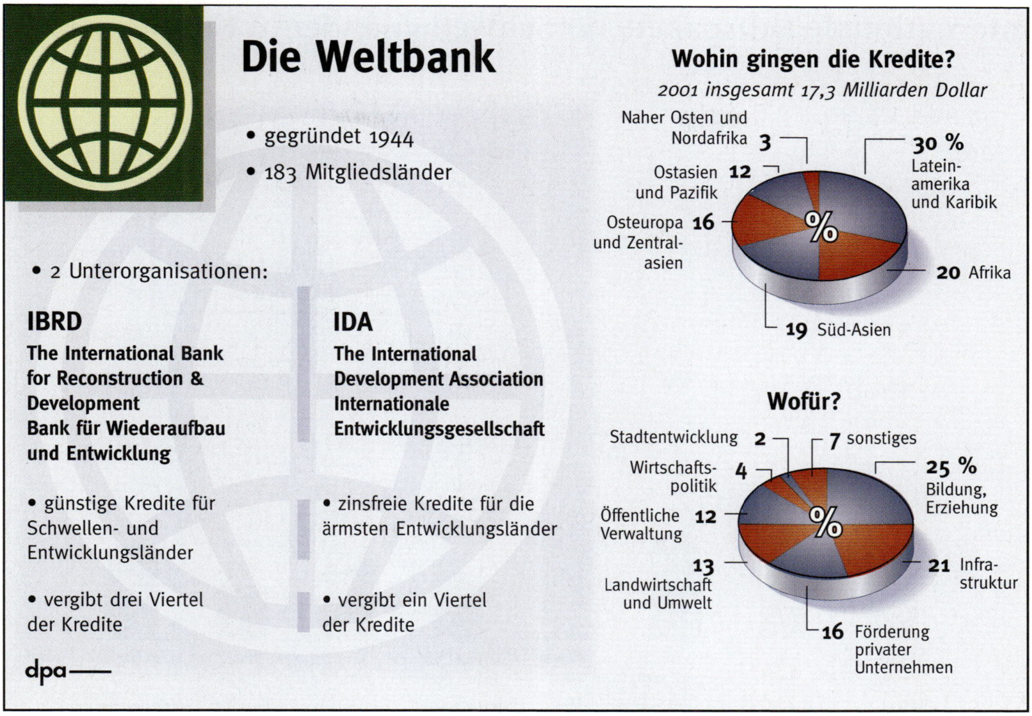

Zur Weltbankgruppe zählen die Weltbank – „Internationale Bank für Wiederaufbau und Entwicklung“ (IBRD) – sowie die später gegründeten, rechtlich selbsständigen Tochterorganisationen Internationale Entwicklungsorganisation (IDA), Internationale Finanz-Corporation (IFC), Multilaterale Investitions-Garantie-Agentur (MIGA) und das Internationale Zentrum für die Beilegung von Investitionsstreitigkeiten (ICSID). Die Weltbank wurde zusammen mit der Zwillingsinstitution Internationaler Währungsfonds (IWF) 1944 auf der Konferenz von Bretton Woods (USA) mit Sitz in Washington, D.C. ins Leben gerufen. ...

Die Weltbank vergibt ihre Kredite zu relativ harten Konditionen, die zwar etwas unter den Marktkonditionen liegen, aber sich dennoch am Markt orientieren. Sie staffelt ihre Zinssätze also nicht etwa nach Bedürftigkeit, sondern setzt diese anhand der eigenen Finanzierungskosten fest. Diese fallen dennoch niedriger aus, als wenn die Kreditnehmer der Weltbank versuchen würden, sich Mittel direkt an den Kapitalmärkten zu beschaffen. ...

Die Weltbank finanziert überwiegend einzelne Projekte (specific investment loans), die vor der Finanzierungszusage sehr gründlich untersucht und auch während der Abwicklung ständig beobachtet werden. Daneben vergibt sie in wachsendem Umfang auch umfassender angelegte Kredite, die teilweise auf einzelne Wirtschaftssektoren (sector operations), teilweise auf die Gesamtwirtschaft zielen.

Uwe Andersen, Weltbank(gruppe), in: Wichard Woyke (Hg.), Handwörterbuch, Internationale Politik, 9. Aufl., Wiesbaden 2004, S. 557 ff.

M 18 Internationale Hilfspakete für Schwellenländer in Krisen

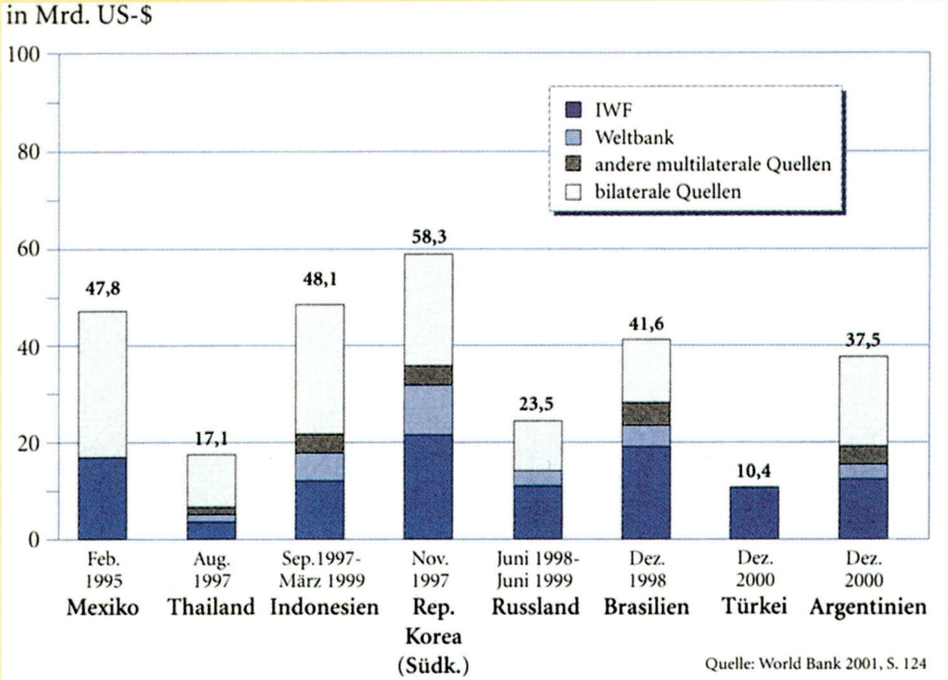

Quelle: World Bank 2001, S. 124

Die internationalen Hilfspakete zur Wiederherstellung finanzieller Stabilität werden als Kosten bei den Gebern verbucht, letztlich müssen die Steuerzahler dafür aufkommen. Die internationale Gemeinschaft der „Steuerbürger" zahlt also, wenn auch vielfach vermittelt, an private Finanzakteure, um ihnen Risiko und Verluste von Spekulationen abzunehmen. Die ... milliardenschweren Rettungspakete für die zahlungsunfähigen Schuldnerländer sind Beispiele dafür, wie hoch die Kosten von Finanzspekulationen und -krisen sein können und wie sehr diese eine Einschränkung der Versorgung der Bevölkerung mit für die menschliche Sicherheit wesentlichen öffentlichen Gütern erzwingen. Das öffentliche Gut finanzieller Stabilisierung kann die Öffentlichkeit also teuer zu stehen kommen.

Stiftung Entwicklung und Frieden, Globale Trends. Fakten, Analysen, Prognosen 2004/2005, Bonn 2003, S. 136 f.

Die komplizierte internationale Finanzmarktarchitektur

M 19

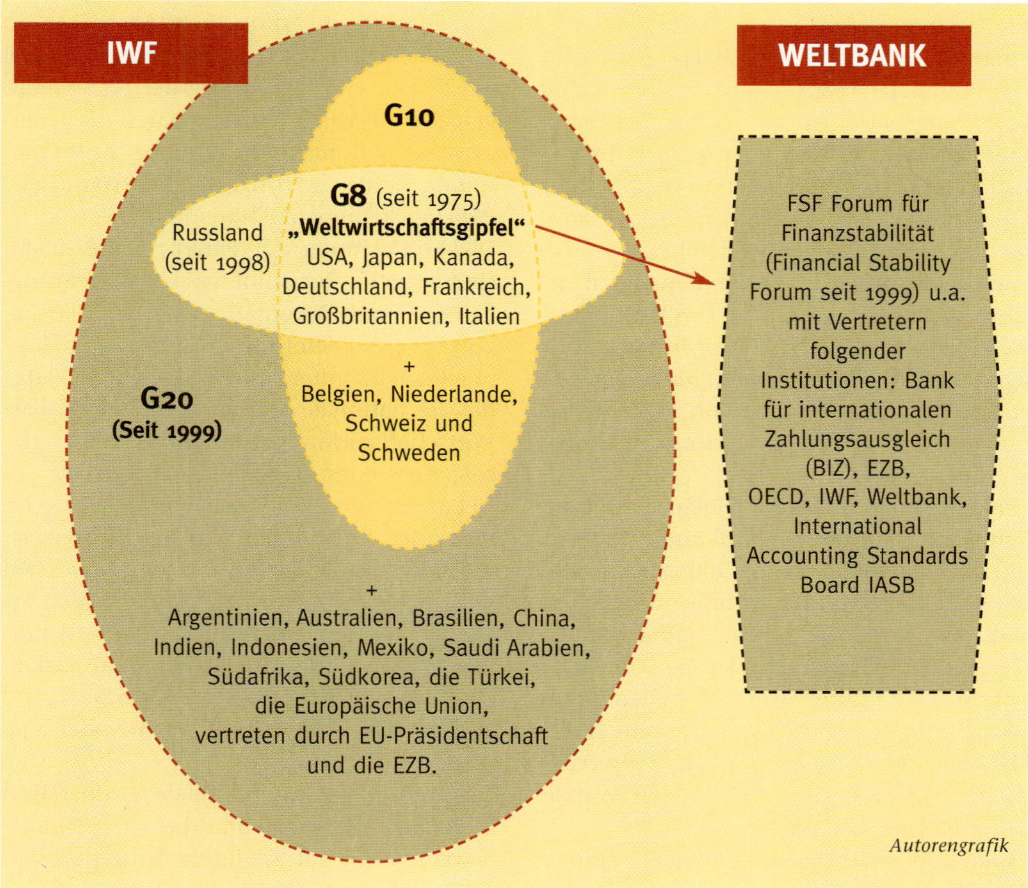

Autorengrafik

Spielregeln für die Stabilität des internationalen Finanzsystems

M 20

Die Bedeutung stabiler Finanzsysteme ist in den vergangenen beiden Dekaden auf der ganzen Welt durch Krisen vor Augen geführt worden. Die Finanzkrisen von Schwellenländern in der zweiten Hälfte der neunziger Jahre haben aufgrund zunehmender Interdependenzen auf höhere Ansteckungsrisiken hingewiesen. Seit dem Jahr 2000 ist das internationale Finanzsystem mehreren Schocks auf Finanzmärkten großer Industrieländer ausgesetzt gewesen, wie dem Platzen der Aktienpreisblase der „New Economy" und damit im Zusammenhang stehenden Bilanzskandalen. ...Vor diesem Hintergrund ist die Stabilität der Finanzsysteme auf der nationalen wie auch auf der internationalen Ebene ins Zentrum des Interesses gerückt. ...

Was ist aber eigentlich unter Stabilität des Finanzsystems zu verstehen? Eine Definition ist keineswegs einfach. Jedenfalls ist Systemstabilität mehr als die Abwesenheit von Instabilität. Finanzsysteme werden generell dann als stabil angesehen, wenn sie ihre zentrale Funktion der Allokation von Finanzmitteln und Risiken sowie des Zahlungsverkehrs in der Volkswirtschaft wirkungsvoll erfüllen. Die Widerstandsfähigkeit von Banken, Finanzmärkten und Zahlungsverkehrs-

systemen muss sich vor allem auch in konjunkturellen und strukturellen Schlechtwetterphasen beweisen. ...
Finanzsystemstabilität ist ebenso wie monetäre Stabilität Voraussetzung für eine stabile Erwartungsbildung im Wirtschaftsprozess. ...
Eine adäquate Institutionenstruktur ist Vorbedingung für Vertrauen und Stabilität im Finanzwesen. Hierunter ist der gesamte rechtliche Rahmen zu verstehen, der die Spielregeln für das Zusammenwirken im Wirtschaftsleben bestimmt. Um Wettbewerb zu sichern und Marktstörungen zu verhindern, sind die Rahmenbedingungen so auszugestalten, dass Ansätze von Fehlentwicklungen schon im Marktprozess selbst korrigiert werden. ...
Gleichwohl erfordert die Globalisierung neben starken staatlichen Strukturen starke internationale Institutionen, die „Spielregeln“ entwickeln, koordinieren und überwachen. Mit dem Internationalen Währungsfonds (IWF), der Weltbank und der Bank für Internationalen Zahlungsausgleich stehen für die internationale Kooperation erfahrene multilaterale Organisationen zur Verfügung. Allerdings sind diese einem spürbaren Wandel ausgesetzt ...
Es besteht weitgehende Einigkeit darüber, dass Krisenvermeidung Vorrang vor Krisenbekämpfung haben muss. Die Arbeit des IWF ist insofern stärker darauf ausgerichtet worden, Fehlentwicklungen frühzeitig zu erkennen, um nationale Finanzkrisen mit der Gefahr eines Übergreifens auf das internationale Währungs- und Finanzsystem im Keim zu ersticken. Darüber hinaus wurde die Analyse der globalen Finanzstabilität intensiviert. Auch bemüht sich der IWF um bessere Entscheidungsgrundlagen der Marktteilnehmer. Hierzu hat er Standards für die Bereitstellung volkswirtschaftlicher Daten und zur Transparenz in der Geld- und Fiskalpolitik entwickelt. ...
Um marktliche Anreizsysteme so wenig wie möglich zu unterminieren und die Finanzsysteme nicht zu destabilisieren, ist es unerlässlich, dass der IWF seine Bedingungen für Finanzhilfen streng definiert und keine großvolumigen Ad-hoc-Rettungspakete in Aussicht stellt. Mit den 2002 verabschiedeten Regeln zur Begrenzung der IWF-Kreditvergabe oberhalb der regulären Zugangsgrenzen auf außergewöhnliche Krisenumstände wurden wichtige stabilitätspolitische Weichenstellungen vorgenommen.
Die Verflechtung der Finanzmärkte macht eine engere Zusammenarbeit unumgänglich. „Global Governance“ hat sich als kooperative Problemlösung auf der Basis allgemein anerkannter Spielregeln entwickelt – für die nationale wie auch für die globale Wirtschaftsordnung. Im Rahmen dieses global orientierten Regierungshandelns ist ein Netzwerk transgouvernementaler Zusammenarbeit entstanden. Für den Einzelstaat führt dies zur Disaggregation der staatlichen Aufgabenwahrnehmung in funktionalen Bereichen wie der Finanzaufsicht. Die Behörden arbeiten mit anderen Ländern zusammen und stützen sich auf Standards und Kodizes oder andere multilaterale oder bilaterale Vereinbarungen.
Die informelle internationale Kooperation in Währungsfragen und bei der Finanzmarktaufsicht hat Tradition. So treffen sich die größeren Industrieländer seit vielen Jahren regelmäßig im Rahmen der G 7 oder der G 10. Angesichts der rasch voranschreitenden Globalisierung wurde die Kooperation auf weitere Länder und neue Bereiche ausgeweitet und verstärkt. Einen wichtigen Platz im Kooperationsgeflecht der Institutionen und Foren zur Sicherung der Finanzsystemstabilität nehmen nun auch das „Forum für Finanzstabilität“ und die „Gruppe der 20“ (G 20) ein. Letztere bezieht neben den größten Industrieländern auch Schwellenländer Asiens und Lateinamerikas von systemischer Relevanz in die Kooperation ein. Mitglieder des Forums für Finanzsystemstabilität sind Zentralbanken, Finanzministerien, Aufsichtsbehörden der G-7-Länder sowie Zentralbanken. Hinzu kommen Repräsentanten

internationaler Organisationen und Vereinigungen. ...
Auf globaler Ebene ist die Umsetzung international anerkannter Kodizes und Standards in den einzelnen Ländern Grundlage einer auf Krisenprävention ausgerichteten globalen Finanzarchitektur geworden. Es handelt sich dabei um internationales „weiches Recht" („soft law"), mit dem gewisse Grundprinzipien und Mindeststandards vereinbart werden. Der Wille zur Anwendung dieser international anerkannten Regeln ist von der Überzeugung von ihrer Nützlichkeit im einzelnen Land abhängig. Durch die Kooperation in der G 20 wird Überzeugungsarbeit geleistet. Das Forum für Finanzstabilität leistet Vorarbeiten für die Verbreitung von international anerkannten Kodizes und Standards. Insbesondere hat es einen Katalog von mehr als sechzig relevanten Regelwerken zusammengestellt und zwölf Gebiete mit vorrangigem Implementierungsbedarf[1] hervorgehoben.

Jürgen Stark, in: Frankfurter Allgemeine Zeitung, 24.7.2004

[1] *Implementierung = Umsetzung*

Kontrovers diskutiert: The Tobin Tax – a Means to More Financial Stability?

M 21

James Tobin, a Nobel Prize winner for economics, first presented his plan for a tax on currency transactions in 1978. His plan was to slightly increase the cost of trading in currencies, by introducing a currency transactions tax (proposals range from 0.003% to 0.5%). The tax was intended to discourage the speculations that are blamed for large exchange rate fluctuations and serious damage to economies.

Pros	Cons
A Tobin tax would reduce speculative trading and facilitate real trade and investment. More than 1.8 trillion dollars changes hands every day on global foreign exchange markets. More than 80% of this trading is buying and selling money for profit's sake. A minimal tax would not hold back productive business transactions for trade and investment, but speculative transactions would be hit harder because the greater the frequency of transactions, the higher the tax charge.	There is little evidence that such taxes reduce market instability and they will certainly not stop speculative attacks. However, even a small tax on each transaction could be sufficient to reduce liquidity in financial markets and do exactly the opposite – lead to an increase in instability. Because the tax can't distinguish between speculative activities and dealings to finance trade, all market participants would be subject to the tax.
The revenue generating potential of a tax is tremendous. It has been estimated that a tax of 0.1% could raise $50 – $300 billion a year. Even if we take the smaller amount, this would match existing levels of official aid. The UN and World Bank estimated in 1997 that the cost of wiping out the worst forms of poverty and providing basic environmental protection would be about $225 billion per year. For comparison, the total annual UN budget is about $10 billion.	All these sums of money do seem a tempting solution but what they actually cause is an effect of „moral hazard". Countries that would receive huge amounts of financial aid would get used to international institutions solving their problems and would not learn to build efficient economies. That is of course if we presume that rich countries (they would collect most of the tax) would be willing to allocate all this money to international institutions.

There are several studies that address administrative problems and find adequate answers to administrative problems. A recent policy paper on the Tobin Tax, published with the support of the German Development Ministry concludes that the tax is technically feasible.	Huge administrative problems exist in implementing the tax. Should this tax be collected by central banks, the UN itself, the IMF or even quotation agencies? The proper use of the tax would require a level of co-operation between monetary and fiscal authorities that does not exist in reality.
If international development organisations had their own source of money, they would be less dependent on the good will of industrialised nations and less influenced by the day-to-day politics of major powers and their selfish calculations. That would provide a more long term approach and help to focus on the real problems.	The reality is that countries don't want more independent international organisations. The idea that revenues could fund the United Nations, for instance, has received an icy reception from the US. Sheer self-interest apart, there is an issue of democratic accountability at stake here, as independent international organisations are not subject to the same democratic control and scrutiny as most of the governments which would lose influence as a result of this proposal.
Presently 84% of all foreign exchange transactions occur in just nine countries. A tax introduced in these nine would initially provide a workable regime that could be gradually expanded further.	The tax would need to be introduced globally and at the same rate, or transactions would move offshore to tax-free or lower tax jurisdictions. Unless a world-wide uniform tax is imposed on all instruments for transacting in foreign currency, the tax will be largely ineffective.

Mateja Peter, 9.8.2004 (http://www.debatabase. org/details.asp?topicID=289#sites, 25.2.2005)

AUFGABEN

1. Zeigen Sie am Beispiel der Asienkrise die Problematik internationaler Finanzkrisen auf (M 13, M 18).
2. Erläutern Sie die Rolle des IWF und der Weltbank bei der Stabilisierung der Finanzmärkte (M 16 – M 18).
3. Nennen Sie Gründe, warum die Stabilität der Finanzmärkte ein so wichtiges (öffentliches) Gut ist (M 18 – M 20).
4. Diskutieren Sie, ob die Einführung der Tobinsteuer zur Stabilisierung der Finanzmärkte sinnvoll ist (M 21, in Kooperation mit dem Englisch-Kurs).

LINKS

www.imf.org (Internationaler Währungsfonds)

www.worldbank.org (Weltbankgruppe)

www.wto.org (Welthandelsorganisation)

Informationen und Zusammenhänge

Entwicklung des Welthandels

In den vergangenen beiden Jahrzehnten wuchs der weltweite Warenhandel im Durchschnitt doppelt so schnell wie die weltweite Warenproduktion. Der Handel erwies sich damit als der Motor der weltwirtschaftlichen Entwicklung und Verflechtung.

Die WTO
M 10

Die World Trade Organisation (WTO, bis 1995: GATT) legt seit 1995 als einzige international anerkannte Vertragsinstitution Regeln im Welthandel fest. Ihr Ziel ist ein weltweiter Handel ohne Hemmnisse. Sie gilt als ein Wegbereiter der wirtschaftlichen Globalisierung, weil es ihr, bzw. dem Vorläufer GATT, gelang, protektionistische Maßnahmen (tarifäre und nichttarifäre Maßnahmen) abzubauen. Die Arbeit der WTO gründet sich auf der Freihandelsdoktrin, nach der ein freier Handel Wohlstandsgewinne für alle Beteiligten ermöglicht.
Im Zentrum der Organisation stehen dabei folgende Prinzipien, die von den Mitgliedsstaaten anerkannt werden müssen:

Prinzipien der WTO

- Meistbegünstigung (alle handelspolitischen Zugeständnisse, die sich zwei Staaten untereinander machen, gelten automatisch auch für alle anderen Staaten)
- Reziprozität (die Handelserleichterungen sollen gegenseitig sein)
- Inländerbehandlung/Nichtdiskriminierung (nach der Einfuhr sind die aus den WTO-Ländern stammenden Waren wie inländische zu behandeln)

Streitschlichtung

Zur Beilegung von Streitigkeiten steht der WTO ein Streitschlichtungsmechanismus zur Verfügung, der eine einvernehmliche Einigung zwischen den Streitparteien herbeiführen soll und Vergeltungsmaßnahmen durch eine Partei (z.B. Strafzölle) sanktionieren kann.

GATT/ GATS/TRIPs

Die innere Struktur der WTO umfasst drei Teilabkommen – GATT (General Agreement on Tariffs and Trade), GATS (General Agreement on Trade in Services) und TRIPs (Trade Related Intellectual Property Rights).

Kritik an der WTO
M 11, M 12

Die Erfolge der WTO bei der Liberalisierung des Welthandels werden unterschiedlich beurteilt. Während Befürworter einer weitgehenden Liberalisierung auf die Wohlfahrtseffekte einer zunehmend arbeitsteiligen Weltwirtschaft verweisen, kritisieren Globalisierungsgegner die negativen Folgen der Liberalisierung. Sie werfen der WTO Versagen bei der Durchsetzung einer gerechten Weltwirtschaftsordnung vor, die auch den ärmeren Ländern durch eine moderate Umverteilung des Wohlstandes die Einhaltung von sozialen und ökologischen Mindeststandards (z.B. Verbot von Kinderarbeit) ermöglicht.

Protektionismus
M 8

Auch protektionistische Maßnahmen, die trotz der Erfolge der WTO bei der Liberalisierung immer noch gebräuchlich sind, lassen sich unterschiedlich beurteilen: Einerseits bieten sie Schutz für die eigene Volkswirtschaft vor wirtschaftlich überlegenen Konkurrenten oder Gütern, die Umweltstandards oder ethische Standards nicht erfüllen. Andererseits verzögert der Protektionismus notwendige Strukturanpassungen, so dass eine abgeschirmte Wirtschaft in der Regel langsamer wächst als eine offene Volkswirtschaft.

Finanzmärkte
M 14, M 15

Die internationalen Finanzmärkte (Kreditmärkte, Wertpapiermärkte und Devisenmärkte) entwickelten sich mit der Liberalisierung seit den 70er Jahren enorm. So stieg in den 90er Jahren das Weltsozialprodukt um 50 %, während die Direktinvestitionen sich mehr als verfünffachten. Täglich werden heute an den internationalen Devisenmärkten über 1,2 Bio. US-Dollar umgesetzt.

Der IWF
M 16

Spekulative Finanztransfers können, wie die Asienkrise 1997 zeigte, das gesamte Weltwährungssystem erschüttern. Der IWF, der einer Kreditgenossenschaft ähnelt, hat die Aufgabe, für eine stabile Weltwährungsordnung zu sorgen. Dies bewerkstelligt er heute vor allem durch die Bereitstellung von Krediten für in Finanznot geratene Länder. Die Arbeit des IWF ist umstritten. Er wird von den Kritikern als verlängerter Arm der großen Industrieländer gesehen, welche die schwachen Staaten dominieren und häufig durch strenge Auflagen die Not der betroffenen Staaten noch vergrößern. Andererseits vermochte der IWF in der Vergangenheit durch seine Kreditvergaben schlimmere Krisen zu verhindern (z. B. durch Kredite für Russland oder die Türkei). Die Stimmen im IWF sind gewichtet gemäß den Einlagen der Mitgliedsländer, die sich an der Wirtschaftsstärke der Länder orientieren.

Internationale Finanzarchitektur
M 19, M 21

Neben dem IWF existiert heute ein Netzwerk globaler transgouvernementaler Zusammenarbeit, welches für die Stabilität internationaler Finanzmärkte sorgen soll. Im Mittelpunkt stehen dabei immer noch die westlichen Industriestaaten (G 8-Staaten). 1999 wurde ein informelles Dialogforum der Finanzminister und Notenbankgouverneure aus Industrie- und Schwellenländern geschaffen, die G 20, welches über 90% des Welt-Sozialprodukts und knapp 2/3 der Erdbevölkerung repräsentiert. Zweck der G 20 ist es, in einem informellen Dialog zwischen Industrie- und Schwellenländern Fragen zu erörtern, die für die Stabilität des internationalen Finanz- und Währungssystems bedeutsam sind. Hierzu gehören z.B. Fragen der Angemessenheit des Wechselkursregimes oder Fragen einer geordneten Liberalisierung des Kapitalverkehrs.

Spekulationssteuer
M 21

Um die destabilisierenden Finanzspekulationen zu unterbinden, wird die Einführung einer Devisentransaktionssteuer gefordert. Die Einnahmen aus der Steuer (Tobinsteuer) sollen armen Ländern direkt zugute kommen. Damit könnte die Arbeit der Weltbank, die vor allem Entwicklungsprojekte finanziert, unterstützt werden. Wirkung und Realisierbarkeit der Tobin-Steuer werden allerdings unterschiedlich beurteilt.

9 Umweltpolitik

Seit den 70er-Jahren des 20. Jahrhunderts ist das Umweltthema zu einem Politikfeld geworden, das in der politischen Auseinandersetzung eine zentrale Rolle spielt. Der Begriff Ökologie ist in den allgemeinen Sprachgebrauch übergegangen. Die „Grenzen des Wachstums" wurden beschworen, als sichtbar wurde, dass frei verfügbare Umweltgüter wie reine Luft, sauberes Wasser und die Vielfalt der Arten infolge ihrer Übernutzung sehr schnell zu knappen Gütern werden konnten. Ökonomie und Ökologie wurden in einem Gegensatz gesehen, von dem nicht wenige glaubten, er sei grundsätzlich unversöhnlich.

Am Pranger standen Industrieunternehmen, die für jeden erkennbar die Umwelt besonders belasteten. Unfälle in Chemiewerken trugen dazu bei, eine ganze Branche zeitweilig in Misskredit zu bringen. Das Sterben des Waldes wurde zu einer Metapher der Zukunftsangst, die in Deutschland ihre besondere Ausprägung fand.

Im politischen System der Bundesrepublik wurde die Grüne Partei zu einer festen politischen Größe. Die staatliche Verwaltung reagierte mit einer Vielzahl von Umweltmaßnahmen und -auflagen. Im Zuge der Debatte über den schlanken Staat erhielten schließlich auch eher marktwirtschaftliche Lösungen ihre Chance, so z.B. die Ökosteuer oder die Emissionslizenzen.

Auch das Verbraucherverhalten geriet in die öffentliche Diskussion, denn in einer Marktwirtschaft bleibt die Nachfrage nicht ohne Einfluss auf Herstellung und Zusammensetzung der Produkte.

In den letzten Jahren hat in immer mehr Betrieben ein Nachdenken eingesetzt, ob die Belange des Umweltschutzes nicht doch mehr als nur einen betriebswirtschaftlichen Kostenfaktor darstellen, ob auf einem Käufermarkt das ökologische Siegel vielleicht gar einen Wettbewerbsvorteil bedeuten könnte.

M 1 – M 6 machen in systematischer Form deutlich, worin die Besonderheit öffentlicher Güter liegt, warum die Knappheitssignale eines Marktes hier nicht funktionieren und die Übernutzung dieser Güter die natürliche Folge ist. M 7 wirft die Frage nach dem Verhältnis von Ökonomie und Ökologie in grundsätzlicher Form auf. Dort wird das Modell einer ökologischen Ökonomie vorgestellt. Mit einer Reihe von Lösungsvorschlägen auf ordnungsrechtlicher oder marktwirtschaftlicher Grundlage beschäftigen sich M 8 – M 15.

Dass auch in Unternehmen, die nicht auf Nischenmärkte ausgerichtet sind, ein Umdenken stattgefunden hat, wird im Exkurs „ökologieorientiertes Verbraucherverhalten" deutlich (M 16, M 17).

9.1 Ursachen des Umweltproblems

M 1

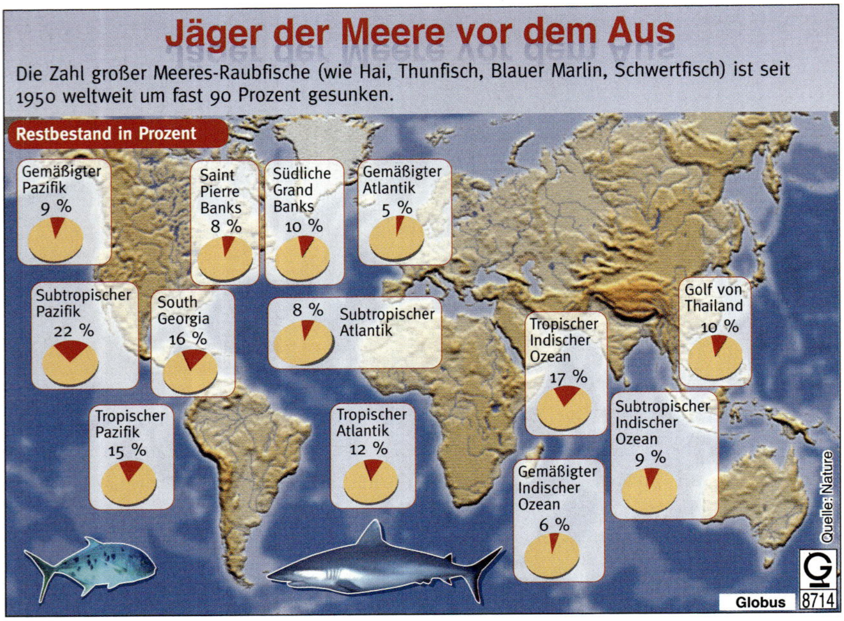

Der Bestand an großen Raubfischen ist in den vergangenen 40 bis 50 Jahren in allen Weltmeeren um rund 90 Prozent geschrumpft. Und nicht nur das: Die Herrscher der Meere wie Thunfisch, Hai, Dorsch oder Sägefisch sind im Mittel nur noch halb so lang wie vor dieser Zeit, ihr Gewicht ging gar um 80 Prozent zurück. Die Fische können nicht mehr zu ihrer stattlichen Größe heranwachsen, weil sie zuvor in den Rümpfen der großen Fischtrawler landen, oft sogar vor der Geschlechtsreife.

M 2

Haitzinger/CCC, www.c5.net

Garrett Hardin: The Tragedy of the Commons

M 3

The tragedy of the commons develops in this way: Picture a pasture open to all. It is to be expected that each herdsman will try to keep as many cattle as possible on the commons. ...

As a rational being, each herdsman seeks to maximize his gain. Explicitly or implicitly, more or less consciously, he asks, „What is the utility to me of adding one more animal to my herd?“ This utility has one negative and one positive component.

1) The positive component is a function of the increment of one animal. Since the herdsman receives all the proceeds from the sale of the additional animal, the positive utility is nearly +1.
2) The negative component is a function of the additional overgrazing created by one more animal. Since, however, the effects of overgrazing are shared by all the herdsmen, the negative utility for any particular decisionmaking herdsman is only a fraction of –1.

Adding together the component partial utilities, the rational herdsman concludes that the only sensible course for him to pursue is to add another animal to his herd. And another; and another ... But this is the conclusion reached by each and every rational herdsman sharing a commons. Therein is the tragedy. Each man is locked into a system that compels him to increase his herd without limit – in a world that is limited. Ruin is the destination toward which all men rush, each pursuing his own best interest in a society that believes in the freedom of the commons. Freedom in a commons brings ruin to all.

Garrett Hardin, published in „Science“, December 13, 1968

Worterklärungen: pasture = Weideland; commons = Allmende, Gemeindeland; utility = Nutzen; increment = Zuwachs; fraction = Bruchteil

Vergleich: private und öffentliche Güter

M 4

Privates Gut	Öffentliches Gut
Rivalität im Konsum	
• Konsum ist auf einen bestimmten Konsumenten begrenzt und damit rivalisierend. • Der Nutzen eines Gutes ist internalisiert.	• Konsum ist nicht auf einen bestimmten Konsumenten begrenzt und damit nicht rivalisierend. • Der Nutzen eines Gutes ist externalisiert, er kommt anderen Individuen ebenfalls zugute, ohne dass dadurch der Nutzen eines anderen beeinträchtigt wird.
Ausschließbarkeit	
• Austausch am Markt geschieht durch Übertragung eines Eigentumsrechts. • Preis wirkt als Knappheitssignal. • Konsumenten ohne Zahlungsbereitschaft für ein Gut werden automatisch vom Konsum ausgeschlossen.	• Kein Markt: Übertragung eines Eigentumsrechts ohne Entgelt. • Preis kann nicht ermittelt werden. • Konsumenten ohne tatsächlich geleistete Zahlung können nicht vom Konsum ausgeschlossen werden. • Eigentumsrechte können nicht – oder nur mit sehr hohen Kosten – definiert werden.

Juergen Donges, Andreas Freytag, Allgemeine Wirtschaftspolitik, 2. Aufl., Stuttgart 2004, S. 163

Rollenspiel: das Gefangenendilemma

Ablauf des Spiels

- Das Rollenspiel beginnt zunächst mit der Zuweisung der Rollen. Es gibt zwei Angeklagte und einen Staatsanwalt.
- Angeklagte und Staatsanwalt werden in drei getrennte Räume geschickt. Die Rollenkarten (siehe unten) werden ausgehändigt.
- Den im Raum verbleibenden Schülern wird anschließend die Dilemma-Situation geschildert (siehe unten). Es werden Vermutungen über das Verhalten der Angeklagten geäußert und stichwortartig notiert (ca. 5 Minuten).
- Der Staatsanwalt und ein Angeklagter werden hereingeholt. Der Angeklagte wird vom Staatsanwalt „verhört“, d.h. der Staatsanwalt versucht den Angeklagten zum Geständnis zu bringen. Der Gefangene muss sich entscheiden: gestehen oder nicht gestehen.
- Danach wird der zweite Angeklagte hereingeholt. Auch er wird vom Staatsanwalt „verhört“ und muss sich entscheiden. Es ist streng darauf zu achten, dass die Angeklagten nach dem Erhalt ihrer Rollenkarten keinen Kontakt aufnehmen können!
- Anschließend wird das Spielergebnis gemeinsam mit den Schülern besprochen. Wie haben sich die Gefangenen verhalten und wie ist deren Verhalten zu erklären? Lässt sich darin eine Art „Gesetzmäßigkeit“ erkennen? Als Hilfestellung kann die Analyse auf der folgenden Seite verwendet werden.
- Am Ende des Spiels kann überlegt werden: Wie verändert sich das Verhalten der Gefangenen, wenn die Spielsituation folgendermaßen abgeändert wird:
  a) Die Gefangenen dürfen miteinander reden.
  b) Das Spiel wird mehrmals wiederholt.

Die Ausgangssituation:

In einem Prozess seien zwei Gefangene angeklagt, die gemeinsam eine Reihe von Verbrechen begangen haben. Die Beweislage des Staatsanwalts ist schlecht: Ohne Geständnis kann er beide nur geringer Straftaten überführen. Daher versucht er beide als Kronzeugen gegen den jeweils anderen Angeklagten zu gewinnen.
Damit ergibt sich für die Gefangenen, die sich untereinander nicht verständigen können, folgende Lage:

- Gestehen beide, so werden beide mit jeweils 8 Jahren schwer bestraft.
- Gesteht keiner, so kommen sie beide mit einer vergleichsweise geringen Strafe von 1 Jahr davon.
- Gesteht aber nur einer, so wird er als Kronzeuge freigesprochen, während der andere mit 10 Jahren Gefängnis sehr schwer bestraft wird.

Rollenkarte Angeklagter/Gefangener

Du bist mit deinem Komplizen angeklagt, eine Reihe von Delikten begangen zu haben. Die Beweislage des Staatsanwalts ist allerdings schlecht:
Ohne Geständnis kann er dich und deinen Komplizen nur geringer Vergehen überführen – du erhältst dann auf jeden Fall eine Strafe von einem Jahr. Der Staatsanwalt wird dir aber ein Angebot machen.
Solltest du gestehen und dein Komplize nicht, wirst du als Kronzeuge ohne Strafe davonkommen, dein Komplize erhält eine Strafe von 10 Jahren.
Solltest du gestehen und dein Komplize auch, erhaltet ihr beide eine Strafe von 8 Jahren.

Du wirst jetzt alleine dem Staatsanwalt vorgeführt und musst dich entscheiden: gestehen oder nicht gestehen.

Warte, bis du abgeholt wirst!

Rollenkarte Staatsanwalt

In einem Prozess sind zwei Gefangene angeklagt, die gemeinsam eine Reihe von Verbrechen begangen haben. Die Beweislage des Staatanwalts – du bist der Staatsanwalt – ist schlecht:

Ohne Geständnis kannst du die Gefangenen nur geringer Straftaten überführen – sie erhalten dann eine Strafe von einem Jahr.
Sollte einer gestehen und sein Komplize nicht, erhält der Geständige als Kronzeuge keine Strafe, sein Komplize erhält eine Strafe von 10 Jahren.
Sollten beide Gefangenen gestehen, erhalten beide eine Strafe von 8 Jahren.

Dein Ziel ist es, einen der Gefangenen zum Geständnis zu bewegen.
Du wirst jetzt zuerst mit einem Angeklagten alleine zusammenkommen, der sich dann entscheiden muss. Erst danach wird dir der zweite Gefangene vorgeführt werden.

Die Auswertung der Dilemmasituation

Umweltgüter wie Luft und Wasser stehen allen zur Verfügung. Im Gegensatz zu privaten Gütern schließt ihr Gebrauch andere von der Nutzung zwar nicht aus. Doch werden solche Kollektivgüter wiederverwendet, ist ihre Qualität in vielen Fällen rapide gesunken. Jedes Wirtschaftssubjekt kennt das Dilemma: Der Verbrauch von Umwelt verspricht ihm selbst zunächst Vorteile, bringt jedoch der Gesamtheit und zuletzt auch ihm selbst Nachteile. In der Spieltheorie wird jene Situation als Gefangenendilemma bezeichnet.
Es geht auf ein Beispiel ... zurück, in dem zwei Untersuchungsgefangene einer gemeinsam begangenen schweren Straftat bezichtigt werden, die man ihnen aber nicht nachweisen kann, sowie einer kleineren Straftat, die sich leicht nachweisen lässt. Um sie zu einem Geständnis zu bewegen, werden sie in separaten Zellen untergebracht, ohne die Möglichkeit, verbindliche Absprachen treffen zu können. Dann unterbreitet der Staatsanwalt jedem von ihnen eine Kronzeugenregelung: Gesteht er als einziger die gemeinsame Tat, wird er sofort als Kronzeuge freigelassen, während der andere für 10 Jahre hinter Gitter muss. Gestehen beide, erhalten beide wegen guter Kooperation acht Jahre Gefängnis. Leugnen beide, können sie wegen der großen Straftat nicht belangt werden, aber erhal-

METHODENTRAINING

ten für das kleinere – auch ohne Geständnis nachweisbare – Delikt eine Strafe von einem Jahr. Die Gefangenen A und B stehen somit vor der Entscheidung, zwischen zwei möglichen Strategien wählen zu müssen: zu gestehen (g) oder zu leugnen (l). Die Entscheidungssituation lässt sich durch eine Auszählungsmatrix darstellen, in welcher die Zahlen die Gefängnisstrafen für die beiden Gefangenen wiedergeben (Übersicht a).

a) Beispiel „Straftat"		B	
		g	l
A	g	8/8	0/10
	l	10/0	1/1

b) Beispiel „Klärwerk"		B	
		z	v
A	z	1/1	−4/6
	v	6/−4	0/0

Unter den genannten Bedingungen ist die jeweilige Strategie für jeden Gefangenen (Spieler) einfach: beide gestehen. Aufgrund der Anreizstruktur ist das Geständnis für A die beste Lösung. Leugnet B, wird A auf Kosten seines Komplizen als Kronzeuge freigesprochen, während er sonst zu einem Jahr Haft verurteilt würde. Gesteht B, erhält A die ermäßigte Strafe von 8 Jahren anstelle des vollen Strafmaßes. Für A ist Gestehen immer die beste Antwort, unabhängig davon, was B tut. Die Spieltheorie spricht hier von einer dominanten Strategie, die auch für B gilt. ... Im Endeffekt entsteht ein ... Gleichgewicht von optimalen Entscheidungen, ... in dem beide gestehen, obwohl es für sie letztlich zu einem schlechten Ergebnis führt.

Der Bezug zum Umweltproblem wird deutlich, wenn anstelle der Gefangenen zwei Unternehmen darüber zu entscheiden haben, ob sie durch die Finanzierung einer Kläranlage das von ihnen täglich genutzte Wasser säubern wollen. Angenommen, die Kosten der Anlage betragen 10 Geldeinheiten, und der für jedes Unternehmen aus dem sauberen Wasser erzielte Gewinn sei 6 Geldeinheiten. Beteiligen sich beide Unternehmen an den Aufwendungen und wird die Kläranlage gebaut, verbleibt ihnen ein Nettogewinn von jeweils 1. Kommt nur einer für die Finanzierung auf, entsteht ihm ein Verlust in Höhe von 4 (6 – 10), dem anderen ein Gewinn von 6. Lehnen beide eine Zahlung ab, wird die Kläranlage nicht gebaut. Die Entscheidungssituation, mit der die beiden konfrontiert sind, lässt sich durch Übersicht b darstellen. Müssen die Unternehmen ihre Entscheidung ohne bindende Regeln treffen, ist für beide die Verweigerung die dominante Strategie (v). Gleichgültig, ob Unternehmen A sich an den Kosten der Kläranlage beteiligt (z) oder nicht (v), in beiden Fällen ist für Unternehmen B die Strategie (v) die beste Lösung. Da für A die gleiche Überlegung gilt, unterbleibt der Bau des Klärwerkes.

Nun werden in der Realität beide Unternehmen nicht unkoordiniert nebeneinander agieren, sondern miteinander in Verhandlung treten. Durch eine vertraglich geregelte anteilige Übernahme der Kosten können sie dem Dilemma entgehen. Das Klärwerk wird gebaut, und beide realisieren daraus einen Gewinn. Nimmt allerdings die Zahl der Beteiligten zu und entstehen hohe Verhandlungskosten (Transaktionskosten), sind solche Verhandlungswege weitgehend versperrt. Das Zwei-Personen-Gefangenendilemma wird zum komplexen sozialen Dilemma, in dem sich etwa jeder Autofahrer befindet, der darüber zu entscheiden hat, ob er sein Fahrzeug zur Rush-hour benutzt.

Karl-Hans Hartwig, Umweltökonomie, in: Dieter Bender u.a., Vahlens Kompendium der Wirtschaftstheorie und Wirtschaftspolitik, Bd. 2, München 1995, S. 132 ff.

Warum die Kuh nicht ausgestorben ist

M 5

Im Verlaufe der Geschichte sind zahlreiche Tierarten vom Aussterben bedroht gewesen. Als die Europäer erstmals nach Nordamerika kamen, lebten rund 60 Millionen Büffel auf diesem Kontinent. Im 19. Jahrhundert war die Büffeljagd jedoch so verbreitet, dass man um 1900 herum nur noch 400 Exemplare dieser Büffelart zählte und der Staat Schutzmaßnahmen ergreifen musste. In einigen Ländern Afrikas besteht für Elefanten eine ähnliche Gefahr, weil Wilderer nach dem Elfenbein der Stoßzähne trachten.

Doch nicht alle Tierarten mit wirtschaftlicher Bedeutung sind in diesem Maße bedroht. Die Kuh z.B. ist eine wertvolle Nahrungsmittel-Ressource, doch niemand braucht sich in absehbarer Zeit um ihr Aussterben zu sorgen. Überdies scheint die große Nachfrage nach Rindfleisch den Fortbestand der Spezies geradezu zu sichern.

Warum ist der Handelswert von Elfenbein eine Existenzbedrohung für Elefanten, der Handelswert von Rindfleisch jedoch eine Bestandssicherung für Kühe? Die Elefanten ziehen frei herum und haben keinen Eigentümer. Jeder Wilderer ist geneigt, so viele Elefanten wie nur möglich zu erlegen. Da die Wilderer zahlreich sind, hat jeder Einzelne von ihnen nur ein sehr schwach ausgeprägtes Interesse daran, den Bestand der Elefanten-Population zu sichern. Im Gegensatz dazu leben Kühe auf Gehöften und unter bestimmten Eigentümern. Jeder Landwirt unternimmt große Anstrengungen, seinen Bestand an Kühen zu pflegen, weil er die Früchte dieser Bemühungen ernten will.

Das Existenzproblem der Elefanten versuchen Regierungen auf zweierlei Art zu lösen. Einige Länder, wie Kenia, Tansania und Uganda, haben es bei Strafe verboten, Elefanten zu töten und ihr Elfenbein zu verkaufen. Doch diese Gesetze haben sich als schwer durchsetzbar erwiesen, und die Elefanten nehmen weiter ab. Im Gegensatz dazu haben andere Länder, wie Botswana, Malawi und Simbabwe, die Elefanten dadurch zu privaten Gütern gemacht, dass sie es den Leuten gestatteten, die Elefanten auf ihrem eigenen Grund und Boden abzuschießen. Für die Grundeigentümer besteht nun ein Anreiz, die Tierart auf eigenem Gelände zu pflegen. Ein Ergebnis ist, dass die Elefanten-Population wieder zunimmt. Mit dem Privateigentum und dem Profitmotiv auf seiner Seite wird der afrikanische Elefant eines Tages so sicher gegen das Aussterben geschützt sein wie die Kuh.

Gregory Mankiw, Grundzüge der Volkswirtschaftslehre, 3. Aufl., Stuttgart 2004, S. 258 f.

Positive und negative externe Effekte

M 6

Märkte machen vieles sehr gut, aber eben doch nicht alles. ... Regierungen können manchmal die Marktergebnisse verbessern. Wir wollen wissen, warum es den Märkten bisweilen nicht gelingt, die Ressourcen effizient zuzuteilen, auf welche Weise staatliche Maßnahmen vielleicht die Allokation des Marktes verbessern und welche Arten politischer Maßnahmen wahrscheinlich am besten wirken.

Die hier behandelten Formen des Marktversagens fallen unter die Kategorie der Externalitäten oder externen Effekte. Ein externer Effekt ist die Auswirkung ökonomischen Handelns auf die Wohlfahrt eines unbeteiligten Dritten, für die niemand bezahlt oder einen Ausgleich erhält. Ist der Effekt schädigend, so spricht man von einem negativen externen Effekt, ist er begünstigend, so handelt es sich um einen positiven externen Effekt. Sofern externe Effekte vorkommen, muss das Interesse der Gesellschaft am

Negative externe Effekte: Treibhausgase wie CO_2 werden für die zu beobachtende globale Erderwärmung mit unabsehbaren Folgen für Natur und Menschen verantwortlich gemacht.

Marktergebnis mehr als nur die Wohlfahrt von Käufern und Verkäufern umfassen und auch die Wohlfahrt der an den Geschäften nicht beteiligten, jedoch davon betroffenen Dritten einschließen. Da die Käufer und Verkäufer die externen Effekte bei ihren Entscheidungen nicht berücksichtigen können, ist das Marktergebnis bei Externalitäten nicht effizient. Die Wohlfahrt der Gesellschaft wird durch die Marktgleichgewichte also nicht maximiert. So ist z.B. die Abgabe von Dioxin an die Umwelt ein negativer externer Effekt. Die Papierhersteller werden die volkswirtschaftlichen Kosten der Umweltverschmutzung, die sie hervorrufen, nicht weiter beachten und bestimmt zu viel Dioxin emittieren, wenn sie nicht durch staatliche Maßnahmen davon abgehalten werden.

Externe Effekte haben vielerlei Erscheinungen und entsprechend vielfältig sind die politischen Reaktionsweisen darauf. Betrachten wir einige Beispiele:

- Die Automobil-Auspuffgase stellen negative externe Effekte dar, denn sie führen zu Smog, den andere Leute einatmen müssen. Aufgrund der Externalität nehmen die Autofahrer den Abgasausstoß zu wenig ernst. Der Staat sucht dem Problem dadurch beizukommen, dass er technische Standards für die Emission der Autos bestimmt sowie die Kraftstoffe besteuert, damit das Fahraufkommen zurückgeht.
- Restaurierte historische Gebäude bringen positive externe Effekte, weil sich die vorbeigehenden Menschen an der Schönheit und an der Geschichte erfreuen. Die Eigentümer von renovierungsbedürftigen Gebäuden bekommen nicht den gesamten Nutzen aus der Restaurierung bezahlt und neigen deshalb dazu, die alten Gebäude zu schnell abzustoßen. Deshalb gibt es Denkmalschutzvorschriften sowie Steuervergünstigungen für die Restaurierung.
- Bellende Hunde stellen negative Effekte dar, weil die Nachbarn durch den Lärm gestört werden. Die Hundebesitzer tragen nicht die vollen Kosten des Gebells. Sie treffen deshalb zu wenig Vorkehrungen gegen das Hundegebell. Es gibt deshalb ortspolizeiliche Vorschriften gegen die Störung der Mittagsruhe oder der Nachtruhe.
- Die Erforschung neuer Technologien entfaltet positive externe Effekte, weil dadurch Wissen zum Gebrauch für andere Leute zustande kommt. Solange die Erfinder nicht die ganzen Früchte ihrer Erfindungen ernten, neigen sie zur Minderung ihres Forschungseinsatzes. Deshalb gibt es das Patentrecht, mit dem Erfinder eine gewisse Zeit lang das ausschließliche Recht der wirtschaftlichen Verwertung haben.

In jedem der vier Beispiele übersieht ein Entscheidungsträger die Berücksichtigung externer Effekte seines Verhaltens. Der Staat reagiert darauf, indem er das Verhalten zu beeinflussen und dadurch die Interessen der an Entscheidungen und Geschäften unbeteiligten Dritten zu schützen versucht.

Gregory Mankiw, Grundzüge der Volkswirtschaftslehre, 3. Aufl., Stuttgart 2004, S.221f.

Die Konzeption einer ökologischen Ökonomie

M 7

Grundlegende Annahmen

Die ökologische Ökonomie geht von der Annahme aus, dass die Wirtschaft in ihren physischen Dimensionen ein offenes Subsystem eines endlichen, nicht wachsenden und materiell geschlossenen Gesamtsystems ist – des Ökosystems Erde. „Offen“ ist ein System, wenn es über einen „Verdauungstrakt“ verfügt, d.h. wenn es Material und Energie von der Umwelt in niedrig-entropischer Form[1] (Rohmaterialien) aufnimmt und sie in hochentropischer Form (Abfall) an die Umwelt abgibt. Ein „geschlossenes“ System dagegen ist ein solches, durch das nur die Energie hindurchfließt, während die Materie innerhalb des Systems zirkuliert. Alles, was durch ein System hindurchfließt, wird als (Stoff-) Durchsatz (throughput) bezeichnet. Analog zu einem Organismus, der seine physische Struktur durch einen Stoffwechsel aufrechterhält, bedarf auch die Wirtschaft eines solchen Durchsatzes, der einerseits der Umwelt Stoffe entzieht und sie andererseits durch Emissionen belastet. Ökologisch wäre eine Wirtschaft dann, wenn deren Durchsatz konstant und auf einem Niveau bleibt, auf dem weder die Regenerationsfähigkeit noch die Absorptionskapazität der Umwelt überschritten wird (steady-state economy).

Das offene Subsystem Wirtschaft wird determiniert durch ein Komplementärverhältnis[2] zwischen menschengeschaffenem (human made capital) und naturgegebenem Kapital (natural capital). Wären beide Kapitalformen äquivalent, könnte das Naturkapital durch vom Menschen geschaffenes Kapital völlig substituiert werden. In Wirklichkeit aber verliert das vom Menschen geschaffene Kapital ohne Ergänzung durch das Naturkapital an Wert. Welchen Nutzen haben Fischerboote ohne Fische, Sägemühlen ohne Wälder? ... Die Grundannahme der Standardökonomie besteht darin, dass die Wirtschaft ein isoliertes System ist: ein Kreislauf von Tauschwerten, die zwischen Unternehmen und Haushalten entstehen . Ein „isoliertes“ System ist eines, in das weder Material und Energie eintreten noch Emission und Abfall austreten – es steht in keiner Beziehung zur Umwelt, es hat praktisch keine Umwelt. Während diese Sicht der Dinge noch sinnvoll sein mag, wenn es um die Beziehungen zwischen Produzenten und Verbrauchern geht, erweist sie sich als völlig unzureichend für die Analyse der Beziehungen zwischen Wirtschaft und Umwelt. Es wäre etwa so, als ob ein Biologe davon ausginge, dass ein Tier zwar über einen Blutkreislauf, nicht aber über einen Verdauungstrakt verfüge.

Ökonomen interessieren sich sehr für Knappheiten, und so konnte man, solange das Niveau der Wirtschaftstätigkeit (scale) im Vergleich zum Ökosystem nur gering war, den Durchsatz unberücksichtigt lassen, da seine Ausweitung scheinbar keine Kosten verursachte. Inzwischen ist die Wirtschaft auf dieser Erde jedoch so angewachsen, dass ein weiteres Ignorieren dieses Niveaus total unvernünftig ist. Die Ökonomen haben auch versäumt, eine sorgfältige Unterscheidung zwischen Wachstum (physische Größenzunahme durch Anhäufung oder Verwandlung von Material) und Entwicklung (Realisierung von Möglichkeiten, Evolution zu einem anderen Zustand) zu treffen. Quantitatives Wachstum und qualitative Veränderungen vollziehen sich nach verschiedenen Gesetzen. Beides zu vermischen, wie dies immer noch beim herrschenden Maßstab des ökonomischen Erfolges, dem Bruttosozialprodukt, geschieht, hat schwerwiegende Konsequenzen.

Auch heute noch gehen viele ökonomische Analysen von der Annahme aus, dass die Wirtschaft ein Gesamtsystem sei und ihr Wachstum durch nichts behindert werde. Die Natur wird dabei als Teilbereich der Wirtschaft angesehen, der im Grunde durch andere Aktivitäten ersetzt werden kann, ohne das Wirtschaftswachstum zu begrenzen. Wenn wir die Wirtschaft dagegen als Subsystem eines größeren, aber endlichen, nicht wachsenden Ökosystems begreifen, dann hat ihr Wachstum ganz offensichtlich Grenzen. Die Wirtschaft mag sich weiter qualitativ entwickeln – geradeso wie die Erde es tut –, aber sie kann nicht stetig quantitativ weiter wachsen. Sustainable development (nachhaltige Entwicklung) ist Entwicklung ohne physisches Wachstum – eine physisch stabile Wirtschaft, die eine größere Kapazität zur Befriedigung menschlicher Bedürfnisse entwickelt durch Steigerung der Ressourceneffizienz, nicht aber durch Steigerung des Durchsatzes an Ressourcen.

Herman E. Daly, Ökologische Ökonomie: Konzepte, Fragen, Folgerungen. Aus d. Englischen übersetzt v. Petra Barsch u. Udo E. Simonis, in: Günter Altner u.a., Jahrbuch Ökologie 1995, München 1994, S. 147 ff.

[1] *Entropie: hier: Beschreibung des Ordnungszustandes einer Materie*
[2] *Komplementärverhältnis: ein sich gegenseitig ergänzendes Verhältnis*

AUFGABEN

1. Erläutern Sie die Besonderheit öffentlicher Güter. Machen Sie deutlich, warum die Knappheitssignale eines Preissystems für diese Art von Gütern nicht im gewohnten Sinne funktionieren. Nutzen Sie in differenzierter Form für Ihre Analyse den Begriff der externen Effekte (M 1 – M 6).
2. Spielen Sie mit verteilten Rollen die Situation des „Gefangenendilemmas“ nach und diskutieren Sie die Bedeutung dieses Vergleichs für die Problematik der öffentlichen Güter (Methodentraining). Überlegen Sie, wie sich das Ergebnis des Spiels verändert, wenn
   a) die Gefangenen miteinander sprechen dürfen.
   b) das Spiel wiederholt wird.
3. Erarbeiten Sie aus M 7 das Modell einer ökologischen Ökonomie. Stellen Sie in Modellen die vom Autor unterschiedenen Konzeptionen einer herkömmlichen und einer ökologischen Betrachtungsweise des Wirtschaftsprozesses dar.

Informationen und Zusammenhänge

Öffentliche Güter und externe Kosten
M 3 – M 5

Umweltgüter wie Luft und mit Einschränkung auch Wasser sind öffentliche Güter. Sie sind vergleichbar mit der mittelalterlichen Allmende, der Weide einer Gemeinde, die allen zur Verfügung stand. Sie sind auch mit denselben Problemen konfrontiert, mit ihrer Übernutzung und ihrer Schädigung. Ihre Tragik ist, dass es im ökonomischen System keine Anreize gibt, sparsam mit ihnen umzugehen.

Die Logik des Gefangenen-dilemmas

Jeder Einzelne, der sich wirtschaftlich rational verhalten möchte, scheint gefangen zu sein in dem Kalkül, für seine Person den größten Nutzen anzustreben, auch wenn dies für seine Umwelt, für das gesellschaftliche Kollektiv und letztlich auch für ihn Schaden bedeutet. Was aus der Sicht des Einzelnen rational sein mag, entpuppt sich im gesellschaftlichen Zusammenhang als irrational.
Den Nutzen hat der Verursacher des Schadens, die Kosten trägt die Allgemeinheit. Betriebswirtschaftliche und volkswirtschaftliche Kosten klaffen auseinander. Die Kosten sind externalisiert, d.h. nach außen abgewälzt worden. Solange es keine Preise für Umweltgüter gibt, in denen sich ihre tatsächliche Knappheit widerspiegelt, vermag der Marktmechanismus ihre Übernutzung nicht zu verhindern.

Positive und negative externe Effekte
M 6

Es kann durchaus vorkommen, dass das ökonomische Verhalten von Personen sich auf die Wohlfahrt unbeteiligter Dritter auswirkt, wofür diese nicht bezahlen müssen oder aber auch nicht entschädigt werden. Man spricht von positiven und negativen externen Effekten. Wer viel Geld in die Restaurierung eines historischen Gebäudes steckt, verschafft den vorbeigehenden Passanten den positiven externen Effekt, sich an dem hübschen Anblick des Hauses erfreuen zu dürfen. Gemeinhin unterstützen Staaten ökonomische Tätigkeiten, die zu einem solchen Ergebnis führen, z.B. mit Steuervergünstigungen. Der Benutzer eines alten Autos belastet die Umwelt überdurchschnittlich mit Abgasen, die den nicht Beteiligten ebenso schaden wie ihm selbst. In der Regel erhöhen die Staaten die steuerlichen Abgaben, wenn negative externe Effekte entstehen.

Die Theorie der ökologischen Ökonomie
M 7

In den meisten Fällen gehen ökonomische Theorien davon aus, dass die Wirtschaft ein isoliertes Gesamtsystem ist, dessen ständigem Wachstum nichts im Wege steht. Im Gegensatz dazu sind die Vertreter einer ökologischen Ökonomie überzeugt, dass die Wirtschaft nur der Teilbereich eines übergeordneten, nicht wachsenden Systems ist, und zwar des Ökosystems Natur. Das aber bedeutet, dass dem Wirtschaftssystem Grenzen gesetzt sind, innerhalb derer nur nachhaltiges Wirtschaften stattfinden darf. Das heißt, dass ökonomische Aktivitäten dort ihre Schranken finden, wo die Natur nicht mehr in der Lage wäre, die belasteten ökologischen Gleichgewichte wieder herzustellen.

9.2 Lösungsansätze des Umweltproblems

M 8 Der Wert eines Vogels

Die Umwelt zu bewerten, sie in Euro und Cent mit Preisen „auszuschildern", ist zunächst eine abenteuerliche Vorstellung. Frederic Vester hat diese Vorstellung vor einiger Zeit konsequent umgesetzt, indem er versuchte, den Wert bzw. den Nutzen eines kleinen Singvogels zu ermitteln. Als erster Anhaltspunkt wurde von Vester der „Materialwert" erhoben:

Materialwert eines Singvogels

Skelett (Phosphor, Kalzium, Fluor etc.)	0,36 Ct[1]
Fleisch	0,92 Ct
Blut	0,05 Ct
Federkleid	0,15 Ct
Mineralstoffe	0,10 Ct
	1,59 Ct

Dies kann doch wohl nicht alles sein, werden wir unwillkürlich ausrufen. Ein Vogel lässt sich nicht auf seinen Materialwert reduzieren. Vielmehr sind verschiedene weitere Aspekte zu beachten, die den Vogel für uns wertvoll machen:

- Seine Anmut und sein Gesang erfreuen und entspannen uns.
- Vögel sind Vorbilder für Techniker und Ingenieure.
- Ein Vogel vertilgt eine Vielzahl von Schadinsekten.
- Er trägt durch gefressene Samen zur Verbreitung von Pflanzen bei.
- Er zeigt durch seine Existenz in bestimmten Regionen, ob die Umweltbedingungen gut oder schlecht sind.
- Er trägt durch seine Existenz zu einer hohen Artenvielfalt bei.
- Jede Vogelart ist ein wichtiges Glied im Symbiosenetz mit anderen Lebewesen. ...

Vester ... versuchte, die von ihm gefundenen Nützlichkeiten in Euro und Cent auszudrücken. Er erstellte folgende Übersicht:

Der Wert eines Vogels im ökologischen Zusammenhang (pro Jahr)

Materialwert	0,02 €
Leistungen für:	
Gemüt	15,34 €
Insektenvertilgung	30,68 €
Pflanzung	10,23 €
Warnrolle	51,13 €
Symbiose	18,66 €
Bionik[2]	0,82 €
Erholung	6,14 €
Artenvielfalt	4,09 €
Politische Entscheidung	0,26 €
Umweltentlastung	5,11 €
Finanzierung	1,53 €
Regeneration	0,77 €
Gesamtstabilität	9,33 €
	154,09 €

Jan Jarre, Wieviel Umweltschutz wollen wir uns leisten? oder Vom Nutzen des Umweltschutzes, in: Hauswirtschaftliche Bildung, 1/1993, S. 29 f.

[1] *DM-Werte vom Bearbeiter in Euro umgerechnet, gerundet*

[2] *Bionik: Wissenschaft, die technische und elektronische Probleme nach dem Vorbild der Funktionen von Körperorganen zu lösen sucht.*

M 9

Die Schwierigkeiten einer Umweltökonomischen Gesamtrechnung

Das zentrale Problem einer Umweltökonomischen Gesamtrechnung ... liegt darin, dass die zu erfassenden Umweltschäden zumeist nicht in monetärer Form vorliegen und daher erst bewertet werden müssen, wenn man zu aggregierbaren[1] Aussagen kommen will. Hier ergeben sich beispielsweise folgende Fragen: Welche Schäden werden Mensch und Natur generell durch Schadstoffemissionen zugefügt? Wie hoch sind speziell die umweltbedingten Schäden an Baudenkmälern zu veranschlagen? Können beispielsweise die Kosten für die Sanierung des Kölner Doms für eine solche Rechnung zugrunde gelegt werden? Oder wie groß sind die durch Lärm verursachten Beeinträchtigungen für den Menschen?

Wie will man diese von befragten Bürgern als häufigste Umweltbelastung bezeichnete Belästigung statistisch erfassen und dann monetär bewerten? Das Ergebnis sieht ganz anders aus, je nachdem, ob man den durchschnittlichen in der Umgebung gemessenen Lärmpegel zugrunde legt oder auf gelegentliche Spitzenwerte abstellt, weil gerade sie als besonders gesundheitsgefährdend eingestuft werden. Ebenso schwierig ist die Frage zu beantworten, wie der durch Bauvorhaben erfolgte „Verbrauch" von Landschaft oder der Verlust einer Pflanzen- oder Tierart zu bewerten ist. Diese und andere Fragen gilt es zu klären, wenn eine umfassende statistische Erfassung und Bewertung von Umweltschäden vorgenommen werden soll.

Versucht man diese Fragen in systematischer Weise anzugehen, so ergeben sich für die Aufstellung einer Umweltökonomischen Gesamtrechnung [zwei] hauptsächliche Aufgaben, die auch vom Statistischen Bundesamt bei der Konzipierung seiner Rechnung entsprechend in Angriff genommen werden.

1. Zunächst muss ein Mengengerüst festgelegt werden. Dazu sind die Schadstoffmengen (Emissionen), Verschlechterungen der Umweltsituation (Immissionen) und aufgetretene Schäden an den Schutzgütern wie Wasser, Boden, Luft oder menschliche Gesundheit in physikalischen Einheiten zu erfassen.

2. Auf Basis dieses mit hinreichender Genauigkeit ermittelten Mengengerüsts erfolgt dann die beschriebene Bewertung. Sie dient der Transformation des Mengengerüsts in monetäre Größen. Dabei kann auf ganz unterschiedliche Bewertungsverfahren zurückgegriffen werden, die einen unterschiedlichen „Härtegrad" der Ergebnisse aufweisen.

Auf der einen Seite stehen die vergleichsweise gut quantifizierbaren Materialschäden. Hier können die Sanierungs- oder Reparaturkosten für eine Schätzung der Umweltschäden zugrunde gelegt werden. Auf der anderen Seite stehen schwer zu quantifizierende Umweltschäden wie beispielsweise der Arten- und Biotopschwund, die einer Bewertung nur schwer zugänglich sind. Um den Wert einer bestimmten seltenen Art oder eines Biotops nicht willkürlich zu bestimmen, wird in diesem Feld der Schadensabschätzung zunehmend auf sogenannte Zahlungsbereitschaftsanalysen zurückgegriffen. Hierbei handelt es sich um den Versuch, durch Befragung festzustellen, wieviel ein Bürger für den Erhalt von Arten und Biotopen zu zahlen bereit wäre.

Aus dieser Information wird dann umgekehrt der Schluss gezogen, wie groß der Schaden ist, wenn es zu Arten- und Biotopschwund kommt. Damit hier nicht Falschangaben in Form zu hoher ausgewiesener Werte auftreten, muss ein geeignetes Erhebungsverfahren dafür Sorge tragen, dass der angegebene Wert möglichst nahe an der wahren Zahlungsbereitschaft liegt. Durch geeignete Befragungstechniken scheinen die Voraussetzungen hierfür zwar besser zu werden; trotzdem muss man sich vergegenwärtigen, dass die aus Zahlungsbereitschaftsanalysen stammenden Bewertungen nicht mit Werten, die aus tatsächlich auftretenden Kosten abgeleitet sind, auf eine Stufe gestellt werden dürfen. Sie sind nicht in einem tatsächlichen Zahlungsvorgang nachgewiesen, denn Umweltgüter kann man nun einmal nicht als private Güter, sozusagen über den Ladentisch, kaufen.

Horst Zimmermann, Gift und Qualm in Mark und Pfennig. Unbehagen an den tradierten Wohlstandsmaßen / Methodische Schwierigkeiten beim Aufbau einer Umweltökonomischen Gesamtrechnung, in: Frankfurter Allgemeine Zeitung, 23.10.1993, S. 13

[1] *aggregieren: (ökon.) Einzelaussagen zusammenfassen, verdichten*

M 10 Möglichkeiten und Grenzen des Ordnungsrechts

Die wohl am stärksten einengende Form der Umweltpolitik sind Auflagen in Form von Geboten und Verboten. Hierunter werden Vorschriften verstanden, die bestimmte Vorgaben staatlicherseits für Emittenten und Verursacher von Umweltschäden beinhalten.

Beispiele sind

- Höchstgrenzen für den Schwefelgehalt leichter Heizöle,
- Einhaltung bestimmter Grenzwerte bei der Einleitung von Schadstoffen in Gewässer (Wasserhaushaltsgesetz),
- Vorgabe von Grenzwerten bei der Luftverschmutzung (Bundesimmissionsschutzgesetz bzw. Technische Anleitung Luft),
- Einhaltung bestimmter Normen beim Lärmschutz (Bundesimmissionsschutzverordnung, Fluglärmgesetz),
- Begrenzung des Phosphatgehaltes in Waschmitteln (Waschmittelgesetz).

Ordnungsrechtliche Instrumente stellen das traditionelle und auch heute noch überwiegend verwendete Instrumentarium der Umweltpolitik dar. Umweltpolitik, die mit Geboten und Verboten arbeitet, entspringt letztlich der polizei- und gewerberechtlichen Tradition. Die Flut von Gesetzen und Verordnungen hat inzwischen zu einem dichten Geflecht an Vorschriften geführt. Es wurden mehr als 2000 Verordnungen gezählt. Etwa 90 Prozent der Umweltpolitik basiert auf dem Ordnungsrecht.

Das Prinzip des Ordnungsrechts ist auf den ersten Blick einleuchtend. Umweltgefährdende Handlungen können so wirksam unterbunden werden. Den Erfolg von Auflagen sollen Strafen und Bußgelder garantieren die bei Nichteinhaltung verhängt werden. Das angestrebte Niveau Umweltqualität kann mittels des ordnungsrechtlichen Instrumentariums wirksam erreicht werden. Ordnungsrecht ist wegen seines Zwangscharakters ökologisch wirksam; es ist dort unverzichtbar, wo es um die unmittelbare Gefahrenabwehr geht. ...

Gleichwohl ist das Ordnungsrecht dort, wo es nicht mehr nur um die Abwehr akuter Umweltbedrohungen geht, ein umstrittenes Instrument der Umweltpolitik. Marktorientierte Wirtschaftswissenschaftler stimmen darin überein, dass mit marktsteuernden Instrumenten bei gleichen Kosten etwa doppelt so viel für den Umweltschutz getan werden könnte. Das Verfahren, jedem Emittenten die gleiche Auflagenerfüllung abzuverlangen, erscheint zwar „gerecht", ist jedoch ökonomisch sehr teuer. Das Ordnungsrecht ist in aller Regel ökonomisch ineffizient.

Jürgen Pätzold/Gerhard Mussel, Umweltpolitik, Berlin 1996, S. 55 f.

Internalisierung externer Effekte durch Verhandlungen

M 11

Das Grundprinzip lässt sich recht gut an dem aus Wild-West-Filmen bekannten Konflikt zwischen Ranchern und Farmern, zwischen Viehzüchtern und Getreidebauern verdeutlichen. Viehzüchter lassen ihre Herden frei weiden, dabei werden auch die Getreidefelder zertrampelt und die Getreideernte wird kleiner ausfallen als ohne Schädigung (dies ist der negative externe Effekt der Viehzucht).

Dieser Zustand ist in aller Regel gesamtwirtschaftlich nicht optimal (höchstens durch Zufall), weil und insofern der Nutzen für die Viehzüchter kleiner ist als der Schaden für die Getreidebauern. Daraus ergibt sich ein Potenzial an Wohlfahrtsverbesserungen für beide Seiten, das durch Verhandlungen ausgelotet werden kann. Das gemeinsame Allokationsoptimum ist dann erreicht, wenn der Grenznutzen des Viehzüchters aus der Nutzung der Getreidefelder gerade genauso groß ist wie der Grenzschaden des Getreidebauers. Voraussetzung für den Erfolg von Verhandlungen ist die Definition und die Zuteilung von Eigentumsrechten. Wie ebenfalls aus Wild-West-Filmen bekannt, ist die Verteilung von Eigentumsrechten keineswegs naturrechtlich determiniert. Denkbar sind zwei Möglichkeiten: Der Viehzüchter darf seine Herde überall weiden lassen (das ist das Laissez-Faire-Prinzip oder das Wild-West-Prinzip) oder der Getreidebauer hat das unbeschränkte Eigentumsrecht an seinen Feldern, also auch das Recht, seine Felder nicht zertrampeln zu lassen (das entspricht dem Verursacherprinzip, das europäischer Denktradition nahe steht). Die Entscheidung über Zuteilung der Eigentumsrechte muss der Staat fällen.

Mit der Zuteilung von Eigentumsrechten wird die vordem freie Ressource der Bodennutzung zu einem marktfähigen Gut gemacht. Dies ist die Parallele zur Umweltnutzung. Entweder zahlt der Verursacher (der Viehzüchter) für die angerichteten Schäden, nämlich dann, wenn der Getreidebauer die Eigentumsrechte hat oder der Getreidebauer bezahlt den Viehzüchter dafür, dass dieser seine Herden einzäunt. Das Verhandlungsergebnis ist in beiden Fällen das gleiche: Der Getreideanbau erfolgt ohne Störung durch die Viehherden des Viehzüchters, die Allokation der Ressourcen ist also unhängig von der Verteilung der Eigentumsrechte. Diese entscheidet nur darüber, wer zahlt und wer bekommt. Das ist der Inhalt des berühmten Coase-Theorems[1].

Entscheidend für die Möglichkeit der Verhandlungslösung sind also Eigentumsrechte an Umweltgütern. Diese begründen dann einen Anspruch auf Schadensersatz oder Kompensation und damit werden die externen Effekte internalisiert.

Allerdings können Eigentumsrechte nicht generell und einfach definiert und zugeteilt werden, gerade bei internationalen Umweltproblemen nicht, weil es hier keine übergeordnete staatliche Gewalt gibt. Auch bei unklaren Nutzungsrechten sind Verhandlungen möglich, aber hier – auch das ist aus Wild-West-Filmen bekannt – entscheidet die Verhandlungsmacht der Parteien im Rahmen des Laissez-Faire-Prinzip: der Geschädigte kompensiert dann meist den Schädiger für die Unterlassung der Schädigung.

Auch bei einer großen Zahl von Betroffenen und/oder bei hohen Informations-, Verhandlungs- und Kontrollkosten der Vereinbarung können Verhandlungskosten von dem Ergebnis abweichen, das Coase beschrieben hat. Zentral bleibt aber die Erkenntnis, dass Verhandlungen die Situation für alle verbessern können und dass Eigentumsrechte ein ideales Instrument sind, externe Effekte zu internalisieren.

[1] *Ronald R. Coase, geb. 1910 in England, erhielt 1991 den Nobelpreis für Ökonomie für Arbeiten auf dem Gebiet der Transaktionskosten und Institutionen-Ökonomik.*

Ulrich Baßeler, Jürgen Heinrich, Burkhard Utecht, Grundlagen und Probleme der Volkwirtschaft, 17. Aufl., Stuttgart 2002, S.866 f.

M 12 Transaktionskosten – Warum private Lösungen nicht immer funktionieren

Trotz der ansprechenden Logik des Coase-Theorems scheitern die privaten Entscheidungsträger nicht selten bei dem Versuch, das Externalitäten-Problem selbst zu lösen. Das Coase-Theorem ist nur dann anwendbar, wenn die interessierten Parteien keine Schwierigkeiten haben, eine Übereinkunft zu erzielen und umzusetzen. In der Welt jedoch funktioniert das Verhandeln bisweilen selbst dann nicht, wenn beiderseits Vorteile zu haben wären.

Manchmal misslingt die Lösung des Externalitäten-Problems wegen der Transaktionskosten, das sind die Kosten, die sich die Vertragspartner mit dem Geschäftsabschluss und seiner Erfüllung aufladen. In unserem Beispiel kann es sein, dass [zwei Verhandlungspartner] verschiedene Sprachen oder Dialekte sprechen und beim Verhandeln auf die Dienste eines Übersetzers angewiesen sind. Wenn die Übersetzerkosten höher sind als der Nutzen aus der vertraglichen Einigung, wird die Lösung des Problems unterbleiben. In lebensnäheren Fällen bestehen die Transaktionskosten in den Aufwendungen für Rechtsanwälte, die man für das Aushandeln und die Durchsetzung von Verträgen benötigt.

Ein andermal brechen Verhandlungen einfach zusammen. Die Wiederkehr von Kriegen und Streiks zeigt uns, dass Übereinkünfte schwierig und gescheiterte Einigungsversuche teuer werden können. Oftmals beharren die Parteien auf ihren Positionen, um einen besseren Abschluss abzuwarten und die Problemlösung „auszusitzen". ...

Ein effizientes Verhandlungsergebnis zu erzielen ist vor allem dann recht schwierig, wenn die Anzahl der Beteiligten sehr groß und die Kosten der Koordination deshalb hoch sind. Denken Sie an eine Fabrik, die das Wasser eines nahe gelegenen Sees verschmutzt. Zahlreiche örtliche Fischer bekommen die negativen Externalitäten zu spüren. Nach dem Coase-Theorem könnte es – da die Verschmutzung ineffizient ist – zwischen der Fabrik und den Fischern zu einer Übereinkunft kommen, nach der die Fischer dafür an die Fabrik bezahlen, dass deren schädliche Abwässer unterbleiben. Bei sehr, sehr vielen Fischern als mögliche Vertragspartner wird ein Vertragsabschluss recht unwahrscheinlich.

Gregory Mankiw, Grundzüge Volkswirtschaftslehre, 3. Aufl., Stuttgart 2004, S.232 f.

M 13 Internalisierung externer Effekte durch Steuern

Statt Gebote und Verbote zur Regierung zu nutzen, kann der Staat bei Externalitäten marktbasierte politische Maßnahmen ergreifen, um die privaten Anreize auf soziale Effizienz abzustimmen. An anderer Stelle des vorliegenden Buches wurde bereits erörtert, wie der Staat mit der Besteuerung negativer externer Effekte und der Subventionierung positiver externer Effekte zur Internalisierung beitragen kann.

Steuern zur Korrektur negativer externer Effekte nennt man Pigou-Steuern – nach Arthur C. Pigou (1877–1959), einem frühen Verfechter ihres Einsatzes.

Nationalökonomen bevorzugen Pigou-Steuern in der Umweltpolitik gegenüber Regulierungen, weil damit die Umweltverschmutzung mit geringeren Kosten gesenkt werden kann. Zur Begründung betrachten wir ein Beispiel. Denken wir uns zwei Fabriken (eine Papierfabrik und eine Stahlfabrik), die pro Jahr je 500 Tonnen ekligen Giftschlamm in einen Fluss ablassen. Eine Umweltbehörde (Environmental Protection Agency in den

USA oder Umweltbundesamt in Deutschland) will den Umfang dieser Verschmutzung reduzieren. Sie zieht zweierlei Vorgehensweisen in Betracht:

- Regulierung: Jede der beiden Unternehmungen bekommt einen rechtsverbindlichen Bescheid, den Giftausstoß auf 300 Tonnen pro Jahr zu senken.
- Pigou-Steuern: € 50.000,– Steuern pro Tonne Giftschlamm.

Die Regulierung würde ein Verschmutzungsniveau diktieren, die Pigou-Steuer dagegen würde den Unternehmungen wirtschaftlich kalkulierbare Anreize zur Minderung der Umweltbelastung vermitteln.

Gregory Mankiw, Grundzüge der Volkswirtschaftslehre, 3. Aufl. Stuttgart 2004, S. 232 f., 236

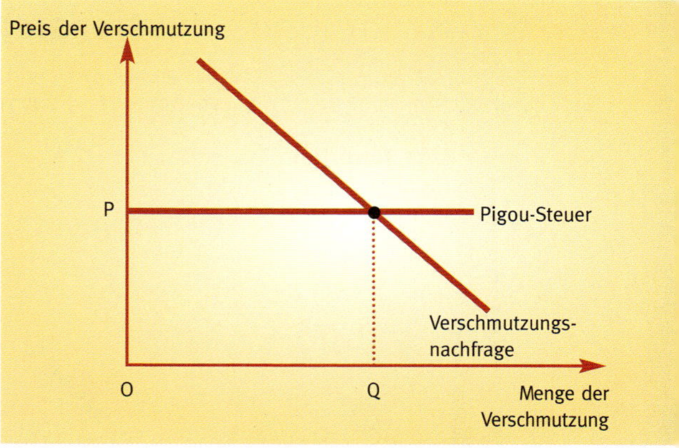

Pigou-Steuer
Im Diagramm wird durch Erhebung einer Pigou-Steuer vom Staat ein Preis auf die Umweltverschmutzung gelegt, und die Nachfragekurve bestimmt die Verschmutzungsmenge.

Internalisierung externer Effekte durch Umweltlizenzen

M 14

Bei Umweltzertifikaten (Emissionslizenzen) werden Märkte für die Inanspruchnahme von Umweltnutzungen geschaffen, meist handelt es sich um die Nutzung als Aufnahmemedium von Rückständen (Emissionen). Der Staat legt die Höchstmenge an Emissionen in einem bestimmten Gebiet fest. Diese Höchstmenge wird gestückelt und in Emissionszertifikaten verbrieft. Diese Zertifikate werden dann an die potenziellen Emittenten verteilt oder verkauft. Wer dann mehr Schadstoffe emittieren will als er an Zertifikaten besitzt, muss Zertifikate zukaufen, und wer umweltschonend produziert, kann seine Zertifikate verkaufen. Damit bildet sich ein Markt für Umweltzertifikate und ein Preis für die Umweltbelastung. Dieser Preis belohnt die Umweltschonung und bestraft die Umweltschädiger. Zugleich ist damit sichergestellt, dass die Umweltschäden dort vermieden werden, wo die Schadensvermeidungskosten am geringsten sind. Eine solche marktbezogene Strategie wird z.B. seit dem 1.1.1995 in den USA zur Begrenzung von Schwefeldioxyd-Emissionen durchgeführt und ist auch von der EU-Kommission für die CO_2-Emissionen geplant.

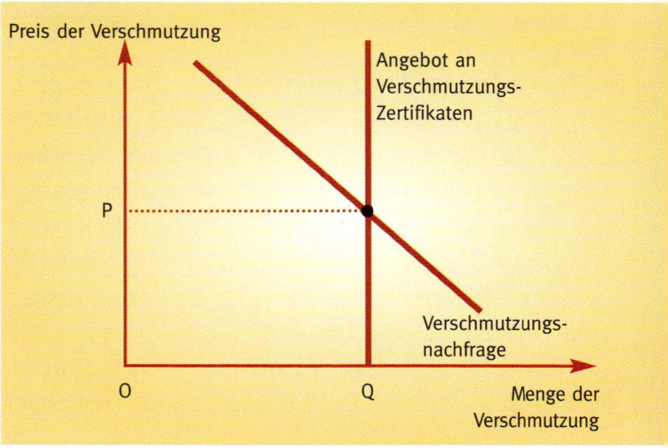

Umweltzertifikat
Im Diagramm wird die Verschmutzungsmenge durch Ausgabe einer beschränkten Zahl staatlicher Umweltzertifikate festgelegt, und die Nachfragekurve bestimmt den Verschmutzungspreis. In beiden Fällen stimmen Preis und Menge der Verschmutzung überein.

Ulrich Baßeler, Jürgen Heinrich, Burkhard Utecht, Grundlagen und Probleme der Volkswirtschaft, 17. Aufl., Stuttgart 2002, S.870

M 15

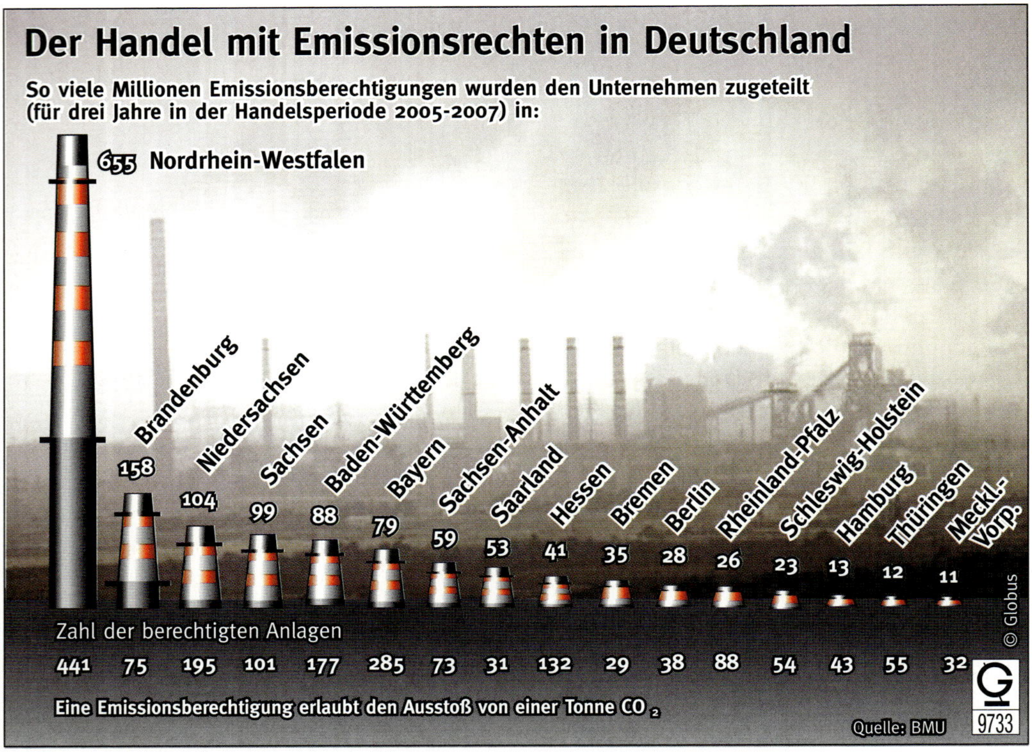

In Europa können seit dem 1. Januar 2005 Emissionsrechte für das Klimagas Kohlendioxid gekauft und verkauft werden. Stromerzeuger und energieintensive Industrieanlagen wie Stahlwerke, Zementhersteller, Papieranlagen oder Eisenhütten sowie Raffinerien erhielten vor dem Start Emissionszertifikate. Diese Emissionsrechte können sie für die Produktion nutzen oder aber, wenn ihre Kohlendioxid-Emissionen geringer sind, an andere Produzenten verkaufen. Die Käufer können wiederum im zugekauften Umfang mehr Kohlendioxid ausstoßen. Das einzelne Emissionsrecht, das einen Ausstoß von einer Tonne Kohlendioxid erlaubt, kann für schätzungsweise acht bis neun Euro gehandelt werden. Insgesamt wurden in Deutschland 1485 Millionen Zertifikate von je einer Tonne Kohlendioxid für die Jahre 2005 bis 2007 zugeteilt; das entspricht einem Budget von jährlich 495 Millionen Tonnen Kohlendioxid.

Globus

AUFGABEN

1. Beschreiben Sie die verschiedenen Instrumente zur Lösung der Umweltprobleme, wägen Sie die jeweiligen Vor- und Nachteile ab und verfassen Sie eine Rede, in der Sie differenziert und begründet für eine der Lösungen werben (M 10 – M 15).
2. Erkundigen Sie sich über den derzeitigen Stand der Diskussion über den Emissionshandel und bereiten Sie ein kurzes Referat vor (M 15).

Exkurs: Ökologieorientiertes Konsumentenverhalten

M 16

Das bessere Marketing – vom Öko-Marketing zum Nachhaltigkeits-Marketing

Erste Anzeichen eines ökologischen und sozial induzierten Wandels lassen sich in einer Vielzahl von Märkten feststellen. So wird sich zum Beispiel der Energiemarkt in Zukunft einschneidend verändern: Es ist abzusehen, dass während der nächsten 30 bis 50 Jahre nicht-regenerierbare Ressourcen wie Öl und Kohle durch erneuerbare Energiequellen wie Sonne, Wind und Wasser ergänzt und ersetzt werden. Auf diese langfristigen Entwicklungen stellen sich führende Ölunternehmen ein, indem sie ihr Produktportfolio langsam aber sicher verändern. Ein Beispiel hierfür ist BP. Dieser Global Player der Mineralölindustrie setzt verstärkt auf Gas als Übergangs- und Solarenergie als Durchbruchstechnologie. Weitgehend unbemerkt von der Öffentlichkeit ist BP mittlerweile zu einem der größten Anbieter und Verbraucher von Solarzellen aufgestiegen. Diese strategische Re-Positionierung kommt in dem neuen Logo und der Kommunikationskampagne „BP – Beyond Petroleum“ zum Ausdruck.

Doch nicht nur auf dem Energiemarkt, sondern auch im Immobilienmarkt (Niedrigenergie-/Passivhäuser), Lebensmittelmarkt (Bioprodukte) und Automobilmarkt (Drei-Liter-Autos, Brennstoffzellenautos, Car Sharing) mehren sich die Anzeichen für fundamentale Veränderungen. Innovative Unternehmen antizipieren diese Entwicklungen und profilieren sich mit Öko- und Nachhaltigkeits-Marketing im Wettbewerb.

Modernes Öko-Marketing

Ein Spezifikum des Öko-Marketings ist das Spannungsfeld von ökologischen Anforderungen und Kundenbedürfnissen. Ein alternativer Bioladen, der ausschließlich saisonale Bio-Lebensmittel aus der Region anbietet, kommt dem ökologischen Ideal sehr nahe, spricht damit aber lediglich eingefleischte Bio-Fans und „Körnlipicker“ an.

Wie nicht nur die Umweltaktiven, sondern auch die Umweltaktivierbaren angesprochen werden können, zeigen Coop und Migros. Sie bieten mit Coop Naturaplan und M-Bio ein umfassendes Sortiment aus qualitativ hochwertigen Lebensmittelprodukten aus kontrolliertem biologischen Anbau an. Die beiden schweizerischen Großverteiler verknüpfen Bio mit herkömmlichen Kaufkriterien wie Geschmack, Gesundheit, Frische und Convenience und erbringen damit einen nachweisbaren Mehrwert für den Kunden. In der Kommunikation wird „Ecotainment“ (abgeleitet aus „Ecology“ und „Entertainment“) im Spannungsfeld von Informationen und Animation betrieben, welches Lebensfreude und -qualität vermittelt. Ökologie wird nicht als dominante, sondern als gleichberechtigte Profilierungsdimension neben Preis und Qua-

Solaranlage der BP auf dem Dach des Terminals 2, Flughafen München

lität eingesetzt. Die Preise der Bioprodukte sind etwas höher, werden aber als angemessen empfunden. Die allgemeine Verfügbarkeit der Bioprodukte senkt die Such-, Informations- und Wegkosten. Darüber hinaus setzt sich insbesondere Coop in der öffentlichen Arena und auf der politischen Bühne für progressive Rahmenbedingungen ein, die den Bioanbau in der Schweiz fördern (z.B. ökologische Ausgleichszahlungen und klare Kennzeichnung für Bioprodukte). Dieses transformative Öko-Marketing verändert die bestehenden Rahmenbedingungen und schafft teilweise die Voraussetzungen für die erfolgreiche Vermarktung von ökologischen Produkten.

Nachhaltigkeits-Marketing

Vor dem Hintergrund von Globalisierung, Liberalisierung, Arbeitslosigkeit und dem Ungleichgewicht zwischen Nord und Süd ist zu erwarten, dass neben der ökologischen Frage auch die soziale Frage nicht nur in der Öffentlichkeit und der Politik, sondern auch im Markt an Bedeutung gewinnen wird. Im Zuge dessen weitet sich das Öko-Marketing zum Nachhaltigkeits-Marketing aus. Exemplarische Beispiele für die Verquickung von Kundenbedürfnissen mit ökologischen und sozialen Anliegen sind:

- Fair Trade-Produkte wie Bananen, Kaffee und Schokolade in Bio-Qualität;
- Sozialwohnungen in Niedrigenergie- oder Passivhaus-Bauweise;
- Textilien, deren Rohstoffe aus biologischem Anbau stammen und umweltschonend hergestellt werden. Bei der Produktion wird auf Kinderarbeit verzichtet und es werden soziale Mindeststandards eingehalten.
- Solaranlagen in der Dritten Welt, die Elektrizität für Menschen in abgeschiedenen, ländlichen Regionen bereitstellen, zur Verbesserung der Lebensqualität beitragen und dadurch möglicherweise einer weiteren Landflucht entgegenwirken.

Tabelle: Alternatives versus modernes Öko-Marketing

Differenzierungskriterium	Alternatives Öko-Marketing	Modernes Öko-Marketing
Zielgruppen	Umweltaktive („Öko-Nische“)	Umweltaktivierbare („Jenseits der Öko-Nische“)
Profilierung	Ökologie als dominante Profilierungsdimension	Ökologie als gleichberechtigte Profilierungsdimension neben Preis und Qualität
Produkt	Genügt höchsten ökologischen Ansprüchen („Öko-Maximum“)	Genügt hohen ökologischen Ansprüchen („Öko-Optimum)
Preis	Wesentlich höher als herkömmliche Produkte („Premium pricing“)	Höher als herkömmliche Produkte/angemessenes Preis-Leistungs-Verhältnis
Kommunikation	Sachlich-argumentativ	Im Spannungsfeld von Information und Animation („Ecotainment“)
Distribution	Selektiv über kleinere Läden und alternative Distributionskanäle	Hoher Grad der Distribution durch konventionelle Läden

Frank-Martin Belz, in: Unternehmen und Umwelt 2/2002, S.6 ff.

Der nachhaltige Warenkorb

M 17

Mit Nischenprodukten für einen sehr begrenzten Kundenkreis von Umwelt- bzw. Nachhaltigkeits-Aktiven allein ist es nicht mehr getan. Um ein Umsteuern in der Produktpolitik und bei den Produktionsbedingungen überhaupt zu ermöglichen, muss sich Marketing mit Nachhaltigkeitskriterien darauf verstehen, breitere Käuferschichten anzusprechen und zu aktivieren. Dies setzt voraus, dass nicht allein Kundenbedürfnisse nach ästhetischer Gestaltung oder nach hohem Gebrauchsnutzen angesprochen werden, sondern ebenso ökologische und soziale Konsummotive. Schließlich geht es um die Übernahme von Verantwortung für die Auswirkungen von Kaufentscheidungen durch den Verbraucher.

Wesentliche Voraussetzungen für die Nachfrage von nachhaltigen Produkten sind darüber hinaus Preis, Verfügbarkeit und die Möglichkeit, sie eindeutig zu identifizieren. Verbraucherinnen und Verbraucher sind durchaus bereit, einen höheren Preis für nachhaltige Produkte zu bezahlen. Die „Konsumarbeit" muss dabei allerdings auf ein Minimum reduziert sein. Lange Suche und weite Wege sind für die meisten Menschen nicht akzeptabel und oft nicht durchführbar – das erfordert eine optimierte Distribution. Ebenso sollte die Informationsbeschaffung über nachhaltige Produkte so einfach wie möglich gestaltet sein, etwa durch einige wenige, nach klaren und transparenten Kriterien vergebene Label.

Der Rat für Nachhaltige Entwicklung hat ein Projekt angeschoben, das die derzeitigen Möglichkeiten nachhaltigen Konsums auslotet: Den „Nachhaltigen Warenkorb". Er schlägt eine Produktpalette vor, die sich als Alternative zum statistischen Warenkorb versteht (vgl. Kap. 2.2) und die Bedürfnisfelder Nahrung, Textilien, Wohnen, Mobilität, Tourismus und Finanzdienstleistungen umfasst. Der nachhaltige Warenkorb wirbt dafür, sich jeweils für das bessere, das nachhaltigere Produkt zu entscheiden. Von einer Reihe von Freiwilligen getestet, werden diese über ihre Erfahrungen, Schwierigkeiten und Erfolge Buch führen und berichten.

Die Ergebnisse dieses Projekts werden sicher zu hilfreichen Empfehlungen führen, wie man es Verbraucherinnen und Verbrauchern leichter machen kann, sich für verantwortlichen Konsum und damit für nachhaltige Produkte zu entscheiden.

Edda Müller, in: Unternehmen und Umwelt, 2/2002, S. 12

AUFGABEN

1. Arbeiten Sie aus M 16 und M 17 die Besonderheiten des ökologischen Marketing heraus und beurteilen Sie, welches Lösungspotential in einer solchen Entwicklung liegen könnte.

LINKS

www.bmu.de (Bundesministerium für Umwelt, Naturschutz und Reaktorsicherheit)

www.forumue.de (35 Nichtregierungsorganisationen gründeten das Forum mit Informationen zur Nachhaltigkeit und zum Agenda-21-Prozess)

www.nachhaltigkeit.info (Lexikon der Nachhaltigkeit der Aachener Stiftung Kathy Beys)

www.verbraucherministerium.de (Bundesministerium für Verbraucherschutz, Ernährung und Landwirtschaft)

Informationen und Zusammenhänge

Wie ermittelt man den Preis für Umweltverbrauch?
M 9

Die Umwelt zu bewerten, ihren Gebrauch in Euro und Cent auszudrücken, ist ein schwieriges Unterfangen. Am einfachsten gelingt dies noch dort, wo der Schaden in Form von Kosten für die Sanierung der Bauwerke oder der Wiederaufbereitung der Umweltgüter als Geldbetrag ausgedrückt werden kann. Komplizierter wird es jedoch, wenn man den Schaden taxieren möchte, der z.B. durch den Artenschwund entstanden ist oder auch einfach nur durch den Tod eines einzelnen Singvogels. Üblich ist hier die sog. Zahlungsbereitschaftsanalyse. In Befragungen versucht man herauszufinden, wie viel es den Menschen wert ist, wenn eine ungünstige Umweltentwicklung gebremst oder gar aufgehalten wird. Auch wenn solche Untersuchungen ein recht genaues Bild über den Wert vermitteln, den die Wirtschaftsbürger einer intakten Umwelt beimessen, sind die so ermittelten „Preise“ für Umweltzerstörung dennoch nicht mit denen zu vergleichen, die sich bei anderen Gütern über den Markt gebildet haben.

Internalisierung externer Effekte durch Verhandlungen: das Coase-Theorem
M 11

Zahlreiche Gesetze und Verordnungen hat der Staat zum Schutz der Natur erlassen. Die schnelle Wirkung des Ordnungsrechts ist unbestritten. Doch erfordert seine Durchsetzung einen großen und teuren Verwaltungsapparat. Eine Alternative sind marktwirtschaftliche Lösungen, bei denen die Schadenskosten berücksichtigt, also internalisiert werden. Dies könnte durch Verhandlungen geschehen, wobei der Schadensverursacher dem Geschädigten Ersatz leistet. Ein Viehzüchter müsste einem Kornbauern z.B. den Schaden zahlen, den seine Herde angerichtet hat. Aber auch der umgekehrte Fall ist denkbar. Der Kornbauer bezahlt den Viehzüchter dafür, dass dieser seine Herden einzäunt. Das ist der Inhalt des sog. Coase-Theorems, einer Verhandlungslösung, die sinnvoll ist, wenn wie im Falle von Umweltgütern keine eindeutigen Eigentumsrechte bestehen. Problematisch wird die Verhandlungslösung jedoch immer dann, wenn die Zahl der Beteiligten groß und die Kosten der Verhandlungen unzumutbar sind.

Ökosteuer und Umweltlizenzen
M 13, M 14

Weitere Möglichkeiten, marktwirtschaftliche Prinzipien zum Umweltschutz zu verwenden, sind Ökosteuer und Umweltlizenzen. Während die Lizenzregelung bedeutet, dass eine obere Grenze der Umwelt als Aufnahmemedium für Schadstoffe festlegt wird und Zertifikate an Interessenten verteilt werden, die wie Wertpapiere gehandelt werden können, wird bei der Umweltsteuer – in Fachkreisen auch Pigou-Steuer genannt – lediglich ein Preis für die Umweltverschmutzung festgelegt. Sie soll Unternehmen einen wirtschaftlichen Anreiz bieten, die Verschmutzung zu vermindern.

10 Ein Ausblick: die ökonomische Verhaltenstheorie

Pieter Brueghel, Avaritia, 1558

Politiker erwarten von Ökonomen nichts weniger als ein Modell, das menschliches Verhalten erklärt und voraussagen lässt. Doch die zentrale Annahme der Wirtschaftswissenschaften, dies sei der Homo Oeconomicus, also jenes Wesen, das immer unter dem Diktat der Knappheit steht und das immer bestrebt ist, seinen Nutzen zu maximieren, wird zunehmend in Frage gestellt. Zu viele Aspekte der komplexen Wirklichkeit menschlichen Verhaltens mussten die Vertreter der Volkswirtschaftslehre für ihre Theorien unberücksichtigt lassen. Menschen sind nicht beständig rational, auch nicht in dem Sinne, dass auf ihren Egoismus immer Verlass ist. Seit einigen Jahren deutet sich allerdings eine psychologische Wende in den Wirtschaftswissenschaften an. Den Anhängern der Spieltheorie, die Menschen verschiedenen Situationen aussetzten, verdanken wir Erkenntnisse, die mit den klassischen Instrumenten der ökonomischen Lehre nicht befriedigend erklärt werden können. Da spielen Fairness, Vertrauen und Solidarität eine Rolle, werden als Kapital bezeichnet, das man nur schwer erwerben, aber leicht verspielen kann. Und so stellt sich die glatte und reibungslose Welt des Marktes, wie sie die gängige Volkswirtschaftslehre auffasste, in Wirklichkeit als ein Universum dar, in dem unerwartete Kosten entstehen, Kosten für Informationen oder das Suchen von Informationen, für Verhandlungen, für die Aufstellung und Durchsetzung von Regeln, kurz und gut: Kosten für die Bereitstellung von Institutionen, ohne die kein Wirtschaftsprozess denkbar wäre.

M 1 – M 6 stellen Aspekte dar, wie das Modell des Homo Oeconomicus in mancherlei Hinsicht revidiert werden muss und wie mit der sogenannten Neuen Institutionenökonomie wirtschaftliche Verhaltensweisen zu erklären sind.

M 1

M 2 Abschied vom „Homo Oeconomicus“

Professor Axel Ockenfels hat 2005 als erster Wirtschaftswissenschaftler seit 17 Jahren den Gottfried-Wilhelm-Leibniz-Preis erhalten. Ockenfels lehrt heute an der Universität Köln. Mit DW-WORLD redete er darüber, warum der „Homo Oeconomicus“ ausgedient hat und was Fairness mit Wirtschaft zu tun hat.

DW-WORLD: Die klassischen Theorien der Wirtschaftswissenschaften gehen davon aus, dass der Mensch rational und egoistisch ist und für sich nur das Beste will. Ist das inzwischen nicht mehr so – oder warum erforschen Sie so intensiv das Verhalten von Menschen in ökonomischen Entscheidungssituationen?

Axel Ockenfels: Die Hypothese, dass der Mensch vor allem egoistisch und rational sei, ist eine Hypothese der Ökonomen, die lange Zeit nie getestet worden ist. Aber der Mensch war vermutlich nie so rational und so eigennützig, wie der Ökonom ihn gerne hätte in seinen Modellen. Insofern hat sich der Mensch nicht geändert, sondern die Wirtschaftswissenschaft hat sich geändert, indem sie diesen neuen Ideen und neuen empirischen Befunden Rechnung trägt und den „Homo Oeconomicus“ langsam verabschiedet. Denn der „Homo Oeconomicus“ ist eine Fiktion, die so nicht existiert.

Und was macht der moderne Mensch anders? Will er etwa nicht mehr das meiste für sich?

Die Menschen sind immer noch egoistisch, aber sie haben ihren eigenen Egoismus. Sie schauen zum Beispiel nicht nur auf das, was sie unterm Strich bekommen, sondern sie schauen auch darauf, was die anderen bekommen und welchen Status sie – relativ gesehen – in einer bestimmten Vergleichsgruppe haben.

Wir wissen eindeutig, dass Menschen durchaus bereit sind, andere zu bestrafen, die sich unfair verhalten – selbst wenn es sie selbst eine ganze Menge kostet. In Verhandlungssituationen zum Beispiel spielt Fairness eine große Rolle. In solchen Situationen sollten sich selbst Leute, die eigentlich eigennützig und egoistisch sind, fair verhalten. Und Leute, die eigentlich fair und altruistisch sind, sollten sich durchaus egoistisch verhalten.

Da aber niemand über seinen Schatten springen kann: Kann man solches Verhalten lernen?

Ja, man kann lernen, wie man gut verhandelt. Die Verhandlungstheorie sagt Ihnen, wie man das geschickt und clever macht – wobei auch diese Theorie nicht perfekt funktioniert.
Nehmen wir zum Beispiel das Ultimatum-Spiel: Sie haben 100 Euro zu vergeben, und Sie müssen entscheiden, wieviel Sie mir davon abgeben; ich sage „Ja“ oder „Nein“. „Ja“ heißt: Wir beide bekommen anteilig Geld. „Nein“ heißt: Wir bekommen beide nichts. Wenn wir also erfolgreich verhandeln, stellen wir uns beide besser. Die Frage ist nur: Wie verteilen wir die Effizienzgewinne?
Die klassische Wirtschaftstheorie macht eine klare Prognose: Die sagt, Sie geben mir 1 Euro – denn das ist das, was „Homo Oeconomicus“ tun würde unter der Annahme „Mehr Geld ist besser als weniger Geld“. Wenn Sie mir 1 Euro geben und ich annehme, dann bekomme ich 1 Euro. Wenn ich ablehne, bekomme ich nichts. Und da 1 Euro besser ist als nichts, nehme ich an. Da Sie „Homo Oeconomicus“ sind, antizipieren Sie dieses Verhalten und dürfen sich darauf freuen, dass Sie fast den gesamten Kuchen kriegen und ich fast nichts.

Wenn ich in dieser Situation Sie wäre, dann würde ich aber doch denken: „Den läppischen 1 Euro, den die mir abgeben will, kann sie sich an den Hut stecken!“

Psychologische Grundlagen der Ökonomie

In der Ökonomie ist bisher oft von der Annahme ausgegangen worden, dass der Mensch rational und eigennützig handle. Dieses Denken greift jedoch zu kurz. Dem scheinbar vernünftigen Handeln des Menschen liegen häufig irrationale Motive zugrunde. Zum einen können Neid und Ehrgeiz das Verhalten mitbestimmen, zum anderen zeigen sich Werte wie Fairness oder das Prinzip der Gegenseitigkeit als Korrektive ungebremsten Machtstrebens. In jedem Fall hat man es mit komplexen Verhältnissen zu tun. Wer die Ökonomie von Grund auf verstehen will, muss deshalb mehr über das Wesen des Menschen wissen. Die Wirtschaftswissenschaft ist eben nicht eine Art „höhere Mathematik“ und auch nicht eine mechanistische Analyse der Welt, sondern eine Humanwissenschaft. In ihrem Zentrum steht das Verhalten der Menschen. Diese Sehweise war zeitweise verschüttet, hat aber in den letzten Jahren vor allem dank dem Aufkommen von Experimenten eine eigentliche Renaissance erlebt.

Neue Zürcher Zeitung, 25./26.5.2002, S. 14

Ja, aber das ist nicht egoistisch! Damit stoßen Sie an die Grenzen einer ganz grundlegenden Hypothese der Ökonomik: „Mehr Geld ist besser als weniger Geld“. Wenn Sie sagen, „ich verzichte auf den 1 Euro“, das heißt, Sie schmeißen Geld weg. Das ist ein Verstoß gegen die Minimum-Hypothese, die eigentlich überall gilt.
Aber Ihre Intuition ist völlig richtig: Wenn wir das Ultimatum-Spiel mit echtem Geld in unserem Labor spielen, dann gibt fast nie jemand nur 1 Euro ab. Die meisten geben ungefähr die Hälfte, also 50 Euro. Wenn Sie zu wenig abgeben wollen, dann wird typischerweise abgelehnt. Das ist ein ganz robustes Verhalten – das passiert in Deutschland genauso wie in den USA oder anderen Ländern. Sie können das Spiel auch 100 Mal wiederholen, das Ergebnis ist immer dasselbe: Die Leute haben eine Unfairness-Aversion. Sie wollen den anderen dafür bestrafen, dass er unfair war.

In so einer Verhandlungssituation sollten Sie selbst als Egoist so tun, als ob Sie fair und nett sind, damit Sie nicht Gefahr laufen, bestraft zu werden. Sie sollten dem anderen die Hälfte abgeben – denn mit der hälftigen Abgabe maximieren Sie Ihren Gewinn. Wenn Sie weniger als die Hälfte abgeben würden, wäre die Wahrscheinlichkeit der Ablehnung so hoch, dass Sie sich am Ende schlechter stellen. Die Theorie vom „Homo Oeconomicus" funktioniert hier also überhaupt nicht.

Die Theorie vom „Homo Oeconomicus" wurde aber nicht aus der Luft gegriffen. Kann es sein, dass die Leute vor 150 Jahren anders reagiert haben – oder hätten?

Ich glaube, die Menschen vor 150 Jahren waren nicht anders als heute. Nur die Methoden, mit denen wir ihr Verhalten testen, haben sich verfeinert. Ich glaube, es ist wirklich die Theorie, die jetzt sehr spät auf etwas reagiert, was schon seit Hunderten von Jahren Tatsache ist: dass Menschen nicht nur Egoisten sind, sondern sich eben auch nach dem Prinzip „Wie du mir, so ich dir" verhalten und auf Fairness und Status in einer Referenzgruppe achten. Das ist ganz wichtig.

Viele Entscheidungen in der realen Wirtschaftspraxis basieren aber auf „Homo Oeconomicus". Wenn die Theorie von etwas anderem ausgeht als dem, was die Leute tatsächlich tun, dann kann es aber zu Fehlentscheidungen und Kollisionen kommen ...

Das ist ein guter Punkt – und deshalb glaube ich, dass die experimentelle Wirtschaftsforschung eine extrem wichtige Disziplin ist, die man auch den Studenten frühzeitig nahebringen muss. Es ist wichtig, die Theorie zu verstehen ... aber es ist auch wichtig zu verstehen, wie sich echte Menschen verhalten.

Die Fragen stellte Ingun Arnold, Deutsche Welle, 2.3.2005 (http://www.dw-world.de)

Mit theoretischen Texten arbeiten

Texte, die Aussagen über ökonomische Theorien beinhalten, sind oft abstrakt und schwer verständlich geschrieben.

Einige handwerkliche Tricks können jedoch das Verständnis erleichtern:

1. Überblick verschaffen
- Verschaffen Sie sich zunächst einen groben Überblick über den Text und überfliegen Sie ihn. Der Autor, die Überschrift, aussagekräftige Zwischenüberschriften oder die Anfänge einzelner Abschnitte können eine erste Vorstellung von den behandelten Fragen und Problemen des Textes geben. Behalten Sie diese schon einmal im Hinterkopf.

2. Intensives Lesen
- Jetzt wird der Text gründlich gelesen. Dazu benötigen Sie einen Textmarker und gegebenenfalls ein Notizblatt. Unterstreichen Sie die Schlüsselsätze, hinter denen Sie Kernaussagen vermuten. (Achtung! Zu viele Unterstreichungen sind meist ein Hinweis darauf, dass man den Text nicht verstanden hat!) Notieren Sie unbekannte Begriffe und schlagen Sie sie mit Hilfe eines Lexikons nach. Schwer verständliche Sätze oder Absätze mit einem Fragezeichen versehen. Mit einem kleinen Kreis am Rande kann signalisiert werden, wo der Autor seine Aussagen zusammenfasst. Ein Ausrufezeichen kann auf besonders wichtige Aussagen hinweisen. Setzen Sie diese Markierungshilfen aber sparsam ein, damit der Text nicht unübersichtlich wird.

3. Kernaussagen erfassen
- Fassen Sie die Kernaussagen der einzelnen Abschnitte in eigene Worte und formulieren Sie Zwischenüberschriften.

4. Verständnis prüfen
- Wiederholen Sie die wichtigsten Aussagen des Textes. Am besten überprüfen Sie, ob Sie den Inhalt verstanden haben, indem Sie den Text einem Mitschüler erklären. Nur wer's erklären kann, hat's auch verstanden!

5. Tieferes Textverständnis erarbeiten
- Analysieren Sie den zeitgeschichtlichen, biografischen, politischen und theoretischen Hintergrund des Autors. Welcher theoretischen „Schule“ ist er zuzurechnen, d.h. welchen anderen Ihnen bekannten Theoretikern steht er nahe? Welche anderen Theorien vertritt er (Hinweise im Text)? Was ist der Schreibanlass des Textes?

6. Textkritik
- Jetzt sollten die Aussagen des Textes überprüft werden. Ist die Argumentation schlüssig? Gibt es gegebenenfalls Gegentheorien? Welche Grundannahmen (Prämissen) über die Beschaffenheit des Gegenstandes werden vorausgesetzt? Wie ändern sich die Aussagen, wenn man diese Prämissen verändert? Welchen Anspruch an die Theorie hat der Autor – soll sie allgemein gültig sein oder gibt es Einschränkungen?

7. Kreativer Umgang mit dem Text
- Verfassen Sie einen Leserbrief an den Autor
- Wandeln Sie den Text in ein Interview um
- Schreiben Sie ein „abstract“ (Kurzzusammenfassung) zum Text
- Entwickeln Sie ein Mindmap, ein Schaubild oder ein Strukturmodell aus den Schlüsselbegriffen

M 3 Moral und Eigeninteresse müssen kein Widerspruch sein

Es kommt nicht darauf an, Motive zu ergründen und sie dann zu bewerten, etwa in der Art, dass versucht wird festzustellen, wie weit Akteure aus Eigeninteresse oder aus Altruismus handeln. Es kommt vielmehr darauf an, ob die Akteure sich an die Regeln halten. Ob sie dies tun, um ihren Gewinn zu maximieren, um sich an die Zehn Gebote zu halten, um ihre gesellschaftliche Rolle einzunehmen oder um ihre genetische Fitness zu maximieren, ist nicht von Bedeutung. Entscheidend ist nur: Wer die Regeln übertritt, wird bestraft.

Für die moralische Bewertung müssen wir unter modernen Bedingungen unsere Perspektive verändern. Im Fokus stehen nicht die Akteure, die scheinbar moralische Übel verursachen, sondern die Regeln: Sind sie unzureichend, unvollständig oder kontraproduktiv, belohnen sie unerwünschtes Verhalten, zum Beispiel die Korruption durch steuerliche Absetzbarkeit von Bestechungsgeldern? Ob die Akteure aus Eigeninteresse, aus reinem Gewinnstreben oder aus altruistischen Motiven handeln, ist dagegen nicht Gegenstand der Bewertung.

Regeln bieten Verlässlichkeit, Berechenbarkeit, Sicherheit. Regeln liefern Informationen, wie sich andere verhalten sollen und wie sie sich bei hinreichender Regeldurchsetzung tatsächlich verhalten. Bei geeigneten Regeln kann der Einzelne davon ausgehen, dass der Andere fair spielt, wenn er selbst auch fair spielt. Ungeeignete Regeln indes bestrafen ein solches Verhalten und können Betrug, Umweltverschmutzung oder Korruption befördern. In Melvilles „Moby Dick" heißt es dazu: „Mehr sind die ganzen Engel auch nicht als richtig beherrschte Haifische."

...

Tatsächlich lässt sich auch in einer Ordnungsethik, die auf dem Kerngedanken der Regelsteuerung moderner Gesellschaften aufbaut, ein theoretischer Ort für praktische Unternehmensethik finden. Unternehmensethik lässt sich aufbauen auf dem Gedanken, dass Interaktion durch Regeln und Verträge nicht vollständig bestimmt ist. Es bleiben den Unternehmen nach Festlegung der Regeln immer noch unterschiedliche Wege zur Verfolgung ihres Eigeninteresses innerhalb der Regeln. Bei vielen Verträgen, die sie abschließen – und Regeln selbst sind Verträge der Gesellschaft –, sind weder Leistungen und Gegenleistungen vollständig festgelegt, beispielsweise nach Inhalt und Zeitpunkt, noch ist die Vertragserfüllung immer hinreichend präzise feststellbar und sind selbst gerechtfertigte Ansprüche immer mit hinreichender Sicherheit durchsetzbar. ...

Die Verlässlichkeit wechselseitiger Verhaltenserwartung wird hier nicht durch formelle Regeln wie in der Wirtschaftsethik hergestellt, sondern durch Selbstbindung der beteiligten Unternehmen. Ein Unternehmen, das sich individuell auf bestimmte Maßnahmen und Verhaltensweisen festlegt, die seinen Interaktionspartnern Fairness und Vertrauen signalisieren, bietet sich als verlässlicher Interaktionspartner dar. Es baut damit eine Reputation auf, die in der globalisierten Wirtschaft zu einem wichtigsten Kapital werden kann.

Gerade in der Globalisierung kommt es darauf an, dass sich Unternehmen als zuverlässig präsentieren, sowohl gegenüber ihren Geschäftspartnern als auch gegenüber den Kunden, die auf der ganzen Welt verteilt sein können. Kein Unternehmen kann es sich leisten, seine Geschäftspartner und Kunden immer wieder über den Tisch zu ziehen. Dies wäre allenfalls eine kurzfristige Optimierung des Verhaltens. Ökonomische Kalkulation indes muss sich immer auf eine Sequenz von Handlungen beziehen, nicht nur auf einzelne Handlungen. Jeder Akteur und jedes Unternehmen kann investieren, das heißt Ressourcen für künftige Zwecke aufbewahren.

Solche Investitionen können auch mittels ethischer Mechanismen vorgenommen werden. Ethisches Verhalten ist eine Investition in den nachhaltigen Erfolg des Unternehmens. ...

Sind die hier vorgestellten Konzeptionen von Wirtschaftsethik als Ordnungsethik und von Unternehmensethik auf der Basis unvollständiger Verträge mit der Tradition der abendländischen Ethik kompatibel? Nicht selten wird diese Frage kategorisch verneint. Das ist jedoch nicht korrekt. ... Der Unterschied zwischen der traditionellen Ethik und einer Ethik unter Bedingungen moderner Gesellschaften ist eher in den unterschiedlichen Rahmenbedingungen zu suchen. Im Jargon der Spieltheorie gesprochen: Vormoderne Gesellschaften spielten – vielleicht mit Ausnahme des Römischen Reiches – Nullsummenspiele; es handelte sich um Gesellschaften ohne nennenswertes Wachstum. In einer solchen Gesellschaft konnte ein Einzelner nur zu großem Wohlstand kommen, wenn er sich auf Kosten anderer bereicherte. Hier finden das Zinsverbot des Aristoteles und der Scholastik, das moralische Verbot der Kapitalbildung sowie Luthers Verdammung von „Kauffshandlung und Wucher" ihre in dieser Zeit durchaus plausible Begründung.
Die moderne, in Funktionssysteme ausdifferenzierte Gesellschaft dagegen ist eine Wachstumsgesellschaft. Sie hat bei beträchtlichem Bevölkerungswachstum einen Pro-Kopf-Wohlstand hervorgebracht, den sich vormoderne Theoretiker nicht vorstellen konnten – auf Grundlage einer Verfolgung der Eigeninteressen der einzelnen unter einer klug geschnittenen Rahmenordnung mit forciertem Wettbewerb. Damit wird das Streben nach individueller Besserstellung zum Motor der Solidaritätsmoral des Abendlandes. Wettbewerb wird zur neuen, effektiveren Form der Caritas.

...

Die voranstehenden Überlegungen enthalten implizit zwei Forderungen, eine an die Ökonomik und eine an die Ethik: Die Ökonomik muss ihren Vorteilsbegriff offen halten. Unter Vorteilen dürfen nicht nur materielle oder gar nur monetäre Vorteile verstanden werden, sondern es müssen sich Dinge wie Gesundheit, Muße, ein gutes Leben im Sinne des Aristoteles mit ökonomischen Mitteln rekonstruieren lassen. Wenn diese Ökonomik diese methodologische Umstellung systematisch vollzieht, kann sie zu einer „Fortsetzung der Ethik mit andern Mitteln" (Karl Homann) werden.
Die Ethik hingegen muss sich stärker darauf konzentrieren, Normen nicht nur zu begründen, sondern auch Wege zu ihrer Durchsetzung zu entwerfen.

Christoph Lütge, Frankfurter Allgemeine Zeitung, 6.3.2004, S. 15

Transaktionskosten – der Marktmechanismus ist nicht kostenlos

M 4

Während der wirtschaftswissenschaftlichen Universitätsausbildung lernt man, dass der Marktmechanismus die effizienteste Methode zur Durchführung ökonomischer Transaktionen und zur Koordination ökonomischer Aktivitäten darstellt. Dieser Gedanke liegt auch durchgängig der neoklassischen Wachstumstheorie zugrunde. Modelltheoretisch präsentiert wird der perfekt funktionierende Preismechanismus durch die Marktform der vollständigen Konkurrenz, die damit zum Vergleichsmaß für alle real zutreffenden Marktkonstellationen wird.
Die solchermaßen skizzierten positiven Wirkungen des Marktmechanismus kommen jedoch nur zustande, wenn die Nutzung des Marktmechanismus kostenlos ist. In der wirtschaftlichen Wirklichkeit ist diese Bedingung allerdings nicht erfüllt. Vielmehr verursacht die Nutzung des Preismechanis-

mus als Koordinationsinstrument ökonomischer Tätigkeiten Transaktionskosten: Die einzelnen Wirtschaftssubjekte müssen sich Informationen beschaffen und diese auswerten; Tauschpartner für die jeweiligen im Zuge der Arbeitsteilung produzierten Güter und Dienstleistungen müssen gefunden werden; Verträge müssen angebahnt, ausgehandelt, erfüllt und ihre Einhaltung überwacht werden – um nur einige Beispiele zu nennen.

Die ökonomische Antwort auf die Existenz von Transaktionskosten lautet: Schaffung von Institutionen. Als Institutionen bezeichnet man alle Regelungen für die Interaktion wirtschaftlicher Akteure, denen sich diese unterwerfen (müssen).

Mit Institutionen strebt man im Prinzip die Lösung zweier Aufgaben an:

1. Zum einen sollen die Transaktionen gesenkt werden. Institutionen, die vergleichsweise niedrige Transaktionskosten induzieren, werden gegenüber solchen präferiert, die mit relativ hohen Transaktionskosten verbunden sind, sofern sie keine Unterschiede bei den Produktionskosten bewirken.
2. Zum anderen sollen Institutionen dazu beitragen, die im Zuge der Arbeitsteilung zunehmend größer werdende Unsicherheit, ob sich bspw. die benötigten Tauschpartner finden lassen, zu überwinden. Bei Unsicherheit verzichten viele Individuen auf ansonsten nutzensteigernde Transaktionen. Dadurch behindert Unsicherheit die ökonomische Interaktion von Individuen und kann somit zum Engpass des ökonomischen Entwicklungsprozesses werden.

Die in einer Volkswirtschaft vorhandenen Institutionen lassen sich in zwei Gruppen aufteilen:

a) in Institutionen als normative Muster oder Regelungen (z. B. die Vereinheitlichung von Maßen und Gewichten; die Standardisierung von Zahlungsmitteln; die Verabredung von geschriebenen [z. B. Gesetze] und/oder ungeschriebenen [z. B. Tradition, Sitte, Moral] Rechtsgrundsätzen, die bei der Durchführung von Transaktionen zu beachten sind);
b) in Institutionen als korporative Gebilde bzw. Organisationen (z. B. staatliche Behörden, Zentralbank, Unternehmen usw.). Deren Nutzung verursacht zwar Koordinationskosten (die gleichfalls zu den Transaktionskosten zählen); sofern diese organisationsinternen Koordinationskosten aber geringer sind als die Transaktionskostenersparnis durch die Organisationsnutzung, ist die Inanspruchnahme der Organisation anstelle des Marktes ökonomisch rational.

Michael Frenkel/Hans-Rimpert Hemmer, Grundlagen der Wachstumstheorie, München 1999, S. 310 f.

M 5 Die schwierige Beziehung zwischen Prinzipal und Agent

Der Patient hat sich schon gewundert, als sein Zahnarzt ihm erklärte, die meisten seiner Zähne müssten gezogen und ersetzt werden. Widerstrebend fügt er sich und lässt die Behandlung über sich ergehen, nur um Tage später zu erfahren, dass der betreffende Arzt zum Zeitpunkt der Behandlung in großen Finanznöten gesteckt und ihn als Mittel zu seiner eigenen finanziellen Sanierung missbraucht hatte. Dieses Extrembeispiel zeigt eine Situation, die in der betriebswirtschaftlichen Theorie als „Prinzipal-Agenten-Beziehung“ bezeichnet wird. Der Prinzipal (hier der Patient) lässt vom Agenten (hier der Zahnarzt) eine bestimmte Leistung erbringen. Fatalerweise verfügt der Agent dabei in der Regel über Entscheidungsspielräume und einen großen Informationsvorsprung gegenüber dem Prinzipal. Zudem verfolgt er, und das ist die eigentliche Krux an der ganzen Beziehung, zumeist eigene Ziele, die von denen des Prinzipals in aller Regel meist deutlich abweichen. Prinzipal-Agenten-Beziehungen finden sich im Alltag sehr häufig – etwa auch dann, wenn man sein Auto oder sonstige Gerätschaften zur Reparatur bringt. Welcher Kunde kann schon beurteilen, ob wirklich der ganze Motor ausgetauscht werden muss und nicht nur ein Schlauch im Wert weniger Cent? Auch im Management gibt es viele solcher Beziehungen, zum Beispiel zwischen den Führungskräften einer Mutter- und denjenigen einer Tochtergesellschaft. Prominentestes und meistdiskutiertes Beispiel dürfte aber das Verhältnis zwischen Vorstand und Aktionären einer Aktiengesellschaft sein. Die Prinzipal-Agenten-Theorie (Agency Theory) kann mithin als die zentrale Theorie der Corporate-Governance-Debatte gelten.

„Selbstverständlich habe ich immer das Ziel vor Augen.“

Kai/CCC, www.c5.net

Die Aktionäre als Prinzipale beauftragen Manager (Agenten) mit der Leitung des Unternehmens, weil diese über entsprechendes Fachwissen verfügen. Die Ziele der Agenten weichen dabei in der Regel erheblich von denen der Prinzipale ab: Der Aktionär möchte eine möglichst hohe Rendite auf sein Kapital erzielen und strebt daher nach einem möglichst hohen Eigenkapitalwert. Das Management ist dagegen in erster Linie am Fortbestand des Unternehmens (und damit seines Arbeitsplatzes) interessiert und wird daher tendenziell eher risikoarme (und damit renditeschwache) Investitionen tätigen – was nicht unbedingt im Sinne der Aktionäre ist. Diese haben nämlich ihr Risiko in aller Regel diversifiziert, indem sie auch Aktien anderer Unternehmen halten, und hätten daher nichts gegen eine etwas riskantere Investitionspolitik einzuwenden, da hiermit in der Regel auch höhere Renditen zu erzielen sind. Die Führungskräfte sind weiterhin vorrangig an Wachstum und damit an einer Ausweitung ihres Herrschaftsbereichs („Empire Building“) interessiert. Das Ausschütten großzügiger Dividenden gehört dagegen nicht zu den vorrangigen Zielen der Agenten, schließlich verlässt auf diese Weise Geld ihren Herrschaftsbereich. Statt dessen kaufen Manager lieber andere Unternehmen, auch wenn sich dies im nachhinein häufig als wenig erfolgsträchtig herausgestellt. Weiterhin, so postuliert die Theorie, streben sie oft nach „Consumption on the Job“, das heißt, sie nutzen Unternehmensressourcen wie beispielsweise Telefon, Firmenwagen oder -flugzeug für private Zwecke. Als „Shirking" wird in der Theorie der Agenten bezeichnet, ihren Arbeitseinsatz möglichst gering zu halten, was den Prinzipalen auch nicht gefallen wird.

Die Beziehung zwischen den Eigentümern und dem Management eines Unternehmens ist dadurch gekennzeichnet, dass der Agent einen Informationsvorsprung gegenüber dem Prinzipal hat – schließlich ist der Manager täglich mit den Geschicken des Unternehmens befasst, während der Aktionär allenfalls einmal im Jahr eine Hauptversammlung besucht und gelegentlich den Geschäftsbericht studiert. ...
Manager-Agenten neigen dazu, die durch diesen Informationsvorsprung entstehenden Handlungsspielräume für eigene Zwecke auszunutzen. Die Agency-Theorie bezeichnet dies als „Hidden Action". So macht sich das Management beispielsweise zunutze, dass die Aktionäre nicht ermessen können, ob ein Ergebnis vom Fleiß und der Güte der Entscheidungen der Führungskräfte oder von Umweltfaktoren abhing. Verluste werden dann auf „ungünstige Marktentwicklungen", ein Gewinn auf eigene Weitsicht und Kompetenz zurückgeführt. Auch die gerade auf Hauptversammlungen häufig vom Vorstand angeführte vorgebliche Diskrepanz zwischen Börsenwert und einem wie auch immer bemessenen „tatsächlichen" Unternehmenswert fällt hierunter.
Was aber können die Prinzipale tun, um ihre Agenten zu einem ihnen wohlgefälligen Verhalten zu veranlassen? Zunächst einmal können sie diesen schon im Arbeitsvertrag möglichst genaue Verhaltensvorschriften machen, also etwa bestimmte Budgets festschreiben, die nicht überschritten werden dürfen, und ähnliches. Allerdings sind dem naturgemäß enge Grenzen gesetzt. Prinzipale (Aktionäre) könnten ferner versuchen, ihre Ziele zu Zielen des Agenten zu machen.
In der Praxis geschieht dies mit Hilfe von Anreizen wie beispielsweise den berühmten Aktienoptionsprogrammen. Wenn auch der Agent über den Besitz von Aktien zu einer Art Prinzipal wird, verfolgt er im Idealfall auch die gleichen Ziele, insbesondere die Steigerung des Aktienkurses. Allerdings ist auch dies alles andere als ein Allheilmittel. Beispielsweise sind Manager damit nämlich nur an Kurssteigerungen, nicht aber an Kursverlusten beteiligt. Zudem haben sie auch hierbei die Möglichkeit, Informationsasymmetrien auszunutzen, indem sie Analysten Insiderwissen verraten, um den Aktienkurs zu ihren Gunsten zu beeinflussen.
In der Vergangenheit hat auch der Gesetzgeber versucht, seinen Beitrag zur Lösung oder zumindest Abmilderung des Prinzipal-Agenten-Problems zu leisten. Das Gesetz zur Kontrolle und Transparenz im Unternehmensbereich (KonTraG) stärkt beispielsweise die Position der Prinzipale gegenüber dem Agenten. Auch alle Bemühungen, möglichst zu einer guten Corporate Governance zu gelangen, sind in diesem Zusammenhang zu sehen. Leider gibt es solche Mittel für Zahnarztpatienten nicht – hier hilft nur Vertrauen in die Redlichkeit des Arztes.

hr, Frankfurter AllgemeineZeitung, 10.3.2003, S. 22

M 6 Märkte mit asymmetrischer Information

Warum verlieren Autos in den ersten Monaten nach ihrer Inverkehrsetzung so viel an Wert? Warum ist in der Schweiz eine Zahnarzt-Versicherung so viel teurer als anderswo? Warum gibt es für das Risiko, dass die Ehe scheitert oder das Examen nicht bestanden wird, eigentlich keine Versicherung? Warum ist die Versicherung mit Selbstbehalt so viel billiger als ohne Selbstbehalt? ...
Auf all diese scheinbar zusammenhanglosen Fragen hat die Ökonomie bis Anfang der siebziger Jahre wenige Antworten. Man be-

trachtete bis dahin Märkte, auf denen beide Marktseiten gleich gut informiert sind: Der Käufer kennt die Qualität des Gebrauchtwagens genauso gut wie der Verkäufer; die Versicherung kann das Risiko genau so gut einschätzen wie der Versicherte; die Bank hat die gleichen Informationen über die Ausfallrisiken wie der Kreditnehmer. In Märkten mit symmetrischer Information treten die oben beschriebenen Phänomene nicht auf. Bei symmetrischer Information sorgt der Preismechanismus für eine optimale Bereitstellung von Gütern.

George Akerlof betrachtete als Erster einen Markt mit asymmetrischer Information. Die Verkäufer kennen die Qualität ihres Gebrauchtwagens genau, sie haben ihn schließlich einige Zeit gefahren. Die Käufer hingegen können die Qualität eines einzelnen Fahrzeuges nicht beurteilen. Ihnen erscheinen alle Fahrzeuge des betrachteten Typs gleich. Sie kennen lediglich die durchschnittliche Qualität dieses Typs. Als Konsequenz dieser Informations-Asymmetrie werden alle Autos zum gleichen Preis gehandelt, der die durchschnittliche Qualität spiegelt. Der Verkäufer eines guten Fahrzeugs wird für sein Gefährt keinen höheren Preis erzielen, da der Verkäufer die gute Qualität gar nicht erkennt. Unterschiedliche Güter werden also nicht mehr zu unterschiedlichen Preisen gehandelt. Dieser durchschnittliche Preis mag den Verkäufern guter Autos zu niedrig erscheinen, und sie bieten ihren Wagen erst gar nicht an. Lediglich schlechte Autos werden noch gehandelt – die guten Wagen werden aus dem Markt gedrängt. Dieses Phänomen nennt man adverse Selektion.

Werden sich die Käufer bewusst, dass die guten Qualitäten erst gar nicht auf den Markt kommen, so werden sie ihre Qualitätserwartungen nach unten korrigieren. Sie werden weniger zahlen wollen, was weitere gute Autos aus dem Markt drängt. Dieser Mechanismus kann dazu führen, dass der Markt vollkommen zusammenbricht. Dieses Resultat steht in Widerspruch zur orthodoxen Theorie, nach der Märkte effizient sind. Mehrere Fachzeitschriften wollten wohl aus diesem Grund Akerlofs Artikel nicht publizieren. Sie konnten nicht ahnen, dass die Arbeit eine neue Teildisziplin, die Informations-Ökonomie schaffen und zu einem der meist zitierten Aufsätze in den Wirtschaftswissenschaften werden würde.

Das Phänomen der adversen Selektion tritt in vielen Märkten auf. So kann ich z. B. in einer Arbeit mit George Sheldon empirisch zeigen, dass die Vorhersagen Akerlofs für den Gebrauchtwagenmarkt des Kantons Basel-Stadt recht gut zutreffen. Ein anderes prominentes Beispiel sind Versicherungsmärkte. Versicherte kennen ihre Schadenswahrscheinlichkeit besser als die Versicherer. Bei einem Tarif, der auf der durchschnittlichen Schadenswahrscheinlichkeit beruht, werden die guten Risiken gar keine Versicherung mehr nachfragen, da sie ihnen zu teuer ist. Die guten Risiken werden von den schlechten verdrängt, und die Prämie wird entsprechend steigen. Deshalb ist eine Zahnarzt-Versicherung in der Schweiz teurer als in anderen Ländern, wo meist ein Versicherungsobligatorium besteht. Ebenso erklärt adverse Selektion, warum es für viele Risiken erst gar keine Versicherung gibt. ...

Die praktischen Implikationen der Informations-Ökonomie sind vielfältig. ... Viele Vorschriften und Regulierungen wurden durch diese neuen Erkenntnisse geprägt. Modernes Gewährleistungsrecht berücksichtigt explizit die Rolle von Garantien als Signal der Produktqualität. Mancher Aktienmarkt wäre auf Grund adverser Selektion zusammengebrochen, gäbe es nicht die einschlägigen Regulierungen, die dem entgegenwirken. Die Informations-Ökonomie hat die Art und Weise verändert, wie Ökonomen über Märkt denken. Ihr Einfluss auf die Praxis hat erst begonnen.

Winand Emons, Neue Zürcher Zeitung 13./14.10.2001, S. 10

AUFGABEN

1. Fassen Sie die neuen Erkenntnisse über den Homo Oeconomicus zusammen und überlegen Sie, welche Folgen diese Sichtweise für eine effiziente Politikberatung haben könnte (M 2, M 3).
2. Wirtschaft und Ethik – handelt es sich dabei um Begriffe, die sich ausschließen? Fassen Sie den Text M 3 in Thesen zusammen (vgl. Methodentraining) und erläutern Sie, was mit der Formulierung gemeint sein könnte, Ökonomik könne die Fortsetzung der Ethik mit anderen Mittel sein. Nehmen Sie persönlich Stellung zu dieser Sichtweise.
3. Definieren Sie den Begriff der Transaktionskosten und erläutern Sie an Beispielen aus Ihrer Erfahrungswelt, was damit gemeint sein könnte (M 4).
4. Erklären Sie, warum das Verhältnis zwischen Prinzipal und Agent notgedrungen spannungsgeladen ist. Zeigen Sie an Beispielen auf, worin die Ursachen dieser schwierigen Beziehung liegen und entwickeln Sie Lösungen, wie der grundsätzliche Konflikt zu entschärfen wäre (M 5).

Informationen und Zusammenhänge

Wider das Klischee vom reinen Homo Oeconomicus
M 2

In der klassischen Volkswirtschaftslehre ist sie eine bewusst vereinfachende theoretische Grundannahme, die Vorstellung vom Homo Oeconomicus, also jenes Wirtschaftssubjektes, das rational handelt, indem es die Maximierung seines materiellen Eigennutzes zum Dreh- und Angelpunkt seines Handelns macht. Doch immer mehr melden sich auch Wirtschaftswissenschaftler zu Wort, die dieses Bild für zu wirklichkeitsfern halten, die davon überzeugt sind, dass die tatsächlich wirtschaftlich Handelnden auch von anderen Motiven geleitet werden können: von Fairness, Vertrauen, Solidarität, ja manchmal sogar vom Gegenteil des Egoismus: von Altruismus. Somit gerät der Mensch als komplexes Wesen ins Blickfeld moderner Wirtschaftstheorien, als rationales und als emotionales Wesen.

Erkenntnisse der Fairnessforschung
M 4

Ob Menschen sich kooperativ verhalten, so die Ergebnisse psychologischer Forschungen, hängt vor allem davon ab, inwieweit sie davon überzeugt sind, dass auch andere dies tun. Somit könnte man sagen: Menschen handeln bedingt kooperativ. Diese Erkenntnis hat z.B. Auswirkungen auf die Steuerpolitik des Staates. Eine Kopfsteuer, d.h. derselbe Betrag für alle Steuerzahler, würde von der Mehrheit als extrem unfair empfunden werden. Steuerhinterziehung wäre die Konsequenz. Überhaupt hängt die Bereitschaft, Regeln einzuhalten, in erster Linie davon ab, wie erkennbar auch andere und der Staat selbst regelkonform handeln. So darf die Bereitwilligkeit, Vermögenstransfers zu akzeptieren, dann erwartet werden, wenn die Nutznießer solcher Transfers auch ihrerseits Gegenleistungen erbringen müssen.

Moral und Eigeninteresse
M 3

Viele glauben, dass in der Wirtschaft Moral und Eigeninteresse in einem grundsätzlichen Gegensatz zueinander stünden. Darum plädiert eine Gesinnungsethik gerne dafür, den Wettbewerb abzuschaffen oder wenigstens ihn einzudämmen. Eine Ordnungsethik durchdringt den Sachverhalt klarer. Sie trennt die Motive der ökonomisch Handelnden von dem Regelsystem, innerhalb dessen sie agieren. Die Motive möchte sie nicht bewertet wissen. Wer kann schon wirklich in die Menschen hineinschauen? Man kann aber erkennen, ob sie sich an ein allseits akzeptiertes Regelsystem halten. In der Verlässlichkeit und Sicherheit solcher Systeme drückt sich ein ethischer Grundkonsens aus, den kein Unternehmen verletzen darf, es sei denn, es nehme Vertrauensverlust und ökonomischen Schaden in Kauf, auch und gerade im Zeitalter der Globalisierung.

Register

Literaturtipps

- *Abelshauser, Werner,* Deutsche Wirtschaftsgeschichte seit 1945, Bonn 2004 (Bundeszentrale für politische Bildung)
- *Altmann, Jörn,* Wirtschaftspolitik, 7. Aufl. Stuttgart 2000 (UTB)
- *Baßeler, Ulrich/Heinrich, Jürgen/Utecht, Burkhard,* Grundlagen und Probleme der Volkswirtschaft, 17. Aufl., Stuttgart 2002 (Schäffer-Poeschel)
- *Bofinger, Peter,* Grundzüge der Volkswirtschaftslehre, München 2003 (Pearson Studium)
- *Buscher, Herbert u.a.,* Wirtschaft heute, 4. Aufl., Bonn 2004 (Bundeszentrale für politische Bildung)
- *Deutscher Bundestag (Hrsg.),* Globalisierung der Weltwirtschaft. Schlussbericht der Enquete-Kommission, Opladen 2002 (Leske+Budrich)
- *Greven, Thomas/Scherrer, Christoph,* Globalisierung gestalten. Weltökonomie und soziale Standards, Bonn 2005 (Bundeszentrale für politische Bildung)
- *Informationen zur politischen Bildung Nr. 286,* Entwicklung und Entwicklungspolitik, Bonn 1/2005 (Bundeszentrale für politische Bildung)
- *Informationen zur politischen Bildung Nr. 280,* Globalisierung, Bonn 3/2003, (Bundeszentrale für politische Bildung)
- *Keim, Helmut/Steffens, Heiko,* Wirtschaft Deutschland, Köln 2000 (Wirtschaftsverlag Bachem)
- *Leggewie, Claus,* Die Globalisierung und ihre Gegner, München 2003 (C.H. Beck)
- *Mankiw, Gregory N.,* Grundzüge der Volkswirtschaftslehre, 3. Aufl., Stuttgart 2004 (Schäffer-Poeschel)
- *Mühlbradt, Frank W.,* Wirtschaftslexikon. Daten, Fakten, Zusammenhänge, 8. Aufl., Berlin 2004 (Cornelsen)
- *Piper, Nikolaus,* Die Geschichte der Wirtschaft, Weinheim 2002 (Beltz & Gelberg)
- *Pollert, Achim u.a.,* Das Lexikon der Wirtschaft. Grundlegendes Wissen von A – Z, 2. Aufl., Bonn 2004 (Bundeszentrale für politische Bildung)
- *Schirm, Stefan A.,* Internationale Politische Ökonomie. Eine Einführung, Baden-Baden 2004 (Nomos)
- *Thurow, Lester,* Die Zukunft der Weltwirtschaft, Bonn 2004 (Bundeszentrale für politische Bildung)

Bildnachweis

Argus Fotoarchiv, Hamburg – S. Einband, 135, 268
BP, Hamburg – S. 279
Bundesarchiv Koblenz – S. 181
Cartoon-Caricature-Contor – CCC, Pfaffenhofen – S. 35, 42 (2), 110, 115, 196, 225, 236, 262, 291
Daimler-Chrysler AG, Corporate Public Relations, Stuttgart – S. 174, 204
Der Spiegel, Hamburg – S. 178 (2)
Deutsche Presse-Agentur, Frankfurt – S. 42 (2), 156, 174 (4), 214, 235
Die Zeit, Hamburg – S. 108
DIZ – Süddeutscher Verlag, Bilderdienst/DPA, München – S. 16
Edition Staeck, Heidelberg – S. 110
Globus Infografik, Hamburg – S. 27, 30 (2), 44 (2), 52, 56, 58, 63, 91, 105, 106, 111, 112, 114, 120 (2), 124, 130, 146, 152, 161, 200, 201, 208, 212, 219, 224, 253, 262, 278
Barbara Henninger – S. 79
Iwd – Informationsdienst des Instituts der deutschen Wirtschaft, Köln – S. 108, 143, 178, 220, 226, 227 (3),
Dirk Kapusta – S. 7, 103, 122
Keystone Pressedienst, Hamburg – S. 38, 80, 83, 284
Reuters AG, Frankfurt / Corbis, Düsseldorf – S. 195
Erich Schmidt Verlag, Berlin – S. 107, 128, 129, 136, 141, 252,
Science Photo Library (Jay Coneyl), Torrance – S. 156
Ullstein-Bild, Berlin – S. 138, 155, 174, 198,
Visum Foto GmbH, Hamburg – S. Einband, 42, 232
Volkswagen Kommunikation, Wolfsburg – S. 181
Wildner GrafikDesign, Nürnberg – S. 30 (3)